파이썬을 이용한 알고리즘 트레이딩

Python for Algorithmic Trading
From Idea to Cloud Deployment

이브스 힐피쉬 지음 / 박진수 옮김

제이펍

파이썬을 이용한 알고리즘 트레이딩

Python for Algorithmic Trading
by Yves Hilpisch

Copyright © 2021 J-Pub Co., Ltd.

Authorized Korean translation of the English edition of *Python for Algorithmic Trading*
ISBN 9781492053354 © 2021 Yves Hilpisch
This translation is published and sold by permission of O'Reilly Media, Inc.,
which owns or controls all rights to publish and sell the same.

이 책의 한국어판 저작권은 에이전시 원을 통한 저작권사와의 독점 계약으로 (주)제이펍에 있습니다.
저작권법에 의해 한국 내에서 보호를 받는 저작물이므로 무단전재와 복제를 금합니다.

파이썬을 이용한 알고리즘 트레이딩

아이디어 도출부터 클라우드 배포까지

1쇄 발행 2021년 7월 29일

지은이 이브스 힐피쉬
옮긴이 박진수
펴낸이 장성두
펴낸곳 주식회사 제이펍

출판신고 2009년 11월 10일 제406-2009-000087호
주소 경기도 파주시 회동길 159 3층 3-B호 / **전화** 070-8201-9010 / **팩스** 02-6280-0405
홈페이지 www.jpub.kr / **원고투고** submit@jpub.kr / **독자문의** help@jpub.kr / **교재문의** textbook@jpub.kr

편집부 김정준, 이민숙, 최병찬, 이주원 / **소통기획부** 송찬수, 강민철 / **소통지원부** 민지환, 김유미, 김수연
진행 및 교정·교열 김정준 / **내지디자인** 이민숙 / **내지편집** 최병찬
용지 신승지류유통 / **인쇄** 해외정판사 / **제본** 장항피엔비

ISBN 979-11-91660-10-0 (93000)
값 29,000원

제이펍은 독자 여러분의 아이디어와 원고 투고를 기다리고 있습니다. 책으로 펴내고자 하는 아이디어나 원고가 있는
분께서는 책의 간단한 개요와 차례, 구성과 저(역)자 약력 등을 메일(submit@jpub.kr)로 보내 주세요.

차례

옮긴이 머리말

세상이 온통 '자동화'와 '지능화'로 물들어 가는 것 같습니다. 어제는 불가능했던 일이 오늘은 가능해지는 세상이 되어 가고 있습니다. 금융 분야도 예외는 아니어서 벌써 많은 금융 인력이 프로그램이나 인공지능으로 대체되고 있다는 소식이 전해집니다. 이 책의 1장 앞부분에 나온 말을 그대로 옮겨 표현하면 이렇습니다.

> "골드만삭스에서 주식 거래에 종사하는 사람의 수가
> 2000년에 600명이라는 최고점에 도달한 후에 지금은 단 두 명으로 줄었다."
>
> — 이코노미스트(The Economist)

이런 때 이런 적절한 책이 국내에 출판되어 금융 거래 자동화와 지능화에 관심 있는 사람들에게 큰 도움이 될 수 있게 되어 기쁘게 생각합니다.

다만 번역하는 과정에서 적절한 번역 용어를 선정하기가 쉽지 않았습니다. 동일한 원어가 서로 다르게 불리는 경우도 있고, 그 밖에도 생각해야 할 문제가 여러 가지 있었기 때문입니다. 예를 들면 '체계적 펀드'로 이미 알려진 이름을 저는 굳이 '계통적 펀드'로 번역해야 했는데, 이는 이 책에 나오는 또 다른 개념과 혼동하지 않게 하기 위해서 그렇게 한 것입니다. 이런 몇 가지 용어를 제외하면 최대한 현장에서 사용하는 용어에 맞춰 번역하려고 했습니다.

추가로 이 책을 읽으시는 분들에게 몇 가지 알아 두셔야 할 사항을 나열해 보면 이렇습니다.

1. 저자가 제공하는 코드 이용 문제: 이 책에 나오는 코드가 모두 저자의 깃허브 저장소에 있습니다. 해당 주소는 https://github.com/yhilpisch/py4at(단축 URL: https://bit.ly/py4at)입니다.

2. **저자가 제공하는 클래스 이용 문제:** 코드 중에 보면 import SMAVectorBacktester라는 명령처럼 잘 알려지지 않은 클래스를 가져오는 경우가 있는데, 해당 클래스가 수록된 파이썬 파일이 모두 해당 코드가 나온 장에 해당하는 깃허브 주소에 들어 있습니다. 예를 들면, SMAVectorBacktester 클래스는 깃허브 주소의 ch04 폴더에 SMAVectorBacktester.py라는 이름으로 들어있습니다. 그러므로 이 파일을 독자의 컴퓨터로 내려받아 import 문을 실행하는 코드와 같은 폴더에 넣어야만 프로그램이 문제없이 실행됩니다.

3. **파이썬 기본 문법을 먼저 알아 두어야 하는 문제:** 이 책을 먼저 읽으신 분들 중에 위 2번 항에 나온 내용을 몰라서 거듭 문의한 분이 있었습니다. 이는 이 책의 코드가 파이썬이라는 컴퓨터 프로그램 작성용 언어로 작성되어 있는데, 이 언어의 기본 문법을 몰랐기 때문에 그런 것으로 생각합니다. 그러므로 이 책을 읽으려면 최소한 파이썬 기본 문법을 알아야 합니다. 그래야 위 2번 항에 나온 내용을 몰라서 생기는 문제를 풀고 넘어갈 수 있습니다.

4. **도서의 일부 내용대로 되지 않는 문제:** 이 책에서 제시하는 금융 서비스 사이트 중에는 한국에서 들어갈 수 없는 곳이 있습니다. 이는 법역이라고 부르는 문제이며, 특정 법률이 실행되는 국가에서는 외환 거래나 선물옵션 거래에 제한을 받기 때문에 생기는 문제입니다. 이 점에 유의하시기 바랍니다.

5. **그 밖의 문제:** 앞서 언급한 네 가지 문제 외에도 이 책을 읽을 때 유념해야 할 사항들이 있으나, 그런 사항들은 책의 본문에 따로 설명이 되어 있습니다. 그런 부분도 잘 찾아보시기 바랍니다.

끝으로 이 책의 번역을 맡겨 주신 제이펍 장성두 대표께, 그리고 편집을 맡아 주신 김정준 부장께 감사드립니다. 특히 김정준 부장께서는 전문가답게 교정 과정을 아주 잘 이끌어 주셨습니다. 감사합니다.

박진수(arigaram@daum.net) 드림

주요 번역 용어 대조표

원어	통용어	번역어	번역어 채택 이유
algorithm trading	알고리즘 트레이딩, 알고리즘 매매, 알고리즘 거래	알고리즘 트레이딩	trading이 따로 쓰일 때는 매매나 거래라고 부르는 경우가 있으나, '알고리즘 트레이딩'이라는 말이 정착된 것을 감안했다.
commodity	원자재, 상품, 1차 상품, 코모디티	원자재	이 단어의 개념이 정확히 '원자재'인 것은 아니고, 그 밖의 것들까지 아우르는 말이기는 하지만, 전반적으로 원자재라는 말로 더 자주 사용되고, 원자재로 표기해도 큰 무리가 없어 보여 원자재로 번역했다.
equity	에쿼티, 자본, 지분, 순가치, 균형, 잔고	에쿼티	직역하면 '공평'이란 말이지만, 이에 근거하여 어떤 (대차를 한 후의) 균형점을 나타내는 기준이란 뜻으로 쓰인다. 예를 들면 '지분', '순 포지션', '순 가치', '주식평가잔액' 등이 모두 이의 번역어로 쓸 수 있는 말이다. 나아가서 '지분투자상품'까지도 이 말의 번역어이다. 이 책에 나온 용어 중에서 이 말만큼 여러 뜻을 지닌 말이 없다. 그래서 이 책에서는 모두 에쿼티로 통일했지만, 이게 경우에 따라서 조금씩 다른 의미를 지니므로 때때로 그 본래 의미를 병기했다.
exposure	익스포저, 편입비율, 편입비, (위험)노출액	익스포저	투자 위험에 노출(exposure)된 금액이나 그 비율을 의미한다.
instrument	증서, 수단, 상품	수단	보통 '(금융) 상품'으로 부르고 있지만, 이 책의 전반적인 맥락에서 '(금융 거래 대상으로 삼은 금융 거래의) 수단'이라는 원래 의미가 드러나야 하므로 이에 맞춰 번역했다.
long	롱, 매수	롱	일반적인 매수를 의미하는 말인 buy와 혼동되지 않기 위해 '롱'으로 번역했다. 그리고 보통 '롱'이라고 부른다.
market neutral	시장 중립, 마켓 뉴트럴	시장 중립	neutral이 숏이나 롱과 다른 포지션을 의미할 때는 뉴트럴로 번역했으나, '시장 중립'이라는 말이 이미 사전에도 등재된 만큼, 정착된 용어로 보아 이렇게 번역했다.
neutral	중립, 뉴트럴	뉴트럴	숏, 롱, 뉴트럴이라고 하는 세 가지 포지션의 관계를 감안할 때 뉴트럴만 중립이라고 부를 수는 없으므로 이 단어를 채택했다.
production	프로덕션, 운용환경, 양산환경, 배포환경	프로덕션	알고리즘을 개발할 때의 환경을 개발 환경이라고 한다면, 개발한 알고리즘을 사용하는 환경이 운용 환경이다. 다만, 컴퓨터 과학 분야에서는 프로덕션이라고 칭한다.
short	숏, 매도, 주식차입매도, 주가지수선물매도	숏	일반적인 매도를 의미하는 말인 sell과 혼동되지 않기 위해 '숏'으로 번역했다. 그리고 보통 '숏'이라고 부른다.
systematic	시스템, 체계적	체계적	계통적인 면을 포함해 그보다 더 넓은 외연을 지칭하는 말이 필요할 때는 체계적이라고 번역했다.
systematic	시스템, 체계적	계통	체계적이라는 말의 내포(즉, 더 좁은 개념 범위)이면서 알고리즘처럼 순서를 따르는 체계를 이루고 있음을 의미할 때는 계통(또는 계통적)으로 번역했다.
systematic fund	시스템 펀드	계통적 펀드	'재량 펀드'라는 말과 정확히 대조되는 개념어가 될 수 있도록 채택했다. 예를 들어, '네가 재량껏 해 봐'라는 말에 대조되는 말로는 '계통에 맞춰서(따라서) 해' 또는 '알고리즘에 따라서 해'라는 말의 쓰임 등을 고려했다. 그리고 '체계 펀드'라고 하지 않은 것은 현대 포트폴리오 이론에서 말하는 체계적 위험 등과 혼동하지 않도록 하기 위해서다. 전반적으로 체계적이라는 말의 외연이 계통적이라는 말보다 넓다고 보면 된다.
trading	트레이딩, 거래, 매매	거래	더 정확한 번역어는 '매매'지만, 우리나라에서는 주로 '거래'로 부른다는 점을 감안했다.

머리말

"데이터주의(dataism)에 따르면, 우주가 데이터 흐름으로 구성되어 있으며 데이터 처리에 기여한 정도에 따라 모든 현상이나 실체의 가치가 정해진다고 주장한다. 그러므로 데이터주의에 따른다면 동물[인간도 포함]과 기계 사이의 차별점이 없어지게 되며, 전자적 알고리즘이 결국에 이르러서는 생화학적 알고리즘을 해독하는 지경에 이를 뿐만 아니라 그 지경까지 넘어설 것으로 예상된다."

— 유발 노아 하라리(Yuval Noah Harari)[1]

성공하는 거래trading(매매)를 만들어 내기에 적합한 알고리즘을 찾는다면 금융 시장의 성배를 쥐는 것이나 다름없다. 얼마 전까지만 해도, 자금이 많고 관리할 자산이 많은 기관 투자자만 알고리즘 트레이딩algorithmic trading(알고리즘 거래, 알고리즘 매매)을 할 역량을 갖췄었다. 최근에 오픈소스(공개 소스), 오픈데이터(공개 데이터), 클라우드 컴퓨팅, 클라우드 스토리지 및 온라인 거래 플랫폼이 발전하게 되면서, 소규모 기관 투자자와 개인 투자자가 공평하게 경쟁할 수 있게 되었고, 이로 인해 일반적인 노트북 컴퓨터나 데스크톱 컴퓨터를 갖추고 나서 신뢰할 수 있는 인터넷에 연결을 할 수만 있다면, 이렇게 매력적인 분야에서 누구나 출발선에 설 수 있게 되었다.

오늘날에는 파이썬과 이 파이썬의 강력한 패키지 생태계가 알고리즘 트레이딩을 위한 기술적인 토대technology platform가 되었다. 무엇보다도 파이썬을 사용하면, **효율적 데이터 분석**efficient data analytics을 할 수 있고(예: 판다스[http://pandas.pydata.org/]를 사용), **머신러닝**machine learning(**기계학습**) 기술로 주가를 예측할 수 있으며(예: 사이킷런[https://scikit-learn.org/stable/]을 사용), 구글의 **딥러닝**deep learning(**심층 신경망 활용 학습**) 기술도 활용할 수 있다(예: 텐서플로[https://www.tensorflow.org/]를 사용).

---

1   Yuval Noah Harari. 2015. Homo Deus: A Brief History of Tomorrow. London: Harvill Secker.

이 책은 **알파 생성 전략**alpha generating strategies이라는 맥락에 맞춰, 알고리즘 트레이딩에 사용하는 파이썬을 다룬다(1장을 참고하자). 광활하면서도 흥분을 일으키는 두 분야의 교차점²에 자리 잡은 관련 주제들을 한 권의 책으로 모두 다루기는 어렵다. 하지만 중요한 메타 주제를 다양하면서도 깊이 있게 다뤄 볼 수는 있을 것이다. 이러한 주제들에는 다음과 같은 것이 포함된다.

금융 데이터financial data

금융 데이터는 모든 알고리즘 트레이딩 프로젝트의 핵심이다. 파이썬을 기반으로 하는 넘파이 또는 판다스 같은 패키지들을 사용하면 구조화된 모든 금융 데이터 유형, 예를 들면 종가 데이터, 장중 거래 데이터, 고빈도 거래 데이터 등을 처리할 수 있을 뿐만 아니라, 일을 아주 효과적으로 할 수 있다.

백테스트backtesting(사후검정)

전개 대상인 거래 전략을 엄격하게 테스트test(검정)하지 않은 채, 자동화한 알고리즘 트레이딩을 해서는 안 된다. 이 책은 무엇보다도 단순이동평균, 모멘텀, 평균회귀 및 머신러닝/딥러닝 기반 예측에 기반한 거래 전략을 다룬다.

실시간 데이터real-time data

알고리즘 트레이딩을 할 때는 실시간 데이터와 이러한 데이터를 기반으로 하는 온라인 알고리즘과 실시간 시각화가 필요하다. 이 책은 ZeroMQ 및 스트리밍 시각화를 사용하는 소켓 프로그래밍 방법을 소개한다.

온라인 플랫폼online platforms

거래 플랫폼trading platform(매매 플랫폼)이 없다면 거래를 전혀 할 수 없다. 이 책에서는 인기 있는 전자 거래electronic trading(전자적 매매)³ 플랫폼 두 가지, 즉 **Oanda**(https://www1.oanda.com/)와 **FXCM**(https://www.fxcm.com/)을 다룬다.

자동화automation

거래 작업을 자동화하면 깔끔하게 거래를 할 수 있게 되겠지만, 그러려면 몇 가지 도전 과제부터 해결해야 한다. 이 책에서는 파이썬을 클라우드에 배포하는 방법을 보여줄 뿐만 아니라, 자동화한 알고리즘 트레이딩에 적합하게 환경을 구성하는 방법을 보여준다.

다음과 같은 특징들과 이점들로 인해 여러분은 이 책에서 독특한 학습 경험을 할 수 있을 것이다.

---

2   옮긴이 즉, 계산(computing)과 금융(financing)이 결합한 계산금융(computing finance).
3   옮긴이 '알고리즘 트레이딩'과 같은 말이다.

관련 주제를 다루는 범위가 넓고 깊다

'알고리즘 트레이딩을 위한 파이썬'이라는 주제와 관련해서 말하자면, 이 정도로 넓고 깊게 다루는 책은 이 책이 유일하다(이후에 나오는 내용을 살펴보면 알 것이다).

코드베이스를 제공한다

이 책에 나오는 모든 코드를 독립적이고 실행 가능한 형태로 깃 리파지토리Git repository(깃 저장문서함)에도 저장해 두었다. 리파지토리를 **퀀트 플랫폼**Quant Platform(https://github.com/yhilpisch/py4at[단축 URL: https://bit.ly/py4at])에서 사용할 수 있다.

현실적인 거래를 목표로 삼았다

서로 다른 온라인 거래 플랫폼 두 가지를 적용하는 범위 내에서, 독자는 종이를 사용해서 하는 거래 연습paper trading과 실황 거래live trading에 효율적으로 착수해 볼 수 있다. 이렇게 할 수 있도록 독자에게 관련성 있고 실용적이며 귀중한 배경 지식이 될 내용을 이 책에 실어 두었다.

스스로 해 보게 하고 스스로 주도하게 한다

재료와 코드를 자급자족할 뿐만 아니라 표준 파이썬 패키지만 있으면 되게 하였으므로, 현재 벌어지는 일이나 코드 예제를 사용하는 방법과 변경하는 방법 등에 대한 지식을 온전히 갖출 수 있을 뿐만 아니라 완전한 통제력을 발휘할 수 있다. 예를 들어, 백테스트(사후검정)를 수행하거나 거래 플랫폼에 연결하기 위해 굳이 타사 플랫폼에 의존하지 않아도 된다. 그러므로 여러분은 이 모든 일을 여러분이 따라 하기에 적당한 빠르기로 스스로 해 볼 수 있으며, 그렇게 해 볼 수 있게 하는 코드가 단 한 줄까지 다 갖춰져 있다.

사용자 모임에 참여할 수 있다

독자가 매끄럽게 따라 할 수 있어야 하는 것도 맞지만, 저자와 파이썬 퀀츠Python Quants도 여러분을 도울 수 있다. 독자는 **퀀트 플랫폼**Quant Platform(https://py4at.pqp.io/)에 있는 사용자 포럼에서 질문하거나 의견을 낼 수 있다(회원 가입만큼은 무료임).

온라인/동영상 훈련을 받을 수 있다(유료 구독)

파이썬 퀀츠에서는 책에 제시된 내용을 활용하는 데 필요한 추가 콘텐츠를 포함할 뿐만 아니라, 금융 데이터 과학/금융 분야의 인공지능/엑셀 및 데이터베이스용 파이썬/ 추가 파이썬 도구와 기술 같은 중요한 주제를 다루는 추가 컨텐츠도 포함하는, 포괄적인 온라인 교육 프로그램(https://home.tpq.io/certificates/)을 제공한다.

이 책의 주요 내용

각 장에 제시된 주제와 내용을 간단하게 정리하면 다음과 같다.

1장, 파이썬과 알고리즘 트레이딩

첫 번째 장에서는 알고리즘 트레이딩, 즉 컴퓨터 알고리즘을 기반으로, 금융수단financial instruments(금융상품, 금융증서)[4]을 거래 대상으로 삼아 자동으로 거래하는 일을 소개한다. 이런 맥락과 관련된 근본 개념을 논의하면서, 무엇보다도 책을 읽기 위해 예상되는 선행요건이 무엇인지 설명한다.

2장, 파이썬 기반구조

이번 장에서는 파이썬 환경을 적절하게 구성하는 방법을 보여줌으로써 이번 장 이후에 나오는 모든 장의 기술적 토대를 마련한다. 이번 장에서는 주로 콘다를 패키지 관리자 겸 환경 관리자로 사용한다. **도커**(https://www.docker.com/) 컨테이너 및 클라우드를 통한 파이썬 배포를 보여준다.

3장, 금융 데이터 활용

금융용 시계열 데이터는 모든 알고리즘 트레이딩 프로젝트의 핵심이다. 이번 장에서는 다양한 공개 데이터 및 독점 데이터 공급원에서 금융 데이터를 검색하는 방법을 보여준다. 또한, 파이썬으로 금융 시계열 데이터를 효율적으로 저장하는 방법을 보여준다.

4장, 벡터화 백테스트 숙달

벡터화는 일반적인 수치 계산, 특히 금융 분석에서 강력한 접근 방식이다. 이번 장에서는 넘파이 및 판다스를 사용해 벡터화하는 방식을 소개하고, SMA 기반 전략이나 모멘텀 전략 또는 평균회귀 전략을 백테스트하는 일에 해당 방식을 적용해 본다.

5장, 시장 이동 예측을 위한 머신러닝 기술

이번 장에서는 머신러닝 및 딥러닝 접근 방식을 사용해 시장을 예측해 보는 일에 초점을 맞춘다. 주로 과거 수익을 관측한 내용을 특징으로 삼음으로써, **케라스**(https://keras.io/) 같은 파이썬 패키지를 **텐서플로**(https://www.tensorflow.org/)나 **사이킷런**(https://scikit-learn.org/)과 함께 사용해 미래 시장 방향을 예측하기 위한 접근 방식을 제시한다.

6장, 이벤트 기반 백테스트용 클래스 구축

벡터화 백테스트를 하면 코드와 성과가 간결해진다는 장점이 있지만, 거래 전략에 따라서는 특정 시장의 특징들을 표현하기에는 한계가 있을 수 있다. 반면에, 객체 지향 프로그래밍을 사용해 기술

---

4 옮긴이 금융증서가 원래 뜻으로 보이며, 이 금융증서를 가지고 거래를 하게 되어 거래수단이 되었으므로 금융수단이라고 불렸다가, 이게 우리나라에서는 거래 대상이라는 의미에서 금융상품이라고 부르는 것으로 보인다. 그런데 이 책에서는 이 금융수단과 상품(products)을 구분하고 있어서, 상품이라고 번역하지 않고 금융수단 또는 수단이라고 번역했다.

적으로 구현한 이벤트 기반 백테스트는 이러한 특징들이 과립처럼(즉, 알갱이처럼) 더 뭉칠 수 있게 하고, 사실에 더 가까운 모형화를 할 수 있게 한다. 이번 장에서는 장기 거래 전략을 백테스트하기 위한 클래스와 롱-숏 거래 전략을 백테스트하기 위한 클래스라고 하는, 두 가지 클래스뿐만 아니라 기저 클래스base class(기본 클래스)를 자세히 제시하고 설명한다.

7장, 실시간 데이터와 소켓 사용

야심에 찬 개인 알고리즘 트레이더일지라도 실시간 데이터나 스트리밍 데이터에 대처해야 하는 게 현실이다. 이럴 때 선택할 만한 도구가 바로 소켓 프로그래밍이며, 이번 장에서는 가볍고 확장 가능한 기술인 **ZeroMQ**(https://zeromq.org/)를 소개한다. 이번 장에서는 **Plotly**(https://plotly.com/)를 사용해 멋진 대화형 스트리밍 그림들을 만드는 방법도 설명한다.

8장, Oanda를 활용한 CFD 거래

Oanda(https://www1.oanda.com/)는 외국환 거래 및 차액계약 거래에 쓸 수 있는 플랫폼으로, 외국환 쌍, 주가 지수, 원자재, 지표채권이라고도 부르는 금리 수단[5]을 기반으로 하는 것들처럼, 거래 수단을 다양하게 제공한다. 이번 장에서는 파이썬 래퍼 패키지인 **tpqoa**(https://github.com/yhilpisch/tpqoa)를 사용해 자동화한 알고리즘 트레이딩 전략을 Oanda로 구현하는 방법을 안내한다.

9장, FXCM을 활용한 FX 거래

FXCM(https://www.fxcm.com/uk/)은 외국환 거래 및 CFD 거래를 위한 플랫폼 중에 하나인데, 현대적인 RESTful API가 최근에 릴리스되면서 알고리즘 트레이딩에도 쓸 수 있게 되었다. 이 플랫폼에서 사용할 수 있는 수단으로는 외국환, 주가 지수, 원자재 같은 여러 자산 부류들이 있다. 파이썬 코드 기반 알고리즘 트레이딩을 더 편리하고 효율적으로 할 수 있게 하는 파이썬 래퍼 패키지(http://fxcmpy.tpq.io)도 있다.

10장, 거래 운영 자동화

이번 장에서는 자본관리와 위험분석이나 위험관리는 물론, 알고리즘 트레이딩 운영을 기술적으로 자동화하는 일과 관련하여 일반적으로 해야 할 일을 다룬다. 예를 들어, 자본 할당 및 레버리지에 필요한 켈리기준을 자세히 다룬다.

---

5   옮긴이 금리 수단(rates intruments)이라는 말에서 instrument(수단)는 본래 '증서'라는 뜻이며, 이 증서를 거래에 이용하면 거래 수단이 되므로 '수단'이라고 부르게도 되었으며, 거래 수단을 상품처럼 거래하므로 '상품'이라고 부르게 된 것 같다. 그런데 이 책의 내용 전체에 어울리는 번역어로는 '수단'을 택했는데, 이게 개념을 정확히 전달할 뿐 아니라 일반적인 상품들을 지칭하는 product, goods와 서로 구분할 수 있게 하기 때문이다. 앞으로 '금리수단'이나 '금융수단'이라는 말이 많이 나올 텐데 이것을 각기 '금리상품'이나 '금융상품'으로 여기면 될 것이다.

부록

부록에서는 주요 장에 제시된 재료라고 하는 맥락에서 볼 때 가장 중요한, 파이썬과 넘파이 및 판다스라고 하는 주제를 간단히 소개한다. 여러분은 부록을, 업무를 마친 후에 따로 파이썬을 배우고 싶을 때 출발점으로 삼을 수 있을 것이다.

그림 P-1을 통해 각 장이 알고리즘 트레이딩과 어떻게 관련되는지를, 각 장의 핵심 주제가 아래에서 위쪽으로 향하게 정리한 계층을 볼 수 있다. 이 계층은 반드시 파이썬 기반구조(2장)에서 시작되어야 하고, 금융 데이터(3장), 전략 및 벡터화 백테스트 코드(4장 및 5장)를 보태가면 된다. 그런 식으로 5장을 마치기 전까지는 각 데이터셋을 전체 단위로 묶어서 사용하며 다룬다. 그러고 나서 이벤트 기반 백테스트를 할 때 현업 데이터가 점진적으로 도달한다는 생각을 처음으로 도입한다(6장). 이 6장은 소켓 통신과 실시간 데이터 처리를 다루는 연결 코드 계층(7장)으로 연결해주는 가교 역할을 한다. 또한, 주문을 할 수 있으려면 거래 플랫폼과 이 플랫폼에서 제공하는 API가 필요하다(8장과 9장). 마지막으로 자동화 및 전개[6]의 중요한 측면을 다룬다(10장). 그런 의미에서 볼 때 이 책의 주요 장은 그림 P-1에서 볼 수 있는 계층들과 관련되어 있으며, 그림 P-1은 다루려고 하는 주제들을 자연스러운 순서대로 나열하고 있다.

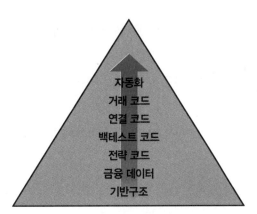

그림 P-1 알고리즘 트레이딩을 위한 파이썬 계층

---

6 [옮긴이] 이 책에서는 deployment(전개)라는 말이 '(프로그램의) 배포'나 '(클라우드에) 배포'라는 의미와 '(투자 전략의) 전개'라는 의미로 모두 쓰였다. 이에 번역할 때는 각기 '배포'와 '전개'로 번역해 그 의미를 구별할 수 있게 했다. 여기서는 '전개'라는 말로 번역했는데, 왜냐하면 문맥상 의미가 '자동화한 전략 코드의 실행을 통한 전략 전개'이기 때문이다.

이 책의 대상 독자

이 책은 알고리즘 트레이딩이라고 하는 매혹적인 분야에서 파이썬을 적용해 보려고 하는 학생이나 학자 및 실무자가 보기에 알맞다. 이 책에서는 독자가 적어도 파이썬 프로그래밍과 금융 거래에 대한 배경 지식을 기본적인 수준 정도는 지니고 있을 것이라고 가정한다. 참조하고 검토해 볼 수 있게 파이썬, 넘파이, 맷플롯립, 판다스라고 하는 중요한 주제를 부록에서 따로 소개한다. 다음에 설명하는 자료들은 이 책에 중요한, 파이썬이라고 하는 주제를 제대로 이해하려 할 때 참고하기에 좋은 것들이다. 대부분의 독자는 적어도 Hilpisch (2018)를 참고 교재로 삼아 볼 수 있을 것이다. 알고리즘 트레이딩에 적용되는 머신러닝 및 딥러닝 접근 방식과 관련하여 Hilpisch (2020)는 풍부한 배경 정보를 제공할 뿐만 아니라 구체적인 사례를 더 많이 제공한다. 금융과 금융 데이터 과학 및 인공지능에 적용되는 파이썬에 대한 배경 정보를 다음에 나열한 책들에서 찾을 수 있다.

- Yves Hilpisch. 2018. **Python for Finance: Mastering Data-Driven Finance**. 2nd ed. Sebastopol: O'Reilly.

- ———. 2020. **Artificial Intelligence in Finance: A Python-Based Guide**. Sebastopol: O'Reilly.

- Wes McKinney. 2017. **Python for Data Analysis: Data Wrangling with Pandas, NumPy, and IPython**. 2nd ed. Sebastopol: O'Reilly.

- Luciano Ramalho. 2021. **Fluent Python: Clear, Concise, and Effective Programming**. 2nd ed. Sebastopol: O'Reilly.

- Jake VanderPlas. 2016. **Python Data Science Handbook: Essential Tools for Working with Data**. Sebastopol: O'Reilly.

알고리즘 트레이딩에 대한 배경 정보를 담은 책들 몇 가지를 예로 들면 다음과 같은 것들이 있다.

- Ernest Chan. 2009. **Quantitative Trading: How to Build Your Own Algorithmic Trading Business**. Hoboken et al: John Wiley & Sons.

- ———. 2013. **Algorithmic Trading: Winning Strategies and Their Rationale**. Hoboken et al: John Wiley & Sons.

- Robert Kissel. 2013. **The Science of Algorithmic Trading and Portfolio Management**. Amsterdam et al: Elsevier/Academic Press.

- Rishi Narang. 2013. **Inside the Black Box: A Simple Guide to Quantitative and High Frequency Trading**. Hoboken et al: John Wiley & Sons.

이 책의 표기 규칙

이 책에는 다음과 같은 출력 규칙이 사용된다.

별색 고딕체
새로운 용어를 나타낸다.

고정폭 서체(constant width)

프로그램을 나열하는 데 쓸 뿐만 아니라 변수 이름, 함수 이름, 데이터베이스, 데이터 형식, 환경 변수, 명령문, 키워드 같은 프로그램 요소들을 단락 내에서 나타낼 때 사용한다.

고정폭 볼드체(constant width bold)

표시된 문자를 있는 그대로 사용자가 입력해야 하는 명령이나 그 밖의 텍스트를 표시한다.

고정폭 이탤릭체(constant width italic)

사용자가 제공해야 할 값이나 맥락에 따라 결정되는 값으로 대체되어야 하는 텍스트를 표시한다.

이 요소는 요령(tip)이나 제안 사항(suggestion)을 나타낸다.

이 요소는 일반적인 참고 사항(note)을 나타낸다.

이 요소는 경고 사항(warning)이나 주의 사항(caution)을 나타낸다.

코드 예제를 사용하기

무료로 등록하기만 하면 되는 퀀트 플랫폼Quant Platform(https://github.com/yhilpisch/py4at[단축 URL: https://bit.ly/py4at])에서 책에 실린 코드를 받아 실행해 볼 수 있다.

여러분이 하는 일을 돕고자 이 책이 나왔다. 그러므로 이 책에서 제공하는 예제 코드를 여러분의 프로그램과 문서에서 일반적으로 사용할 수 있을 것이다. 코드 중에 상당히 많은 부분을 그대로 따서 쓰지 않는 한, 우리에게 따로 허가를 받지 않아도 된다. 예를 들어, 이 책에 나오는 코드 부분 중 대여섯 개 정도를 사용하는 프로그램을 작성한다면 권한을 승인받지 않아도 된다. 하지만, 오라일리에서 펴낸 책에 나오는 예제들을 판매하거나 배포하려면 허가를 받아야 한다. 질문에 응답할 목적으로 이 책이나 예제 코드를 인용할 때는 따로 허가받지 않아도 된다. 반면에 이 책의 예제 코드를 여러분이 만든 제품의 설명서에 첨부하려면 허가를 받아야 한다.

'저작자 표시'를 해주면 고맙겠지만 반드시 그래야 하는 건 아니다. 저작자 표시에는 일반적으로 제목, 저자, 발행인 및 ISBN이 포함된다.

코드 예제가 공정한 사용 범위나 위에 명시한 사용 범위를 벗어난 것처럼 여겨진다면 permissions@oreilly.com으로 언제든지 문의하기 바란다.

감사의 말

기술 검토자인 Hugh Brown, McKlayne Marshall, Ramanathan Ramakrishnamoorthy, Prem Jebaseelan에게 고마움을 전하고 싶은데, 이들 덕분에 책 내용을 크게 보완할 수 있었기 때문이다.

늘 그래왔던 것처럼, 넓고 깊은 기술을 사용해 단순해 보이지만 고도로 복잡한 모든 기술 문제를 풀 수 있게 해준 Michael Schwed에게 특별한 감사를 표한다.

"Delegates of the Certificate Programs in Python for Computational Finance and Algorithmic Trading"(계산금융 및 알고리즘 트레이딩을 위한 파이썬 인증서 프로그램 대리인)도 이 책을 개선하는 데 보탬이 되었다. 이분들이 지속적으로 낸 의견을 따라 나는 오류와 실수를 걸러 낼 수 있었고, 온라인 교육 수업들에서 쓰는 코드와 노트북을 다듬을 수 있었을 뿐만 아니라, 그리고 이제는 마침내 이 책에까지 이르게 되었다.

이 모든 내용을 실현하고 여러 가지 방법으로 책을 다듬을 수 있도록 도와주신, 오라일리 미디어에 소속된 전체 팀원들(특히 Michelle Smith, Michele Cronin, Victoria DeRose, Danny Elfanbaum)에게도 고마움을 전한다.

물론, 그래도 남은 오류가 있다면 그건 다 내 탓이다.

또한, 금융 데이터를 지속적으로 제공하며 지원해준 리피니티브Refinitiv 팀, 그중에서도 특히 Jason Ramchandani에게 고마움을 표한다. 독자가 이 책에서 전반적으로 사용할 수 있게 된 주요 데이터 파일은 리피니티브가 공급하는 데이터 API에서 여러 가지 방식으로 받은 것이다.

그리고 사랑하는 마음을 담아 가족에게도 고마움을 전한다. 우리 가족을 거의 50년에 걸쳐 지원해 주신 아버지, 아돌프에게 바친다.

표지에 대하여

이 책의 표지에 실린 동물은 줄무늬 풀뱀(유혈목이 속)이다. 독이 없는 이 뱀은 서유럽의 민물이나 그 근처에서 발견된다.

풀뱀은 원래 고유종으로 재분류되기 전까지는 유혈목이 종으로 여겨졌던 것으로, 측면을 따라 독특한 줄무늬를 띠는 녹회색 몸체를 지니고 있으며 몸길이가 1미터까지 자랄 수 있다. 헤엄치는 데는 도사이며, 주로 두꺼비와 개구리 같은 양서류를 잡아먹는다. 체온을 항상 조절해야 하는 모든 파충류와 마찬가지로 풀뱀도 겨울에는 일반적으로 온도가 더 안정된 땅속에서 지낸다.

이 뱀의 보존 상태는 현재 '관심 대상Least Concern'이며, 영국에서는 "야생 및 교외 지역에 관한 법률(Wildlife and Countryside Act)"에 따라 보호되고 있다. 오라일리 표지에 나오는 많은 동물들은 멸종위기에 처해 있으며, 모두 세상에 소중한 존재들이다.

표지 그림은 《English Cyclopedia Natural History》에 실린 흑백 판화를 기반으로 한 것으로, 이는 호세 마르산Jose Marzan의 작품이다

베타리더 후기

김용현(Microsoft MVP)

파이썬 기초가 있는 독자를 대상으로 자동화 거래 시스템을 만드는 실용적인 방법을 안내합니다. 개발환경 구성부터 퀀들이나 아이컨 등 이용 방법, Oanda와 FXCM 활용법 등을 실습하며 자신만의 알고리즘 트레이딩 전략 아이디어를 탐색하는 데 충분한 시야와 기본 코드를 제공해 줍니다. 관련 분야 관심 있는 분들에게 좋은 시작점이 될 것입니다. 금융거래 자동화 시스템에 관심 있는 독자들이 알아야 할 필수 기술 및 플랫폼에 대해 알 수 있고, 관련 필수 기본 지식을 체계적으로 알 수 있는 좋은 서적인 것 같습니다.

김태근(연세대학교 대학원)

최근에 알고리즘 트레이딩을 다루는 책들이 많이 쏟아져 나오고 있습니다만, 오히려 읽어보면 초보적인 내용이 전부인 책들이 대다수였습니다. 이 책은 오히려 이론적인 내용은 참고문헌을 제시하는 것으로 대체하고 환경 설정에 꽤나 공을 들이는 등 파격적인 구조조정을 하였습니다. 따라서 이 책으로 모든 것을 마스터하는 것은 힘들지만, 이 분야에 처음 발을 들이는 사람들에게는 효과적인 지침서가 될 것 같습니다. 책의 구성과 내용은 아주 괜찮았습니다만 용어들의 번역이 아쉬웠는데, 표준 용어가 정해지지 않아서 많은 한글 용어들을 병기한 것은 이해는 가지만 가독성을 해치는 선택이었던 것 같습니다. 그래도 전반적으로 훌륭한 책임에는 틀림없는 것 같습니다.

박조은(오늘코드)

금융 분석에 관심이 있는 분들이라면 이브스 힐피쉬 이름을 한 번쯤 들어봤을지도 모릅니다. 이 책은 저자의 명성만으로도 눈길이 가는 책입니다. 어렵고 복잡한 알고리즘이나 AI로 백테스팅과 트레이딩을 여러 라이브러리를 활용해서 풀어가는 방법을 알려줍니다. 파이썬, 넘파이, 판다스의 기본적인 지식이 있는 분들이 금융 데이터를 활용하고자 하는 목적으로 보면 좋은 책입니다. 금융 데이터 분석에 백테스팅과 알고리즘 트레이딩을 직접 파이썬으로 구현하려면 엄청난 코드량과 검증이 필요할 것입니다. 이런 다양한 알고리즘을 미리 구현해둔 알고리즘을 가져와서 다양한 전략을 구현하고 전략을 세우는 데 이 책이 도움이 될 것 같습니다.

이석곤(엔컴)

주식 트레이딩에 관심이 많은 개발자입니다. 그래서 현재 나온 트레이딩 관련 책에 대부분 베타리딩 참여를 했습니다. 이 책은 금융 관련 용어에 대해서 잘 설명을 하고 주식 트레이딩 기법을 기초적인 방법부터 고급 내용(딥러닝 알고리즘을 이용한 자동 트레이딩)까지 설명을 잘하고 있습니다. 최신 딥러닝 자동 알고리즘 주식 매매기법을 배우고 싶다면 이 책을 정독할 것을 추천합니다. 이번 베타리딩을 하면서 주식 관련 트레이딩 기법에 대해서 많은 아이디어와 영감을 받았습니다.

이용진(삼성SDS)

알고리즘 트레이딩을 시작하는 사람, 거기에 해외 주식을 대상으로 알고리즘 트레이딩을 하려고 한다면 도움을 얻을 내용을 많이 담고 있습니다. 알고리즘 트레이딩이라는 주제에 맞게 주식에 대한 이야기를 코드와 함께 잘 풀어서 설명해주고 있습니다. 사용하는 라이브러리와 주식 API가 해외 주식을 대상으로 하는 것이 조금 아쉽지만, 설명하고 있는 내용을 충분히 이해한다면 한국 주식에도 적용이 가능할 정도로 설명이 잘 되어 있는 좋은 책입니다.

정욱재(당근마켓)

알고리즘 트레이딩을 시작하면서 보기 좋은 책으로 보입니다. 많은 내용이 잘 설명된 알찬 책이면서 코드 위주로 설명하여 매우 명확합니다. 실용적인 책을 찾으시는 분들에게 추천합니다.

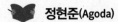 **정현준(Agoda)**

이 책을 읽는다고 당장 파이썬으로 큰돈을 벌 수는 없습니다. 하지만 혹시 누가 알까요? 이 책을 시작으로 퀀트가 될지도... 전반적인 내용은 딱 시기에 적절한 내용(개발자 수요 급증으로 인해 파이썬 수요 증가 + 경제적인 환경으로 인해 주식 등 각종 금융 관련 부분에 관심 급증)으로 보입니다.

제이펍은 책에 대한 애정과 기술에 대한 열정이 뜨거운 베타리더의 도움으로
출간되는 모든 IT 전문서에 사전 검증을 시행하고 있습니다.

1

파이썬과 알고리즘 트레이딩

> 골드만삭스에서 주식 거래에 종사하는 사람의 수가 2000년에 600명이라는
> 최고점에 도달한 후에 지금은 단 두 명으로 줄었다.[1]
>
> — 이코노미스트(The Economist)

이번 장에서는 이 책에서 다루는 주제들의 배경을 이루는 정보와 이 책의 개요를 살펴본다. 이 책은 파이썬 프로그래밍과 금융이 교차하는 지점의 틈새를 비집고 들어선 책에 불과하지만 이 교차점은 파이썬 기술의 전개, 대화형 금융 분석, 머신러닝 및 딥러닝, 객체 지향 프로그래밍, 소켓 통신, 스트리밍 데이터 시각화, 거래 플랫폼 등의 다양한 주제들을 건드려 가면서 빠르게 성장하고 있다.

중요한 파이썬 주제를 간단히 복습할 수 있도록 먼저 부록부터 읽어 보자.

금융을 위한 파이썬

파이썬Python이라고 부르는 프로그래밍 언어는 1991년에 귀도 반 로섬Guido van Rossum[2]이 첫 번째 릴리스를 0.9.0 버전으로 표시해 내놓으면서 그 역사가 시작되었다. 1994년에는 1.0 버전이 나왔다. 그러나 파이썬이 금융 산업에서 주요 프로그래밍 언어이자 기술 플랫폼으로 자리매김을 하기까지는

---

1   "Too Squid to Fail," *The Economist*, 29. October 2016.
2   [옮긴이] 그의 출생지인 네덜란드식 발음으로는 '히도 판 로섬'이다. 그리고 자신은 '귀도 판 로썸'으로 소개하기도 한다. 하지만 우리나라에서는 이미 '귀도 반 로섬'으로 표기하는 경우가 많다.

거의 20년이 걸렸다. 물론, 파이썬을 누구보다 앞서서 도입한 곳(주로 헤지펀드들)도 있었지만, 아마도 2011년경에 이르러서야 본격적으로 도입되기 시작했던 것 같다.

파이썬을 금융 산업에 도입할 때의 주요한 장애물 중에 한 가지는, 씨파이썬CPython이라고 부르기도 하는 기본 파이썬 버전이 인터프리터 방식 고급 언어라는 사실이다. 일반적인 수치 알고리즘들, 이 중에서도 특히 금융 알고리즘은 (중첩된) 루프 구조를 기반으로 구현되는 경우가 흔하다. 컴파일을 하는 동안 C 언어나 C++ 언어 같은 저수준 언어는 이러한 루프를 정말 빠르게 처리하지만, 이에 비해 파이썬은 컴파일을 하지 않고 구문을 해석해서 실행하는 인터프리터 방식으로 루프를 처리하기 때문에 일반적으로 상당히 느리다. 결과적으로 순수한 파이썬은, 옵션 가격 책정이나 위험관리 처럼 다양한 금융 실무에 응용하기에는, 너무 느리다는 점이 입증되었다.

파이썬 대 의사 코드

파이썬이 과학 분야나 금융 분야만을 대상으로 삼은 언어는 아니지만, 이 분야에서 일하는 여러 사람들이 파이썬 구문의 아름다움과 간결함을 선호했다. 얼마 전까지만 해도, (금융) 알고리즘을 설명하는 일에서나, 동시에 적절한 기술 구현을 위한 중간 단계로 의사 코드를 제시하는 것이 일반적으로 좋은 전통으로 간주되었다. 많은 사람들은 파이썬을 사용하면 의사 코드를 제시하는 단계가 더 이상 필요하지 않을 것이라고 여겼다. 그리고 그런 생각이 대체로 옳았다는 점이 밝혀졌다.

예를 들어, 식 1-1에 보이는 것처럼 기하적 브라운 운동의 오일러 이산화Euler discretization를 생각해 보자.

$$S_T = S_0 \exp\left(\left(r - 0.5\sigma^2\right)T + \sigma z\sqrt{T}\right)$$

식 1-1 기하적 브라운 운동의 오일러 이산화

수십 년 동안 레이텍LaTeX이라고 부르는 마크업 언어와 이 언어에 대한 컴파일러는, 수학 공식이 표기된 과학 문서를 작성할 때의 표준이 되다시피 할 만큼, 가장 좋은 도구였다. 여러 면에서 레이텍 구문은, 예를 들어, 식 1-1에 나오는 것 같은 방정식을 작성할 때, 의사 코드와 비슷해 보이거나 아예 의사 코드처럼 보이기도 한다. 이 특별한 사례를 레이텍으로 표기하면 다음과 같다.

```
S_T = S_0 \exp((r - 0.5 \sigma^2) T + \sigma z \sqrt{T})
```

파이썬에서 각 변수에 대한 정의가 주어져 있을 때는, 이 표기 내용이 그대로 실행 가능 코드로 변환되며, 이렇게 변환된 코드 또한, 금융 공식이나 레이텍 표현식과 아주 비슷하다.

```
S_T = S_0 * exp((r - 0.5 * sigma ** 2) * T + sigma * z * sqrt(T))
```

그래도 여전히 속도 문제가 남아 있다. 각 확률미분방정식stochastic differential equation의 수치적 근사치 역할을 하는 이 미분방정식은 일반적으로 몬테카를로 시뮬레이션을 근거로 파생상품 가격을 책정하거나 위험분석이나 위험관리를 수행하는 데 사용된다.[3] 결국, 이러한 과업을 해결하려면 수백만 번에 걸쳐 시뮬레이션을 해야 할 수도 있는데, 그렇게 많이 하게 되더라도 그 결과가 거의 실시간으로 나오거나, 최소한 계산에 착수한 시간으로부터 근접한 시간에 나와야 한다. 인터프리터 방식의 고수준 프로그래밍 언어인 파이썬은 계산이 충분히 빨라야 할 만큼 까다로운 작업을 처리할 수 있도록 설계한 언어가 아니다.

넘파이와 벡터화

2006년에 트래비스 올리펀트Travis Oliphant가 넘파이라고 부르는, 파이썬 패키지의 1.0 버전을 릴리스했다. 넘파이NumPy(https://numpy.org/)는 numerical Python(수치계산용 파이썬)의 약자로 수치 계산이 필요한 상황에서 쓰기에 알맞다. 기본 파이썬 인터프리터는 여러 영역에서 가능한 한 범용으로 쓸 수 있게 한 것인데, 이로 인해 종종 런타임run time(실행 시)에 상당한 오버헤드overhead(부하)를 지게 된다.[4] 반면에 넘파이에서는 전문화specialization라고 하는 주된 접근 방식을 사용해 오버헤드를 방지하면서, 파이썬을 더 좋은 것이 되게 하고, 특정 응용 상황에서 파이썬이 가능한 한 빨라질 수 있게 하였다.

넘파이의 주요 클래스는 **n차원 배열**n-dimensional array을 위한 ndarray 객체라고 하는 정칙적인 배열 객체다. 이 객체는 이뮤터블immutable(불변, 변경 불능)이므로 크기를 변경할 수 없으며 dtype이라는 단일 데이터 형식만 수용할 수 있다. 이와 같은 전문화를 통해 간결하고 빠른 코드를 구현할 수 있게 하였다. 이런 맥락에서 나온 한 가지 중심 접근 방식은 **벡터화**vectorization다. 기본적으로 이 접근 방식을 따른다면 파이썬이 처리하는 수준에서 루프를 도는 일을 방지하면서, 일반적으로 C 언어로 특별하게 구현해 둔 넘파이 코드로 루프 처리를 위임delegate함으로써, 루프가 다소 빠르게 처리된다.

순수 파이썬을 사용해 식 1-1에 따라 기말 가격들인 100만 개의 S_T를 시뮬레이션하는 일을 생각해 보자. 다음에 보이는 코드에서는 100만 번이나 반복되는 for 루프가 핵심 부분이다.

```
In [1]: %%time
        import random
        from math import exp, sqrt

        S0 = 100  ❶
```

---

3   자세한 내용을 알고 싶다면 Hilpisch (2018, ch. 12)를 참고하자.
4   예를 들어, 리스트(list) 객체는 뮤터블(mutable, 가변, 변경 가능)이므로 크기를 변경할 수 있을 뿐만 아니라, int나 float이나 tuple 같은 객체들이나 리스트 객체 그 자체 같은, 거의 모든 종류의 파이썬 객체를 포함할 수 있다.

```
        r = 0.05  ❷
        T = 1.0  ❸
        sigma = 0.2  ❹

        values = []  ❺

        for _ in range(1000000):  ❻
            ST = S0 * exp((r - 0.5 * sigma ** 2) * T +
                            sigma * random.gauss(0, 1) * sqrt(T))  ❼
            values.append(ST)  ❽

        CPU times: user 1.13 s, sys: 21.7 ms, total: 1.15 s
        Wall time: 1.15 s
```

❶ 초기 지수 수준.

❷ 일정한 단기 금리.

❸ 일 년이라는 기간을 쪼갠 부분들의 시계time horizon(시간지평).

❹ 상수 변동률 계수constant volatility factor.

❺ 시뮬레이션된 값들을 모을 수 있게 비워 둔 리스트 객체.

❻ 주된 for 루프.

❼ 단일한single 기말 가격에 대한 시뮬레이션.[5]

❽ 시뮬레이션된 값을 리스트 객체에 추가한다.

넘파이를 사용하면 벡터화 기술이 적용되므로, 파이썬 수준에서 루프를 처리하는 방식을 완벽하게 피할 수 있다. 더 간결하고 읽기 쉽고 거의 여덟 배나 빠른 코드가 된다.

```
In [2]: %%time
        import numpy as np

        S0 = 100
        r = 0.05
        T = 1.0
        sigma = 0.2

        ST = S0 * np.exp((r - 0.5 * sigma ** 2) * T +
                            sigma * np.random.standard_normal(1000000) *
                            np.sqrt(T))  ❶
        CPU times: user 375 ms, sys: 82.6 ms, total: 458 ms
        Wall time: 160 ms
```

---

5   [옮긴이] 여기에 보이는 공식은 기말 자산 가격을 구하는 공식이다. 이 식에 나오는 각 항의 의미를 이해하기 쉽게 더 설명하면 이렇다.
    ST = 기말 가격(들), S0 = 기초 가격, r = 무위험 이자율(risk free interest rate), 0.5 = 배당수익률(dividend yield), sigma = 변동성
    (volatility), T = 만기 수익률(yield to maturity), random.gauss(0, 1) = 가우스 분포에 근거하여 0과 1 사이의 난수를 생성.

❶ 이 단 한 줄짜리 넘파이 코드가 모든 값을 시뮬레이션해서는, 이 값들을 ndarray 객체에 저장한다.

 벡터화라는 개념은 금융 및 알고리즘 트레이딩과 관련된 코드를 간결하고 읽기 쉬우며 유지 관리하기 쉽게 작성하기 위한 것으로, 아주 큰 힘을 발휘한다. 넘파이를 사용해 벡터화를 한 코드는 더 간결해질 뿐만 아니라, 코드가 실행되는 속도도 상당히 빨라진다(예를 들어, 몬테카를로 시뮬레이션을 할 때는 약 여덟 배 더 빠름).

넘파이가 과학 및 금융 분야에서 파이썬의 성공에 크게 기여했다고 말할 수 있다. 소위 **과학적 파이썬 스택**scientific Python stack을 이루는 파이썬 패키지들 중에 인기를 끄는 여러 패키지들은 효율적이고 성능 좋은 데이터 구조인 넘파이를 채택해 빌드함으로써 수치 데이터를 저장하고 처리한다. 실제로 넘파이는, 과학을 할 때 자주 필요한 기능들을 풍부하게 제공하는 싸이파이SciPy 패키지 프로젝트를 진행한 결과로 나온 것이다. 싸이파이 프로젝트를 이끈 사람들은 더욱 강력한 수치 데이터 구조가 필요하다는 점을 인식하고 이 분야에서 오래전부터 진행되어 오던 뉴메릭Numeric 프로젝트나 넘어레이NumArray 프로젝트 같은 것들을, 넘파이를 기반으로 하는 프로젝트에 새로 통합했다.

알고리즘 트레이딩에서, 몬테카를로 시뮬레이션은 프로그래밍 언어의 가장 중요한 사용 사례use case(유즈 케이스)가 아닐 수도 있다. 그러나 여러분이 알고리즘 트레이딩이라고 부르는 공간에 들어간다면 큰 금융 시계열 데이터셋들, 아니 오히려 거대하다고 할 만한 금융 시계열 데이터셋들을 관리하는 일과 관련된 사용 사례가 아주 중요하다. (장중) 거래 전략에 맞춰 백테스트를 한다거나, 거래가 이뤄지는 시간에 발생하는 틱 데이터 스트림을 처리해야 하는 경우를 생각해 보자. 바로 이럴 때 **판다스 데이터 분석 패키지**pandas data analysis package(https://pandas.pydata.org/)가 필요하다.

pandas 클래스와 DataFrame 클래스

대형 헤지펀드인 에이큐알 캐피털 매니지먼트AQR Capital Management는 미국 코네티컷 주 그리니치에서 운영되던 곳인데, 이곳에서 일했던 웨스 맥키니Wes McKinney가 2008년에 판다스를 개발했다. 다른 헤지펀드와 마찬가지로 이 펀드에서도 시계열 데이터로 작업하는 게 아주 중요했지만, 그 당시에 있던 파이썬만을 써서는 이러한 데이터 유형을 제대로 처리할 수가 없었다. 웨스는 이런 분야에서 쓸 수 있도록 R이라고 하는 통계용 언어(http://r-project.org)의 기능을 모방하는 패키지를 만들어야 하겠다고 생각했다. 예를 들어, 주요 클래스인 DataFrame의 이름을 보면 이런 생각이 반영된 점을 알 수 있는데, 이 클래스에 대응하는 R 언어 부분의 이름이 data.frame이기 때문이다. 웨스가 근무하던 헤지펀드에서는, 웨스가 진행하던 판다스 프로젝트가 핵심 자금 관리 업무에 해당하는 게 아니라고 간주하여 2009년에 소스 코드를 공개했고, 이로 인해 오픈소스 기반 데이터 분석이나 오픈소스 기반 금융 분석에 성공해 가는 이야기를 써 나갈 수 있게 되었다.

파이썬은 판다스의 도움을 어느 정도 받았기 때문에 데이터 분석과 금융 분석 분야에서 큰 세력을 떨칠 수 있게 되었다. 파이썬 외의 언어를 사용해 오던 사람들이 파이썬을 써보려고 마음먹은 이유 중에 주된 원인으로 판다스를 꼽는다. 판다스를 퀀들Quandl(https://www.quandl.com/) 같은 오픈데이터 공급원 open data source들과 결합하면 진입 장벽을 크게 낮출 수 있어서, 심지어 학생일지라도 정교한 금융 분석을 수행할 수 있게 되며, 이럴 때 필요한 것은 인터넷에 연결된 일반적인 노트북 컴퓨터뿐이다.

어떤 알고리즘 트레이더가 시가 총액이 가장 큰 암호화폐인 비트코인을 거래하는 일에 관심을 두고 있다고 해 보자. 그는 제일 먼저 달러(USD)의 과거 환율historical exchange rate(이력 환율, 역사적 환율)을 나타내는 데이터를 찾는 일부터 해야 할 것으로 보인다. 퀀들 데이터와 판다스를 사용하면 이러한 일을 1분 만에 마칠 수 있다. 그림 1-1에는(그림 모양을 꾸미는 데 필요한 파라미터를 일부 생략함), 다음에 나오는 파이썬 코드를 실행했을 때 그 결과로 나온 그림이 나타나 있다. 판다스가 명시적으로 가져오기import를 하지는 않았지만, 기본적으로 퀀들이라고 부르는 파이썬 래퍼 패키지가 100일 단순이동평균simple moving average, SMA을 추가하고, SMA를 사용해 원시 데이터를 시각화하는 데 쓸 DataFrame 객체를 반환한다.

```
In [3]: %matplotlib inline
        from pylab import mpl, plt  ❶
        plt.style.use('seaborn')  ❶
        mpl.rcParams['savefig.dpi'] = 300  ❶
        mpl.rcParams['font.family'] = 'serif'  ❶

In [4]: import configparser  ❷
        c = configparser.ConfigParser()  ❷
        c.read('../pyalgo.cfg')  ❷
Out[4]: ['../pyalgo.cfg']

In [5]: import quandl as q  ❸
        q.ApiConfig.api_key = c['quandl']['api_key']  ❸
        d = q.get('BCHAIN/MKPRU')  ❹
        d['SMA'] = d['Value'].rolling(100).mean()  ❺
        d.loc['2013-1-1':].plot(title='BTC/USD exchange rate',
                            figsize=(10, 6));  ❻
```

❶ 그림을 그려 낼 패키지를 가져와 구성한다.

❷ configparser 모듈을 가져와 자격증명credential(크리덴셜) 내용들을 읽는다.[6]

---

6 [옮긴이] pyalgo.cfg라는 파일을 독자가 직접 만들어야 한다. 이때 저자가 작성해 둔 예제를 참고하면 되는데, 이 책의 코드를 담은 깃 허브 사이트(https://github.com/yhilpisch/py4at/blob/master/pyalgo_example.cfg)에서 예제 파일을 제공한다. 예제 파일을 그대로 쓰면 되는 게 아니라 거기에 YOUR_API_KEY 등의 값 부분을 자신의 API 키로 바꾸는 등 수정해서 써야 한다. 또한 파일 이름도 pyalgo.cfg로 고쳐야 한다.

❸ 퀀들이라고 부르는 파이썬 래퍼 패키지를 가져온 다음에 해당 패키지에 여러분의 API 키를 알려주면 된다.[7]

❹ API를 사용해 일별 비트코인 환율 데이터를 검색한retrieves(인출한) 다음에, 1개 열로 된 판다스 DataFrame 객체를 반환한다.

❺ 벡터화된 방식으로 100일 단순이동평균을 계산한다.

❻ 2013년 1월 1일 데이터부터 선택해 그려 낸다.

분명히 넘파이와 판다스는 금융 분야에서 파이썬이 크게 성공하는 데 기여했다. 게다가 파이썬 생태계에서는 근본적인 문제를 해결하거나, 때로는 특수한 문제를 해결하는 데 필요한 파이썬 패키지들을 추가해서 쓸 수 있게 한다. 이 책에서는 데이터 검색 및 저장용 패키지들(예: PyTables, TsTables, SQLite)과 머신러닝 및 딥러닝용 패키지들(예: 사이킷런, 텐서플로)을 사용하며, 이 두 가지 범주에만 특별히 이름을 붙인다. 그 과정에서 우리는 알고리즘 트레이딩 프로젝트를 더 효율적으로 만드는 클래스들과 모듈들도 구현할 것이다. 그러나 전반적으로 사용될 만큼 주요한 패키지는 넘파이와 판다스다.

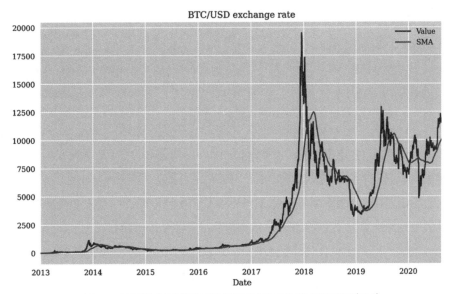

그림 1-1 2013년 초부터 2020년 중반까지의 과거 비트코인 환율(달러)

 넘파이에는 숫자 데이터를 저장하거나 다룰 수 있게 하는 기본 데이터 구조가 있고, 한편으로 판다스를 사용하면 테이블에 강력한 시계열 관리 기능을 보탤 수 있다. 또한, 판다스는 그 밖의 패키지들이 제공하는 기능들을 사용하기 쉬운 API로 멋지게 둘러싸 주기도 한다. 방금 설명한 비트코인 예제에서는 DataFrame 객체를 단일 메서드로 호출하기만 하면 두 가지 금융 시계열을 그림으로 그려 가시화할 수 있다는 점을 볼 수 있다. 넘파이와 마찬가지로 판다스에서도 내부적으로 컴파일된 코드를 많이 사용하기 때문에, 다소 간결하면서도 벡터화된 코드를 허용하여 일반적으로 더 빠르게 실행될 수 있게 한다.

---

7 [옮긴이] import quandl as q라는 명령이 실행되려면 그 전에 먼저 quandl이 설치되어 있어야 하므로, 만일 오류가 발생한다면 pip install quandl 명령을 콘솔에서 내려 quandl부터 설치하자.

알고리즘 트레이딩

알고리즘 트레이딩algorithmic trading(알고리즘 거래, 알고리즘 매매)이라는 용어는 독특하지도 않고 보편적으로 정의할 수도 없다. 다소 기본적인 수준에서 보자면, 알고리즘 트레이딩이란, 형식을 중시하는 알고리즘을 가지고 금융수단들을 거래하는 일을 말한다. 알고리즘이란 특정 목표를 달성하기 위해 특정 순서로 수행되는 일련의 작업(수학적이면서도 기술적인 작업)을 말한다. 예를 들자면, 루빅스 큐브를 풀어내는 수학적 알고리즘을 들 수 있다.[8] 이러한 알고리즘은 단계별 절차를 거치면서 당면한 문제를 완벽하게 해결할 수 있다. 알고리즘의 사례를 또 들자면, 어떤 방정식의 근(또는 근들)이 있는 경우에, 그러한 근(또는 근들)을 찾는 일을 들 수 있다. 그런 점에서 볼 때, 수학적 알고리즘의 목표는 명료하게 정해질 때가 있으며, 종종 최적해를 찾아낼 것으로 기대하게 된다.

하지만 금융 거래 알고리즘들의 목표라면 어떨까? 일반적으로 보자면 이런 질문에 대답하기는 쉽지 않다. 잠시 한 발 뒤로 물러나서 거래를 하는 동기를 일반적인 측면에서 생각해 본다면 도움이 될 수도 있겠다. Dorn 등(2008)에는 다음과 같은 글이 있다:

> 금융 시장에서 거래trading(매매)란 중요한 경제 활동이다. 시장에 들어가거나 나오는 일, 당장 쓸 일이 없는 현금을 시장에 넣어 두는 일, 돈이 필요할 때는 다시 현금으로 바꾸는 일에는 거래가 필요하다. 또한, 시장 내에서 돈을 옮기고, 한 자산을 다른 자산으로 교환하고, 위험을 관리하고, 미래 가격 변동에 대한 정보를 활용하는 일에도 거래가 필요하다.

이런 식으로 보는 관점은 본질적으로 경제적이라기보다는 기술적이며, 주로 거래가 이뤄지는 과정 그 자체에만 초점을 맞추고 있을 뿐만 아니라, 사람들이 처음에 거래를 시작하는 이유에만 초점을 맞추고 있다. 자신이나 타인을 위해 돈을 관리하는 사람과 금융 기관이 금융 거래를 하는 동기들 중에 이 책의 주제에 맞는 것들만 대략적으로 골라서 나열해 보면 이렇다.

베타 거래beta trading

예를 들자면, S&P 500이 보여주는 성과를 모방하는 ETFExchange Traded Fund(상장지수 펀드)들에 투자하여 시장위험 프리미엄market risk premium[9]들을 버는 경우를 들 수 있다.

알파 생성alpha generation

예를 들어, S&P 500에 상장된 공매도 주식들이나 S&P 500에 ETF를 매도하여 시장과 무관한 위험 프리미엄risk premium들을 획득하는 경우를 들 수 있다.

---

8   "The Mathematics of the Rubik's Cube" 또는 "Algorithms for Solving Rubik's Cube"를 참고하자.
9   옮긴이 시장에서 위험을 감수하고 기대할 수 있는 수익과 무위험 수익 간의 차이.

정적 헤징static hedging

예를 들어, S&P 500에 대한 외가격 풋옵션out-of-the-money put option을 매수하여 시장위험을 헤징하는 경우를 들 수 있다.

동적 헤징dynamic hedging

예를 들어, S&P 500 기반 선물futures과, 현금, 화폐시장money market(머니마켓), 금리수단rate instruments (금리상품)들 중에 적절한 것을 서로 동적으로 거래함으로써 S&P 500 옵션에 영향을 미치는 시장위험을 헤징한다.

자산부채종합관리asset-liability management

예를 들어, 생명보험 약관life insurance policy을 작성하는 일 등으로 인해 생기는 채무 같은, 어떤 원인에 의해 생기는 채무 같은 것을 감당할 수 있게 S&P 500 주식들이나 ETF들을 거래한다.

시장 조성market making

예를 들어, 다양한 매수호가bid price 및 매도호가ask price로 옵션을 매수buying하거나 매도selling함으로써 S&P 500 옵션에 유동성을 제공한다.

이러한 모든 거래 유형을 자유재량 방식discretionary approach으로 구현할 수 있고, 인간 트레이더는 주로 스스로 결정을 내리기도 하며, 인간 트레이더를 지원하는 알고리즘들을 바탕으로 결정을 내리거나 아예 알고리즘들로 인간 트레이더를 대체하기도 한다. 이러한 맥락에서 볼 때, 금융 거래financial trading(금융 매매)를 전산화하는 일이 무척 중요하다. 금융 거래라는 게 처음 시작될 무렵에는 많은 사람들이 증권거래소 바닥에 서서 서로 큰소리로 외치는 게 거래를 성사시키는 유일한 방법(일명 '공개 (발성) 호가' 방식)이었지만, 컴퓨터가 도입되고 인터넷 기술과 웹 기술이 발전하면서 금융 산업 분야의 거래 방식이 혁신되었다. 이번 장의 시작 부분에 나오는 인용문에는 2000년과 2016년에 골드만삭스에서 주식 거래에 적극적으로 참여한 여러 사람들이 보여준 장면이 인상적으로 그려져 있다. Solomon 및 Corso(1991)가 지적한 것처럼 25년 전에 예견된 경향은 이랬다.

> 컴퓨터를 사용하면서 증권 거래에 혁명이 일어났으며, 현재 주식 시장은 역동적으로 변하고 있다. 미래의 시장은 과거 시장과 확실히 달라질 것이다. 기술 발전 덕분에 주가 정보를 전 세계로 몇 초 만에 전송할 수 있다. 지금은 컴퓨터로 주문 경로를 지정하고 중개 회사의 단말기를 거쳐 거래소 쪽으로 직접 소액 거래를 집행execution할 수 있다.[10] 이제 컴퓨터는 다양한 주식 거래소를 연결하여 세계적이면서도 단일한 증권 거래 시장을 만드는 데 도움이 되고 있다. 지속적인 기술 향상으로 인해, 전자 거래 시스템을 통해 세계 어느 곳에서든지 거래를 집행할 수 있다.

---

10 [옮긴이] 이렇게 거래소에서 직접 거래(trading, 매매)를 집행하는 경우를 DMA(direct market access, 직접 시장 접근)라고 하는데, 우리나라에서는 불가능한 것으로 알고 있다. 이는 개인이 증권거래소의 회원사가 아니기 때문이다. 다만, 셀 사이드(sell side)인 증권회사를 거칠지라도 그 거래를 거의 실시간으로 집행해 주기 때문에 직접 거래하는 것처럼 보일 수는 있다.

흥미롭게도 가장 오래되고 가장 널리 사용되는 알고리즘 중 하나를 옵션을 대상으로 하는 동적 헤징에서 찾아볼 수 있다. 이미 Black 및 Scholes(1973)와 Merton(1973)이 유럽 옵션 가격 책정에 관한 주요 논문을 발표하면서 **델타 헤징**delta hedging이라고 부르는 알고리즘을, 전산화되어 전자 거래가 시작되기 훨씬 전부터, 사용할 수 있게 되었다. 거래 알고리즘이라고 하는 측면에서 보았을 때, 델타 헤징은 단순하고 완벽하며 연속적인 모형 세계에서 볼 수 있는 시장위험을 모두 헤징하는 방법을 보여준다. 현실 세계에서는 거래비용이나 이산적인 거래가 있고, 불완전하고 유동적인 시장이나 그 밖의 마찰 요소(즉, '불완전성')가 있음에도 불구하고, 다소 놀랍게도 이런 상황 속에서도 알고리즘이 유용하고 견고하다는 점이 증명되었다. 이 알고리즘으로 옵션에 영향을 미치는 시장위험을 완벽하게 헤지할 수는 없지만, 이상적인 상황에 다가서기에 유용하기 때문에, 여전히 금융 산업에서 대규모로 사용된다.[11]

이 책에서는 알고리즘 트레이딩을 **알파 생성 전략**alpha generating strategies이라고 하는 맥락에서 중점적으로 살펴볼 것이다. 알파를 더 정교하게 정의하는 경우도 있지만, 이 책의 목적에 맞게 이 책에서는 알파alpha라고 하는 것을 일정 기간 동안의 거래 전략에 따른 수익과, 개별 주식이나 주가 지수 또는 암호 화폐 등의 지표물benchmark이 보여주는 수익 간의 차이로 간주한다. 예를 들어, S&P 500 이 2018년에 10%의 수익을 내고 알고리즘 전략에 따라 12%의 수익을 냈다면 알파는 +2% 포인트 가 된다. 전략에 따라 7% 수익을 냈다면 알파는 –3% 포인트가 된다. 일반적으로 이러한 수number들 은 위험에 대비할 수 있게 조정되지 않으며, 최대 낙폭(기간) 같은 그 밖의 위험 특성은 일반적으로 그 중요도가 이차적인 것으로 간주한다.

 이 책은 알파 생성 전략이나 시장의 성과와 무관하게 지표물보다 더 많은 이익을 창출해내는 전략에 초점을 맞춘다. 이 책에서는 알파를 (가장 간단한 방법으로) 따로 정의할 텐데, 즉 알파란 지표 금융수단 (benchmark financial instrument, 지표물로 여기는 금융 상품)의 성과에 비해서 전략을 따랐을 때 낸 수익 이 더 높을 때의 그 초과 수익이라고 정의한다.

거래 관련 알고리즘이 중요한 역할을 하는 영역이 또 있다. 하나는 **고빈도 거래**high frequency trading, HFT(고주파 거래)[12]라고 부르는 공간으로, 이 공간에서 참여자의 경쟁력을 좌우하는 것은 속도다.[13] HFT를 하는 동기는 다양하지만, 시장 조성market making 및 알파 생성alpha generation이 중요한 동기일 수 있다. 또 다른 공간을 하나 들자면, 특정 비표준 거래를 최적으로 집행할 수 있게 알고리즘을 전

---

11 유럽 및 미국 옵션에 대한 델타 헤징 전략을 파이썬으로 구현하는 일을 자세히 분석한 내용을 알고 싶다면 Hilpisch(2015)를 참고하자.

12 <u>옮긴이</u> 사실 HFT는 고빈도 거래 기법 중의 한 가지이다. 엄밀한 의미에서 볼 때 여기서 언급하고 있는 HFT는 '고주파 거래'이지만, 국 내 실정상 거의 '고빈도 거래', 즉 '고빈도 매매'로 지칭하고 있는 현실을 따라 번역했다. 고빈도 거래는 스캘핑(즉, 초단타 거래) 등을 포 함한 잦은 거래를 모두 포함하는 개념이고, 고주파 거래는 거래 당사자의 거래 내역을 미리 파악하고 그보다 앞서서 미리 거래해버리 는 거래를 말한다. 고주파 거래가 불법적인 요소가 있어서 일부 국가에서는 금지 대상이다. 고주파 거래에서는 통신 속도가 무척 중요 하기 때문에, 한동안 더 좋은 통신 회선을 차지하거나 구축하기 위한 경쟁이 치열했었다.

13 HFT를 기술적인 내용 없이 소개하는 책으로는 Lewis(2015)가 있다.

개하는 방식인 **매매 집행**trade execution(거래 집행)이 있다. 이 분야에서는 대량주문을 집행하거나(가능한 한 최상의 가격으로), 시장의 영향이나 가격의 영향이 가능한 한 적게 주문을 집행하는 게 동기가 될 수 있다. 여러 다른 거래소에서 주문을 집행함으로써 거래 내용을 감추려고 하는 미묘한 동기가 있을 수도 있다.

아직 풀지 못한 의문점이 있다. '인간의 연구나 경험이나 재량discretion 대신에 알고리즘을 사용하는 게 거래를 하는 데 있어서 어떤 이득을 안겨 주는가?'라는 의문점 말이다. 이런 질문에 대답하기가 대체로 곤란한 면이 있다. 지표물보다 더 많은 수익을 투자자들에게 장기간에 걸쳐 안겨 주는 인간 트레이더와 포트폴리오 관리자가 있는 것은 확실하다. 이런 점을 잘 보여주는 사람은 워런 버핏Warren Buffett이다. 반면에, 통계 분석에 따르면 대부분의 적극적인 포트폴리오 관리자가 관련 지표물을 일관되게 이기는 경우는 거의 없다. 2015년도를 되돌아 본 아담 쉘Adam Shell은 다음과 같이 기록하고 있다.

> 예를 들어, 작년에 S&P 500 주가 지수가 배당금을 포함하여 1.4%라고 하는 미미한 총 수익을 기록했을 때, '적극적으로 관리했던' 대기업 주식 펀드 중에 66%에 해당하는 펀드의 수익이 지수보다 적은 수익을 기록했고, 최근 5년 동안 대형주 펀드 중에 84%에 이르는 펀드가 S&P 500보다 낮은 수익을 냈으며, 82%는 지난 10년에 걸쳐 하락세를 보인 것으로 조사 결과 드러났다.[14]

2016년 12월에 발표된 실증 연구에서 Harvey 등은 다음과 같이 기록하고 있다.

> 우리는 재량적 헤지펀드discretionary hedge funds와 계통적 헤지펀드systematic hedge funds의 성과를 분석하고 서로 대조해 보았다. 계통적 펀드는 인간의 장중 개입을 거의 없게 하거나 전혀 없게 한, 규칙 기반 전략을 사용한다. 우리는 1996년부터 2014년에 이르는 기간 동안 계통적으로 주식을 관리하는 관리자가 비조정 수익unadjusted returns, 즉 원래 수익raw returns이라는 측면에서 재량권을 지니고 재량적으로 주식을 관리하는 관리자보다 실적이 낮다는 점을 발견했지만, 잘 알려진 위험 요인들에 대한 익스포져exposure(위험 노출액)를 조정한 후의 위험 조정 성과risk-adjusted performance는 비슷했다. 계통적 매크로 펀드들이 비조정 기준가격unadjusted basis(비수정 기준가격, 비수정 기초액)과 위험 조정 기준가격risk-adjusted basis(위험 조정 기초가격, 위험 조정 기초액) 모두에서 재량펀드discretionary fund(재량자금)들을 능가했다.

다음에 나오는 표는 Harvey 등(2016)이 연구한 주요 정량적quantitative 결과를 재현한 것이다.[15] 표에 나오는 요인factor들에는 에쿼티equity(지분)나 본드bond(채권) 같은 전통적인 요인들과, 밸류value(가치)나 모멘텀momentum(추세) 같은 동적인 요인들과, 등가격 풋옵션이나 콜옵션을 사는 일 같은 변동성이

---

14 출처: "66% of Fund Managers Can't Match S&P Results." USA Today, March 14, 2016.

15 1996년 6월부터 2014년 12월에 이르기까지, 총 9000개 헤지펀드로 구성된 헤지펀드 카테고리에 대한 연간 성과(단기 이자율 초과) 및 위험에 대한 측정.

포함된다. **조정수익평가비율**adjusted return appraisal ratio은 알파를 조정수익변동률adjusted return volatility로 나눈 것이다. 자세한 내용과 배경에 대해서는 원래 연구 내용을 참고하자.

이 연구의 결과에 따르면, 계통적(즉, '알고리즘을 사용한') 매크로 헤지펀드들이 비조정 조건과 위험 조정 조건에서 모두 카테고리별로 아주 잘 수행된다는 것을 보여준다. 이러한 펀드들은 연구 기간 동안 4.85% 포인트에 해당하는 연간 알파를 생성했다. 이러한 매크로 헤지펀드macro hedge fund들은 일반적으로 세계 시장을 대상으로 삼아 여러 종류의 자산을 교차해 운영하므로, 종종 정치적 요인이나 및 거시 경제 요인을 고려한 전략을 구현한다. 계통적 에쿼티 헤지펀드들은 조정수익평가비율 (0.35 : 0.25)의 기준가격basis 상에서만, 재량권을 발휘하는 상대들을 이긴다.

	계통적 매크로 헤지펀드	재량적 매크로 헤지펀드	계통적 에쿼티 헤지펀드	재량적 에쿼티 헤지펀드
평균 수익	5.01%	2.86%	2.88%	4.09%
요인에 기인한 수익	0.15%	1.28%	1.77%	2.86%
조정수익평균(알파)	4.85%	1.57%	1.11%	1.22%
조정수익변동률	0.93%	5.10%	3.18%	4.79%
조정수익평가비율	0.44	0.31	0.35	0.25

2017년도의 전체 헤지펀드 실적은 S&P 500에 비해 무척 적었다. S&P 500 지수는 21.8%에 해당하는 수익을 냈지만 헤지펀드는 투자자에게 8.5%에 해당하는 수익만을 안겨 주었는데, **인베스토피디아**Investopedia에서 이에 대한 기사(https://www.investopedia.com/news/2017-hedge-funds-return-less-half-sp-500/)를 볼 수 있다. 이러한 점을 볼 때, 수백만 달러에 달하는 예산을 연구와 기술 개발에 쏟아부어도 알파를 만들어내기가 엄청나게 어렵다는 점을 알 수 있다.

알고리즘 트레이딩을 위한 파이썬

금융 산업 분야의 구석구석에서 파이썬Python을 사용하지만, 파이썬은 특히 알고리즘 트레이딩이라고 하는 공간에서 인기를 끌고 있다. 이에 대한 좋은 근거를 몇 가지 대자면 이렇다.

데이터 분석 기능

모든 알고리즘 트레이딩 프로젝트에서는 금융 데이터를 효율적으로 관리하고 처리할 수 있는 능력이 주로 요구된다. 파이썬을 넘파이나 판다스 같은 패키지와 결합하면, 그 밖의 어떤 프로그래밍 언어를 사용할 때보다, 알고리즘 트레이더의 삶이 편안해진다.

최신 API 다루기

FXCM(https://www.fxcm.com/uk/)및 Oanda(https://www1.oanda.com/) 같은 최신 온라인 거래 플랫폼에서는 RESTful API들과 소켓(스트리밍) API들을 제공하므로 과거 데이터historical data(이력 데이터, 역사적 데이터)나 실황 데이터live data에 액세스할 수 있다. 파이썬은 이러한 API들과 효율적으로 상호 작용하기에 일반적으로 적합하다.

전용 패키지

표준 데이터 분석 패키지들 외에도 거래 전략을 백테스트하는 데 사용하는 **파이알고트레이드**PyAlgoTrade(http://gbeced.github.io/pyalgotrade/) 및 **집라인**Zipline(https://github.com/quantopian/zipline)과, 포트폴리오를 수행하고 위험분석을 수행하는 데 사용하는 **파이폴리오**Pyfolio(https://github.com/quantopian/pyfolio) 같은, 알고리즘 트레이딩 공간 전용으로 사용할 수 있는 패키지가 여러 가지 있다.

공급업체 보증 패키지

점점 더 많은 공급업체가 자사 제품에 쉽게 다가설 수 있게 하려고 파이썬 패키지를 오픈소스 방식으로 내놓고 있다. 그중에는 완다Oanda 같은 온라인 거래 플랫폼과 **블룸버그**Bloomberg(https://bsso.blpprofessional.com/idp/MCOUm/resumeSAML20/idp/SSO.ping) 및 **리피니티브**Refinitiv(https://developers.refinitiv.com/en/api-catalog)처럼 선도적인 데이터 제공 업체도 있다.

전용 플랫폼

예를 들어, **퀀토피안**Quantopian[16]은, 파이썬 언어를 선택한 사람들이 그 밖의 소셜 네트워크 기능을 활용하면서 같은 생각을 가진 그 밖의 사람들과 아이디어를 교환할 수 있는 웹 기반 플랫폼으로, 표준화된 백테스트 환경을 제공한다. 창립 시점부터 2020년에 이르기까지 퀀토피안은 사용자를 30만 명 이상 확보했다.

매수부문buy-side(바이 사이드)과 매도부문sell-side(셀 사이드) 채택

점점 더 많은 기관 참여자들이 거래 부서가 개발을 하는 데 덜 노력해도 되도록 파이썬을 채택했다. 이는 결론적으로 파이썬에 능숙한 직원이 점점 더 많이 필요하게 되는 꼴이 되므로, 투자를 해서라도 파이썬을 학습해 둘 가치가 있게 한다.

교육, 훈련, 서적

기술을 광범위하게 채택한다거나 프로그래밍 언어를 채택하려면, 전문 서적이나 그 밖의 자료와 결합된 학술과 전문 교육과 훈련 프로그램이 전제되어야 한다. 최근에 파이썬 생태계에서는 이러한 일을 할 수 있는 사람을 채용하는 일이 엄청나게 늘어났으며, 점점 더 많은 사람들이 파이썬을

---

16 옮긴이 영문 위키백과(https://en.wikipedia.org/wiki/Quantopian)에 따르면 퀀토피안은 2020년 10월에 문을 닫았다. 해당 위키 페이지에는 이에 대한 기사 등이 인용되어 있다.

금융 분야에 사용할 수 있게 하는 교육/훈련을 받고 있다. 이와 같은 현상을 통해서 알고리즘 트레이딩이라고 하는 공간에서 파이썬을 채택하는 추세가 더 커질 것이라는 점을 예상할 수 있다.

요약하면 파이썬이 이미 알고리즘 트레이딩에서 중요한 역할을 하고 있으며, 강력한 추진력을 내재하고 있어서 파이썬이 앞으로 더욱 중요해질 것이라고 단언할 수 있다는 말이다. 따라서 파이썬은 야심에 찬 '소매retail' 트레이더에게 좋은 선택지일 뿐만 아니라, 시스템 트레이딩systematic trading(계통적 거래)에 종사하는 선도적인 금융 기관에 고용된 전문가가 되어 이 분야에 진입하려는 사람에게도 좋은 선택지이다.

초점을 맞출 부분과 선행요건

이 책에서는 알고리즘 트레이딩용 프로그래밍 언어인 파이썬에 초점을 맞춘다. 이 책은 독자가 이미 데이터 분석에 사용되는 파이썬과 그 밖의 인기있는 파이썬 패키지를 써 본적이 있다고 가정한다. 좋은 입문서로는 Hilpisch(2018), McKinney(2017), VanderPlas(2016) 등이 있는데, 이 책들은 모두 데이터 분석 및 금융 업무에 쓸 수 있게 파이썬 기반을 구축할 때 참고할 만한 것들이다. 이 책을 읽을 독자라면 VanderPlas(2016)도 소개한 적이 있는, 파이썬을 사용한 대화형 분석에 사용되는 일반적인 도구, 즉 아이파이썬IPython도 써 본 적이 있을 것이다.

이 책은 거래 전략 백테스트나 스트리밍 데이터 작업 같은 당면 주제에 적용되는 파이썬 코드를 제시하고 설명한다. 그 밖의 일에 파이썬 패키지를 사용하는 방법까지 철두철미하게 이 책에서 다 소개할 수는 없다. 그렇지만 꼭 드러내야 할 패키지 기능(예: 넘파이를 이용한 벡터화)에 대해서는 힘주어 설명할 것이다.

또한, 이 책에서 알고리즘 트레이딩과 관련된 모든 금융 측면과 운영 측면을 철저하게 소개할 수도 없고 그 개요를 다 제공할 수도 없다. 대신에 이 접근법에서는 파이썬을 사용해 자동화한 알고리즘 트레이딩을 할 때 시스템에 필요한 인프라infrastructure(기반시설)를 구축하는 데 초점을 맞춘다. 물론 이 책에 사용된 예제 중에 대부분은 알고리즘 트레이딩 공간에서 가져온 것이다. 그러나 모멘텀 전략이나 평균회귀 전략을 다룰 때 (통계적으로) 검증해 본다거나 복잡한 면을 깊이 있게 논의해 보지 않은 채로 그저 사용해 보기만 한 것일 수도 있다. 또한, 이 책에서는 이렇게 상술하면서 공개한 문제들을 언급하고 있는 참고자료 출처들에 대한 주소를 독자들에게 적절한 시점에서 제시할 것이다.

이 책을 쓸 때 나는 파이썬 및 (알고리즘) 거래에 대해 어느 정도 경험이 있는 사람이 이 책의 독자일 것이라고 가정했다. 이러한 독자들에게는 이 책이 파이썬과 그 밖의 추가 패키지를 사용해 자동화한 거래 시스템을 만드는 일을 실용적으로 안내하는 책으로 보일 것이다.

이 책에서는 파이썬 프로그래밍 접근 방식(예: 객체 지향 프로그래밍)과 패키지(예: 사이킷런)를 많이 사용하기 때문에 이러한 것들을 일일이 다 설명하기는 어렵다. 이 책에서는 이러한 접근 방식과 패키지를 알고리즘 트레이딩 프로세스의 여러 단계에 적용하는 일에만 초점을 맞춘다. 따라서 파이썬을 (금융 분야에서) 써 본 경험이 아직 없다면 파이썬 입문용 교재부터 보는 게 바람직하다.

거래 전략

이 책에서는 네 가지 알고리즘 트레이딩 전략algorithmic trading strategies(알고리즘 사용 매매 전략)을 예로 든다. 다음 절에서 이 전략들을 간단히 소개하고, 4장에서 더 자세히 설명하겠다. 이 네 가지 거래 전략을 모두 주로 **알파 탐색 전략**alpha seeking strategies이라고 볼 수 있는데, 왜냐하면 시장의 방향과 무관하게 시장보다 더 좋은 수익을 창출하는 게 이 전략들의 핵심 목표이기 때문이다. 거래되는 금융수단들과 관련하여 책 전체에 걸쳐 거론되는 특징적 사례는 **주가 지수**stock index, **개별 주식**single stock, (명목 통화로 환산한) **암호 화폐**crypto-currency다. 동시에 이 책에서는 여러 금융수단을 포함하는 전략(예: 페어 트레이딩 전략, 바스켓 기반 전략 등)은 다루지 않는다. 또한, 정형화된 금융 시계열 데이터에서 거래 신호가 파생되는 전략만 다루며, 정형화되지 않은 데이터 공급원(예: 뉴스나, 소셜 미디어에 올라온 글)을 다루지는 않는다. 이런 식으로 알고리즘 트레이딩을 위한 파이썬에만 초점을 맞추는 접근법(앞에서 논의한 접근법)을 따름으로써, 토론이나 파이썬 구현을 간결하고 이해하기 쉽게 하려는 것이다.[17]

이번 장의 나머지 부분에서는 이 책에서 사용된 네 가지 거래 전략을 간략하게 요약해 살펴본다.

단순이동평균

거래 전략 중에 첫 번째 유형은 단순이동평균simple moving average, SMA들에 의존해 거래 신호와 마켓 포지션을 생성한다. 소위 기술적 분석가chartists(도표분석가, 차티스트)들이 이러한 거래 전략을 대중화하였다. 이 전략은 기본적으로 장기 SMA보다 단기 SMA의 가격이 더 높다면 이는 시장에 대한 롱 포지션long position(매수 포지션) 신호를 내고, 그 반대인 경우에는 뉴트럴 포지션neutral position(중립 포지션)이나 시장에 대한 숏 포지션short market position(매도 포지션) 신호를 낸다는 점에 착안한 것이다.

---

17 알고리즘 트레이딩과 관련된 주제에 대한 개요는 Kissel(2013)의 책, 모멘텀 및 평균회귀 전략에 대한 심층 토론은 Chan(2013)의 책, 일반적으로 퀀트 트레이딩(quantitative trading, 정량적 거래)과 고빈도 거래(HFT trading, 고주파 거래)라고 부르는 것에 대해서는 Narang(2013)의 책을 참고하자.

모멘텀

기본적으로 모멘텀momentum(추세 추종) 전략은 금융수단이 그리 멀지 않은 미래에는 최근 성과를 반영한다는 가정에 착안한 것이다. 예를 들어, 지난 5일 동안 주가 지수가 평균적으로 마이너스 수익을 보였다면 내일도 그럴 것이라고 가정하자는 것이다.

평균회귀

평균회귀mean-reversion(평균귀속, 평균환원) 전략에서 금융수단이 어떤 수준에서 충분히 멀리 떨어져 나가 있는 경우에 어떤 평균 수준, 즉 추세 수준으로 복귀한다고 가정한다. 예를 들어, 어떤 주식의 200일 SMA 수준이 100일 때 10달러를 거래한다고 해 보자. 그러면 주가가 조만간 SMA 수준으로 돌아올 것으로 예상해 볼 수 있다.

머신러닝과 딥러닝

머신러닝 알고리즘이나 딥러닝 알고리즘을 사용할 때는 블랙박스를 사용할 때와 같은 접근 방식으로 시장의 움직임을 예측해야 하는 경우가 많다. 단순성과 재현성을 위해 이 책에 나오는 예제에서는 과거 수익historical return에 대한 관측치를 특징으로 삼아 머신러닝과 딥러닝 알고리즘을 훈련함으로써 주식 시장의 움직임을 예측한다.

 이 책에서는 알고리즘 트레이딩을 체계적인(systematic)[18] 방식을 따라 가며 도입하지 않는다. 우리는 이 매혹적인 분야에 파이썬을 적용하는 일에만 초점을 맞출 것이기 때문에, 알고리즘 트레이딩에 익숙하지 않은 독자는 알고리즘 트레이딩만을 다룬 자료를 참고해야 하며, 이러한 자료들 중에 일부를 이번 장과 다음 장에서 인용한다. 그러나 일반적으로 알고리즘 트레이딩이라고 하는 세계는 비밀스러워서 거의 모든 승리자들이, 성공의 원천(즉, 알파)을 보호하기 위해, 비밀을 공유하는 일을 자연스럽게 꺼린다는 사실을 알고 있어야 한다.

결론

파이썬은 이미 널리 금융의 원동력이 되고 있으며, 알고리즘 트레이딩 분야에서는 핵심 동력이 되고 있다. 알고리즘 트레이딩 업무에 파이썬을 사용하면 좋은 이유를 여러 가지로 댈 수 있는데, 그중에서도 효율적인 데이터 분석을 할 수 있게 한다거나 최신 API 처리를 할 수 있게 할 만큼 강력한 패키지들로 이뤄진 생태계를 들 수 있다. 또한, 알고리즘 트레이딩을 위해 파이썬을 배워야 하는 이유도 여러 가지를 들 수 있는데, 그중에서도 가장 큰 이유 중에 하나를 들자면, 가장 큰 매수기관과

18　옮긴이 영어 단어로는 같은 systematic임에도 불구하고, 여기서 '계통적'이라고 번역하지 않고 '체계적'으로 번역한 이유는, 여기서 말하는 체계적인 방식이란 학습 과정에 이르는 방식을 말하며 계통적인 방식이라고 보기 힘든 방식이기 때문이다.

매도기관이 거래 업무를 운영하는 일에 파이썬을 많이 사용하고 있어서 노련한 파이썬 전문가를 지속적으로 찾는다는 사실이다.

이 책에서는 거래 전략을 대상으로 삼아 백테스트를 해 보는 일이나, 온라인 거래 플랫폼과 상호 작용하게 해 보는 일 같은, 알고리즘 트레이딩을 이루고 있는 다양한 분야에 파이썬을 적용하는 데 초점을 맞춘다. 그러므로 이 책에서는 파이썬 그 자체를 자세히 소개하지 않으며 일반적인 거래 기술도 소개하지 않는다. 그러나 이 두 가지 매혹적인 세계를 체계적으로 결합함으로써 경쟁이 치열한 현대의 금융 시장과 암호 화폐 시장에서 알파를 생성하는 데 도움이 되는 원천이 될 것이다.

참조할 것들과 그 밖의 자료원

이번 장에서 인용한 책과 논문:

- Fischer Black and Myron Scholes. 1973. "The Pricing of Options and Corporate Liabilities." **Journal of Political Economy** 81 (3): 638-659.

- Ernest Chan. 2013. **Algorithmic Trading: Winning Strategies and Their Rationale**. Hoboken et al: John Wiley & Sons.

- Anne Dorn, Daniel Dorn, and Paul Sengmueller. 2008. "Why Do People Trade?" **Journal of Applied Finance** (Fall/Winter): 37-50.

- Campbell Harvey, Sandy Rattray, Andrew Sinclair, and Otto Van Hemert. 2016. "Man vs. Machine: Comparing Discretionary and Systematic Hedge Fund Perfor- mance." **The Journal of Portfolio Management** White Paper, Man Group.

- Yves Hilpisch. 2015. **Derivatives Analytics with Python: Data Analysis, Models, Simu- lation, Calibration and Hedging**. Wiley Finance. Resources under http://dawp.tpq.io.

- _____. 2018. **Python for Finance: Mastering Data-Driven Finance**. 2nd ed. Sebastopol: O'Reilly. Resources under https://py4fi.pqp.io.

- _____. 2020. **Artificial Intelligence in Finance**: A Python-Based Guide. Sebastopol: O'Reilly. Resources under https://aiif.pqp.io.

- Robert Kissel. 2013. **The Science of Algorithmic Trading and Portfolio Management**. Amsterdam et al: Elsevier/Academic Press.

- Michael Lewis. 2015. **Flash Boys: Cracking the Money Code**. New York, London: W.W. Norton & Company.

- Wes McKinney. 2017. **Python for Data Analysis: Data Wrangling with Pandas, NumPy, and IPython.** 2nd ed. Sebastopol: O'Reilly.

- Robert Merton. 1973. "Theory of Rational Option Pricing." **Bell Journal of Economics and Management Science** 4: 141-183.

- Rishi Narang. 2013. **Inside the Black Box: A Simple Guide to Quantitative and High Frequency Trading.** Hoboken et al: John Wiley & Sons.

- Lewis Solomon and Louise Corso. 1991. "The Impact of Technology on the Trading of Securities: The Emerging Global Market and the Implications for Regulation." **The John Marshall Law Review** 24 (2): 299-338.

- Jake VanderPlas. 2016. **Python Data Science Handbook: Essential Tools for Working with Data.** Sebastopol: O'Reilly.

2

파이썬 기반 구조

집을 지을 때는 목재를 선택하는 문제에 당면하게 된다.
그러나 목수라면 잘 잘라내는 연장을 갖춘 후에
시간이 날 때마다 그 연장을 연마하는 일을 목표로 삼아야 한다.

— 미야모토 무사시의 《오륜서》Miyamoto Musashi, "The Book of Five Rings"

파이썬을 처음 접하는 사람에게는 파이썬 배포라는 일이 단순해 보일 수 있다. 선택적으로 설치할 수 있는 다양한 라이브러리와 패키지를 배포하는 일도 그렇게 보일 수 있다. 우선 파이썬이 하나만 있는 것은 아니다. 파이썬이라는 이름을 달고 나온 버전만 해도 씨파이썬CPython, 자이썬Jython, 아이언파이썬IronPython, 파이파이PyPy 등이 있다. 또한, 같은 파이썬일지라도 2.7 버전과 3.x 버전 간에도 차이점이 존재한다. 이번 장에서는 파이썬 프로그래밍 언어 버전 중에서도 가장 인기를 끄는 씨파이썬과 이것의 3.8 버전에 초점을 맞춘다.

씨파이썬 3.8(이하 '파이썬')에만 초점을 맞춘다고 해도, 다음과 같은 여러 가지 이유 때문에 배포하기가 쉽지 않다.

- 인터프리터(표준 씨파이썬을 설치할 때 함께 설치됨)는 이른바 **표준 라이브러리**standard library라고 부르는 것들(예: 일반적 수학용 함수 포함)과 함께 제공된다.
- 선택해서 쓸 수 있는 파이썬 패키지들을 파이썬과는 별개로 설치해야 하며, 이러한 패키지들이 수백 개나 된다.

- 종속성에 따라서 또는 운영체제에 따라서 다르게 요구되는 조건들로 인해서 이러한 비표준 패키지들을 직접 컴파일(즉, '빌드')하기가 어려울 수 있다.

- 이러한 종속성을 고려하면서 시간이 흘러도 각 버전별로 일관성을 갖추게 하는 일이(즉, 유지 관리를 하는 일이) 지루할 때가 있으며, 이런 일관성 유지에는 상당한 시간이 쓰인다.

- 특정 패키지를 업데이트하거나 업그레이드하게 되면, 이로 인해 그 밖의 여러 패키지를 다시 컴파일해야 할 수도 있다.

- 패키지 한 개만 변경하거나 교체해도 다른 곳에서 문제가 생길 수 있다.

- 나중에 파이썬의 버전을 이리저리 바꾸게 된다면 앞서 언급한 문제들이 더욱 커질 수 있다.

다행히도 파이썬 배포 문제를 해결하는 데 도움이 되는 도구와 전략이 있다. 이번 장에서는 파이썬 배포에 도움이 되는 기술 유형을 다룰 텐데, 이는 다음과 같다.

패키지 관리자package manager

pip(https://pypi.org/project/pip/)나 conda(https://conda.io/en/latest/index.html)라는 패키지 관리자를 사용하면 파이썬 패키지를 쉽게 설치하고 업데이트하고 삭제할 수 있다. 또한, 서로 다른 패키지 간의 버전을 일관성 있게 유지할 수 있게 해준다.

가상 환경 관리자virtual environment manager

virtualenv(https://pypi.org/project/virtualenv/)나 conda 같은 가상 환경 관리자를 사용하면 여러 가지 파이썬을 함께 설치해 관리할 수 있다(예: 컴퓨터 한 대 안에 파이썬 2.7 버전과 파이썬 3.8 버전을 모두 설치할 수도 있고, 특별한 위험을 겪을 일 없이 최신 파이썬 패키지 버전을 시험 삼아 써 볼 수도 있다).[1]

컨테이너container

도커Docker(https://www.docker.com/)의 컨테이너란 소스 코드, 런타임 코드, 시스템 도구 같은 특정 소프트웨어를 실행하는 데 필요한, 시스템의 모든 부분을 포함하는 완전한 파일 시스템을 나타낸다. 예를 들어, 파이썬 3.8이 설치된 우분투 20.04나 맥오에스나 윈도우 10 같은 운영체제를 실행하는 컴퓨터에서, 호스팅되는 도커 컨테이너에 들어 있는 각 파이썬 코드를 따로따로 실행할 수 있다. 그런 다음에 이러한 컨테이너화된 환경을, 나중에라도 따로 크게 변경하지 않은 채로, 그대로 클라우드에 배포할 수도 있다.

클라우드 인스턴스(cloud instance)

금융 애플리케이션용 파이썬 코드를 배포하려면, 해당 코드로 만든 애플리케이션의 가용성·보

---

[1] pipenv라는 프로젝트는 최근에 진행된 것인데, 패키지 관리자인 pip의 기능을 가상 환경 관리자인 virtualenv의 기능과 결합한다. https://github.com/pypa/pipenv를 참고하자.

안성·성능이 모두 좋아야 한다. 이러한 요구조건을 충족하려면 전문적인 컴퓨팅/스토리지 인프라infrastructure(기반시설)를 사용해야만 하는데, 이러한 인프라들이 오늘날에는 일반적으로 아주 작은 클라우드 인스턴스 형태부터 아주 크고 강력한 클라우드 인스턴스 형태에 이르기까지 모든 형태를 매력적인 조건에서 사용할 수 있게 한다. 장기간 온전히 빌려 써야 하는 전용 서버와 비교할 때, 클라우드 인스턴스(가상 서버)의 한 가지 장점을 들자면 일반적으로 실제 사용 시간만큼에 해당하는 요금만 부과된다는 점을 들 수 있다. 또 다른 장점을 들자면 이러한 클라우드 인스턴스를 필요에 따라 문자 그대로 1~2분 동안만도 사용할 수도 있다는 점을 들 수 있는데, 이로 인해 민첩하게 개발해 볼 수 있을 뿐만 아니라 개발한 후에라도 언제든지 쉽게 확장할 수 있다.

이번 장을 다음과 같이 구성했다. 아래에 나오는 '패키지 관리자 역할을 맡는 콘다'에서는 파이썬용 패키지 관리자 역할을 담당하는 콘다conda를 소개한다. 29쪽에 나오는 '가상 환경 관리자 역할을 맡는 콘다'에서는 가상 환경을 관리하는 콘다 기능에 초점을 맞춘다. 33쪽에 나오는 '도커 컨테이너 사용'에서는 컨테이너화containerization 기술을 구현한 도커를 간략히 살펴보면서 파이썬 3.8이 설치된 우분투를 기반으로 삼아 컨테이너를 구축해 보는 일에 초점을 맞춘다. 39쪽에 나오는 '클라우드 인스턴스 사용'에서는 파이썬으로 개발해 클라우드에 배포할 때에 쓸 수 있는, 강력한 브라우저 기반 도구 모음인 **주피터 랩**Jupyter Lab(https://jupyterlab.readthedocs.io/en/stable/getting_started/overview.html)과 함께 파이썬을 배포하는 방법을 보여준다.

전문 인프라에서 사용할 수 있는 숫자 분석 패키지, 데이터 분석 패키지, 시각화 패키지 등의 필수 도구를 설치하는 일뿐만 아니라 이러한 도구들을 쓰기에 알맞은 파이썬을 설치하는 게 이번 장의 학습 목표다. 이렇게 서로 알맞은 것들로 조합해 둔 것들이 이후에 나올 여러 장에서 파이썬 코드(대화형 금융 분석 코드나, 스크립트 형식이나 모듈 형식으로 된 코드)를 구현하고 배포하는 데 중추적인 역할을 맡는다.

패키지 관리자 역할을 맡는 콘다

콘다conda를 단독으로 설치할 수도 있지만, 콘다가 패키지 관리자 역할을 효율적으로 맡아 하게 하려면, 패키지 관리자 겸 가상 환경 관리자 역할을 하게 하는 일에 꼭 필요한 최소한의 파이썬용 콘다 배포판이라고 할 수 있는 **미니콘다**Miniconda를 사용하면 된다.

미니콘다 설치

미니콘다 페이지(https://conda.io/en/master/miniconda.html)에서 다양한 미니콘다 버전을 내려받을 수 있다. 다음에 나오는 내용들에서는, 리눅스나 윈도우 및 맥오에스에서 사용할 수 있는 파이썬 3.8의

64비트 버전을 사용한다고 가정한다. 이번 하위 절에서는 64비트용 리눅스를 설치하는 프로그램을 wget을 사용해 내려받은 다음에 미니콘다를 설치하는, 우분투Ubuntu(우분투 리눅스) 기반 도커 컨테이너 세션을 주요한 사례로 든다. 다음에 보이는 코드는 그 밖의 리눅스 기반 컴퓨터나 맥오에스 기반 컴퓨터에서도 작동한다(약간 수정해야 할 수도 있다).[2]

```
$ docker run -ti -h pyalgo -p 11111:11111 ubuntu:latest /bin/bash

root@pyalgo:/# apt-get update; apt-get upgrade -y
...
root@pyalgo:/# apt-get install -y gcc wget
...
root@pyalgo:/# cd root
root@pyalgo:~# wget \
> https://repo.anaconda.com/miniconda/Miniconda3-latest-Linux-x86_64.sh \
> -O miniconda.sh
...
HTTP request sent, awaiting response... 200 OK
Length: 93052469 (89M) [application/x-sh]
Saving to: 'miniconda.sh'
miniconda.sh            100%[============>] 88.74M 1.60MB/s          in 2m 15s
2020-08-25 11:01:54 (3.08 MB/s) - 'miniconda.sh' saved [93052469/93052469]
root@pyalgo:~# bash miniconda.sh

Welcome to Miniconda3 py38_4.8.3

In order to continue the installation process, please review the license agreement.
Please, press ENTER to continue
>>>
```

엔터 키를 누르기만 하면 설치 과정이 시작된다. 사용권 계약을 검토한 후에 yes(예)라고 응답하여 사용권 조항들을 승인하자.

```
...
Last updated February 25, 2020

Do you accept the license terms? [yes|no]
[no] >>> yes

Miniconda3 will now be installed into this location:
/root/miniconda3
```

---

2   윈도우에서는 도커 컨테이너에서 똑같은 명령을 내려야 실행될 것이다(https://docs.docker.com/docker-for-windows/install/). 윈도우에서 직접 작업하고 싶다면 어느 정도 수정해야 할 것이다. 예를 들어, 도커 사용법을 더 자세히 알고 싶다면 Matthias & Kane, **Docker: Up & Running**, 2nd Edition(2018)(편집자 주: 1판은 《도커: 설치에서 운영까지》(2016)로 번역된 바 있고, 관련해서 《15단계로 배우는 도커와 쿠버네티스》(2021)도 추천)을 참고하자.

```
   - Press ENTER to confirm the location
   - Press CTRL-C to abort the installation
   - Or specify a different location below

[/root/miniconda3] >>>
PREFIX=/root/miniconda3
Unpacking payload ...
Collecting package metadata (current_repodata.json): done
Solving environment: done

## Package Plan ##

  environment location: /root/miniconda3
...
  python                pkgs/main/linux-64::python-3.8.3-hcff3b4d_0
...
Preparing transaction: done
Executing transaction: done
installation finished.
```

사용권 조항들에 동의한 다음, 설치 위치를 확인하고 나서 다시 yes라고 응답함으로써, 미니콘다가
새 미니콘다를 설치할 위치를 PATH라는 환경 변수 앞에 추가할 수 있게 허락해주어야 한다.

```
Do you wish the installer to initialize Miniconda3 by running conda init? [yes|no]
[no] >>> yes
...
no change       /root/miniconda3/etc/profile.d/conda.csh
modified        /root/.bashrc

==> For changes to take effect, close and re-open your current shell. <==

If you'd prefer that conda's base environment not be activated on startup,
   set the auto_activate_base parameter to false:

conda config --set auto_activate_base false

Thank you for installing Miniconda3!
root@pyalgo:~#
```

그런 후에 비로소, 미니콘다 설치 프로그램이 일반적으로 콘다 그 자체만큼 정기적으로 업데이트되
지 않기 때문에, 여러분은 콘다를 업데이트하기를 바랄 수도 있을 것이다.

```
root@pyalgo:~# export PATH="/root/miniconda3/bin/:$PATH"
root@pyalgo:~# conda update -y conda
...
root@pyalgo:~# echo ". /root/miniconda3/etc/profile.d/conda.sh" >> ~/.bashrc
```

```
root@pyalgo:~# bash
(base) root@pyalgo:~#
```

이렇게 간단한 설치 절차를 거치고 나면 설치된 기본 파이썬과 콘다를 모두 사용할 수 있다. 기본 파이썬을 설치할 때 **SQLite3**(https://sqlite.org/index.html) 데이터베이스 엔진 같은 멋진 보조 도구들도 함께 설치된다. 셸 인스턴스를 새로 만들어 파이썬을 시동해 볼 수 있는지, 아니면 관련 경로를 각 환경 변수에 추가한 다음에(이전 예제에서 수행한 것처럼) 파이썬을 시동해 볼 수 있는지를 시험해 볼 수 있을 것이다.

```
(base) root@pyalgo:~# python
Python 3.8.3 (default, May 19 2020, 18:47:26)
[GCC 7.3.0] :: Anaconda, Inc. on linux
Type "help", "copyright", "credits" or "license" for more information.
>>> print('Hello Python for Algorithmic Trading World.')
Hello Python for Algorithmic Trading World.
>>> exit()
(base) root@pyalgo:~#
```

콘다를 사용해 기본적인 작업을 해 보기

콘다를 사용하면 무엇보다도 효율적으로 파이썬 패키지를 설치하고 업데이트하고 제거할 수 있다. 주요 기능을 나열하면 다음과 같다.

파이썬 x.x 설치

```
conda install python=x.x
```

파이썬 업데이트

```
conda update python
```

패키지 설치

```
conda install $PACKAGE_NAME
```

패키지 업데이트

```
conda update $PACKAGE_NAME
```

패키지 제거

```
conda remove $PACKAGE_NAME
```

콘다 자체 업데이트

```
conda update conda
```

패키지 찾기

    conda search $SEARCH_TERM

설치 패키지 나열

    conda list

예를 들면, 이러한 기능들이 제공되기 때문에 단 한 줄의 명령으로 넘파이(이른바 과학용 스택이라고 불리는 것을 이루는 패키지들 중에 가장 중요한 것 중 하나)를 설치할 수 있는 것이다. 인텔 프로세서가 장착된 컴퓨터에 설치한다면 이에 해당하는 설치 프로시저는 자동으로 인텔 수학 핵심 라이브러리_{Intel Math Kernel Library}인 **mkl**(https://docs.anaconda.com/mkl-optimizations/)을 함께 설치함으로써, 인텔 칩이 장착된 컴퓨터에서 넘파이의 수치 연산 속도를 빠르게 해 줄 뿐만 아니라 그 밖의 몇 가지 과학적 파이썬 패키지들의 수치 연산 속도도 높여 준다.[3]

```
(base) root@pyalgo:~# conda install numpy
Collecting package metadata (current_repodata.json): done
Solving environment: done

## Package Plan ##

  environment location: /root/miniconda3

  added / updated specs:
    - numpy

The following packages will be downloaded:

    package                    |             build
    ---------------------------|-----------------
    blas-1.0                   |             mkl           6 KB
    intel-openmp-2020.1        |             217         780 KB
    mkl-2020.1                 |             217       129.0 MB
    mkl-service-2.3.0          |   py38he904b0f_0          62 KB
    mkl_fft-1.1.0              |   py38h23d657b_0         150 KB
    mkl_random-1.1.1           |   py38h0573a6f_0         341 KB
    numpy-1.19.1               |   py38hbc911f0_0          21 KB
    numpy-base-1.19.1          |   py38hfa32c7d_0         4.2 MB
    ---------------------------------------------------------
                                           Total:       134.5 MB

The following NEW packages will be INSTALLED:

  blas               pkgs/main/linux-64::blas-1.0-mkl
  intel-openmp       pkgs/main/linux-64::intel-openmp-2020.1-217
```

---

3   conda install numpy nomkl과 같은 명령으로 메타 패키지인 nomkl을 설치하면, 자동 설치 및 mkl과 관련된 그 밖의 관련 패키지들이 사용되는 일을 피할 수 있다.

```
 mkl                        pkgs/main/linux-64::mkl-2020.1-217
 mkl-service                pkgs/main/linux-64::mkl-service-2.3.0-py38he904b0f_0
 mkl_fft                    pkgs/main/linux-64::mkl_fft-1.1.0-py38h23d657b_0
 mkl_random                 pkgs/main/linux-64::mkl_random-1.1.1-py38h0573a6f_0
 numpy                      pkgs/main/linux-64::numpy-1.19.1-py38hbc911f0_0
 numpy-base                 pkgs/main/linux-64::numpy-base-1.19.1-py38hfa32c7d_0


Proceed ([y]/n)? y


Downloading and Extracting Packages
numpy-base-1.19.1    | 4.2 MB    | ############################### | 100%
blas-1.0             | 6 KB      | ############################### | 100%
mkl_fft-1.1.0        | 150 KB    | ############################### | 100%
mkl-service-2.3.0    | 62 KB     | ############################### | 100%
numpy-1.19.1         | 21 KB     | ############################### | 100%
mkl-2020.1           | 129.0 MB  | ############################### | 100%
mkl_random-1.1.1     | 341 KB    | ############################### | 100%
intel-openmp-2020.1  | 780 KB    | ############################### | 100%
Preparing transaction: done
Verifying transaction: done
Executing transaction: done
(base) root@pyalgo:~#
```

여러 패키지를 한 번에 설치할 수도 있다. -y 플래그는 모든 (잠재적) 질문에 yes로 답한다는 점을
알려주는 역할을 한다.

```
(base) root@pyalgo:~# conda install -y ipython matplotlib pandas \
> pytables scikit-learn scipy
...
Collecting package metadata (current_repodata.json): done
Solving environment: done

## Package Plan ##

  environment location: /root/miniconda3

  added / updated specs:
    - ipython
    - matplotlib
    - pandas
    - pytables
    - scikit-learn
    - scipy

The following packages will be downloaded:

    package                    |            build
    ---------------------------|-----------------
```

```
    backcall-0.2.0           |             py_0           15 KB
    ...
    zstd-1.4.5               |           h9ceee32_0       619 KB
    ------------------------------------------------------------
                                     Total:        144.9 MB

The following NEW packages will be INSTALLED:

    backcall         pkgs/main/noarch::backcall-0.2.0-py_0
    blosc            pkgs/main/linux-64::blosc-1.20.0-hd408876_0
    ...
    zstd             pkgs/main/linux-64::zstd-1.4.5-h9ceee32_0



Downloading and Extracting Packages
glib-2.65.0         | 2.9 MB   | ############################## | 100%
...
snappy-1.1.8        | 40 KB    | ############################## | 100%
Preparing transaction: done
Verifying transaction: done
Executing transaction: done
(base) root@pyalgo:~#
```

설치 절차가 끝나면 표준 라이브러리 외에도 금융 분석을 위한 가장 중요한 라이브러리 중 일부를 사용할 수 있다.

아이파이썬IPython(http://ipython.org/)

개선된 대화형 파이썬 셸

맷플롯립matplotlib(https://matplotlib.org/)

파이썬용 표준 시각화 라이브러리

넘파이NumPy(https://numpy.org/)

숫자 배열을 효율적으로 처리

판다스pandas(https://pandas.pydata.org/)

금융 시계열 데이터 같은 테이블 형식 데이터 관리

파이테이블PyTables(http://www.pytables.org/)

HDF5(https://www.hdfgroup.org/) 라이브러리용 파이썬 래퍼

사이킷런scikit-learn(https://scikit-learn.org/)

머신러닝과 관련 작업을 위한 패키지

싸이파이SciPy(https://scipy.org/)

> 과학용 클래스와 과학용 함수 모음

이 패키지들은 일반적인 데이터 분석용 기본 도구 세트, 그중에서도 특히 금융 분석용 도구들을 제공한다. 다음 예제는 아이파이썬을 사용하면서 넘파이도 사용해 의사 난수 집합을 그림으로 그려 낸다.

```
(base) root@pyalgo:~# ipython
Python 3.8.3 (default, May 19 2020, 18:47:26)
Type 'copyright', 'credits' or 'license' for more information
IPython 7.16.1 -- An enhanced Interactive Python. Type '?' for help.

In [1]: import numpy as np

In [2]: np.random.seed(100)

In [3]: np.random.standard_normal((5, 4))
Out[3]:
array([[-1.74976547, 0.3426804 ,  1.1530358 , -0.25243604],
       [ 0.98132079, 0.51421884,  0.22117967, -1.07004333],
       [-0.18949583, 0.25500144, -0.45802699,  0.43516349],
       [-0.58359505, 0.81684707,  0.67272081, -0.10441114],
       [-0.53128038, 1.02973269, -0.43813562, -1.11831825]])

In [4]: exit
(base) root@pyalgo:~#
```

conda list 명령어를 실행하면 이미 설치되어 있는 패키지들이 나열된다.

```
(base) root@pyalgo:~# conda list
# packages in environment at /root/miniconda3:
#
# Name                    Version                   Build  Channel
_libgcc_mutex             0.1                        main
backcall                  0.2.0                      py_0
blas                      1.0                        mkl
blosc                     1.20.0                hd408876_0
...
zlib                      1.2.11                h7b6447c_3
zstd                      1.4.5                 h9ceee32_0
(base) root@pyalgo:~#
```

패키지가 더 이상 필요하지 않다면 conda remove라고 명령하여 간단히 제거할 수 있다.

```
(base) root@pyalgo:~# conda remove matplotlib
Collecting package metadata (repodata.json): done
```

```
Solving environment: done

## Package Plan ##

  environment location: /root/miniconda3
  removed specs:
    - matplotlib


The following packages will be REMOVED:

The following packages will be REMOVED:

  cycler-0.10.0-py38_0
  ...
  tornado-6.0.4-py38h7b6447c_1


Proceed ([y]/n)? y

Preparing transaction: done
Verifying transaction: done
Executing transaction: done
(base) root@pyalgo:~#
```

우리는 콘다가 패키지 관리자 역할을 맡는 것만으로 상당히 유용하다는 점을 알게 되었다. 그러나 콘다가 가상 환경 관리자 역할까지 맡게 되면 성능을 극대화할 수 있음이 분명하다.

 콘다를 패키지 관리자로 사용하면 즐겁게 파이썬 패키지를 설치하고 업데이트하고 제거할 수 있다. 패키지가 지정하는 종속성 목록과 다른 운영체제에서 요구하는 세부 사항까지 고려해서 빌드하고 컴파일하기가 까다로울 수도 있는데, 다행히 콘다를 사용하면 여러분이 직접 패키지를 빌드하거나 컴파일하지 않아도 된다.

가상 환경 관리자 역할을 맡는 콘다

콘다가 포함된 미니콘다를 설치하면 선택한 미니콘다 버전에 맞는 기본 파이썬도 설치된다. 예를 들어, 콘다의 가상 환경 관리 기능을 사용하면, 파이썬 3.8 기본 설치 버전과 완전히 분리되게 파이썬 2.7.x 버전도 설치할 수 있다. 이를 위해 콘다는 다음과 같은 기능을 제공한다.

가상 환경 생성

    conda create --name $ENVIRONMENT_NAME

환경 활성화

    conda activate $ENVIRONMENT_NAME

환경 비활성화

conda deactivate $ENVIRONMENT_NAME

환경 제거

conda env remove --name $ENVIRONMENT_NAME

환경 구성 내용을 파일로 내보내어 저장하기

conda env export > $FILE_NAME

파일 내용을 바탕으로 환경을 생성하기

conda env create -f $FILE_NAME

모든 환경을 나열하기

conda info --envs

이러한 기능을 사용하는 예를 간단히 설명하자면, 다음 예제 코드는 py27이라는 환경을 만든 다음에 아이파이썬을 설치하고 파이썬 2.7.x에 맞춰 작성한 코드 한 줄을 실행한다. 파이썬 2.7 버전은 더 이상 지원되지 않지만, 이 예제는 이미 구형이 되어 버린 파이썬 2.7 코드도 쉽게 실행하고 테스트해 볼 수 있다는 점을 보여준다.

```
(base) root@pyalgo:~# conda create --name py27 python=2.7
Collecting package metadata (current_repodata.json): done
Solving environment: failed with repodata from current_repodata.json,
will retry with next repodata source.
Collecting package metadata(repodata.json): done
Solving environment: done

## Package Plan ##

  environment location: /root/miniconda3/envs/py27

  added / updated specs:
    - python=2.7


The following packages will be downloaded:
package                    |           build
---------------------------|-----------------
certifi-2019.11.28         |          py27_0         153 KB
pip-19.3.1                 |          py27_0         1.7 MB
python-2.7.18              |       h15b4118_1        9.9 MB
setuptools-44.0.0          |          py27_0         512 KB
wheel-0.33.6               |          py27_0          42 KB
---------------------------------------------------------
```

```
                          Total:          12.2 MB

The following NEW packages will be INSTALLED:

  _libgcc_mutex         pkgs/main/linux-64::_libgcc_mutex-0.1-main
  ca-certificates       pkgs/main/linux-64::ca-certificates-2020.6.24-0
  ...
  zlib                  pkgs/main/linux-64::zlib-1.2.11-h7b6447c_3


Proceed ([y]/n)? y


Downloading and Extracting Packages
certifi-2019.11.28   | 153 KB    | ############################## | 100%
python-2.7.18        | 9.9 MB    | ############################## | 100%
pip-19.3.1           | 1.7 MB    | ############################## | 100%
setuptools-44.0.0    | 512 KB    | ############################## | 100%
wheel-0.33.6         | 42 KB     | ############################## | 100%
Preparing transaction: done
Verifying transaction: done
Executing transaction: done
#
# To activate this environment, use
#
#     $ conda activate py27
#
# To deactivate an active environment, use
#
#     $ conda deactivate

(base) root@pyalgo:~#
```

환경이 활성화된 후 (py27)이라는 프롬프트도 나타낼 수 있도록 어떻게 변경하는지 확인하자.

```
(base) root@pyalgo:~# conda activate py27
(py27) root@pyalgo:~# pip install ipython
DEPRECATION: Python 2.7 will reach the end of its life on January 1st, 2020.
...
Executing transaction: done
(py27) root@pyalgo:~#
```

마침내 이와 같은 과정을 통해서 파이썬 2.7 구문에 맞춰 아이파이썬을 사용할 수 있게 되었다.

```
(py27) root@pyalgo:~# ipython
Python 2.7.18 |Anaconda, Inc.| (default, Apr 23 2020, 22:42:48)
Type "copyright", "credits" or "license" for more information.
```

```
IPython 5.10.0 -- An enhanced Interactive Python.
?         -> Introduction and overview of IPython's features.
%quickref -> Quick reference.
help      -> Python's own help system.
object?   -> Details about 'object', use 'object??' for extra details.

In [1]: print "Hello Python for Algorithmic Trading World."
Hello Python for Algorithmic Trading World.

In [2]: exit
(py27) root@pyalgo:~#
```

이 예제에서 알 수 있듯이 가상 환경 관리자인 콘다를 사용하면 서로 다른 파이썬 버전을 함께 설치할 수 있다. 또한, 특정 패키지의 다른 버전을 설치할 수 있다. 기본 파이썬을 설치하는 일은 이러한 프로시저의 영향을 받지 않으며, 동일한 시스템에 있을 수 있는 다른 환경들에도 영향을 받지 않는다. conda info --envs로 명령해 사용할 수 있는 모든 환경을 표시할 수 있다.

```
(py27) root@pyalgo:~# conda env list
# conda environments:
#
base                     /root/miniconda3
py27                  *  /root/miniconda3/envs/py27

(py27) root@pyalgo:~#
```

때때로 다른 사람과 환경 정보를 공유하거나 여러 시스템에서 환경 정보를 사용해야 할 때가 있다. 이럴 때는 conda env export를 사용해 설치된 패키지 목록을 파일로 내보내면 된다. 그러나 빌드 버전들이 결과로 나오는 yaml 파일에 지정되어 있게 되므로, 기본적으로 운영체제가 같아야만 제대로 작동한다. 그러나 --no-builds 플래그를 통해서만 패키지 버전만 지정하도록 빌드 버전들을 삭제할 수 있다.

```
(py27) root@pyalgo:~# conda deactivate
(base) root@pyalgo:~# conda env export --no-builds > base.yml
(base) root@pyalgo:~# cat base.yml
name: base
channels:
  - defaults
dependencies:
  - _libgcc_mutex=0.1
  - backcall=0.2.0
  - blas=1.0
  - blosc=1.20.0
  ...
  - zlib=1.2.11
```

```
  - zstd=1.4.5
prefix: /root/miniconda3
(base) root@pyalgo:~#
```

몇 가지 간단한 테스트를 수행하는 동안, 종종 단순한 서브폴더 수준에 불과한 가상환경이 기술적으로 생성되는 경우가 있다.[4] 이렇게 된 경우라면 (환경을 비활성화한 후에) conda env remove 명령으로 해당 환경을 쉽게 제거할 수 있다.

```
(base) root@pyalgo:~# conda env remove -n py27

Remove all packages in environment /root/miniconda3/envs/py27:
(base) root@pyalgo:~#
```

이것으로 가상 환경 관리자 역할을 하는 콘다를 간략히 살펴보는 일을 마치겠다.

 콘다는 패키지를 관리하는 데 도움이 될 뿐만 아니라 파이썬의 가상 환경 관리자 역할을 하기도 한다. 콘다를 사용하면 서로 다른 파이썬 환경을 쉽게 생성할 수 있으며, 여러 버전의 파이썬 및 선택적 패키지들이 어떤 식으로든 서로 영향을 주고받지 않게 하면서도 동일한 컴퓨터에서 그것들을 사용할 수 있다. 또한, 환경 정보를 내보낼 수 있으므로 여러 컴퓨터에서 쉽게 환경을 복제할 수 있고 다른 컴퓨터와 환경을 공유할 수도 있다.

도커 컨테이너 사용

도커 컨테이너가 IT 세계에 충격을 안겨 주었다(https://www.docker.com/를 참고하자). 이 기술이 나온 지 얼마 되지 않았지만, 거의 모든 종류의 소프트웨어 애플리케이션을 효율적으로 개발하고 배포하기 위한 지표 중 하나로 자리매김했다.

우리의 목적에 맞춰 우리는 도커 컨테이너를, 운영체제(예: 서버용 우분투 20.04 LTS)와 (파이썬으로 작성한) 런타임, 추가 시스템과 개발 도구, 나아가서는 필요에 따라 (파이썬) 라이브러리 및 패키지까지 포함하면서도 격리된(컨테이너화된) 파일 시스템이라고 여겨도 될 것이다. 예를 들면, 이러한 도커 컨테이너를 64비트 컴퓨터용 윈도우 10 프로페셔널이 설치된 로컬 컴퓨터에서 실행할 수도 있고 리눅스 운영체제가 있는 클라우드 인스턴스에서 실행할 수도 있다.

---

4 공식 문서에서, 다음과 같이 설명한 내용을 찾아볼 수 있다. "파이썬 가상 환경을 사용하면 파이썬 패키지를 전역적으로 설치하기보다는 특정 애플리케이션용으로 격리된 위치에 설치할 수 있다." 가상 환경 생성(Creating Virtual Environments) 페이지(https://packaging.python.org/tutorials/installing-packages/#creating-virtual-environments)를 참고하자.

이번 절에서는 도커 컨테이너에 대한 흥미로운 세부 정보를 살펴본다. 이러한 세부 정보에는 파이썬을 배포하는 상황에서 도커 기술로 할 수 있는 일들이 간결하게 설명되어 있다.[5]

도커 이미지와 도커 컨테이너

내용을 상세하기 파악하기 전에, 우리는 먼저 도커에 관해 이야기할 때 쓰이는 두 가지 기본 용어를 구별해야 한다. 첫 번째는 파이썬 클래스에 비유해 볼 수 있는 **도커 이미지**Docker image라는 용어다. 두 번째는 **도커 컨테이너**Docker container라는 용어인데, 이는 파이썬 클래스의 인스턴스에 비유할 수 있는 용어다

도커 용어집Docker glossary(https://docs.docker.com/glossary/)에서 도커 이미지를 더 기술적으로 정의한 내용을 찾을 수 있다.

> 도커 이미지는 컨테이너의 기준basis이 된다. 이미지는 컨테이너 런타임 내에서 사용하기 위한 루트 파일 시스템 변경 내용 및 해당 실행 파라미터를 정렬해 모아 둔 것이다. 일반적으로 이미지에는 서로 겹쳐 쌓인 계층적 파일 시스템들의 합집합 한 개가 들어 있다. 이미지는 상태 변화를 기록하지 않으며 절대로 변경되지 않는다.

마찬가지로 같은 도커 용어집(https://docs.docker.com/glossary/)에서 도커 컨테이너에 대해 다음과 같이 정의한 내용을 찾을 수 있는데, 이런 식으로 정의한 내용을 통해 파이썬 클래스들과 이 클래스의 인스턴스 간의 명료한 관계에 비유해 볼 수 있다.

> 컨테이너는 도커 이미지의 런타임 인스턴스다.
> 도커 컨테이너는 다음으로 구성된다.
>
> - 도커 이미지 한 개
> - 실행 환경 한 개
> - 명령어들의 표준 집합 한 개
>
> 이러한 개념은 세계 어디로든 상품을 배송할 수 있게 표준을 정의한 화물용 컨테이너Shipping Containers라는 개념에서 차용한 것이다. 그러므로 도커라고 하는 것은 소프트웨어 배송 표준을 정의한 것이라고 여기면 된다.

운영체제에 따라 도커를 설치하는 방법이 다소 다르다. 그렇기 때문에 이번 절에서 각 세부 사항까

---

5 도커 기술을 포괄적으로 소개하는 내용을 알고 싶다면 Matthias 및 Kane이 저술한 **Docker: Up & Running**, 2nd Edition(2018)(편집자 주: 1판은 《《도커: 설치에서 운영까지》》(2016)로 번역된 바 있고, 관련해서 《《15단계로 배우는 도커와 쿠버네티스》》(2021)도 추천)을 보자.

지 다루지 않는다. 더 많은 정보와 추가 링크 주소를 도커 얻기Get Docker 페이지(https://docs.docker.com/get-docker/)에서 찾을 수 있다.

우분투와 파이썬으로 구성된 도커 이미지 빌드

이 하위 절에서는 미니콘다와 몇 가지 중요한 파이썬 패키지를 포함하는 최신 우분투 버전을 기반으로 삼아 도커 이미지를 빌드하는 방법을 보여준다. 또한, 이번 절에서는 리눅스 패키지 색인을 업데이트하고, 필요하다면 패키지를 업그레이드하며 특정 시스템 도구를 추가로 설치하여 리눅스 하우스키핑 작업 중 일정 부분을 수행한다. 이를 위해 두 개의 스크립트가 필요하다. 하나는 리눅스 수준에서 모든 작업을 수행하는 Bash 스크립트다.[6] 다른 하나는 **도커파일**Dockerfile이라고 부르는 것인데, 이게 이미지 자체에 대한 빌드 프로시저를 제어한다.

설치 작업을 수행하는, 예제 2-1에 나오는 Bash 스크립트는 세 부분으로 구성된다. 첫 번째 부분은 리눅스 하우스키핑을 처리한다. 두 번째 부분은 미니콘다를 설치하고, 세 번째 부분은 선택해서 쓸 수 있는 파이썬 패키지들을 설치한다. 코드 줄 안에 더 자세한 주석을 달아 두었다.

예제 2-1 파이썬 및 선택적 패키지를 설치하는 스크립트

```bash
#!/bin/bash
#
# 리눅스 시스템 도구들과 기본 파이썬 컴포넌트들을 설치하는 데 필요한 스크립트.
#
# Python for Algorithmic Trading
# (c) Dr. Yves J. Hilpisch
# The Python Quants GmbH
#
# 일반적인 리눅스
apt-get update       # 패키지 인덱스 캐시를 업데이트한다.
apt-get upgrade -y   # 패키지들을 업데이트한다.
# 시스템 도구들을 설치한다.
apt-get install -y bzip2 gcc git      # 시스템 도구들.
apt-get install -y htop screen vim wget   # 시스템 도구들.
apt-get upgrade -y bash               # 필요하다면 bash를 업그레이드한다.
apt-get clean                         # 패키지 인덱스 캐시를 깨끗이 지운다.


# 미니콘다 설치
# 미니콘다를 내려받는다.
wget https://repo.anaconda.com/miniconda/Miniconda3-latest-Linux-x86_64.sh -O \
          Miniconda.sh
bash Miniconda.sh -b  # 미니콘다를 설치한다.
rm -rf Miniconda.sh   # 설치 소프트웨어를 제거한다.
export PATH="/root/miniconda3/bin:$PATH"  # 새 경로를 지정한다.
```

---

6   Bash 스크립트를 작성하는 방법을 간략하게 소개하는 내용을 Robbins (2016)의 책에서 볼 수 있다. 그누 배시(GNU Bash)도 참고하자.

```
# 파이썬 라이브러리 설치
conda install -y pandas    # 판다스를 설치한다.
conda install -y ipython   # 아이파이썬(IPython)의 셸을 설치한다.

# 사용자에게 맞추기
cd /root/
wget http://hilpisch.com/.vimrc   # Vim 구성
```

예제 2-2에 나오는 도커파일Dockerfile은 예제 2-1에 나온 배시Bash 스크립트를 사용해 새 도커 이미지를 빌드한다. 또한, 주요 부분이 코드 줄 안에 주석 처리되어 있다.

예제 2-2 이미지를 빌드하는 도커파일

```
#
# 최신 우분투 버전과 기본 파이썬 설치 내용대로 쓰는 도커 이미지를 빌드하기
#
# Python for Algorithmic Trading
# (c) Dr. Yves J. Hilpisch
# The Python Quants GmbH
#

# 최신 우분투 버전
FROM ubuntu:latest

# 메인테이너(maintainer)에 관한 정보
MAINTAINER yves

# bash 스크립트를 추가
ADD install.sh /
# 스크립트에 대한 접근권 변경
RUN chmod u+x /install.sh
# bash 스크립트 실행
RUN /install.sh
# 새 경로를 지정
ENV PATH /root/miniconda3/bin:$PATH

# 컨터이너가 작동 중일 때 아이파이썬(IPython)을 실행
CMD ["ipython"]
```

이 두 파일이 단일 폴더에 있고 도커가 설치되어 있으면 간단히 새 도커 이미지를 빌드할 수 있다. 여기에서는 pyalgo:basic 태그가 이미지에 사용된다. 이미지를 참조하려면(예: 이미지를 기반으로 컨테이너를 실행할 때) 이 태그가 필요하다.

```
(base) pro:Docker yves$ docker build -t pyalgo:basic .
Sending build context to Docker daemon 4.096kB
Step 1/7 : FROM ubuntu:latest
 ---> 4e2eef94cd6b
Step 2/7 : MAINTAINER yves
```

```
 ---> Running in 859db5550d82
Removing intermediate container 859db5550d82
 ---> 40adf11b689f
Step 3/7 : ADD install.sh /
 ---> 34cd9dc267e0
Step 4/7 : RUN chmod u+x /install.sh
 ---> Running in 08ce2f46541b
Removing intermediate container 08ce2f46541b
 ---> 88c0adc82cb0
Step 5/7 : RUN /install.sh
 ---> Running in 112e70510c5b
...
Removing intermediate container 112e70510c5b
 ---> 314dc8ec5b48
Step 6/7 : ENV PATH /root/miniconda3/bin:$PATH
 ---> Running in 82497aea20bd
Removing intermediate container 82497aea20bd
 ---> 5364f494f4b4
Step 7/7 : CMD ["ipython"]
 ---> Running in ff434d5a3c1b
Removing intermediate container ff434d5a3c1b
 ---> a0bb86daf9ad
Successfully built a0bb86daf9ad
Successfully tagged pyalgo:basic
(base) pro:Docker yves$
```

docker images라고 명령하면 기존 도커 이미지를 나열할 수 있다. 새 이미지일수록 목록의 맨 위에 나타나야 한다.

```
(base) pro:Docker yves$ docker images
REPOSITORY          TAG             IMAGE ID          CREATED           SIZE
pyalgo              basic           a0bb86daf9ad      2 minutes ago     1.79GB
ubuntu              latest          4e2eef94cd6b      5 days ago        73.9MB
(base) pro:Docker yves$
```

pyalgo:basic 이미지를 성공적으로 빌드했다면, docker run으로 각 도커 컨테이너를 실행할 수 있다. 아이파이썬의 셸 프로세스처럼 도커 컨테이너 내에서 실행되는 대화형 프로세스가 필요하다면 -ti처럼 파라미터를 조합해야 한다. 이에 대해서는 도커 실행 레퍼런스Docker Run Reference(https://docs.docker.com/engine/reference/run/)를 보자.

```
(base) pro:Docker yves$ docker run -ti pyalgo:basic
Python 3.8.3 (default, May 19 2020, 18:47:26)
Type 'copyright', 'credits' or 'license' for more information
IPython 7.16.1 -- An enhanced Interactive Python. Type '?' for help.

In [1]: import numpy as np
```

```
In [2]: np.random.seed(100)

In [3]: a = np.random.standard_normal((5, 3))

In [4]: import pandas as pd

In [5]: df = pd.DataFrame(a, columns=['a', 'b', 'c'])

In [6]: df
Out[6]:

          a         b         c
0 -1.749765  0.342680  1.153036
1 -0.252436  0.981321  0.514219
2  0.221180 -1.070043 -0.189496
3  0.255001 -0.458027  0.435163
4 -0.583595  0.816847  0.672721
```

기존 아이파이썬은 컨테이너 내에서 실행되는 유일한 애플리케이션이므로 이것을 종료시키면 컨테이너도 종료된다. 그러나 다음처럼 해서 컨테이너에서 아이파이썬을 떼어낼 수 있다.

```
Ctrl+p --> Ctrl+q
```

아이파이썬을 컨테이너로부터 떼어냈다면, docker ps 명령으로 실행중인 컨테이너(및 현재 실행중인 그 밖의 컨테이너들)를 표시한다.

```
(base) pro:Docker yves$ docker ps
CONTAINER ID   IMAGE          COMMAND      CREATED           ...   NAMES
e93c4cbd8ea8   pyalgo:basic   "ipython"    About a minute ago      jolly_rubin
(base) pro:Docker yves$
```

docker attach $CONTAINER_ID로 도커 컨테이너를 붙일 수 있다. CONTAINER_ID는 간단히 몇 글자만으로도 충분하다는 점에 주목하자.

```
(base) pro:Docker yves$ docker attach e93c
In [7]: df.info()
<class 'pandas.core.frame.DataFrame'>
RangeIndex: 5 entries, 0 to 4
Data columns (total 3 columns):
 #   Column  Non-Null Count  Dtype
---  ------  --------------  -----
 0   a       5 non-null      float64
 1   b       5 non-null      float64
```

```
     2   c        5 non-null        float64
dtypes: float64(3)
memory usage: 248.0 bytes
```

exit 명령을 내리면 아이파이썬을 종료하게 하고 도커 컨테이너도 중지된다. docker rm 명령으로
도커 컨테이너를 제거할 수 있다.

```
In [8]: exit
(base) pro:Docker yves$ docker rm e93c
e93c
(base) pro:Docker yves$
```

마찬가지로 도커 이미지인 pyalgo:basic이 더 이상 필요하지 않다면 docker rmi로 제거하면 된다.
컨테이너들은 상대적으로 가벼운 편이지만, 각 이미지들을 저장하려면 상당한 저장 공간이 필요할
수 있다. pyalgo:basic 이미지를 예로 들면, 이것의 크기는 2GB에 가깝다. 따라서 도커 이미지 목
록을 정기적으로 정리해 저장 공간을 절약하는 게 바람직하다.

```
(base) pro:Docker yves$ docker rmi a0bb86
Untagged: pyalgo:basic
Deleted: sha256:a0bb86daf9adfd0ddf65312ce6c1b068100448152f2ced5d0b9b5adef5788d88
...
Deleted: sha256:40adf11b689fc778297c36d4b232c59fedda8c631b4271672cc86f505710502d
(base) pro:Docker yves$
```

물론, 특정 응용 상황 속에서 도커 컨테이너를 사용하는 일과 이것의 이점에 대해서 할 말이 많다.
이 책의 목적에 맞게 우리는 파이썬으로 작성한 코드를 배포하는 일, 완전히 분리된(컨테이너화된)
환경에서 파이썬을 가지고 개발하는 일, 그리고 알고리즘 트레이딩용 코드를 선적shipping하는 일 같
은 응용 상황들 속에서 도커 컨테이너를 사용하면 현대적인 방식으로 접근할 수 있다.

 아직 도커 컨테이너를 사용해 보지 않았다면 사용해 보는 게 좋다. 컨테이너는 로컬에서 일을 할 때뿐만
아니라, 특히 알고리즘 트레이딩용 코드를 배포하는 원격 클라우드 인스턴스와 서버를 사용해 일을 할
때에도, 파이썬으로 작성한 코드를 배포하고 개발하는 데 드는 노력을 아낄 수 있다.

클라우드 인스턴스 사용

이번 절에서는 디지털오션DigitalOcean(https://www.digitalocean.com/)이 제공하는 클라우드 인스턴스에
서 파이썬 기반구조를 완전하게 구성하는 방법을 보여준다. 클라우드 공급업체는 많지만 그중에서

도 아마존 웹 서비스Amazon Web Services, AWS(https://aws.amazon.com/ko/)가 업계를 선도하고 있다. 그러
나 디지털오션은 **드랍릿**Droplet(물방울)이라고 부르는 소형 클라우드 인스턴스의 단순함과 상대적으
로 낮은 요금으로 잘 알려져 있다. 일반적으로 탐색하고 개발해 보기 위한 용도로 쓰기에 충분하면
서도 가장 작은 드랍릿의 사용료는 월간 기준으로 5달러이고 시간 기준으로는 0.007달러다. 사용료
가 시간 단위로 청구되므로 (예를 들어) 드랍릿을 두 시간 동안 간단히 돌려본 다음에 없앤다면 겨우
0.014달러만 청구된다.[7]

이번 절에서는 파이썬 3.8을 설치하는 일, 암호로 보호되고 SSLSecure Sockets Layer(보안 소켓 계층)로
암호화된 주피터 랩 서버를 설치하는 일, 일반적으로 필요한 패키지(예: 넘파이 및 판다스)가 있는 디
지털 오션에다가 드랍릿을 설정하는 일을 목표로 삼는다.[8] 웹 기반 도구 모음인 주피터 랩Jupyter
Lab(https://jupyter.org/)은 일반 브라우저를 통해 사용할 수 있는 도구들을 여러 개 제공한다.

주피터 노트북Jupyter Notebook

주피터 노트북은 파이썬Python, 알R 및 줄리아Julia 같은 다양한 언어 커널을 제공하며, 인기가 많
은(가장 인기있는 것은 아니지만) 브라우저 기반 대화형 개발 환경 중 하나이다.

파이썬 콘솔Python console

이것은 표준 터미널 기반 구현체의 모양과 느낌이 다른, 그래픽 사용자 인터페이스를 가진 아이
파이썬 기반 콘솔이다.

터미널terminal

터미널은 모든 일반적인 시스템 관리 작업뿐만 아니라 코드 편집을 위한 Vim(https://www.vim.
org/)이나 버전 제어를 위한 git(https://git-scm.com/) 같은 유용한 도구를 사용할 수 있도록 브라우
저를 통해 액세스할 수 있게 구현한 시스템 셸이다.

에디터editor

일반적인 텍스트/코드 편집 기능뿐만 아니라 다양한 프로그래밍 언어 및 파일 유형에 대한 구문
강조 기능이 있는 브라우저 기반 텍스트 파일 편집기도 주요 도구 중의 하나다.

파일 관리자file manager

주피터 랩도 완전한 파일 관리자를 제공해 업로드, 다운로드, 이름 변경과 같은 일반적인 파일
작업을 할 수 있게 한다.

---

7   아직 클라우드 제공 업체 계정이 없다면 http://bit.ly/do_sign_up에서 디지털오션의 신규 사용자로 가입하고 10달러를 착수금으로 받
    을 수 있다.
8   기술적으로 보면, 주피터 랩은 주피터 노트북을 확장한 것이다. 그러나 이 두 가지 표현이 때때로 같은 의미로 사용된다.

드랍릿에 주피터 랩을 설치하면 브라우저를 통해 파이썬을 개발하고 배포할 수 있으므로, SSH_{Secure Shell}(보안 셸) 액세스를 통해 클라우드 인스턴스에 로그인하지 않아도 된다.

이번 절의 목표를 달성하려면 다음과 같은 몇 가지 스크립트가 필요하다.

서버 구성 스크립트

이 스크립트는 다른 파일을 드랍릿에 복사하고 드랍릿에서 실행하는 등 필요한 모든 단계를 조정한다.

파이썬 및 주피터 설치 스크립트

이 스크립트는 파이썬과 추가 패키지들과 주피터 랩을 설치한 다음에 주피터 랩_{Jupyter Lab}이라고 부르는 서버를 시동한다.

주피터 노트북 구성 파일

이 파일은 암호 보호와 관련하여 주피터 랩 서버의 구성을 위한 것이다.

RSA 공개 키 파일과 개인 키 파일

주피터 랩 서버와 통신을 할 때 SSL 암호화를 해야 한다면 이 두 파일이 필요하다.

설정 스크립트가 먼저 실행되지만, 그 밖의 파일들이 먼저 만들어져 있어야 하므로, 다음 절에서는 이 파일 목록의 순서와 반대 방향으로 작동한다.

RSA 공개 키와 개인 키

임의의 브라우저를 통해 주피터 랩 서버에 안전하게 연결하려면 RSA 공개 키와 개인 키로 구성된 SSL 인증서(RSA 위키피디아 페이지(https://en.wikipedia.org/wiki/RSA_(cryptosystem))를 참고하자)가 필요하다. 일반적으로, 이른바 인증 기관(CA)이라고 부르는 곳으로부터 이러한 인증서를 받을 수 있다. 그러나 이 책의 목적에 맞추는 정도라면 자체 생성 인증서만으로 '충분하다'.[9] RSA 키 쌍을 생성하는 데 널리 사용하는 도구는 OpenSSL(https://www.openssl.org/)이다. 이어서 나오는 간단한 대화식 세션을 통해서 주피터 랩서버와 함께 사용하기에 적합한 인증서를 생성한다(주피터 노트북 문서들(https://jupyter-notebook.readthedocs.io/en/stable/public_server.html)을 참고하자).

```
(base) pro:cloud yves$ openssl req -x509 -nodes -days 365 -newkey rsa:2048 \
> -keyout mykey.key -out mycert.pem
```

---

9   이러한 자체 생성 인증서를 사용하면, 브라우저에 메시지가 표시될 때 보안 예외를 추가해야 할 수 있다. macOS에서는 명시적으로 신뢰할 수 있는 인증서로 등록할 수도 있다.

```
Generating a RSA private key
.......+++++
.....+++++
+++++
writing new private key to 'mykey.key'
-----
You are about to be asked to enter information that will be incorporated into your
certificate request.
What you are about to enter is what is called a Distinguished Name or a DN.
There are quite a few fields but you can leave some blank.
For some fields there will be a default value,
If you enter '.', the field will be left blank.
-----
Country Name (2 letter code) [AU]:DE
State or Province Name (full name) [Some-State]:Saarland
Locality Name (e.g., city) []:Voelklingen
Organization Name (eg, company) [Internet Widgits Pty Ltd]:TPQ GmbH
Organizational Unit Name (e.g., section) []:Algorithmic Trading
Common Name (e.g., server FQDN or YOUR name) []:Jupyter Lab
Email Address []:pyalgo@tpq.io
(base) pro:cloud yves$
```

mykey.key 및 mycert.pem이라는 두 개 파일을 드랍릿에 복사해야 하며, 주피터 노트북 구성 파일에서 참조해야 한다. 이 파일이 다음에 나온다.

주피터 노트북 구성 파일

주피터 노트북 문서들(https://jupyter-notebook.readthedocs.io/en/stable/public_server.html)에서 설명한 대로, 공개 주피터 랩 서버를 안전하게 배포할 수 있다. 무엇보다도 주피터 랩은 비밀번호로 보호된다. 이를 위해 'notebook.auth' 서브패키지에서 사용할 수 있는 passwd()라는 암호 해시 코드 생성 함수가 있다. 다음 코드는 암호 자체가 jupyter인 암호 해시 코드를 생성한다.

```
In [1]: from notebook.auth import passwd

In [2]: passwd('jupyter')
Out[2]: 'sha1:da3a3dfc0445:052235bb76e56450b38d27e41a85a136c3bf9cd7'

In [3]: exit
```

이 해시 코드를 예제 2-3에서 제시한 주피터 노트북 구성 파일에 넣어야 한다. 구성 파일은 RSA 키 파일이 드랍릿에서 /root/.jupyter/ 폴더로 복사되었다고 가정한다.

예제 2-3 주피터 노트북 구성 파일

```
#
# 주피터 노트북 구성 파일
#
# Python for Algorithmic Trading
# (c) Dr. Yves J. Hilpisch
# The Python Quants GmbH
#
# <SSL 암호화>
# 여러분의 선택한 내용이나 여러분의 파일들에 맞게 다음 파일 이름들을 바꾸자.
c.NotebookApp.certfile = u'/root/.jupyter/mycert.pem'
c.NotebookApp.keyfile = u'/root/.jupyter/mykey.key'

# <IP 주소와 포트>
# 클라우드 인스턴스의 모든 IP 주소상에서 IP를 *로 설정해 바인딩한다.
c.NotebookApp.ip = '0.0.0.0'
# 알고 있고 고정된 기본 포트를 서버 접근용으로 정하는 게 바람직하다.
c.NotebookApp.port = 8888

# <비밀번호 보호>
# 여기서는 'jupyter'를 비밀번호를 쓴다.
# 여러분의 비밀번호에 맞는 것으로 해시 코드를 바꿔서 적자.
c.NotebookApp.password = \
        sha1 = da3a3dfc0445(052235bb76e56450b38d27e41a85a136c3bf9cd7)

# <브라우저가 없는 경우>
# 주피터가 브라우저를 열 수 없게 한다.
c.NotebookApp.open_browser = False

# <루트 접근>
# 루트 사용자가 주피터를 실행할 수 있게 한다.
c.NotebookApp.allow_root = True
```

다음으로 파이썬 및 주피터 랩이 드랍릿에 설치되었는지 여부를 확인할 단계다.

 주피터 랩을 클라우드에 배포한다면, 주피터 랩이 웹 브라우저를 통해 액세스할 수 있게 한 본격 개발 환경이므로 여러 가지 보안 문제가 생긴다. 따라서 암호 보호 및 SSL 암호화처럼 주피터 랩 서버가 기본적으로 제공하는 보안 조치를 사용하는 게 아주 중요하다. 그러나 이런 보안 조치는 최소한의 것에 불과하며, 클라우드 인스턴스에서 정확히 수행되어야 하는 작업이 무엇인가에 따라서는 추가 보안 조치가 권장될 수 있다.

파이썬과 주피터 랩을 설치하는 스크립트

파이썬과 주피터 랩을 설치하는 배시bash 스크립트는 33쪽에 나온 '도커 컨테이너 사용' 절에서 제시한 스크립트와 비슷하며, 이 스크립트는 어떤 한 도커 컨테이너 안에서 미니콘다를 통해 파이썬을 설치한다. 그러나 예제 2-4에 나오는 스크립트도 주피터 랩 서버를 시동할 필요가 있다. 모든 주요 부분과 코드 줄은 인라인으로 주석 처리된다.

예제 2-4 파이썬을 설치하고 주피터 노트북 서버를 실행하는 배시 스크립트

```bash
#/bin/bash
#
# 리눅스 시스템 툴과 기본 파이썬 컴포넌트들을 설치할 뿐만 아니라,
# 주피터 랩 서버를 시동하는 데 사용할 스크립트.
#
# Python for Algorithmic Trading
# (c) Dr. Yves J. Hilpisch
# The Python Quants GmbH
#
# <일반적인 리눅스>
apt-get update       # 패키지 인덱스 캐시를 업데이트한다.
apt-get upgrade -y   # 패키지들을 업데이트한다.
# 시스템 도구들을 설치한다.
apt-get install -y build-essential git   # 시스템 도구들을 설치한다.
apt-get install -y screen htop vim wget  # 시스템 도구들을 설치한다.
apt-get upgrade -y bash                  # 필요하다면 배시를 업그레이드한다.
apt-get clean                            # 패키지 인덱스 캐시를 깨끗이 지운다.

# <미니콘다 설치>
wget https://repo.anaconda.com/miniconda/Miniconda3-latest-Linux-x86_64.sh \
            -O Miniconda.sh
bash Miniconda.sh -b  # 미니콘다를 설치한다.
rm -rf Miniconda.sh   # 설치 프로그램을 제거한다.

# 현재 세션용 새 경로를 지정한다.
export PATH="/root/miniconda3/bin:$PATH"

# 셸 구성 파일 내에 새 경로를 지정한다.
cat >> ~/.profile <<EOF
export PATH="/root/miniconda3/bin:$PATH"
EOF

# <파이썬 라이브러리 설치>
conda install -y jupyter       # 브라우저 내 상호작용 방식 데이터 분석학 패키지.
conda install -y jupyterlab    # 주피터 랩 환경.
conda install -y numpy         # 수치 계산 패키지.
conda install -y pytables      # HDF5 바이너리 스토리지에 대한 래퍼.
conda install -y pandas        # 데이터 분석 패키지.
conda install -y scipy         # 과학기술 계산 패키지.
conda install -y matplotlib    # 표준 시각화 라이브러리.
conda install -y seaborn       # 통계학적 시각화 라이브러리.
conda install -y quandl        # 퀀들(Quandl) 데이터 API에 대한 래퍼.
conda install -y scikit-learn  # 머신러닝 라이브러리.
conda install -y openpyxl      # 엑셀 연동 패키지.
conda install -y xlrd xlwt     # 엑셀 연동 패키지.
conda install -y pyyaml        # yaml 파일 관리용 패키지.

pip install --upgrade pip      # 패키지 관리자를 업그레이드하기.
pip install q                  # 로깅과 디버깅.
pip install plotly             # 상호작용 방식 시각화 도구인 D3.js.
pip install cufflinks          # plotly를 판다스와 결합.
```

```
pip install tensorflow        # 딥러닝 라이브러리.
pip install keras             # 딥러닝 라이브러리.
pip install eikon             # 리피니티브(Refinitiv) 아이콘 데이터 API용 래퍼.

# 완다 API(Oanda API)용 파이썬 래퍼.
pip install git+git://github.com/yhilpisch/tpqoa

# <파일 복사와 디렉터리 생성>
mkdir -p /root/.jupyter/custom
wget http://hilpisch.com/custom.css
mv custom.css /root/.jupyter/custom
mv /root/jupyter_notebook_config.py /root/.jupyter/
mv /root/mycert.pem /root/.jupyter
mv /root/mykey.key /root/.jupyter
mkdir /root/notebook
cd /root/notebook

# <주피터 랩 시동>
jupyter lab &
```

다음 하위 절에서 설명하는 대로 이 스크립트를 드랍릿에 복사해야 하며, 오케스트레이션 스크립트로 시작되어야 한다.

드랍릿 구성 내용을 오케스트레이션하는 스크립트

드랍릿을 설정하는 두 번째 배시 스크립트는 가장 짧다(예제 2-5를 참고하자). 주로 그 밖의 모든 파일을, 각 IP 주소를 파라미터로 사용하는 드랍릿에 복사한다. 마지막 줄에서 install.sh라는 배시 스크립트를 실행하고, 차례로 설치 작업 그 자체를 수행한 다음에 주피터 랩 서버를 시동한다.

예제 2-5 드랍릿을 구성하기 위한 배시 스크립트

```
#/bin/bash
#
# 기본 파이썬 스택과 주피터 노트북을 사용해 디지털오션의 드랍릿 구성하기.
#
# Python for Algorithmic Trading
# (c) Dr Yves J Hilpisch
# The Python Quants GmbH
#

# <파라미터로부터 넘겨받은 IP 주소>
MASTER_IP=$1

# <파일들을 복사>
scp install.sh root@${MASTER_IP}:
scp mycert.pem mykey.key jupyter_notebook_config.py root@${MASTER_IP}:

# <설치 스크립트를 실행>
ssh root@${MASTER_IP} bash /root/install.sh
```

이제 이 모든 것들을 사용해 구성용 코드를 사용해 볼 수 있다. 디지털오션 측에서는 다음과 비슷한 선택지에 맞춰 새 드랍릿을 만들어준다.

운영체제

우분투 20.04 LTS x64(이 책을 쓸 무렵의 최신 버전).

크기

2 코어, 2GB, 60GB SSD(표준 드랍릿).

데이터 센터 리전$_{region}$(지역)

프랑크푸르트(저자가 독일에 거주하기 때문에).

SSH 키

암호 없는 로그인을 위한 (새) SSH 키 추가.[10]

드랍릿 이름

미리 지정된 이름이나 pyalgo 같은 이름을 사용.

마지막으로 Create(생성) 버튼을 클릭하면 드랍릿 생성 과정이 시작되며, 일반적으로 1분 정도 걸린다. 구성$_{set-up}$ 프로시저를 사용해 진행했을 때 나오는 내용 중에 핵심은 IP 주소다(예: 프랑크푸르트를 데이터 센터 위치로 선택한 경우 IP 주소가 134.122.74.144일 수 있다). 이제 다음과 같이 손쉽게 드랍릿을 설정할 수 있다.

```
(base) pro:cloud yves$ bash setup.sh 134.122.74.144
```

그러나 결과가 나오기까지 몇 분 정도 걸릴 수 있다. 주피터 랩 서버에 다음과 같은 메시지가 표시되면 완료된 것이다.

```
[I 12:02:50.190 LabApp] Serving notebooks from local directory: /root/notebook
[I 12:02:50.190 LabApp] Jupyter Notebook 6.1.1 is running at:
[I 12:02:50.190 LabApp] https://pyalgo:8888/
```

---

10 도움이 필요하다면 "How To Use SSH Keys with DigitalOcean Droplets"(디지털오션 드랍릿에서 SSH 키를 사용하는 방법[https://www.digitalocean.com/docs/droplets/how-to/add-ssh-keys/])이나 "How To Use SSH Keys with PuTTY on DigitalOcean Droplets (Windows users)"(디지털오션 드랍릿에서 PuTTY로 SSH 키를 사용하는 방법(윈도우 사용자)[https://www.digitalocean.com/docs/droplets/how-to/add-ssh-keys/create-with-putty/])을 방문하자.

현재 사용하고 있는 브라우저가 무엇이든, 해당 브라우저에서 다음 주소로 가면 실행중인 주피터 노트북 서버로 접근할 수 있다(프로토콜이 https라는 점에 유념하자).

```
https://134.122.74.144:8888
```

보안 예외security exception를 하나 추가하고 나면, 암호(이 경우에 jupyter)를 묻는 주피터 노트북 로그인 화면이 나타난다. 이제 모든 것이 주피터 랩, 아이파이썬 기반 콘솔, 터미널 창, 텍스트 파일 편집기를 통해 브라우저에서 파이썬 개발을 시작할 준비가 되었다. 파일 업로드, 파일 삭제, 폴더 생성 같은 그 밖의 파일 관리 기능도 사용할 수 있다.

 디지털오션 및 주피터 랩(주피터 노트북 서버로 구동) 같은 클라우드 인스턴스는 파이썬 개발자와 알고리즘 트레이딩 실무자가 전문 컴퓨팅 및 스토리지 인프라를 사용하고 작업할 수 있게 하는 강력한 조합이다. 전문 클라우드 및 데이터 센터 공급자는 (가상) 시스템이 물리적으로 안전하고 가용성이 높은지를 점검해준다. 클라우드 인스턴스를 사용하면, 일반적으로 장기 계약을 체결하지 않아도 시간 단위로 사용량이 청구되므로, 비교적 저렴한 비용을 치르며 탐색 및 개발 단계를 밟을 수 있다.

결론

이 책에서도 파이썬을 채택하고 있지만, 거의 모든 주요 금융 기관에서도 프로그래밍 언어이자 기술 플랫폼으로 파이썬을 채택하고 있다. 그러나 파이썬을 배포하기는 쉽지 않을 수 있으며, 때로는 지루하고 신경 쓰이는 일이 될 수도 있다. 다행히도 배포 문제를 해결하는 데 도움이 되는 기술(거의 대부분이 나온 지 10년 미만인 기술)을 사용할 수 있다. 오픈소스 소프트웨어인 콘다를 사용하면 파이썬 패키지를 관리할 수 있을 뿐만 아니라 가상 환경도 관리할 수 있다. 기술적으로 보호된 '샌드박스sandbox(안전한 놀이터)'에 비유해 볼 수 있는 컨테이너로부터 완전한 파일 시스템과 런타임 환경을 쉽게 만들어 낼 수 있다는 점에서 도커 컨테이너는 훨씬 더 발전한 것이라고 할 수 있다. 한 걸음 더 나아가 디지털오션 같은 클라우드 제공업체들은 데이터 센터를 전문적으로 관리하고 스토리지 용량을 확보해 두고 있다가 사용자가 요청하면 컴퓨터와 스토리지 용량을 몇 분 만에 제공한 다음에 사용 요금을 사용 시간에 맞춰 청구한다. 이를 통해 파이썬 3.8이 설치되고 보안성이 있는 주피터 노트북과 랩서버가 함께 설치되므로, 알고리즘 트레이딩 프로젝트를 파이썬으로 개발하고 그 전략을 전개하는 데 필요한 전문 환경을 제공받을 수 있다.

참조할 것들과 그 밖의 자료원

파이썬 패키지 관리에 대해서는 다음 자료원들을 참고하자.

- `pip` 패키지 관리자 페이지: https://pypi.org/project/pip/
- `conda` 패키지 관리자 페이지: https://docs.conda.io/en/latest/
- 파이썬 공식 설치 패키지 페이지: https://packaging.python.org/tutorials/installing-packages/

가상 환경 관리virtual environment management에 대해서는 다음 자료원을 참고하자.

- `virtualenv` 환경 관리자 페이지: https://pypi.org/project/virtualenv/
- `conda`의 환경 관리 페이지: https://conda.io/projects/conda/en/latest/user-guide/concepts/environments.html
- `pipenv` 패키지와 환경 관리자: https://github.com/pypa/pipenv

도커 컨테이너 Docker container에 대한 정보를 어떤 곳보다도 도커 홈페이지와 다음 책에서 찾을 수 있다.

- Karl Matthias and Sean Kane. 2018. **Docker: Up and Running**. 2nd ed. Sebastopol: O'Reilly.

Robbins(2016)는 Bash라는 **스크립트 언어**scripting language를 간결하게 소개한다.

- Arnold Robbins. 2016. **Bash Pocket Reference**. 2nd ed. Sebastopol: O'Reilly.

공개된 주피터 노트북과 주피터 랩 서버를 안전하게 실행하는 방법이 주피터 노트북 문서들Jupyter Notebook Docs(https://jupyter-notebook.readthedocs.io/en/stable/public_server.html)에 설명되어 있다. 주피터 노트북 서버 하나에서 여러 사용자를 관리할 수 있는 주피터허브JupyterHub(https://jupyterhub.readthedocs.io/en/stable/)도 있다.

디지털오션에 가입해 새 계정과 착수금 10달러를 받고 싶다면 http://bit.ly/do_sign_up로 가 보자. 이곳에서는 가장 작은 드랍릿에 대한 2개월분 사용료를 지불해준다.

CHAPTER

3

금융 데이터 활용

분명히 말하지만, 데이터가 알고리즘을 이긴다.
포괄적인 데이터가 없는 상황에서는 포괄적이지 않은 예측을 얻게 되는 경향이 있다.

— 롭 토마스Rob Thomas(2016)

알고리즘 트레이딩을 할 때에는 일반적으로 표 3-1에 나와있는 것처럼 네 가지 데이터 유형을 처리해야 한다. 이렇게 함으로써 금융 데이터 세계를 단순화할 수 있지만, **과거 대 실시간**historical versus real-time을 구별하고 **정형 대 비정형**structured versus unstructured을 구별하는 게 기술을 구성하는 일에 유용하다는 점이 종종 입증되기도 한다.

표 3-1 금융 데이터 유형(예)

	정형 데이터	비정형 데이터
과거 데이터	일말 종가	금융 뉴스 기사
실시간 데이터	외환 매수호가/매도호가	트위터에 게시된 글

이 책에서는 주로 주로 과거 유형과 실시간 유형 중에서도 **정형 데이터**structured data, 즉 숫자나 테이블 형식으로 된 데이터를 다룬다. 이번 장에서는 특히 프랑크푸르트 증권 거래소에서 거래되는 SAP SE 주식의 일말 종가end-of-day closing values 같은 과거 정형 데이터historical structured data에 초점을 맞춘다. 그러나 이 범주에는 나스닥NASDAQ 증권 거래소에서 거래되는 애플사 주식에 대한 1분봉1-minute-bar 데이터 같은 장중 데이터intraday data(일중 데이터)도 포함된다. 실시간 정형 데이터real-time, structured data의 처리에 대해서는 7장에서 다룬다.

과거 금융 데이터를 사용해 테스트(또는 백테스트)해야 하는 거래 아이디어를 품거나 가설을 세우는 일로 알고리즘 트레이딩 프로젝트가 시작되는 법이다. 이것이야말로 이번 장에서 말하려는 맥락이며, 이런 맥락을 짚기 위한 계획은 다음과 같다. 아래에 나오는 '서로 다른 공급원에서 금융 데이터를 읽어오기'에서는 판다스를 사용해 서로 다른 파일 기반 공급원이나 웹 기반 공급원에서 데이터를 읽어온다. 56쪽에 나오는 '오픈데이터 공급원을 활용해 일하기'에서는 인기있는 오픈데이터 공급원 플랫폼인 퀀들Quandl을 소개한다. 60쪽에 나오는 '아이컨 데이터 API'에서는 리피니티브 아이컨 데이터 API~Refinitiv Eikon DATA API용 파이썬 래퍼를 소개한다. 마지막으로, 69쪽에 나오는 '금융 데이터의 효율적 저장'에서는 HDF5라고 하는 이진 저장 형식을 기반으로 판다스를 사용해 과거 정형 데이터를 효율적으로 저장하는 방법을 간략하게 보여준다.

거래 아이디어나 가설의 백테스트가 효과적으로 구현될 수 있는 형식에 맞게 사용할 수 있는 금융 데이터를 확보하는 게 이번 장의 목표다. 세 가지 주요 주제는 데이터 가져오기, 데이터 처리, 데이터 저장이다. 이번 장과 그 뒤를 이어 나오는 여러 장에서는 2장에 자세히 설명한 대로 파이썬 패키지들과 더불어 파이썬 3.8이 설치되었다고 가정한다. 당분간, 이 파이썬 환경이 정확히 어떤 인프라를 제공하는지는 아직 관련이 없다. 파이썬을 사용한 효율적인 입출력 작업을 자세히 알고 싶다면 Hilpisch(2018, ch. 9)를 참고하자.

서로 다른 공급원에서 금융 데이터를 읽어오기

이번 절에서는 인기있는 파이썬용 데이터 분석 패키지인 판다스의 기능을 많이 사용한다(판다스 홈페이지를 참고하자). 판다스는 이번 장에서 관심을 두고 있는 세 가지 주요 작업인 **데이터 읽기**reading data, **데이터 다루기**handling data, **데이터 저장하기**storing data를 광범위하게 지원한다. 이번 절의 나머지 부분에서 설명하겠지만, 판다스의 장점 중 하나는 다양한 유형의 공급원에서 데이터를 읽을 수 있다는 점이다.

데이터셋

이번 절에서는 2020년 4월분 아이컨 데이터 API~Eikon Data API에서 검색한 애플 주가(종목코드는 AAPL이며 로이터 인스트루먼트 코드, 즉 RIC[1]로는 AAPL.O)를 담고 있는 아주 작은 데이터셋으로 작업한다.

이러한 과거 금융 데이터historical financial data를 디스크에 CSV 파일 형태로 저장했다면, 파이썬만을 사용해서도 해당 내용을 읽어 프린트할 수 있다.

---

1   옮긴이 Reuters Instrument Codes(로이터 수단 코드, 로이터 상품 코드, 로이터 종목 코드). 간단히 '릭' 또는 '릭 코드'라고도 부른다.

```
In [1]: fn = '../data/AAPL.csv'   ❶

In [2]: with open(fn, 'r') as f:   ❶
            for _ in range(5):     ❷
                print(f.readline(), end='')   ❸

        Date,HIGH,CLOSE,LOW,OPEN,COUNT,VOLUME

        2020-04-01,248.72,240.91,239.13,246.5,460606.0,44054638.0
        2020-04-02,245.15,244.93,236.9,240.34,380294.0,41483493.0
        2020-04-03,245.7,241.41,238.9741,242.8,293699.0,32470017.0
        2020-04-06,263.11,262.47,249.38,250.9,486681.0,50455071.0
```

❶ 디스크에서 파일을 연다(필요하다면 경로나 파일 이름을 고치자).[2]

❷ 다섯 번 반복하게 for 루프를 구성한다.

❸ 열린 CSV 파일 내용 중에 첫 부분에 나오는 다섯 줄을 프린트한다.

이 접근 방식을 사용하면 데이터를 간단하게 검사할 수 있다. 데이터에는 머리글 행이 있고, 각 행을 이루는 데이터 점data point[3]으로는 일자Date, 시가OPEN, 고가HIGH, 저가LOW, 종가CLOSE, 카운트COUNT, 거래량VOLUME이 있다는 점을 알 수 있다. 그러나 파이썬에서 추가로 사용해야 할 데이터가 아직 메모리로 들어 오지 않았다.

파이썬을 사용해 CSV 파일을 읽기

CSV 파일로 저장된 데이터를 가지고 일하려면 파일을 파싱parsing(구문분석)하고 나서 데이터를 파이썬 데이터 구조에 맞게 저장해야 한다. 파이썬에는 csv라는 내장 모듈이 있어서, CSV 파일에서 데이터를 읽을 수 있다. 첫 번째 접근 방식에서는 파일에서 가져 온 데이터를 사용해, 여러 리스트 객체들을 포함하는 리스트 객체 한 개를 생성한다.

```
In [3]: import csv   ❶

In [4]: csv_reader = csv.reader(open(fn, 'r'))   ❷

In [5]: data = list(csv_reader)   ❸

In [6]: data[:5]   ❹
Out[6]: [['Date', 'HIGH', 'CLOSE', 'LOW', 'OPEN', 'COUNT', 'VOLUME'],
         ['2020-04-01',
          '248.72',
```

---

2 [옮긴이] 여기에 나오는 AAPL.csv 파일을 저자가 제공하는 깃허브(https://github.com/yhilpisch/py4at/tree/master/data)에서 구할 수 있다. 물론, 예시용 파일이므로 직접 데이터를 구해서 활용하는 편이 더 바람직할 것이다.

3 [옮긴이] 즉, 데이터 테이블의 열 제목. 다시 말하면 데이터를 이루는 특징들의 명칭.

```
                '240.91',
                '239.13',
                '246.5',
                '460606.0',
                '44054638.0'],
               ['2020-04-02',
                '245.15',
                '244.93',
                '236.9',
                '240.34',
                '380294.0',
                '41483493.0'],
               ['2020-04-03',
                '245.7',
                '241.41',
                '238.9741',
                '242.8',
                '293699.0',
                '32470017.0'],
               ['2020-04-06',
                '263.11',
                '262.47',
                '249.38',
                '250.9',
                '486681.0',
                '50455071.0']]
```

❶ csv 모듈을 가져온다.

❷ csv.reader라는 반복자 객체를 인스턴스화한다.

❸ CSV 파일에 있는 모든 줄을 리스트 객체에 추가하는 리스트 컴프리헨션.

❹ 리스트 객체의 처음 5개 원소를 프린트한다.

예를 들어, 이러한 중첩 리스트 객체를 사용해 평균 종가를 계산하는 일도 원칙적으로는 가능하지만 실제적으로는 효율적이거나 직관적이지 않다. 표준 csv.reader 객체 대신에 csv.DictReader라는 반복자iterator 객체를 사용한다면 이러한 작업을 좀 더 쉽게 관리할 수 있을 것이다. CSV 파일을 이루고 있는 모든 데이터 행(머리글 행 제외)을 dict 객체로 가져온 다음에, 각 키를 사용해 단일 값들에 액세스할 수 있다.

```
In [7]: csv_reader = csv.DictReader(open(fn, 'r'))    ❶

In [8]: data = list(csv_reader)

In [9]: data[:3]
Out[9]: [{'Date': '2020-04-01',
          'HIGH': '248.72',
```

```
              'CLOSE': '240.91',
              'LOW': '239.13',
              'OPEN': '246.5',
              'COUNT': '460606.0',
              'VOLUME': '44054638.0'},
             {'Date': '2020-04-02',
              'HIGH': '245.15',
              'CLOSE': '244.93',
              'LOW': '236.9',
              'OPEN': '240.34',
              'COUNT': '380294.0',
              'VOLUME': '41483493.0'},
             {'Date': '2020-04-03',
              'HIGH': '245.7',
              'CLOSE': '241.41',
              'LOW': '238.9741',
              'OPEN': '242.8',
              'COUNT': '293699.0',
              'VOLUME': '32470017.0'}]
```

❶ 여기에서 csv.DictReader 반복자 객체가 인스턴스화되어 머리글 행에 대한 정보가 주어지면 모든 데이터 행을 dict 객체 안으로 읽어들인다.

단일 dict 객체들을 기반으로 쉽게 집계할 수 있게 되었다. 그러나 각 파이썬 코드를 검사할 때 애플 주식에 대한 종가의 평균을 편리하게 계산하는 방법에 대해서 언급하기에는 아직 이르다.

```
In [10]: sum([float(l['CLOSE']) for l in data]) / len(data)   ❶
Out[10]: 272.38619047619045
```

❶ 첫째, 모든 종가가 포함된 리스트 컴프리헨션list comprehension(리스트 함축문)을 통해 리스트 객체가 생성된다. 둘째, 이 모든 종가를 합한다. 셋째, 합한 결과를 종가들의 개수로 나눈다.

이것이 판다스가 파이썬 커뮤니티에서 이만큼이나 인기를 얻게 된 핵심 이유 중에 하나이다. 예를 들어, 데이터 가져오기나 금융 시계열 데이터셋을 처리하기는 순수 파이썬에 비해 더 편리하다(그리고 종종 상당히 빠르기까지 하다).

판다스를 사용해 CSV 파일을 읽기

이번 절의 이 시점부터는 판다스를 사용해 애플 주가 데이터셋을 대상으로 작업한다. 주로 사용할 함수는 read_csv()인데, 이 함수의 파라미터를 서로 다르게 함으로써 다양하게 사용자 정의를 할 수 있다(read_csv() API 레퍼런스 문서 https://pandas.pydata.org/pandas-docs/stable/reference/api/pandas. read_csv.html을 참고하자). read_csv()는 데이터 읽기 절차의 결과로 판다스와 더불어 (표본) 데이터를 저장하는 핵심 수단인 DataFrame 객체를 생성한다. 특히 금융 애플리케이션에 유용한 여러 강력한 메서드가 DataFrame 클래스에 있다(DataFrame API 레퍼런스 문서 https://pandas.pydata.org/pandas-docs/stable/reference/api/pandas.DataFrame.html을 참고하자).

```
In [11]: import pandas as pd  ❶

In [12]: data = pd.read_csv(fn, index_col=0,
                            parse_dates=True)  ❷

In [13]: data.info()  ❸
         <class 'pandas.core.frame.DataFrame'>
         DatetimeIndex: 21 entries, 2020-04-01 to 2020-04-30
         Data columns (total 6 columns):
         #   Column  Non-Null Count  Dtype
         --- ------  --------------  -----
         0   HIGH    21 non-null     float64
         1   CLOSE   21 non-null     float64
         2   LOW     21 non-null     float64
         3   OPEN    21 non-null     float64
         4   COUNT   21 non-null     float64
         5   VOLUME  21 non-null     float64
         dtypes: float64(6)
         memory usage: 1.1 KB

In [14]: data.tail()  ❹
Out[14]:             HIGH    CLOSE   LOW     OPEN    COUNT     VOLUME
         Date
         2020-04-24  283.01  282.97  277.00  277.20  306176.0  31627183.0
         2020-04-27  284.54  283.17  279.95  281.80  300771.0  29271893.0
         2020-04-28  285.83  278.58  278.20  285.08  285384.0  28001187.0
         2020-04-29  289.67  287.73  283.89  284.73  324890.0  34320204.0
         2020-04-30  294.53  293.80  288.35  289.96  471129.0  45765968.0
```

❶ pandas 패키지를 가져온다.

❷ 이렇게 하면 CSV 파일에서 데이터를 가져와, 첫 번째 열을 인덱스 열로 처리하고 해당 열의 항목을 일자-시간 정보로 해석할 수 있음을 나타낸다.

❸ 이 메서드는 결과로 나온 DataFrame 객체에 대한 메타 정보를 출력한다.

❹ data.tail() 메서드는 기본적으로 최근 데이터 행 다섯 개를 프린트한다.

이제 메서드 호출을 한 번만 하면 애플 주식에의 종가에 대한 평균을 계산할 수 있다.

```
In [15]: data['CLOSE'].mean()
Out[15]: 272.38619047619056
```

4장에서는 금융 데이터 처리용 판다스 기능을 더 많이 소개한다. 판다스 및 강력한 DataFrame 클래스 작업에 대한 자세한 내용을 알고 싶다면 공식 판다스 문서Documentation 페이지(https://pandas.pydata.org/pandas-docs/stable/) 및 McKinney(2017)를 참고하자.

 파이썬 표준 라이브러리를 사용해서도 CSV 파일에서 데이터를 읽어올 수 있지만, 판다스를 사용하면 일반적으로 이 일을 훨씬 단순하면서도 빠르게 할 수 있다. read_csv()가 DataFrame 객체를 반환하므로 판다스의 데이터 분석 기능을 즉시 사용할 수 있다는 이점도 있다.

엑셀 및 JSON으로 내보내기

판다스를 사용하면 파이썬 형식이 아닌 특정 형식으로 공유할 수 있게 DataFrame 객체에 저장된 데이터를 쉽게 내보낼 수도 있다. 판다스를 사용하면 데이터를 CSV 파일로 내보낼 수 있을 뿐만 아니라, 금융 업계에서 널리 사용되는 데이터 교환 형식인 엑셀 스프레드 시트 파일 형식과 JSON 파일 형식으로도 내보낼 수 있다. 일반적으로 이러한 내보내기 프로시저procedure(처리 절차를 기술한 코드 부분)에서는 메서드 호출을 한 번만 하면 된다.

```
In [16]: data.to_excel('data/aapl.xls', 'AAPL')   ❶

In [17]: data.to_json('data/aapl.json')   ❷

In [18]: ls -n data/
         total 24
         -rw-r--r--  1 501  20  3067 Aug 25 11:47 aapl.json
         -rw-r--r--  1 501  20  5632 Aug 25 11:47 aapl.xls
```

❶ 데이터를 디스크의 엑셀 스프레드 시트 파일로 내보낸다.
❷ 데이터를 디스크의 JSON 파일로 내보낸다.

특히 엑셀 스프레드 시트 파일과의 상호 작용에 관해서 말하자면, 단순히 데이터를 덤프해서 새 파일로 만드는 것보다 더 우아한 방법이 있다. 예를 들어, xlwings는 강력한 파이썬 패키지인데, 이것을 사용하면 파이썬과 엑셀 간에 효율적이면서도 지능적으로 상호 작용을 하게 할 수 있다 (xlwings 홈페이지 https://www.xlwings.org/를 방문해 보기 바란다).

엑셀과 JSON을 읽기

이제 데이터를 엑셀 스프레드시트 파일 및 JSON 데이터 파일 형식으로도 사용할 수 있으므로, 판다스는 이러한 공급원으로부터도 데이터를 읽어 수 있다. 접근 방식은 CSV 파일과 마찬가지로 간단하다.

```
In [19]: data_copy_1 = pd.read_excel('data/aapl.xls', 'AAPL',
                                      index_col=0)    ❶

In [20]: data_copy_1.head()    ❷
Out[20]:             HIGH   CLOSE      LOW    OPEN   COUNT    VOLUME
         Date
         2020-04-01 248.72 240.91  239.1300  246.50  460606  44054638
         2020-04-02 245.15 244.93  236.9000  240.34  380294  41483493
         2020-04-03 245.70 241.41  238.9741  242.80  293699  32470017
         2020-04-06 263.11 262.47  249.3800  250.90  486681  50455071
         2020-04-07 271.70 259.43  259.0000  270.80  467375  50721831


In [21]: data_copy_2 = pd.read_json('data/aapl.json')    ❸

In [22]: data_copy_2.head()    ❹
Out[22]:             HIGH   CLOSE      LOW    OPEN   COUNT    VOLUME
         2020-04-01 248.72 240.91  239.1300  246.50  460606  44054638
         2020-04-02 245.15 244.93  236.9000  240.34  380294  41483493
         2020-04-03 245.70 241.41  238.9741  242.80  293699  32470017
         2020-04-06 263.11 262.47  249.3800  250.90  486681  50455071
         2020-04-07 271.70 259.43  259.0000  270.80  467375  50721831


In [23]: !rm data/*
```

❶ 엑셀 스프레드 시트 파일에 담겨 있는 데이터를 새 DataFrame 객체로 읽어온다.

❷ 데이터의 첫 번째 메모리 내in-memory(인메모리) 사본 중에 첫 다섯 행이 프린트된다.

❸ 이것은 JSON 파일에 담겨 있는 데이터를 또 다른 DataFrame 객체로 읽어온다.

❹ 그런 다음에 두 번째 메모리 내 데이터 사본의 처음 5개 행을 프린트한다.

판다스는 다양한 형식으로 된 데이터 파일로부터 금융 데이터를 읽거나 그러한 파일들에 쓰기에 유용하다. 종종 표준적이지 않은 저장 형식(구분자로 ','' 대신에 ';'를 쓰는 것 같은 형식)으로 인해 읽어오기가 쉽지 않을 수 있지만, 판다스는 일반적으로 이러한 경우에도 적절하게 대처할 수 있도록 하는 파라미터 조합 세트를 제공한다. 이번 절에 나오는 예제에서는 모두 작은 데이터셋만 사용하지만, 훨씬더 큰 데이터셋을 써야 하는 가장 중요한 상황에서도 판다스의 고성능 입출력 작업에 기댈 수 있다.

오픈데이터 공급원을 사용해 일하기

거의 모든 패키지가 오픈소스open source(개방 코드, 공개 코드) 형태로 되어 있을 뿐만 아니라 무료로 사용할 수도 있다는 점이 파이썬 생태계가 지닌 매력이다. 그러나 일반적으로 금융 분석(특히 알고리즘 트레이딩)을 오픈소스 소프트웨어나 알고리즘만으로 해 내기는 어려우며, 이번 장의 시작 부분에 나온 인용문에서 강조하듯이 데이터 또한 중요한 역할을 한다. 이전에 나온 절에서는 상용 데이터 공급원으로부터 가져온 작은 데이터셋을 사용했다. 이용할 수 있는 유용한 (금융용) 오픈데이터open data(개방 데이터, 공개 데이터)를 가져올 수 있는 공급원(예: 야후 파이낸스나 구글 파이낸스)이 있었지만, 2020년에 이 글을 쓰는 시점에는 거의 남아 있지 않다. 이러한 경향이 생긴 이유 중에 더 확실한 것 하나를 들자면 데이터 사용권에 대한 계약 조건이 끊임없이 변한다는 점을 들 수 있다.

이 책의 목적에 비춰 보았을 때 주목할만한 예외는 퀀들Quandl(https://www.quandl.com/)이다. 퀀들은 다수의 오픈데이터 공급원과 프리미엄 데이터premium data(즉 '사용 후 지불 방식 데이터') 공급원들을 모아 놓은 플랫폼이다. 파이썬 래퍼 패키지에서 사용할 수 있는 통합 API를 거쳐 이러한 데이터가 제공된다.

conda install quandl 명령을 내리면 퀀들 데이터 API용 파이썬 래퍼 패키지(퀀들의 파이썬 래퍼 페이지 https://www.quandl.com/tools/python 및 이 패키지에 대한 깃허브 페이지 https://github.com/quandl/quandl-python를 참고하자)가 설치된다. 첫 번째 예제에서는 비트코인을 암호 화폐로 도입한 이후의 비트코인/달러 환율에 대한 과거 평균historical average 가격들을 검색하는 방법을 볼 수 있다. 퀀들을 사용할 때는 항상, **데이터베이스**database와 여러분이 원하는 특정 **데이터셋**data set을 조합한 형태로 데이터를 요청해야 한다. (예제에서는 BCHAIN와 MKPRU.) 이러한 정보를 일반적으로 퀀들 플랫폼에서 조회할 수 있다. 예를 들어, 퀀들의 관련 페이지는 BCHAIN/MKPRU(https://www.quandl.com/data/BCHAIN/MKPRU-Bitcoin-Market-Price-USD)이다.

기본적으로 quandl 패키지는 판다스의 DataFrame 객체를 반환한다. 이 예제에서 Value(가격) 열은 연간 방식으로 표시된다(즉, 연말 가격). 2020년도에 해당하는 수는 데이터셋에서 마지막으로 사용할 수 있는 가격(2020년 5월 이후로)이며 반드시 연말 가격은 아니라는 점에 유념하자.

퀀들 플랫폼에 있는 데이터셋 중에 대부분이 공짜지만, 일부 무료 데이터셋을 쓰려면 API 키가 필요할 때가 있다. 무료로 API를 호출하는 작업이 특정 한계를 넘은 후에는 이러한 키가 필요하다. 모든 사용자는 퀀들 회원가입 페이지(https://www.quandl.com/sign-up)에서 퀀들 무료 회원으로 가입해 이러한 키를 얻을 수 있다. API 키가 필요한 데이터 요청을 할 때는 api_key 파라미터에 키를 담아 제공해야 한다. 예제에서 API 키(계정 설정 페이지에서 찾을 수 있음)는 quandl_api_key 변수에 문자열로 저장된다. configparser 모듈을 통해 구성 파일에서 구체적인 키 값을 읽는다.

```
In [24]: import configparser
         config = configparser.ConfigParser()
         config.read('../pyalgo.cfg')
Out[24]: ['../pyalgo.cfg']
```

```
In [25]: import quandl as q   ❶

In [26]: data = q.get('BCHAIN/MKPRU', api_key=config['quandl']['api_key'])   ❷

In [27]: data.info()
         <class 'pandas.core.frame.DataFrame'>
         DatetimeIndex: 4254 entries, 2009-01-03 to 2020-08-26
         Data columns (total 1 columns):
          #   Column  Non-Null Count  Dtype
         ---  ------  --------------  -----
          0   Value   4254 non-null   float64
         dtypes: float64(1)
         memory usage: 66.5 KB

In [28]: data['Value'].resample('A').last()   ❸
Out[28]: Date
         2009-12-31        0.000000
         2010-12-31        0.299999
         2011-12-31        4.995000
         2012-12-31       13.590000
         2013-12-31      731.000000
         2014-12-31      317.400000
         2015-12-31      428.000000
         2016-12-31      952.150000
         2017-12-31    13215.574000
         2018-12-31     3832.921667
         2019-12-31     7385.360000
         2020-12-31    11763.930000
         Freq: A-DEC, Name: Value, dtype: float64
```

❶ 퀀들용 파이썬 래퍼 패키지를 가져온다.

❷ 비트코인/달러(BTC/USD) 환율에 대한 과거 데이터를 읽는다.

❸ Value(가격) 열을 선택하고 원래의 **daily**(일별) 가격들에서 **yealy**(연도별) 가격으로 다시 표집sampling(표본 추출)하고, 마지막으로 사용할 수 있는 관측치를 관련 항목이 되게 정의한다.

예를 들어, Quandl은, 일말 주가end-of-day stock prices나 주식 펀더멘털 또는 특정 주식에서 거래되는 옵션과 관련된 데이터셋 같은, 개별 주식에 관한 데이터셋을 다양하게 제공한다.

```
In [29]: data = q.get('FSE/SAP_X', start_date='2018-1-1',
                       end_date='2020-05-01',
                       api_key=config['quandl']['api_key'])

In [30]: data.info()
         <class 'pandas.core.frame.DataFrame'>
         DatetimeIndex: 579 entries, 2018-01-02 to 2020-04-30
         Data columns (total 10 columns):
          #   Column                 Non-Null Count  Dtype
         ---  ------                 --------------  -----
```

```
    0   Open                      257 non-null    float64
    1   High                      579 non-null    float64
    2   Low                       579 non-null    float64
    3   Close                     579 non-null    float64
    4   Change                      0 non-null    object
    5   Traded Volume             533 non-null    float64
    6   Turnover                  533 non-null    float64
    7   Last Price of the Day       0 non-null    object
    8   Daily Traded Units          0 non-null    object
    9   Daily Turnover              0 non-null    object
dtypes: float64(6), object(4)
memory usage: 49.8+ KB
```

API 키는 다음 코드를 통해 영구적으로 파이썬 래퍼로 구성될 수도 있다.

```
q.ApiConfig.api_key = 'YOUR_API_KEY'
```

퀀들 플랫폼에서는 구독 방식, 즉 요금을 지불하면 프리미엄 데이터셋도 제공한다. 이러한 데이터셋 중에 대부분은 무료 샘플도 제공한다. 이번 예제에서는 마이크로소프트 주식에 대한 옵션 내재 변동률option implied volatility들을 검색한다. 무료 샘플 데이터셋이 4,100개 이상의 행과 많은 열로 구성되어 있어 아주 크다(그래서 일부만 표시함). 코드의 마지막 줄들에는 최근 5일 동안의 30일/60일/90일 간의 내재 변동률 값이 표시된다.

```
In [31]: q.ApiConfig.api_key = config['quandl']['api_key']

In [32]: vol = q.get('VOL/MSFT')

In [33]: vol.iloc[:, :10].info()
         <class 'pandas.core.frame.DataFrame'>
         DatetimeIndex: 1006 entries, 2015-01-02 to 2018-12-31
         Data columns (total 10 columns):
          #   Column  Non-Null Count  Dtype
         ---  ------  --------------  -----
          0   Hv10    1006 non-null   float64
          1   Hv20    1006 non-null   float64
          2   Hv30    1006 non-null   float64
          3   Hv60    1006 non-null   float64
          4   Hv90    1006 non-null   float64
          5   Hv120   1006 non-null   float64
          6   Hv150   1006 non-null   float64
          7   Hv180   1006 non-null   float64
          8   Phv10   1006 non-null   float64
          9   Phv20   1006 non-null   float64
         dtypes: float64(10)
         memory usage: 86.5 KB
```

```
In [34]: vol[['IvMean30', 'IvMean60', 'IvMean90']].tail()
Out[34]:          IvMean30  IvMean60  IvMean90
         Date
         2018-12-24    0.4310    0.4112    0.3829
         2018-12-26    0.4059    0.3844    0.3587
         2018-12-27    0.3918    0.3879    0.3618
         2018-12-28    0.3940    0.3736    0.3482
         2018-12-31    0.3760    0.3519    0.3310
```

이것으로 퀀들 데이터 API용 파이썬 래퍼 패키지인 quandl을 간략히 설명하는 일을 마치려 한다. 퀀들 플랫폼과 그 서비스가 빠르게 성장하고 있으며, 바로 이 점이 알고리즘 트레이딩이라는 맥락에서 볼 때 퀀들이 귀중한 금융 데이터 공급원이 되고 있음을 입증하는 셈이다.

 오픈소스(open source) 소프트웨어 추세가 수년 전에 시작되었다. 오픈소스로 인해 많은 분야의 진입 장벽이 낮춰졌는데, 알고리즘 트레이딩의 진입 장벽도 마찬가지였다. 이와 관련하여 새롭게 강화된 추세가 있는데, 그건 바로 오픈데이터(open data, 공개 데이터, 개방 데이터) 공급원들이다. 퀀들처럼 고품질 데이터셋을 공급하는 곳도 있다. 오픈데이터가 조만간 전문 데이터를 구독하던 일을 완전히 대체할 것이라고 기대할 수는 없지만, 비용 효율적인 방식으로 알고리즘 거래를 시작할 수 있게 하는 소중한 수단임은 확실하다.

아이컨 데이터 API

알고리즘 트레이더가 실제 금융 데이터셋을 기반으로 가설과 아이디어를 신속하게 테스트하기를 바라는 경우에 오픈데이터 공급원이 도움이 된다. 그러나 조만간 오픈데이터 형태로 주어지는 데이터셋만으로는 더 이상 야심에 찬 트레이더나 전문가의 필요를 충족시키지 못 하게 될 것이다.

리피니티브Refinitiv(https://www.refinitiv.com/en)는 금융 데이터와 뉴스를 제공하는 업체들 중에서도 세계에서 가장 큰 업체 중에 하나다. 현재 데스크톱용 주력 제품인 아이컨Eikon(https://www.refinitiv.com/en/products/eikon-trading-software)은 데이터 서비스 분야의 주요 경쟁자인 블룸버그Bloomberg가 제공하는 터미널Terminal(https://www.bloomberg.com/professional/)이라는 제품과 동등한 제품이다. 그림 3-1은 브라우저 기반 버전의 아이컨 화면을 보여준다. 아이컨은 단일 접근점access point을 통해 페타 바이트 크기에 이르는 데이터에 접근할 수 있게 해준다.

최근 리피니티브는 API 환경을 간소화했을 뿐만 아니라, `pip install eikon`이라고 명령해 설치할 수 있는, 아이컨 데이터 API용 파이썬 래퍼 패키지인 eikon을 출시했다. 리피니티브 아이컨 데이터 서비스를 구독한다면, 파이썬 패키지를 사용해 통합 API에서 정형 데이터structured data와 비정형 데이터unstructured data를 스트리밍할 수 있을 뿐만 아니라 과거 데이터를 프로그래밍 방식으로 검색할 수 있다. 기술적인 선행 요건은 데스크톱 API 세션을 제공하는 로컬 데스크톱 애플리케이션이 실행 중이어야 한다는 점이다. 이 글을 쓰는 시점에서는 데스크톱용 애플리케이션 중 최신형을 워크스페이스_{Workspace}라고 부르고 있다(그림 3-2를 참고하자).

그림 3-1 아이컨 터미널의 브라우저 버전

아이컨 구독자이면서 동시에 개발자 커뮤니티_{Developer Community} 페이지(https://developers.refinitiv.com/
en)에 대한 계정이 있다면, 빠른 시작_{Quick Start}(https://developers.refinitiv.com/en/api-catalog/eikon/eikon-
data-api/quick-start) 페이지에서 파이썬 아이컨 스크립팅 라이브러리_{Python Eikon Scripting Library}에 대한
개요를 찾아볼 수 있다.

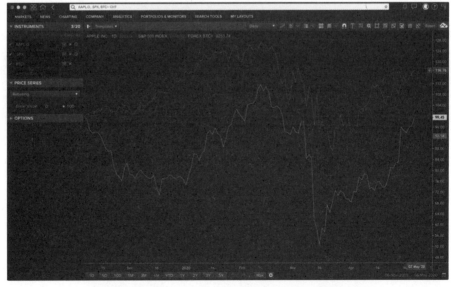

그림 3-2 데스크톱 API 서비스가 있는 워크스페이스 애플리케이션

아이컨 데이터 API를 사용하려면 아이컨의 app_key를 설정해야 한다. 여러분은 이것을 아이컨이나 워크스페이스의 앱 키 생성기App Key Generator인 APPKEY 애플리케이션을 통해 얻을 수 있다.

```
In [35]: import eikon as ek   ❶

In [36]: ek.set_app_key(config['eikon']['app_key'])   ❷

In [37]: help(ek)   ❸
         Help on package eikon:

         NAME
             eikon - # coding: utf-8

         PACKAGE CONTENTS
             Profile
             data_grid
             eikonError
             json_requests
             news_request
             streaming_session (package)
             symbology
             time_series
             tools

         SUBMODULES
             cache
             desktop_session
             istream_callback
             itemstream
             session
             stream
             stream_connection
             streamingprice
             streamingprice_callback
             streamingprices

         VERSION
             1.1.5

         FILE
             /Users/yves/Python/envs/py38/lib/python3.8/site-packages/eikon/__init__.py
```

❶ eikon 패키지를 가져와 ek라는 이름을 부여한다.

❷ app_key를 설정한다.

❸ 기본 모듈에 대한 도움말을 표시한다.

과거 정형 데이터 검색

과거 금융 시계열 데이터historical financial time series data를 검색하는 일은 이전에 사용해 본 다른 래퍼에서 그랬던 것처럼 간단하다.

```
In [39]: symbols = ['AAPL.O', 'MSFT.O', 'GOOG.O']  ❶

In [40]: data = ek.get_timeseries(symbols,  ❷
                                  start_date='2020-01-01',  ❸
                                  end_date='2020-05-01',  ❹
                                  interval='daily',  ❺
                                  fields=['*'])  ❻

In [41]: data.keys()  ❼
Out[41]: MultiIndex([('AAPL.O',    'HIGH'),
                     ('AAPL.O',   'CLOSE'),
                     ('AAPL.O',     'LOW'),
                     ('AAPL.O',    'OPEN'),
                     ('AAPL.O',   'COUNT'),
                     ('AAPL.O',  'VOLUME'),
                     ('MSFT.O',    'HIGH'),
                     ('MSFT.O',   'CLOSE'),
                     ('MSFT.O',     'LOW'),
                     ('MSFT.O',    'OPEN'),
                     ('MSFT.O',   'COUNT'),
                     ('MSFT.O',  'VOLUME'),
                     ('GOOG.O',    'HIGH'),
                     ('GOOG.O',   'CLOSE'),
                     ('GOOG.O',     'LOW'),
                     ('GOOG.O',    'OPEN'),
                     ('GOOG.O',   'COUNT'),
                     ('GOOG.O',  'VOLUME')],
                     )

In [42]: type(data['AAPL.O'])  ❽
Out[42]: pandas.core.frame.DataFrame

In [43]: data['AAPL.O'].info()  ❾
         <class 'pandas.core.frame.DataFrame'>
         DatetimeIndex: 84 entries, 2020-01-02 to 2020-05-01
         Data columns (total 6 columns):
          #   Column  Non-Null Count  Dtype
         ---  ------  --------------  -----
          0   HIGH    84 non-null     float64
          1   CLOSE   84 non-null     float64
          2   LOW     84 non-null     float64
          3   OPEN    84 non-null     float64
          4   COUNT   84 non-null     Int64
          5   VOLUME  84 non-null     Int64
         dtypes: Int64(2), float64(4)
         memory usage: 4.8 KB
```

```
In [44]: data['AAPL.O'].tail()   ❿
Out[44]:              HIGH   CLOSE    LOW    OPEN   COUNT    VOLUME
         Date
         2020-04-27  284.54  283.17  279.95  281.80  300771  29271893
         2020-04-28  285.83  278.58  278.20  285.08  285384  28001187
         2020-04-29  289.67  287.73  283.89  284.73  324890  34320204
         2020-04-30  294.53  293.80  288.35  289.96  471129  45765968
         2020-05-01  299.00  289.07  285.85  286.25  558319  60154175
```

❶ 몇 가지 종목코드_{symbols}를 리스트 객체로 정의한다.

❷ 첫 번째 종목코드에 대한 데이터를 검색하는 코드의 중심선...

❸ ... 주어진 시작일 그리고...

❹ ... 주어진 만료일.

❺ 여기서 시간 간격은 daily(일별)로 선택된다.

❻ 모든 필드가 요청된다.

❼ get_timeseries() 함수는 다중 인덱스 DataFrame 객체를 반환한다.

❽ 각 수준에 해당하는 가격들은 정칙적_{regular}인[4] DataFrame 객체다.

❾ 이것을 통해 DataFrame 객체에 저장된 데이터의 개요를 파악할 수 있다.

❿ 데이터의 마지막 5개 행이 표시된다.

여러 종목코드를 사용해야 할 때나 특히 금융 데이터를 서로 다르게 세분화하여(즉, 시간 간격을 서로 다르게 하여) 일을 해야 할 때, 전문 데이터 서비스 API를 사용해 작업하는 게 확실히 편리하다는 점을 느끼게 될 것이다.

```
In [45]: %%time
         data = ek.get_timeseries(symbols,          ❶
                                  start_date='2020-08-14',   ❷
                                  end_date='2020-08-15',     ❸
                                  interval='minute',         ❹
                                  fields='*')
         CPU times: user 58.2 ms, sys: 3.16 ms, total: 61.4 ms
         Wall time: 2.02 s

In [46]: print(data['GOOG.O'].loc['2020-08-14 16:00:00':
                                  '2020-08-14 16:04:00'])     ❺
```

---

4   옮긴이 여기에 나오는 정칙적(regular)이라는 말을, 많은 이들은 정규적(normal)이라는 말과 혼동한다. 심지어 regular를 '규제(하는)'
     로 혼동하는 사람마저 있다. 그러나 regularization이라는 말의 정확한 번역어가 '정칙화'이듯이 여기서 regular의 정확한 번역어는 '정
     칙적(인)'이다. '정칙적'이라는 말은 '일정한 규칙성을 띠는'이라는 뜻이고, '정규적'이라는 말은 '뛰어나온 부분 없이 고른'이라는 뜻이다.
     이 문장에서 regular가 '정칙적인(정칙성을 띠는)'으로 번역되어야 하는 이유는 각 가격이 정규화된 적이 없기 때문이다. 정규화를 먼저
     했다면 '정규화된'이라고 번역해야 했겠지만 그러지 않았기 때문에 '정칙적인'이 맞다고 본 것이다.

```
                              HIGH        LOW       OPEN       CLOSE  COUNT  VOLUME
Date
2020-08-14 16:00:00    1510.7439   1509.220   1509.940   1510.5239     48    1362
2020-08-14 16:01:00    1511.2900   1509.980   1510.500   1511.2900     52    1002
2020-08-14 16:02:00    1513.0000   1510.964   1510.964   1512.8600     72    1762
2020-08-14 16:03:00    1513.6499   1512.160   1512.990   1513.2300    108    4534
2020-08-14 16:04:00    1513.6500   1511.540   1513.418   1512.7100     40    1364

In [47]: for sym in symbols:
             print('\n' + sym + '\n', data[sym].iloc[-300:-295])    ❻

    AAPL.O
                              HIGH        LOW       OPEN       CLOSE  COUNT   VOLUME
    Date
    2020-08-14 19:01:00    457.1699   456.6300     457.14     456.83   1457   104693
    2020-08-14 19:02:00    456.9399   456.4255     456.81     456.45   1178    79740
    2020-08-14 19:03:00    456.8199   456.4402     456.45     456.67    908    68517
    2020-08-14 19:04:00    456.9800   456.6100     456.67     456.97    665    53649
    2020-08-14 19:05:00    457.1900   456.9300     456.98     457.00    679    49636

    MSFT.O
                              HIGH        LOW       OPEN       CLOSE  COUNT   VOLUME
    Date
    2020-08-14 19:01:00    208.6300   208.5083   208.5500   208.5674    333    21368
    2020-08-14 19:02:00    208.5750   208.3550   208.5501   208.3600    513    37270
    2020-08-14 19:03:00    208.4923   208.3000   208.3600   208.4000    303    23903
    2020-08-14 19:04:00    208.4200   208.3301   208.3901   208.4099    222    15861
    2020-08-14 19:05:00    208.4699   208.3600   208.3920   208.4069    235     9569

    GOOG.O
                              HIGH        LOW       OPEN       CLOSE  COUNT   VOLUME
    Date
    2020-08-14 19:01:00    1510.42   1509.3288   1509.5100  1509.8550     47     1577
    2020-08-14 19:02:00    1510.30   1508.8000   1509.7559  1508.8647     71     2950
    2020-08-14 19:03:00    1510.21   1508.7200   1508.7200  1509.8100     33      603
    2020-08-14 19:04:00    1510.21   1508.7200   1509.8800  1509.8299     41      934
    2020-08-14 19:05:00    1510.21   1508.7300   1509.5500  1509.6600     30      445
```

❶ 모든 종목코드에 대한 데이터가 한 번에 검색된다.

❷ 시간 간격...

❸ ... 이 대폭 단축되었다.[5]

❹ 함수를 호출하면 종목코드에 대한 분봉들이 검색된다.

---

5   옮긴이 앞의 2번 설명문과 3번 설명문은 한 문장이다. 즉, '시간 간격이 대폭 단축되었다.'라는 문장을 저자는 코드 줄에 맞춰 쪼개서
    설명하느라고 '시간 간격... ...이 대폭 단축되었다.'는 식으로 표현한 것이다. 이 책의 나머지 부분에 나오는 말줄임표도 그런 용도로 쓰
    이는 것이다. 이 점을 이해해야 저자가 말하고자 하는 말의 의미를 정확히 알 수 있다. 그리고 이 2번과 3번 설명문에서 말하고자 하는
    바는 '시작일과 종료일을 조정해 시간 간격을 크게 줄였다'는 것이다.

❺ 구글 유한책임회사Google, LLC, 데이터셋에서 5개 행을 프린트한다.

❻ 모든 DataFrame 객체에서 3개 데이터 행을 프린트한다.

앞에 나온 코드를 보고 여러분은 파이썬을 사용하면 아이컨 API에서 과거 금융 시계열 데이터를 얼마나 편하게 검색할 수 있는지를 알 수 있다. 기본적으로 get_timeseries() 함수는 interval(간격) 파라미터 값으로 tick, minute, hour, daily, weekly, monthly, quarterly, yearly 중에 하나를 선택할 수 있게 한다. 이는 특히 다음 코드에 표시된 판다스의 재표집resampling 기능과 결합될 때 알고리즘 트레이딩 맥락에 필요한 모든 유연성을 제공한다.

```
In [48]: %%time
         data = ek.get_timeseries(symbols[0],
                          start_date='2020-08-14 15:00:00',  ❶
                          end_date='2020-08-14 15:30:00',    ❷
                          interval='tick',                   ❸
                          fields=['*'])
         CPU times: user 257 ms, sys: 17.3 ms, total: 274 ms
         Wall time: 2.31 s

In [49]: data.info()   ❹
         <class 'pandas.core.frame.DataFrame'>
         DatetimeIndex: 47346 entries, 2020-08-14 15:00:00.019000 to 2020-08-14
          15:29:59.987000
         Data columns (total 2 columns):
          #   Column  Non-Null Count  Dtype
         ---  ------  --------------  -----
          0   VALUE   47311 non-null  float64
          1   VOLUME  47346 non-null  Int64
         dtypes: Int64(1), float64(1)
         memory usage: 1.1 MB

In [50]: data.head()   ❺
Out[50]:                           VALUE   VOLUME
         Date
         2020-08-14 15:00:00.019   453.2499      60
         2020-08-14 15:00:00.036   453.2294       3
         2020-08-14 15:00:00.146   453.2100       5
         2020-08-14 15:00:00.146   453.2100     100
         2020-08-14 15:00:00.236   453.2100       2

In [51]: resampled = data.resample('30s', label='right').agg(
                     {'VALUE': 'last', 'VOLUME': 'sum'})   ❻

In [52]: resampled.tail()   ❼
Out[52]:                     VALUE   VOLUME
         Date
         2020-08-14 15:28:00  453.9000   29746
         2020-08-14 15:28:30  454.2869   86441
         2020-08-14 15:29:00  454.3900   49513
```

```
2020-08-14 15:29:30    454.7550    98520
2020-08-14 15:30:00    454.6200    55592
```

❶ 시간간격의 시작점이 되는 시작 일자이며,

❷ 종료 일자를 보면 알겠지만 1개 시간 간격으로 30분이라는 짧은 시간이 선택되었다(데이터 검색 제한으로 인해).

❸ interval(간격) 파라미터는 tick(틱)으로 설정된다.

❹ 간격 범위 내에서 5만 개에 가까운 가격 틱이 검색된다.

❺ 시계열 데이터셋은 두 틱 사이의 시간간격이 아주 불규칙하다는 점(이질적이라는 점)을 보여준다.

❻ 30초에 해당하는 시간간격으로 30분에 걸쳐서 틱 데이터를 재표집하되, 이때 가격(VALUE)으로는 최종가(last)를 수집하고 거래량(VOLUME)으로는 합산한 값(sum)을 수집하는데...

❼ ... 이런 식으로 수집한 내용(즉, resampled라는 변수에 할당된 내용) 중에 제일 마지막 부분에 해당하는 다섯 줄을 살펴보면 30초 단위로 재표집한 거리시간, 가격, 거래량 정보를 볼 수 있고, 이 정보가 새 DataFrame 객체의 DatetimeIndex에 반영된다.

과거 비정형 데이터 검색

파이썬을 이용해 아이컨 API를 가지고 일할 때는 비정형 데이터를 쉽게 검색할 수 있다는 핵심 강점을 누릴 수 있으며, 검색을 한 다음에 파이썬 패키지들을 사용해 데이터를 파싱하고 분석함으로써 자연어 처리natural language processing, NLP를 할 수 있다. 이러한 절차는 금융 시계열 데이터만큼 간단하며 수월하다.

다음에 나오는 코드는 애플 주식회사Apple Inc.를 회사로 포함하고 'Macbook'이라는 단어를 포함하는, 고정된 시간간격(즉, 범위) 안에 있는 뉴스 제목을 검색한다. 조건에 일치하는 뉴스들이 최근 뉴스부터 시작해서 최대 다섯 개까지 표시된다.

```
In [53]: headlines = ek.get_news_headlines(query='R:AAPL.O macbook',  ❶
                                            count=5,  ❷
                                            date_from='2020-4-1',  ❸
                                            date_to='2020-5-1'  ❹

In [54]: headlines  ❺
Out[54]:                                              versionCreated  \
         2020-04-20 21:33:37.332 2020-04-20 21:33:37.332000+00:00
         2020-04-20 10:20:23.201 2020-04-20 10:20:23.201000+00:00
         2020-04-20 02:32:27.721 2020-04-20 02:32:27.721000+00:00
         2020-04-15 12:06:58.693 2020-04-15 12:06:58.693000+00:00
         2020-04-09 21:34:08.671 2020-04-09 21:34:08.671000+00:00

                                                                text  \
         2020-04-20 21:33:37.332  Apple said to launch new AirPods, MacBook Pro ...
```

```
              2020-04-20 10:20:23.201  Apple might launch upgraded AirPods, 13-inch M...
              2020-04-20 02:32:27.721  Apple to reportedly launch new AirPods alongsi...
              2020-04-15 12:06:58.693  Apple files a patent for iPhones, MacBook indu...
              2020-04-09 21:34:08.671  Apple rolls out new software update for MacBoo...

                                                                        storyId  \
              2020-04-20 21:33:37.332  urn:newsml:reuters.com:20200420:nNRAble9rq:1
              2020-04-20 10:20:23.201  urn:newsml:reuters.com:20200420:nNRAbl8eob:1
              2020-04-20 02:32:27.721  urn:newsml:reuters.com:20200420:nNRAbl4mfz:1
              2020-04-15 12:06:58.693  urn:newsml:reuters.com:20200415:nNRAbjvsix:1
              2020-04-09 21:34:08.671  urn:newsml:reuters.com:20200409:nNRAbi2nbb:1

                                        sourceCode
              2020-04-20 21:33:37.332  NS:TIMIND
              2020-04-20 10:20:23.201  NS:BUSSTA
              2020-04-20 02:32:27.721  NS:HINDUT
              2020-04-15 12:06:58.693  NS:HINDUT
              2020-04-09 21:34:08.671  NS:TIMIND

In [55]: story = headlines.iloc[0]  ❻

In [56]: story  ❼
Out[56]: versionCreated                        2020-04-20 21:33:37.332000+00:00
         text              Apple said to launch new AirPods, MacBook Pro ...
         storyId                urn:newsml:reuters.com:20200420:nNRAble9rq:1
         sourceCode                                              NS:TIMIND
         Name: 2020-04-20 21:33:37.332000, dtype: object

In [57]: news_text = ek.get_news_story(story['storyId'])  ❽

In [58]: from IPython.display import HTML  ❾

In [59]: HTML(news_text)  ❿
Out[59]: <IPython.core.display.HTML object>
```

NEW DELHI: Apple recently launched its much-awaited affordable smartphone iPhone SE. Now it seems that the company is gearing up for another launch. Apple is said to launch the next generation of AirPods and the all-new 13-inch MacBook Pro next month.

In February an online report revealed that the Cupertino-based tech giant is working on AirPods Pro Lite. Now a tweet by tipster Job Posser has revealed that Apple will soon come up with new AirPods and MacBook Pro. Jon Posser tweeted, "New AirPods (which were supposed to be at the March Event) is now ready to go.

Probably alongside the MacBook Pro next month." However, not many details about the upcoming products are available right now. The company was supposed to launch these products at the March event along with the iPhone SE.

But due to the ongoing pandemic coronavirus, the event got cancelled.
It is expected that Apple will launch the AirPods Pro Lite and the 13-inch MacBook Pro

❶ 검색 작업을 위한 쿼리 파라미터다.

❷ 최대 적중 개수를 5로 설정한다.

❸ 시간간격을 지정하기 위해서 시작일자를 지정하고, ...

❹ ... 뉴스의 주요 제목을 찾을 수 있다.

❺ 결과들을 담는 객체를 제공한다(출력 내용을 축약).

❻ ... 하나의 특정 제목이 선택되었다.

❼ ... 그리고 story_id가 보인다.

❽ 이 코드 줄은 뉴스 본문을 html 형식으로 가져온다.

❾ 예를 들어, 주피터 노트북에서는 html 코드를 ...

❿ ... 누구나 쉽게 읽을 수 있는 모양으로 바꿔서 표시한다.

이것으로 리피니티브 아이컨 데이터 API용 파이썬 래퍼 패키지를 살펴보는 일을 마친다.

금융 데이터의 효율적 저장

알고리즘 트레이딩에서 데이터셋 관리를 위한 가장 중요한 시나리오 중 하나는 '한 번 검색해서 여러 번 사용하기'이다. 또는 입출력(IO) 관점에서 말하자면 '한 번 쓰고 여러 번 읽기'라고 할 수 있다. 첫 번째 경우에는 웹 서비스에서 데이터를 검색한 다음에 데이터셋의 임시 메모리 내 사본을 기반으로 전략을 여러 번 백테스트하는 데 사용할 수 있다. 두 번째 경우에는 지속적으로 수신되는 틱 데이터가 디스크에 기록되고 나중에 백테스트 프로시저와 함께 특정 조작(집계 같은 일)에 여러 번 다시 사용된다.

이번 절에서는 데이터를 획득해오는 공급원(CSV 파일, 웹 서비스 등)에 관계없이 데이터를 저장할 메모리 내 데이터 구조가 판다스 DataFrame 객체라고 가정한다.

크기 측면에서 다소 의미있는 데이터셋을 사용할 수 있도록 이번 절에서는 의사 난수를 사용해 생성한 모의 금융 데이터셋을 사용한다. 83쪽에 나오는 '파이썬 스크립트'에서는 generate_sample_data()라는 함수가 있는 파이썬 모듈을 제공하는데, 이 함수가 작업을 수행한다.

원칙적으로 이 함수는 모의 금융 데이터셋을 임의 크기의 테이블 형식으로 생성한다(물론 사용할 수 있는 메모리를 제한한다).

```
In [60]: from sample_data import generate_sample_data    ❶

In [61]: print(generate_sample_data(rows=5, cols=4))    ❷
                              No0          No1          No2          No3
     2021-01-01 00:00:00  100.000000   100.000000   100.000000   100.000000
     2021-01-01 00:01:00  100.019641    99.950661   100.052993    99.913841
     2021-01-01 00:02:00   99.998164    99.796667   100.109971    99.955398
     2021-01-01 00:03:00  100.051537    99.660550   100.136336   100.024150
     2021-01-01 00:04:00   99.984614    99.729158   100.210888    99.976584
```

❶ 파이썬 스크립트에서 함수를 가져온다.

❷ 5개 행과 4개 열이 있는 모의 금융 데이터셋을 프린트한다.

DataFrame 객체 저장

HDF5 바이너리 스토리지 표준에 대한 판다스 HDFStore 래퍼 기능을 사용하면 간단하게 판다스 DataFrame 객체 전체를 저장할 수 있다. 이를 통해 DataFrame 객체 전체를 한 번에 파일 기반 데이터베이스 객체에 덤프해 넣을 수 있다. 구현을 설명하려면, 의미있는 크기의 표본 데이터셋을 만드는 일부터 해야 할 것 같다. 여기서 생성하는 DataFrame의 크기는 약 420MB에 이른다.

```
In [62]: %time data = generate_sample_data(rows=5e6, cols=10).round(4)    ❶
         CPU times: user 3.88 s, sys: 830 ms, total: 4.71 s
         Wall time: 4.72 s

In [63]: data.info()
         <class 'pandas.core.frame.DataFrame'>
         DatetimeIndex: 5000000 entries, 2021-01-01 00:00:00 to 2030-07-05 05:19:00
         Freq: T
         Data columns (total 10 columns):
          #   Column  Dtype
         ---  ------  -----
          0   No0     float64
```

```
1    No1      float64
2    No2      float64
3    No3      float64
4    No4      float64
5    No5      float64
6    No6      float64
7    No7      float64
8    No8      float64
9    No9      float64
dtypes: float64(10)
memory usage: 419.6 MB
```

❶ 500만 개 행과 10개 열이 있는 모의 금융 데이터셋이 생성되는데, 이렇게 생성하는 데 몇 초가 걸린다.

두 번째 단계는 디스크에서 HDFStore 객체(즉, HDF5 데이터베이스 파일)를 열고 여기에 DataFrame 객체를 써넣는 것이다.[6] 약 440MB인 디스크 크기는 메모리 내 DataFrame 객체보다 약간 크다. 그러나 쓰기 속도는 샘플 데이터셋의 메모리 내 생성 시보다 약 다섯 배 더 빠르다.

HDF5 데이터베이스 파일 같은 바이너리 저장소를 가지고 파이썬에서 작업하면, 일반적으로 사용할 수 있는 하드웨어의 이론적 최댓값에 가까운 쓰기 속도를 얻을 수 있다.[7]

```
In [64]: h5 = pd.HDFStore('data/data.h5', 'w')   ❶

In [65]: %time h5['data'] = data   ❷
         CPU times: user 356 ms, sys: 472 ms, total: 828 ms
         Wall time: 1.08 s

In [66]: h5   ❸
Out[66]: <class pandas.io.pytables.HDFStore'>
         File path: data/data.h5

In [67]: ls -n data/data.*
         -rw-r--r--@ 1 501  20  440007240 Aug 25 11:48 data/data.h5

In [68]: h5.close()   ❹
```

❶ 디스크에서 데이터베이스 파일을 열어 무언가를 써넣는다(그리고 이미 존재할지도 모를, 이름이 같은 파일을 덮어 써넣는다).

❷ DataFrame 객체를 디스크에 쓰는 데는 1 초도 걸리지 않는다.

❸ 데이터베이스 파일에 대한 메타 정보를 프린트한다.

---

6   물론 HDFStore 객체 한 개에 여러 DataFrame 객체를 저장할 수도 있다.

7   여기에 보고된 모든 값은 인텔 i7 헥사 코어 프로세서(12 스레드), 32GB 랜덤 액세스 메모리(DDR4 RAM) 및 512GB 솔리드 스테이트 드라이브(SSD)가 장착된 저자의 맥미니에서 가져온 것이다.

❹ 데이터베이스 파일을 닫는다.

세 번째 단계는 파일 기반 `HDFStore` 객체에서 데이터를 읽는 것이다. 읽기는 일반적으로 이론적인 최대 속도에 가깝게 수행된다.

```
In [69]: h5 = pd.HDFStore('data/data.h5', 'r')  ❶

In [70]: %time data_copy = h5['data']  ❷
         CPU times: user 388 ms, sys: 425 ms, total: 813 ms
         Wall time: 812 ms

In [71]: data_copy.info()
         <class 'pandas.core.frame.DataFrame'>
         DatetimeIndex: 5000000 entries, 2021-01-01 00:00:00 to 2030-07-05
          05:19:00
         Freq: T
         Data columns (total 10 columns):
          #   Column  Dtype
         ---  ------  -----
          0   No0     float64
          1   No1     float64
          2   No2     float64
          3   No3     float64
          4   No4     float64
          5   No5     float64
          6   No6     float64
          7   No7     float64
          8   No8     float64
          9   No9     float64
         dtypes: float64(10)
         memory usage: 419.6 MB

In [72]: h5.close()

In [73]: rm data/data.h5
```

❶ 읽어야 할 데이터베이스 파일을 연다.

❷ 읽는 데는 0.5초도 걸리지 않는다.

`DataFrame` 객체에서 `HDFStore` 객체로 데이터를 써넣기 위한 다소 더 유연한 방법이 또 있다. 이를 위해 `DataFrame` 객체의 `to_hdf()` 메서드를 사용하고, `format` 파라미터를 `table`로 설정할 수 있다 (`to_hdf` API 참조 페이지https://pandas.pydata.org/pandas-docs/stable/reference/api/pandas.DataFrame.to_hdf.html를 참고하자). 이를 통해 디스크의 테이블 객체에 새 데이터를 추가할 수 있으며, 예를 들어, 첫 번째 방법으로는 불가능했던 디스크 데이터 검색을 할 수 있다. 읽기 쓰기가 느리다는 면을 감수해야 한다.

```
In [74]: %time data.to_hdf('data/data.h5', 'data', format='table')  ❶
         CPU times: user 3.25 s, sys: 491 ms, total: 3.74 s
         Wall time: 3.8 s

In [75]: ls -n data/data.*
         -rw-r--r--@ 1 501  20  446911563 Aug 25 11:48 data/data.h5

In [76]: %time data_copy = pd.read_hdf('data/data.h5', 'data')  ❷
         CPU times: user 236 ms, sys: 266 ms, total: 502 ms
         Wall time: 503 ms

In [77]: data_copy.info()
         <class 'pandas.core.frame.DataFrame'>
         DatetimeIndex: 5000000 entries, 2021-01-01 00:00:00 to 2030-07-05
          05:19:00
         Freq: T
         Data columns (total 10 columns):
          #   Column  Dtype
         ---  ------  -----
          0   No0     float64
          1   No1     float64
          2   No2     float64
          3   No3     float64
          4   No4     float64
          5   No5     float64
          6   No6     float64
          7   No7     float64
          8   No8     float64
          9   No9     float64
         dtypes: float64(10)
         memory usage: 419.6 MB
```

❶ 이 코드는 쓰기 포맷이 table 형식이 되도록 정의한다. 이 포맷 형식에는 약간의 오버헤드가 포함되고, 파일 크기가 다소 늘어나기 때문에 쓰기 속도가 느려진다.

❷ 이런 응용 시나리오에서는 읽기 속도도 느리다.

실제로 이 접근 방식에는, 이러한 맥락에서 판다스가 사용하는 PyTables 패키지에 들어 있는 그 밖의 테이블 객체와 마찬가지로, 디스크의 table_frame 객체를 사용해 작업할 수 있다는 장점이 있다. 이렇게 하면 table 객체에 행을 추가하는 일 같은, PyTables(http://www.pytables.org/) 패키지의 특정 기본 기능에 접근할 수 있다.

```
In [78]: import tables as tb  ❶

In [79]: h5 = tb.open_file('data/data.h5', 'r')  ❷

In [80]: h5  ❸
Out[80]: File(filename=data/data.h5, title='', mode='r', root_uep='/',
```

```
              filters=Filters(complevel=0, shuffle=False, bitshuffle=False,
              fletcher32=False, least_significant_digit=None))
          / (RootGroup) ''
          /data (Group) ''
          /data/table (Table(5000000,)) ''
            description := {
            "index": Int64Col(shape=(), dflt=0, pos=0),
            "values_block_0": Float64Col(shape=(10,), dflt=0.0, pos=1)}
            byteorder := 'little'
            chunkshape := (2978,)
            autoindex := True
            colindexes := {
              "index": Index(6, medium, shuffle, zlib(1)).is_csi=False}

In [81]: h5.root.data.table[:3]      ❹
Out[81]: array([(1609459200000000000, [100. , 100. , 100. , 100. ,
          100. , 100. , 100. , 100. , 100. , 100. ]),
         (1609459260000000000, [100.0752, 100.1164, 100.0224, 100.0073,
          100.1142, 100.0474, 99.9329, 100.0254, 100.1009, 100.066 ]),
         (1609459320000000000, [100.1593, 100.1721, 100.0519, 100.0933,
          100.1578, 100.0301, 99.92  , 100.0965, 100.1441, 100.0717])],
              dtype=[('index', '<i8'), ('values_block_0', '<f8', (10,))])

In [82]: h5.close()      ❺

In [83]: rm data/data.h5
```

❶ PyTables 패키지를 가져온다.

❷ 읽어야 할 데이터베이스 파일을 연다.

❸ 데이터베이스 파일의 내용을 표시한다.

❹ 테이블의 첫 3개 행을 프린트한다.

❺ 데이터베이스를 닫는다.

이 두 번째 접근 방식의 유연성이 더 낮지만, PyTables 패키지의 전체 기능에 접근할 수 있게 하지는 않는다. 그럼에도 불구하고 이 하위 절에서 소개한 두 가지 접근 방식은 메모리에 들어 맞고 다소 변하지 않는 성질을 지닌 데이터셋을 가지고 일해야 할 때는 편리하고 효율적이다. 그러나 오늘날 알고리즘 트레이딩을 할 때에는 일반적으로 주가나 환율과 관련된 틱 데이터처럼, 지속적으로 빠르게 늘어가는 데이터셋을 처리해야 한다. 이러한 시나리오에 요구되는 점에 대처하려면 대안적 접근 방식이 유용할 수 있다.

 판다스는, HDF5 바이너리 스토리지 표준을 위한 HDFStore 래퍼를 사용해, 사용할 수 있는 하드웨어가 허용하는 최대 속도로 금융 데이터를 읽고 쓸 수 있게 한다. 대안으로 CSV 같은 다른 파일 기반 포맷으로 내보낸다면, 그 속도는 일반적으로 훨씬 더 느리다.

TsTables 사용

PyTables 패키지(가져오기 이름은 tables)는 HDF5 바이너리 저장소 라이브러리용 래퍼인데, 앞서 나온 하위 절에 제시된 HDFStore를 구현할 때도 사용된다. TsTables 패키지(이 패키지에 대한 깃허브 페이지 https://github.com/multidis/tstables를 참고하자)는 HDF5 바이너리 스토리지 라이브러리 기반 대규모 금융 시계열 데이터셋을 효율적으로 처리하는 일에만 집중할 수 있게 한 것이다. 이는 PyTables 패키지의 기능을 더 키운 것으로, 이 패키지의 기능에는 시계열 데이터 지원 기능도 추가되어 있다. 이 패키지는 시작 일자 및 종료 일자와 시간을 각기 제공하여 선택한 데이터 부분집합data sub-sets[8]을 빠르게 검색할 수 있는 계층적 저장소 접근 방식을 구현한다. TsTables에서 지원하는 주요 시나리오는 '한 번 써넣고, 여러 번 검색하기'이다.

이 하위 절에서는 데이터가 웹 공급원이나 전문 데이터 공급자 등으로부터 지속적으로 수집되고 임시 DataFrame 객체 즉, 메모리 내 DataFrame 객체에 저장된다는 상황을 가정한다. 잠시 후, 즉 특정 개수에 해당하는 데이터 점이 검색된 후에 수집된 데이터는 HDF5 데이터베이스의 TsTables table 객체에 저장된다.

먼저 모의 데이터를 생성하는 코드는 다음과 같다.

```
In [84]: %%time
         data = generate_sample_data(rows=2.5e6, cols=5,
                                     freq='1s').round(4)  ❶
         CPU times: user 915 ms, sys: 191 ms, total: 1.11 s
         Wall time: 1.14 s

In [85]: data.info()
         <class 'pandas.core.frame.DataFrame'>
         DatetimeIndex: 2500000 entries, 2021-01-01 00:00:00 to 2021-01-29
          22:26:39
         Freq: S
         Data columns (total 5 columns):
          #   Column  Dtype
         ---  ------  -----
          0   No0     float64
          1   No1     float64
          2   No2     float64
          3   No3     float64
```

---

8   **옮긴이** sub-set 또는 subset을 '서브 세트'나 '서브셋'으로 부르면서 이를 하나의 세트(한 벌, 한 조)라는 개념으로 생각하는 사람들이 있는데, 정확한 개념은 '부분집합'이 맞다. 최신이면서도 고등한 기술을 다루는 데이터 과학 관련 도서들에서는 이게 부분집합임을 전제로 논의를 전개하며, 또한, 이런 집합/부분집합 개념을 바탕으로 수학적 집합 연산을 한다. 이를 위해 set이라는 데이터 형식을 사용할 때가 있다. 이런 면을 드러내기 위해 일부러 부분집합으로 번역했고, 오역이 아니다. 그러므로 data set을 '데이터 집합'으로 번역하는 게 맞지만, 이 집합을 이루는 개별 원소 데이터들이 하나의 파일 단위로 취급될 때, 즉 한 가지 파일 안에 묶여서 들어 있는 데이터라는 점이 강조될 때는 '데이터셋'으로 번역했다. 이 책에는 나오지 않지만 집합성이 강조될 때는 '데이터 집합'으로 번역하고는 한다.

```
        4   No4     float64
dtypes: float64(5)
memory usage: 114.4 MB
```

❶ 이렇게 하면 1초 빈도로 250만 개 행과 5개 열이 있는 모의 금융 데이터셋이 생성된다. 모의 데이터는 두 자리로 반올림된다.

둘째로, 더 많은 가져오기를 하고 TsTables table 객체를 생성한다. table 객체의 데이터 구조를 설명하는 desc 클래스를 정의하는 부분이 핵심 부분이다.

 현재 TsTables는 판다스의 이전 버전인 0.19에서만 작동한다. 여러분에게 친숙한 최신 판다스 버전과 호환되는 TsTables 버전(즉, 포크)을 http://github.com/yhilpisch/tstables에서 사용할 수 있으며 다음 명령으로 설치할 수 있다.

```
pip install git+https://github.com/yhilpisch/tstables.git
```

```
In [86]: import tstables ❶

In [87]: import tables as tb ❷

In [88]: class desc(tb.IsDescription):
             ''' TsTables 테이블 구조에 대한 기술 사항. '''
             timestamp = tb.Int64Col(pos=0) ❸
             No0 = tb.Float64Col(pos=1) ❹
             No1 = tb.Float64Col(pos=2)
             No2 = tb.Float64Col(pos=3)
             No3 = tb.Float64Col(pos=4)
             No4 = tb.Float64Col(pos=5)


In [89]: h5 = tb.open_file('data/data.h5ts', 'w') ❺

In [90]: ts = h5.create_ts('/', 'data', desc) ❻

In [91]: h5 ❼
Out[91]: File(filename=data/data.h5ts, title='', mode='w', root_uep='/',
         filters=Filters(complevel=0, shuffle=False, bitshuffle=False,
         fletcher32=False, least_significant_digit=None))
         / (RootGroup) ''
         /data (Group/Timeseries) ''
         /data/y2020 (Group) ''
         /data/y2020/m08 (Group) ''
         /data/y2020/m08/d25 (Group) ''
         /data/y2020/m08/d25/ts_data (Table(0,)) ''
           description := {
           "timestamp": Int64Col(shape=(), dflt=0, pos=0),
           "No0": Float64Col(shape=(), dflt=0.0, pos=1),
```

```
         "No1": Float64Col(shape=(), dflt=0.0, pos=2),
         "No2": Float64Col(shape=(), dflt=0.0, pos=3),
         "No3": Float64Col(shape=(), dflt=0.0, pos=4),
         "No4": Float64Col(shape=(), dflt=0.0, pos=5)}
  byteorder := 'little'
  chunkshape := (1365,)
```

❶ TsTables를 가져오고(https://github.com/yhilpisch/tstables에서 설치)...

❷ ...PyTables를 가져온다.

❸ 테이블의 첫 번째 열은 int 값으로 미리 표시한 timestamp(타임스탬프, 시각 소인)이다.

❹ 모든 데이터 열에는 float 값들이 들어 있다.

❺ 새 데이터베이스 파일을 쓰기용으로 연다.

❻ TsTables 테이블은 뿌리 노드에서 data라는 이름으로 생성되고 클래스 기반 설명인 desc가 함께 생성된다.

❼ 데이터베이스 파일을 검사하면 연, 월, 일 단위로 계층화된 계층 구조의 기본 원리를 알 수 있다.

세 번째는 DataFrame 객체에 저장된 모의 데이터를 디스크의 테이블 객체에 써넣는 것이다. TsTables의 주요 이점 중 하나는 간단한 메서드를 호출하는 것만으로도 이 작업을 편리하게 할 수 있다는 점이다. 더 좋은 점은 여기에서 언급한 편리함에 더해서 속도까지 빠르다는 점이다. 데이터 베이스의 구조와 연관지어 말하자면, TsTables는 데이터에 대해 '덩어리chunks 표집'을 해서 1일분에 대한 부분집합들에 집어넣는다.[9] 빈도가 1초로 설정된 예제의 경우에는, 하루를 꽉 채우는 데이터 분량이 $24 \times 60 \times 60 = 86,400$ 데이터 행에 해당한다고 할 수 있다.

```
In [92]: %time ts.append(data)    ❶
         CPU times: user 476 ms, sys: 238 ms, total: 714 ms
         Wall time: 739 ms

In [93]: # h5    ❷
```

```
File(filename=data/data.h5ts, title='', mode='w', root_uep='/',
     filters=Filters(complevel=0, shuffle=False, bitshuffle=False,
     fletcher32=False, least_significant_digit=None))
/ (RootGroup) ''
/data (Group/Timeseries) ''
/data/y2020 (Group) ''
/data/y2021 (Group) ''
/data/y2021/m01 (Group) ''
/data/y2021/m01/d01 (Group) ''
/data/y2021/m01/d01/ts_data (Table(86400,)) ''
```

---

9   옮긴이 원문에는 그냥 chunks라고만 되어 있어 그대로 번역하면 '덩어리가 되게 한다'이지만, 문맥상 통계학에서 말하는 덩어리 표집 (chunk sampling)을 한다는 의미로 보여 이에 맞게 번역했다.

```
  description := {
  "timestamp": Int64Col(shape=(), dflt=0, pos=0),
  "No0": Float64Col(shape=(), dflt=0.0, pos=1),
  "No1": Float64Col(shape=(), dflt=0.0, pos=2),
  "No2": Float64Col(shape=(), dflt=0.0, pos=3),
  "No3": Float64Col(shape=(), dflt=0.0, pos=4),
  "No4": Float64Col(shape=(), dflt=0.0, pos=5)}
  byteorder := 'little'
  chunkshape := (1365,)
/data/y2021/m01/d02 (Group) ''
/data/y2021/m01/d02/ts_data (Table(86400,)) ''
  description := {
  "timestamp": Int64Col(shape=(), dflt=0, pos=0),
  "No0": Float64Col(shape=(), dflt=0.0, pos=1),
  "No1": Float64Col(shape=(), dflt=0.0, pos=2),
  "No2": Float64Col(shape=(), dflt=0.0, pos=3),
  "No3": Float64Col(shape=(), dflt=0.0, pos=4),
  "No4": Float64Col(shape=(), dflt=0.0, pos=5)}
  byteorder := 'little'
  chunkshape := (1365,)
/data/y2021/m01/d03 (Group) ''
/data/y2021/m01/d03/ts_data (Table(86400,)) ''
  description := {
  "timestamp": Int64Col(shape=(), dflt=0, pos=0),
...
```

❶ 이렇게 하면 간단히 메서드를 호출함으로써 DataFrame 객체를 추가할 수 있다.

❷ table 객체는 append() 작업 후 1일당 86,400 행을 표시한다.

TsTables 테이블 객체가 처음부터 최적화되어 있기 때문에, 이 객체에서 데이터의 부분집합을 아주 빠르게 읽어올 수 있다. 이와 관련하여 TsTables는 백테스트 같은 전형적인 알고리즘 트레이딩 애플리케이션을 꽤 잘 지원한다. 또 다른 기여 요인은 TsTables가 일반적으로 추가 변환이 필요하지 않도록 데이터를 미리 DataFrame 객체 형태로 반환한다는 점이다.

```
In [94]: import datetime

In [95]: start = datetime.datetime(2021, 1, 2)  ❶

In [96]: end = datetime.datetime(2021, 1, 3)  ❷

In [97]: %time subset = ts.read_range(start, end)  ❸
         CPU times: user 10.3 ms, sys: 3.63 ms, total: 14 ms
         Wall time: 12.8 ms

In [98]: start = datetime.datetime(2021, 1, 2, 12, 30, 0)
In [99]: end = datetime.datetime(2021, 1, 5, 17, 15, 30)
In [100]: %time subset = ts.read_range(start, end)
```

```
        CPU times: user 28.6 ms, sys: 18.5 ms, total: 47.1 ms
        Wall time: 46.1 ms

In [101]: subset.info()
        <class 'pandas.core.frame.DataFrame'>
        DatetimeIndex: 276331 entries, 2021-01-02 12:30:00 to 2021-01-05
         17:15:30
        Data columns (total 5 columns):
         #   Column  Non-Null Count    Dtype
        ---  ------  --------------    -----
         0   No0     276331 non-null   float64
         1   No1     276331 non-null   float64
         2   No2     276331 non-null   float64
         3   No3     276331 non-null   float64
         4   No4     276331 non-null   float64
        dtypes: float64(5)
        memory usage: 12.6 MB

In [102]: h5.close()

In [103]: rm data/*
```

❶ 데이터 검색을 시작할 날짜를 지정한 다음에 …

❷ … 종료 일자도 지정한다.

❸ read_range() 메서드는 시작 일자와 종료 일자를 입력으로 사용한다. 여기서는 읽는 데 걸리는 시간이 수 밀리초에 불과하다.

앞에서 설명한 대로 TsTables 테이블 객체에 하루 동안 검색된 새 데이터를 추가할 수 있다. 따라서 이 패키지는 시간이 지남에 따라, (대규모) 금융 시계열 데이터셋의 효율적인 저장 및 검색과 관련하여, HDFStore 객체와 더불어 판다스의 기능을 추가하는 데 중요한 역할을 맡는다.

SQLite3 기반 데이터 저장

DataFrame 객체에 있는 금융 시계열 데이터를 SQLite3 같은 관계형 데이터베이스로 직접 써넣을 수도 있다. 관계형 데이터베이스를 사용하게 되면, 더 정교하게 분석할 수 있게 SQL 쿼리 언어를 적용해야 하는 시나리오에서 유용할 수 있다. 속도 및 디스크 사용량과 관련하여 말하자면, 관계형 데이터베이스는 HDF5 같은 바이너리 스토리지 형식에 의존하는 다른 접근 방식과 비교할 수 없다.

DataFrame 클래스는 관계형 데이터베이스의 테이블에 데이터를 쓰는 to_sql() 메서드(to_sql() API 참조 페이지[https://pandas.pydata.org/pandas-docs/stable/reference/api/pandas.DataFrame.to_sql.html]를 참고하자)를 제공한다. 디스크의 용량이 100MB 이상이라면 관계형 데이터베이스를 사용할 때 상당한 오버헤드가 발생한다.

```
In [104]: %time data = generate_sample_data(1e6, 5, '1min').round(4)  ❶
          CPU times: user 342 ms, sys: 60.5 ms, total: 402 ms
          Wall time: 405 ms

In [105]: data.info()  ❶
          <class 'pandas.core.frame.DataFrame'>
          DatetimeIndex: 1000000 entries, 2021-01-01 00:00:00 to 2022-11-26
           10:39:00
          Freq: T
          Data columns (total 5 columns):
           #   Column  Non-Null Count    Dtype
          ---  ------  --------------    -----
           0   No0     1000000 non-null  float64
           1   No1     1000000 non-null  float64
           2   No2     1000000 non-null  float64
           3   No3     1000000 non-null  float64
           4   No4     1000000 non-null  float64
          dtypes: float64(5)
          memory usage: 45.8 MB

In [106]: import sqlite3 as sq3  ❷

In [107]: con = sq3.connect('data/data.sql')  ❸

In [108]: %time data.to_sql('data', con)  ❹
          CPU times: user 4.6 s, sys: 352 ms, total: 4.95 s
          Wall time: 5.07 s

In [109]: ls -n data/data.*
          -rw-r--r--@ 1 501  20  105316352 Aug 25 11:48 data/data.sql
```

❶ 모의 금융 데이터셋에는 100만 개 행과 5개 열이 있다. 메모리 사용량은 약 46MB이다.

❷ SQLite3 모듈을 가져온다.

❸ 새 데이터베이스 파일에 연결한다.

❹ 관계형 데이터베이스에 데이터를 쓰는 데 몇 초가 걸린다.

관계형 데이터베이스에는 표준화된 SQL 문을 기반으로, 즉 메모리 외out-of-memory 분석 작업을 구현할 수 있다는 강점이 있다. 예를 들어, 해당 행의 값이 105에서 108 사이에 있는 모든 행에 대해 No1 열을 선택하는 쿼리를 고려해 보자.

```
In [110]: query = 'SELECT * FROM data WHERE No1 > 105 and No2 < 108'  ❶

In [111]: %time res = con.execute(query).fetchall()  ❷
          CPU times: user 109 ms, sys: 30.3 ms, total: 139 ms
          Wall time: 138 ms
```

```
In [112]: res[:5]  ❸
Out[112]: [('2021-01-03 19:19:00', 103.6894, 105.0117, 103.9025, 95.8619,
           93.6062),
          ('2021-01-03 19:20:00', 103.6724, 105.0654, 103.9277, 95.8915,
           93.5673),
          ('2021-01-03 19:21:00', 103.6213, 105.1132, 103.8598, 95.7606,
           93.5618),
          ('2021-01-03 19:22:00', 103.6724, 105.1896, 103.8704, 95.7302,
           93.4139),
          ('2021-01-03 19:23:00', 103.8115, 105.1152, 103.8342, 95.706,
           93.4436)]

In [113]: len(res)  ❹
Out[113]: 5035

In [114]: con.close()
In [115]: rm data/*
```

❶ 파이썬 str 객체로서의 SQL 쿼리다.

❷ 모든 결과 행을 검색하기 위해 실행된 쿼리이다.

❸ 처음 5개 결과가 프린트되었다.

❹ 결과로 나온 리스트 객체의 길이다.

물론 데이터셋이 메모리에 들어맞으면 판다스에서도 이러한 간단한 쿼리를 할 수 있다. 그러나 SQL 쿼리 언어는 현재 수십 년간 유용하고 강력한 것으로 입증되었으며 알고리즘 트레이더의 데이터 무기고에 갖춰 두는 무기가 되어야 한다.

 판다스는 다양한 관계형 데이터베이스를 위한 파이썬 추상화 계층 패키지인 SQLAlchemy를 통한 데이터베이스 연결도 지원한다(SQLAlchemy 홈페이지[https://www.sqlalchemy.org/]를 참고하자). 예를 들자면, 이를 통해 MySQL(https://www.mysql.com/)을 관계형 데이터베이스 백엔드로 사용할 수 있다.

결론

이번 장에서는 금융 시계열 데이터 처리를 설명했다. 이번 장은 CSV 파일 같은 그 밖의 파일 기반 공급원에서 이러한 데이터를 읽는 방법을 보여준다. 또한, 일말 데이터 및 옵션 데이터에 대해, 퀸들 같은 웹 서비스에서 금융 데이터를 검색하는 방법을 보여준다. 금융용 오픈데이터 공급원open financial data sources은 금융이라는 지평에 추가해야 할 중요 요소다. 퀸들은 통합 API라고 하는 우산 아래 수천 개 오픈데이터셋open data sets을 통합하는 플랫폼이다.

이번 장에서 다루는 또 다른 중요한 주제는 디스크에 있는 전체 DataFrame 객체들과, 데이터베이스의 메모리 내 객체에 포함된 데이터를 효율적으로 저장하는 저장소와 관련이 있다. 이번 장에서 맛 볼 데이터베이스로는 HDF5 데이터베이스 표준과 경량 관계형 데이터베이스인 SQLite3가 포함된다. 이번 장에서는 4장, 5장, 6장에 필요한 기초를 다진다. 4장에서는 벡터화 백테스트를 언급하며, 5장에서는 시장 예측을 위한 머신러닝과 딥러닝을 다루고, 6장에서는 거래 전략의 이벤트 기반 백테스트를 설명한다.

참조할 것들과 그 밖의 자료원

다음 링크에서 퀀들에 대한 자세한 정보를 찾을 수 있다.

- https://www.quandl.com/

해당 공급원에서 데이터를 검색하는 데 사용되는 패키지에 대한 정보를 여기에서 찾을 수 있다.

- 퀀들의 파이썬 래퍼 페이지: https://www.quandl.com/tools/python
- 퀀들 파이썬 래퍼의 깃허브 페이지: https://github.com/quandl/quandl-python

이번 장에서 사용되는 패키지에 대한 자세한 내용을 알고 싶다면 공식 문서 페이지를 참고하자.

- pandas 홈페이지: https://pandas.pydata.org/
- PyTables 홈페이지: http://www.pytables.org/
- TsTables에 대한 깃허브 포크: https://github.com/yhilpisch/tstables
- SQLite 홈페이지: http://sqlite.org/index.html

이번 장에서 인용한 책과 논문은 다음과 같다.

- Yves Hilpisch. 2018. **Python for Finance: Mastering Data-Driven Finance**. 2nd ed. Sebastopol: O'Reilly.
- Wes McKinney. 2017. **Python for Data Analysis: Data Wrangling with Pandas, NumPy, and IPython**. 2nd ed. Sebastopol: O'Reilly.
- Rob Thomas. "Bad Election Day Forecasts Deal Blow to Data Science: Prediction Models Suffered from Narrow Data, Faulty Algorithms and Human Foibles." **Wall Street Journal**, November 9, 2016.

파이썬 스크립트

다음에 나오는 파이썬 스크립트는 기하적 브라운 운동에 대한 몬테카를로 시뮬레이션을 기반으로 표본 금융 시계열 데이터를 생성한다. 자세한 내용은 Hilpisch(2018, ch. 12)를 참고하자.

```
#
# 모의 금융 데이터셋을 생성하는 파이썬 모듈
#
# Python for Algorithmic Trading
# (c) Dr. Yves J. Hilpisch
# The Python Quants GmbH
#

import numpy as np
import pandas as pd

r = 0.05  # 숏 레이트(rate) 상수
sigma = 0.5  # 변동률 계수


def generate_sample_data(rows, cols, freq='1min'):
    '''
    모의 금융 데이터를 생성하기 위한 함수.

    파라미터
    =========
    rows: int
        생성할 행의 개수
    cols: int
        생성할 열의 개수
    freq: str
        DatetimeIndex에 대한 빈도 문자열

    반환값
    =======
    df: DataFrame
        모의 데이터가 있는 DataFrame 객체
    '''
    rows = int(rows)
    cols = int(cols)
    # 주어진 빈도에 대한 DatetimeIndex 객체를 생성한다.
    index = pd.date_range('2021-1-1', periods=rows, freq=freq)

    # 연도 부분들 내의 타임 델타(time delta)를 정한다.
    dt = (index[1] - index[0]) / pd.Timedelta(value='365D')

    # 열 이름들을 생성한다.
    columns = ['No%d' % i for i in range(cols)]

    # 기하적 브라운 운동에 대한 단순 경로들을 생성한다.
```

```
        raw = np.exp(np.cumsum((r - 0.5 * sigma ** 2) * dt +
                    sigma * np.sqrt(dt) *
                    np.random.standard_normal((rows, cols)), axis=0))

        # 데이터를 정규화하여 100에서 시작하게 한다.
        raw = raw / raw[0] * 100
        # DataFrame 객체를 생성한다.
        df = pd.DataFrame(raw, index=index, columns=columns)
        return df


if __name__ == '__main__':
    rows = 5 # 행의 개수
    columns = 3  # 열의 개수
    freq = 'D'  # 매일의 빈도
    print(generate_sample_data(rows, columns, freq))
```

CHAPTER

벡터화 백테스트 숙달

그들은 과거를 보고 미래를 예측할 수 있다고 생각할 만큼 아주 어리석었다.[1]

— 이코노미스트The Economist

알고리즘 트레이딩 프로그램에 대한 아이디어와 가설을 개발하는 일은 일반적으로 준비 단계에서 부터 더 창의적이면서 때로는 재미있기까지 한 부분이다. 철저한 테스트를 하려면 일반적으로 기술이 필요할 뿐만 아니라 많은 시간을 써야 한다. 이번 장에서는 다양한 알고리즘 트레이딩 전략의 벡터화 백테스트vectorized backtesting에 초점을 맞춘다. 이번 장에서는 다음과 같은 전략 유형을 다룬다 (15쪽에 나오는 '거래 전략'을 참고하자).

단순이동평균SMA 기반 전략들

단순이동평균simple moving averages, SMA을 사용해 매수 신호buy signal와 매도 신호sell signal를 생성한다는 생각이 나온 지는 이미 수십 년이나 되었다. SMA들은 자주 쓰이는 기술적 주가 분석 도구다. 예를 들어, 더 짧은 기간(예: 42일)에 대해 정의된 SMA가 더 긴 기간(예: 252일)에 대해 정의된 SMA를 뚫고 지나갈 때cross(교차할 때) 신호가 발생한다.

모멘텀momentum 전략들

이는 최근 성과가 일정 시간 동안 지속될 것이라는 가설에 근거를 둔 전략이다. 예를 들어, 이러한 전략에 따르면 하향 추세인 주식이 지속적으로 하향 추세를 띨 것이라고 가정하므로, 이에 따라 그러한 주식이 숏이 되어야 하는 것이다.

---

1   출처: "Does the Past Predict the Future?" *The Economist*, September 23, 2009.

평균회귀mean-reversion 전략들

평균회귀 전략들의 이면에 있는 이유를 대자면, 다른 금융수단의 주가나 가격이 일정 수준에서 너무 많이 벗어났다면 어떤 평균 수준이나 어떤 추세 수준으로 되돌아가는 경향이 있다는 점이다.

이번 장은 다음과 같이 진행된다. 다음 쪽에 나오는 '벡터화 활용'에서는 벡터화vectorization를 소개할 텐데, 벡터화란 거래 전략을 공식화하고 백테스트backtesting(사후검정)를 하는 데 유용한 기술적 접근 방식이다. 93쪽에 나오는 '단순이동평균 기반 전략'이 이번 장의 핵심 부분인데, 여기서는 SMA 기반 전략 중에 하나인 벡터화 백테스트를 좀 더 깊이 있게 다룬다. 102쪽에 나오는 '모멘텀 기반 전략'에서는 주식의 시계열 모멘텀('최근 실적')을 기반으로 하는 거래 전략을 소개하고 백테스트를 한다. 110쪽에 나오는 '평균회귀 기반 전략'에서는 평균회귀 전략을 다루면서 이번 장을 마친다. 마지막으로 114쪽에 나오는 '데이터 스누핑 및 과적합'에서는 알고리즘 트레이딩 전략을 백테스트하는 상황에서 있을 수 있는 데이터 스누핑 및 과적합의 함정을 설명한다.

이번 장에서는 효율적이고 빠른 백테스트 도구 역할을 하는 넘파이 및 판다스 같은 패키지가 허용하는 접근 방식을 따라 벡터화된 방식으로 구현하는 방법을 익히는 게 핵심 목표다. 이를 위해 제시된 접근 방식에서는 벡터화의 주요 주제에 대한 논의에 더 초점을 맞추기 위해 여러 가지 가정을 단순화한다.

다음과 같은 경우에 벡터화 백테스트를 고려해야 한다.

단순 거래 전략들

벡터화 백테스트 접근 방식은 알고리즘 트레이딩 전략의 모형화와 관련하여 분명히 한계가 있다. 그러나 많은 인기 있고 간단한 전략을 벡터화된 방식으로 백테스트할 수 있다.

대화형 전략 탐색

벡터화 백테스트를 통해 거래 전략과 그 특성에 대해 대화 방식으로 빠르게 탐색할 수 있다. 일반적으로 몇 줄의 코드만으로도 첫 번째 결과를 얻을 수 있으며 다양한 파라미터 조합을 쉽게 테스트할 수 있다.

주요 목표인 시각화

이 접근 방식은 사용된 데이터나 통계나 신호 및 성과로 나오는 결과를 시각화하기에 상당히 적합하다. 일반적으로 몇 줄의 파이썬 코드만으로도 매력적이고 통찰력 있는 그림을 그려낼 수 있다.

포괄적인 백테스트 프로그램

벡터화 백테스트 속도가 일반적으로 무척 빠르기 때문에 짧은 시간에 매우 다양한 파라미터 조합을 테스트할 수 있다. 속도가 핵심이라면 이런 접근 방식을 고려해야만 한다.

벡터화 활용

벡터화vectorization, 즉 배열 프로그래밍array programming이란 스칼라(즉, 정수나 부동소수점 수)에 대한 연산을 벡터나 행렬이나 다차원 배열로 일반화하는 프로그래밍 방식을 의미한다. 파이썬의 리스트 객체, v = [1, 2, 3, 4, 5]로 표현한 정수인 $v = (1, 2, 3, 4, 5)^T$로 구성된 벡터를 생각해 보자. 이러한 벡터의 스칼라곱scalar product(내적)을 계산한 다음에는, 예를 들어, 수가 2라면 순수한 파이썬에서 for 루프나 이와 비슷한 것, 예를 들면 리스트 컴프리헨션list comprehension(리스트 함축문) 같은 것이 필요한데, for 루프와 리스트 컴프리헨션은 구문만 다를 뿐 같은 역할을 한다.

```
In [1]: v = [1, 2, 3, 4, 5]

In [2]: sm = [2 * i for i in v]

In [3]: sm
Out[3]: [2, 4, 6, 8, 10]
```

원칙적으로 파이썬에서는 리스트 객체 그 자체에 정수를 곱할 수 있게 했지만, 파이썬의 데이터 모형에서는 다른 리스트 객체를 반환하며, 예로 든 경우에서는 원래 객체에 있던 원소들의 두 배를 담는 리스트 객체가 반환된다.

```
In [4]: 2 * v
Out[4]: [1, 2, 3, 4, 5, 1, 2, 3, 4, 5]
```

넘파이를 이용한 벡터화

수치 계산용 넘파이 패키지(참고: 넘파이 홈페이지 https://numpy.org/)는 파이썬에서 벡터화를 할 수 있게 해주었다. 넘파이에서 제공하는 주요 클래스는, **n차원 배열**n-dimensional array이라는 점을 나타내는 ndarray 클래스다. 이러한 객체의 인스턴스는 예를 들어, 리스트 객체인 v를 기반으로 만들 수 있다. 스칼라 곱셈, 선형 변환, 그리고 선형 대수로부터 비롯된 비슷한 연산들이 바라던 대로 된다.

```
In [5]: import numpy as np ❶

In [6]: a = np.array(v) ❷

In [7]: a ❸
Out[7]: array([1, 2, 3, 4, 5])

In [8]: type(a) ❹
Out[8]: numpy.ndarray
```

```
In [9]: 2 * a  ❺
Out[9]: array([ 2, 4, 6, 8, 10])

In [10]: 0.5 * a + 2  ❻
Out[10]: array([2.5, 3. , 3.5, 4. , 4.5])
```

❶ 넘파이 패키지를 가져온다.

❷ 리스트 객체를 기반으로 ndarray 객체를 인스턴스화한다.

❸ ndarray 객체로 저장된 데이터를 프린트한다.

❹ 객체의 형식을 찾아본다.

❺ 벡터화된 방식으로 스칼라 곱셈을 수행한다.

❻ 벡터화된 방식으로 선형변환을 달성한다.

일차원 배열(벡터)에서 이차원 배열(행렬)로 자연스럽게 전환된다. 마찬가지로 더 높은 차원들에서도
자연스럽게 전환된다.

```
In [11]: a = np.arange(12).reshape((4, 3))  ❶

In [12]: a
Out[12]: array([[ 0, 1, 2],
               [ 3, 4, 5],
               [ 6, 7, 8],
               [ 9, 10, 11]])

In [13]: 2 * a
Out[13]: array([[ 0, 2, 4],
               [ 6, 8, 10],
               [12, 14, 16],
               [18, 20, 22]])

In [14]: a ** 2  ❷
Out[14]: array([[ 0, 1, 4],
               [ 9, 16, 25],
               [ 36, 49, 64],
               [ 81, 100, 121]])
```

❶ 일차원 ndarray 객체를 만들고 이차원으로 모양을 변경한다.

❷ 벡터화된 방식으로 객체의 모든 원소의 제곱을 계산한다.

또한, ndarray 클래스는 벡터화된 연산을 허용하는 특정 메서드들을 제공한다. 이러한 메서드들은
또한, 종종 넘파이가 제공하는 소위 보편 함수universal function라고 부르는 형태로 된 대응물들이 있다.

```
In [15]: a.mean()    ❶
Out[15]: 5.5

In [16]: np.mean(a)    ❷
Out[16]: 5.5

In [17]: a.mean(axis=0)    ❸
Out[17]: array([4.5, 5.5, 6.5])

In [18]: np.mean(a, axis=1)    ❹
Out[18]: array([ 1., 4., 7., 10.])
```

❶ 메서드를 한 번 호출하는 것만으로 모든 원소의 평균을 계산한다.

❷ 보편 함수로 모든 원소의 평균을 계산한다.

❸ 첫 번째 축을 따라 평균을 계산한다.

❹ 두 번째 축을 따라 평균을 계산한다.

금융 예제로, 기하적 브라운 운동에 대한 샘플 경로를 생성하기 위해 오일러 이산화를 사용하는, 83쪽에 나오는 '파이썬 스크립트'의 generate_sample_data() 함수를 생각해 보자. 구현에서는 단일 코드 줄로 결합된 여러 벡터화 연산을 사용한다.

넘파이를 이용한 벡터화에 대한 자세한 내용을 알고 싶다면 부록을 참고하자. 벡터화를 금융적 맥락에서 다양하게 응용하는 일에 대해서는 Hilpisch(2018)를 참고하자.

파이썬의 표준 명령어 세트 및 데이터 모형만으로는 일반적으로 벡터화된 수치 연산을 할 수가 없다. 넘파이는 벡터 및 행렬에 관한 선형 대수처럼, 수학적 표기법에 가까운 간결한 코드로 이어지는 정규 배열 클래스 ndarray를 기반으로 하는 강력한 벡터화 기술을 도입한다.

판다스를 벡터화

판다스 패키지와 이의 핵심인 DataFrame 클래스에서는 넘파이와 ndarray 클래스를 많이 사용한다. 따라서 넘파이라고 하는 맥락에서 볼 수 있는 대부분의 벡터화 원리가 판다스에도 적용된다. 이러한 역학들을 구체적인 예를 들면서 다시 설명하면 아주 쉽게 이해할 수 있다. 먼저 이차원 ndarray 객체부터 정의하자.

```
In [19]: a = np.arange(15).reshape(5, 3)

In [20]: a
Out[20]: array([[ 0, 1, 2],
               [ 3, 4, 5],
```

```
           [ 6,  7,  8],
           [ 9, 10, 11],
           [12, 13, 14]])
```

DataFrame 객체를 생성하려면, 먼저 열 이름들이 있는 list 객체를 생성한 다음에 DatetimeIndex 객체 한 개를 생성하면 되는데, 이 둘의 크기는 주어진 ndarray 객체에 맞아야 한다.

```
In [21]: import pandas as pd  ❶

In [22]: columns = list('abc')  ❷

In [23]: columns
Out[23]: ['a', 'b', 'c']

In [24]: index = pd.date_range('2021-7-1', periods=5, freq='B')  ❸

In [25]: index
Out[25]: DatetimeIndex(['2021-07-01', '2021-07-02', '2021-07-05',
                        '2021-07-06', '2021-07-07'],
                       dtype='datetime64[ns]', freq='B')

In [26]: df = pd.DataFrame(a, columns=columns, index=index)  ❹

In [27]: df
Out[27]:             a   b   c
         2021-07-01  0   1   2
         2021-07-02  3   4   5
         2021-07-05  6   7   8
         2021-07-06  9  10  11
         2021-07-07  12  13  14
```

❶ pandas 패키지를 가져온다.

❷ str 객체에서 리스트 객체를 만든다.

❸ '영업일business day' 빈도가 있고 5개 주기에 걸쳐 진행되는 판다스 DatetimeIndex 객체가 생성된다.

❹ DataFrame 객체는 지정된 열 레이블들 및 인덱스 값들이 지정된 ndarray 객체인 a를 기반으로 인스턴스화된다.

원칙적으로 벡터화는 이제 ndarray 객체와 비슷하게 작동한다. 한 가지 차이점은 집계 작업이 기본적으로 열별 결과로 설정된다는 것이다.

```
In [28]: 2 * df  ❶
Out[28]:             a   b   c
         2021-07-01  0   2   4
         2021-07-02  6   8  10
```

```
          2021-07-05  12  14  16
          2021-07-06  18  20  22
          2021-07-07  24  26  28

In [29]: df.sum()  ❷
Out[29]: a    30
         b    35
         c    40
         dtype: int64

In [30]: np.mean(df)  ❸
Out[30]: a    6.0
         b    7.0
         c    8.0
         dtype: float64
```

❶ DataFrame 객체에 대한 스칼라 곱을 계산한다(행렬로 처리됨).

❷ 열당 합계를 계산한다.

❸ 열당 평균을 계산한다.

열 단위 연산은 대괄호 표기법이나 점 표기법을 사용해 각 열 이름을 참조해 구현할 수 있다.

```
In [31]: df['a'] + df['c']  ❶
Out[31]: 2021-07-01     2
         2021-07-02     8
         2021-07-05    14
         2021-07-06    20
         2021-07-07    26
         Freq: B, dtype: int64

In [32]: 0.5 * df.a + 2 * df.b - df.c  ❷
Out[32]: 2021-07-01     0.0
         2021-07-02     4.5
         2021-07-05     9.0
         2021-07-06    13.5
         2021-07-07    18.0
         Freq: B, dtype: float64
```

❶ a 열과 c 열에 대한 원소별 합계를 계산한다.

❷ 세 열 모두를 포함하는 선형 변환을 계산한다.

마찬가지로 부울 결과 벡터를 생성하는 조건과, 이러한 조건을 기반으로 SQL과 비슷한 선택을 간단하게 구현할 수 있다.

```
In [33]: df['a'] > 5    ❶
Out[33]: 2021-07-01    False
         2021-07-02    False
         2021-07-05     True
         2021-07-06     True
         2021-07-07     True
         Freq: B, Name: a, dtype: bool

In [34]: df[df['a'] > 5]    ❷
Out[34]:               a   b   c
         2021-07-05    6   7   8
         2021-07-06    9  10  11
         2021-07-07   12  13  14
```

❶ a 열에서 5보다 큰 원소는 무엇인가?

❷ a 열의 원소가 5보다 큰 모든 행을 선택하자.

벡터화된 거래 전략 백테스트를 할 때는 열을 두 개 이상 비교하는 게 흔하다.

```
In [35]: df['c'] > df['b']    ❶
Out[35]: 2021-07-01 True
         2021-07-02 True
         2021-07-05 True
         2021-07-06 True
         2021-07-07 True
         Freq: B, dtype: bool

In [36]: 0.15 * df.a + df.b > df.c    ❷
Out[36]: 2021-07-01    False
         2021-07-02    False
         2021-07-05    False
         2021-07-06     True
         2021-07-07     True
         Freq: B, dtype: bool
```

❶ c 열의 원소가 b 열의 원소보다 큰 날짜는 언제인가?

❷ a 열과 b 열의 선형결합linear combination(일차결합)을 c 열과 비교하는 조건이다.

판다스를 사용한 벡터화는, 이번 장의 나머지 부분에서 설명하는 것처럼, 특히 금융 알고리즘 및 벡터화 백테스트의 구현에 있어서 강력한 개념이 된다. 판다스를 사용한 벡터화의 기본 사항과 금융 사례에 대한 자세한 내용은 Hilpisch(2018, ch. 5)를 참고하자.

넘파이는 일반적인 벡터화 접근 방식을 파이썬의 수치 컴퓨팅 세계에 도입하는 역할을 하는 반면, 판다스는 파이썬에서도 시계열 데이터를 벡터화할 수 있게 해주는 역할을 한다. 이것은 금융 알고리즘의 구현과 알고리즘 트레이딩 전략의 백테스트에 매우 유용하다. 이 접근 방식을 사용하면 표준 파이썬 코드에 비해 코드를 더 간결하게 할 수 있을 것으로 기대할 수 있고 실행 속도를 더 빠르게 할 수 있을 것으로 기대할 수 있으며, for 루프 및 비슷한 관용구를 사용해 동일한 목표를 달성할 수 있다.

단순이동평균 기반 전략

단순이동평균simple moving average, SMA 기반 거래는 기술 주식 분석 세계에서 시작된 지 수십년이나 된 전략이다. 예를 들어, Brock 등(1992)에서는 그러한 전략을 체계적이면서도 경험적으로 조사했다. 그들은 이렇게 적고 있다.

> '기술 분석'이라는 용어는 무수한 거래 기술을 일반적으로 나타내기 위한 제목인데... 이 논문에서는 이동평균 오실레이터와 가격대 단절trading-range break이라는, 아주 간단하면서도 인기있는 두 가지 기술 규칙을 살펴본다. 참고로 말하자면, 가격대 단절은 각기 저항수준resistance level(저항선)과 지지수준support level(지지선)에서 이뤄진다. 첫 번째 방법에서 매도 신호와 매수 신호는 두 가지 이동평균인 장기 이동평균과 단기 이동평균에 의해 생성되는데... 우리의 연구를 통해 기술적 분석이 주식 변화를 예측하는 데 도움이 된다는 점을 알 수 있다.

기초에 다가서기

이 하위 절에서는 두 개의 SMA를 이용하는 백테스트 거래 전략의 기본 사항에 초점을 맞춘다. 다음에 나오는 예제에서는 EOD 데이터 파일(https://oreil.ly/AzE-p)로 가면 내려받아지는 csv 파일에 제공된 유로/달러(EUR/USD) 환율용 일말end-of-day, EOD 마감 데이터를 사용한다. 데이터셋에 들어 있는 데이터는 리피니티브 아이컨 데이터 API에서 가져온 데이터이며, 이는 각 수단들(RICs)의 EOD 값들을 나타낸다.

```
In [37]: raw = pd.read_csv('http://hilpisch.com/pyalgo_eikon_eod_data.csv',
                           index_col=0, parse_dates=True).dropna()  ❶

In [38]: raw.info()  ❷
         <class 'pandas.core.frame.DataFrame'>
         DatetimeIndex: 2516 entries, 2010-01-04 to 2019-12-31
         Data columns (total 12 columns):
          #   Column  Non-Null Count  Dtype
         ---  ------  --------------  -----
          0   AAPL.O  2516 non-null   float64
          1   MSFT.O  2516 non-null   float64
          2   INTC.O  2516 non-null   float64
          3   AMZN.O  2516 non-null   float64
```

```
      4   GS.N    2516 non-null    float64
      5   SPY     2516 non-null    float64
      6   .SPX    2516 non-null    float64
      7   .VIX    2516 non-null    float64
      8   EUR=    2516 non-null    float64
      9   XAU=    2516 non-null    float64
     10   GDX     2516 non-null    float64
     11   GLD     2516 non-null    float64
    dtypes: float64(12)
    memory usage: 255.5 KB

In [39]: data = pd.DataFrame(raw['EUR='])  ❸

In [40]: data.rename(columns={'EUR=': 'price'}, inplace=True)  ❹

In [41]: data.info()  ❺
    <class 'pandas.core.frame.DataFrame'>
    DatetimeIndex: 2516 entries, 2010-01-04 to 2019-12-31
    Data columns (total 1 columns):
     #   Column  Non-Null Count  Dtype
    ---  ------  --------------  -----
     0   price   2516 non-null   float64
    dtypes: float64(1)
    memory usage: 39.3 KB
```

❶ 원격지에 저장된 CSV 파일에서 데이터를 읽는다.

❷ DataFrame 객체에 대한 메타 정보를 표시한다.

❸ Series 객체를 DataFrame 객체로 변환한다.

❹ 유일한 열의 이름을 price로 변경한다.

❺ 새 DataFrame 객체에 대한 메타 정보를 표시한다.

SMA 계산은 계산 작업 결과를 그 다음 계산 작업에서 쓸 수 있게 넘겨주는 일과 rolling() 메서드를 사용하는 일을 조합하면 간단하게 수행된다.

```
In [42]: data['SMA1'] = data['price'].rolling(42).mean()  ❶

In [43]: data['SMA2'] = data['price'].rolling(252).mean()  ❷

In [44]: data.tail()  ❸
Out[44]:             price      SMA1      SMA2
         Date
         2019-12-24  1.1087  1.107698  1.119630
         2019-12-26  1.1096  1.107740  1.119529
         2019-12-27  1.1175  1.107924  1.119428
         2019-12-30  1.1197  1.108131  1.119333
         2019-12-31  1.1210  1.108279  1.119231
```

❶ 42일간에 대한 SMA 값으로 열을 생성한다. 처음 41개 값은 NaN이다.[2]

❷ 252일간에 대한 SMA 값으로 열을 생성한다. 처음 251개 값은 NaN이다.

❸ 데이터셋의 마지막 5개 행을 프린트한다.

원래 시계열 데이터를 SMA와 결합하면 결과를 잘 알아보기 쉽게 가시화할 수 있다(그림 4-1를 참고하자).

```
In [45]: %matplotlib inline
         from pylab import mpl,
         plt plt.style.use('seaborn')
         mpl.rcParams['savefig.dpi'] = 300
         mpl.rcParams['font.family'] = 'serif'

In [46]: data.plot(title='EUR/USD | 42 & 252 days SMAs',
                    figsize=(10, 6));
```

다음 단계는 두 SMA 간의 관계를 기반으로 신호를 생성하거나 마켓 포지션을 생성하는 것이다. 규칙은 **상대적 단기 SMA가 상대적 장기 SMA보다 위에 있을 때마다 롱으로 가고, 그 반대의 경우, 즉 상대적으로 단기간에 해당하는 SMA가 상대적으로 장기간에 해당하는 SMA보다 아래 있을 때마다 숏으로 가자는 것이다.** 우리의 목적에 맞게 우리는 롱 포지션long position(매수 포지션)을 1로, 숏 포지션short position(매도 포지션)을 −1로 나타낸다.

그림 4-1 두개의 SMA를 사용한 유로/달러 환율

---

2   [옮긴이] 창(window)의 크기가 42인데, 처음에는 데이터가 한 개뿐이므로 나머지 41개 값을 NaN(not a number, 결측치)으로 채워야 계산을 할 수 있기 때문에 이렇게 하는 것이다.

DataFrame 객체를 이루고 있는 두 가지 열을 직접 비교할 수 있게 되었으므로 단 한 줄의 코드로 규칙을 구현할 수 있다. 시간의 흐름에 따른 포지션이 그림 4-2에 설명되어 있다.

```
In [47]: data['position'] = np.where(data['SMA1'] > data['SMA2'], 1, -1)  ❶

In [48]: data.dropna(inplace=True)  ❷

In [49]: data['position'].plot(ylim=[-1.1, 1.1],
                               title='Market Positioning',
                               figsize=(10, 6));  ❸
```

❶ 벡터화된 방식으로 거래 규칙을 구현한다. np.where()는 표현식이 참True인 행에 대해 +1을 생성하고 표현식이 거짓False인 행에 대해 −1을 생성한다.

❷ 데이터셋에서 NaN 값이 하나 이상 포함된 행을 모두 삭제한다.

❸ 시간의 흐름에 따른 포지션을 표시한다.

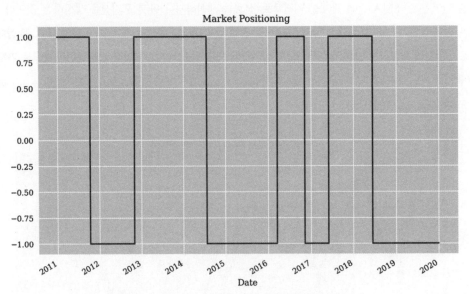

그림 4-2 두 개의 SMA가 있는 전략에 기반한 마켓 포지셔닝

전략의 성과를 계산하려면 다음에 나오는 원래 금융 시계열을 기준으로 로그 수익을 계산하자. 벡터화를 했기 때문에 이를 수행하는 코드는 다소 간결하다. 그림 4-3은 로그 수익을 히스토그램으로 나타내 보여준다.

```
In [50]: data['returns'] = np.log(data['price'] / data['price'].shift(1))  ❶

In [51]: data['returns'].hist(bins=35, figsize=(10, 6));  ❷
```

❶ price 열에 대해 벡터화된 방식으로 로그 수익을 계산한다.

❷ 로그 수익을 히스토그램(빈도 분포)으로 그려 낸다.

전략 수익을 도출하려면 position(포지션) 열(1 거래일 이동)에 returns(수익) 열을 곱하자. 로그 수익은 가산적이므로 returns(수익) 열과 strategy(전략) 열에 대한 합계를 계산하면 기준 투자 그 자체와 관련된 전략의 성과를 먼저 비교할 수 있다.

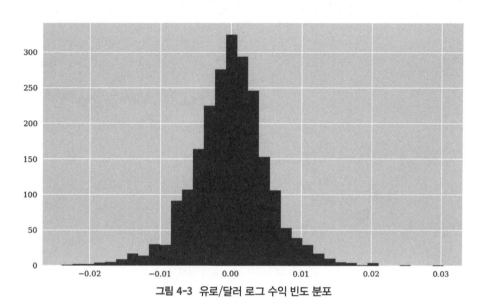

그림 4-3 유로/달러 로그 수익 빈도 분포

이 그래프에 나오는 수익을 비교해 보면 우리가 이 전략을 따를 때 패시브 벤치마크 투자passive benchmark investment(지표물 추종 투자)에서 좋은 성과를 낼 수 있을 것이라는 점을 알 수 있다.

```
In [52]: data['strategy'] = data['position'].shift(1) * data['returns']  ❶

In [53]: data[['returns', 'strategy']].sum()  ❷
Out[53]: returns    -0.176731
         strategy    0.253121
         dtype: float64

In [54]: data[['returns', 'strategy']].sum().apply(np.exp)  ❸
Out[54]: returns    0.838006
         strategy    1.288039
         dtype: float64
```

❶ 포지셔닝 및 시장 수익을 고려하여 전략의 로그 수익을 도출한다.

❷ 모든 주식과 전략(보여주는 용도로만 해당)을 통틀어 단일 로그 수익 값들을 합산한다.

❸ 지수 함수를 로그 수익 합계에 적용해 총 성과gross performance를 계산한다.

시간의 흐름에 따른 누적합계를 cumsum을 사용해 계산하고, 이를 바탕으로 지수함수 np.exp()를 적용하여 누적 수익을 계산하면 금융상품의 성과와 전략이 어떻게 비교되는지를 시간의 흐름에 맞춰 더 포괄적으로 살펴볼 수 있다. 그림 4-4는 데이터를 그래프로 나타냄으로써 이 특별한 경우에 해당하는 성과를 보여준다.

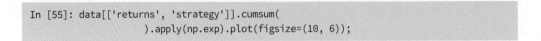

```
In [55]: data[['returns', 'strategy']].cumsum(
                ).apply(np.exp).plot(figsize=(10, 6));
```

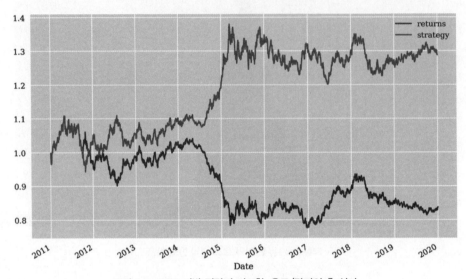

그림 4-4 SMA 기반 전략과 비교한, 유로/달러의 총 성과

주식과 전략이라는 두 가지를 가지고 연간 위험 수익 통계량들의 평균을 계산해 내기는 쉽다.

```
In [56]: data[['returns', 'strategy']].mean() * 252    ❶
Out[56]: returns     -0.019671
         strategy     0.028174
         dtype: float64

In [57]: np.exp(data[['returns', 'strategy']].mean() * 252) - 1    ❶
Out[57]: returns     -0.019479
         strategy     0.028575
         dtype: float64

In [58]: data[['returns', 'strategy']].std() * 252 ** 0.5    ❷
Out[58]: returns      0.085414
         strategy     0.085405
         dtype: float64

In [59]: (data[['returns', 'strategy']].apply(np.exp) - 1).std() * 252 ** 0.5    ❷
Out[59]: returns      0.085405
```

```
            strategy    0.085373
            dtype: float64
```

❶ 로그공간log space과 정칙공간regular space 모두에서 연평균 수익을 계산한다.

❷ 로그공간과 정칙공간 모두에서 연간 표준편차를 계산한다.

거래 전략 성과라는 맥락에서 볼 때, 종종 관심을 끄는 그 밖의 위험 통계는 **최대 하락폭**maximum drawdown, MDD(최대 낙폭)[3] 및 **최장 하락기간**longest drawdown period이다. 이런 맥락에서 도움을 줄 수 있는 통계량은 전략의 총 성과에 적용된 cummax() 메서드에 의해 계산된 누적 최대 총 성과cumulative maximum gross performance이다. 그림 4-5는 SMA 기반 전략에 대한 두 가지 시계열을 보여준다.

```
In [60]: data['cumret'] = data['strategy'].cumsum().apply(np.exp)   ❶

In [61]: data['cummax'] = data['cumret'].cummax()   ❷

In [62]: data[['cumret', 'cummax']].dropna().plot(figsize=(10, 6));   ❸
```

❶ 시간의 흐름에 따른 총 성과가 있는 새 열인 cumret을 정의한다.

❷ 총 성과의 이동최댓값running maximum value을 지닌 또 다른 열을 정의한다.

❸ DataFrame 객체를 이룬 새 열 두 개를 그려 낸다.

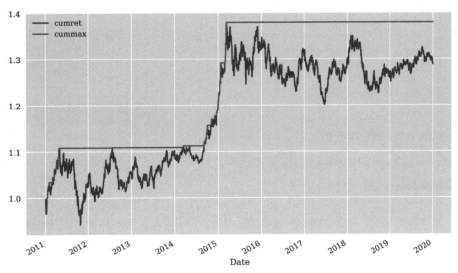

그림 4-5 SMA 기반 전략의 총 성과 및 누적 최대 성과

---

3 [옮긴이] 전고점에서 저점까지의 최대 손실을 말하며, '맥시멈 드로다운'이나 '최대 드로다운'이라고도 부르지만, 그 개념을 정확히 하기 위해 이 책에서는 '최대 하락폭' 또는 '최대 낙폭'이라고 번역하였으며, 이게 흔히 비율을 나타내기도 하므로 '최대 하락 비율'이라고 생각해도 무방하다.

그런 다음에 두 관련 열 간의 차분값difference 중에 최댓값으로 간단히 최대 하락폭을 계산할 수 있다. 예제에서는 최대 하락폭이 약 18% 포인트다.

```
In [63]: drawdown = data['cummax'] - data['cumret']   ❶

In [64]: drawdown.max()   ❷
Out[64]: 0.17779367070195917
```

❶ 두 열 간의 원소별 차분값을 계산한다.

❷ 모든 차분값 중에서 최댓값을 선택한다.

최장 하락기간을 결정하기는 조금 더 복잡하다. 그러려면 총 성과가 그 자체의 누적최대cumulative maximum와 같았던 날짜(즉, 새 최댓값이 설정된 일자)가 필요하다. 이 정보는 임시 객체에 저장된다. 그런 다음에 이러한 모든 날짜 간의 일차differences in days가 계산되어 그중에서 최장인 기간이 선택된다. 이러한 기간은 겨우 1일에 불과하거나 100일 이상일 수 있다. 여기에서 최장 하락기간이 596일 동안이나 지속되는데, 이는 아주 긴 기간에 해당한다.[4]

```
In [65]: temp = drawdown[drawdown == 0]   ❶

In [66]: periods = (temp.index[1:].to_pydatetime() -
                    temp.index[:-1].to_pydatetime())   ❷

In [67]: periods[12:15]
Out[67]: array([datetime.timedelta(days=1), datetime.timedelta(days=1),
                datetime.timedelta(days=10)], dtype=object)

In [68]: periods.max()   ❸
Out[68]: datetime.timedelta(days=596)
```

❶ 차분값들이 0인 곳은 어디인가?

❷ 모든 지표 값들 사이의 timedelta 값들을 계산한다.

❸ 최대 timedelta 값을 선택한다.

판다스로 벡터화를 한 후에 수행하는 백테스트 작업은 일반적으로 패키지 및 기본 DataFrame 클래스의 기능 덕분에 다소 효율적이다. 그러나 지금까지 설명한 대화형 접근 방식은 SMA 기반 전략의 파라미터를 최적화하는 더 큰 백테스트 프로그램을 구현하려는 경우 등에는 제대로 작동하지 않는다. 이 문제를 해결하려면, 더 일반적인 접근 방식을 따르는 게 좋다.

---

4 datetime 및 timedelta 객체에 대해 더 자세히 알고 싶다면 Hilpisch(2018)의 부록 C를 참고하자.

판다스는 거래 전략을 벡터화하여 분석하는 일에 있어서 아주 강력한 기능을 제공하는 도구임이 판명되었다. 로그 수익, 누적 수익, 연간 수익 그리고 변동률, 최대 하락폭, 최대 하락기간처럼 다양하고 관심을 끄는 통계량들을 일반적으로 한 줄짜리 코드나 단 몇 줄짜리 코드로 계산해 낼 수 있다. 게다가 간단한 메서드를 호출하는 것만으로도 결과를 가시화할 수 있다는 이점도 있다.

접근 방식 일반화

118쪽에 나오는 'SMA 백테스트 클래스' 단원에는, SMA 기반 거래 전략을 바탕으로 데이터를 벡터화하여 백테스트하는 데 필요한 클래스 한 개가 들어 있는 파이썬 코드가 나온다. 어떤 의미에서 보면 이는 이전 하위 절에서 소개한 접근 방식을 일반화한 것이라고 할 수 있다. 다음 파라미터를 제공하여 SMAVectorBacktester 클래스의 인스턴스를 정의할 수 있다.

- symbol: 사용할 RIC(수단 데이터)[5]
- SMA1: 상대적 **단기** SMA 기간(일일 단위)
- SMA2: 상대적 **장기** SMA 기간(일일 단위)
- start: 선택한 데이터 부분의 시작 일자
- end: 선택한 데이터 부분의 종료 일자

클래스를 사용하는 대화형 세션을 통해서 애플리케이션 자체를 가장 잘 설명할 수 있다. 이번 예제에서는 먼저 유로/달러 환율 데이터를 기반으로 이전에 구현한 적이 있는 백테스트를 따라 한다. 그런 다음에 최대 총 성과를 낼 수 있게 SMA 파라미터를 최적화한다. 최적의 파라미터를 기반으로 관련 기간 동안 기준 수단base instrument(기준 상품)과 비교하여 전략의 총 성과를 표시한다.

```
In [69]: import SMAVectorBacktester as SMA  ❶

In [70]: smabt = SMA.SMAVectorBacktester('EUR=', 42, 252,
                                          '2010-1-1', '2019-12-31')  ❷

In [71]: smabt.run_strategy()  ❸
Out[71]: (1.29, 0.45)

In [72]: %%time
         smabt.optimize_parameters((30, 50, 2),
                                   (200, 300, 2))  ❹
         CPU times: user 3.76 s, sys: 15.8 ms, total: 3.78 s

Out[72]: (array([ 48., 238.]), 1.5)

In [73]: smabt.plot_results()  ❺
```

5　**옮긴이** 이 문장을 다른 말로 풀어 쓰면 '종목코드: 사용할 릭 코드(상품 데이터)'이다.

❶ 모듈을 가져와 SMA라고 부른다.[6]

❷ 기저 클래스의 인스턴스가 인스턴스화된다.

❸ 인스턴스화를 하는 중에 파라미터들이 주어지면 SMA 기반 전략을 백테스트한다.

❹ optimize_parameters() 메서드는 단계들의 크기와 더불어 입력 파라미터 범위를 취하고 전수 대입 brute force 방식으로 최적의 조합을 결정한다.

❺ plot_results() 메서드는 현재 저장된 파라미터 값(여기서는 최적화 절차에서 가져온 값)을 고려하여 벤치마크 수단benchmark instrument(지표상품)과 비교하여 전략 성과를 표시한다.

원래 파라미터화를 사용한 전략의 총 성과는 1.24(즉, 124%)이다. 최적화된 전략은 파라미터 조합 SMA1 = 48 및 SMA2 = 238에 대해 1.44(즉, 144%)라는 절대 수익을 산출한다. 그림 4-6은 벤치마크 대상이 되는 금융수단의 성과와 비교하면서, 총 성과를 시간의 흐름에 맞춰 그래프로 그려내고 있다.

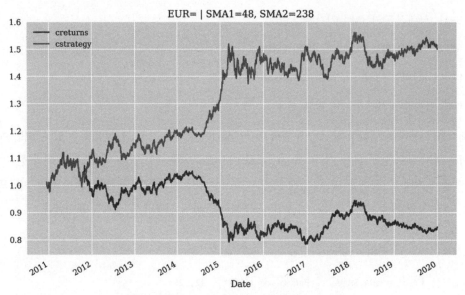

그림 4-6 유로/달러의 총 성과 및 최적화된 SMA 전략

모멘텀 기반 전략

모멘텀 전략의 기본 유형은 두 가지다. 첫 번째 유형은 **횡단면**cross-sectional **모멘텀 전략**이다. 더 큰 수단들을 모아둔 곳에서 특정 수단들을 선택하는 이러한 전략은 최근에 해당 수단들의 비교대상, 즉

6 　옮긴이 이 코드 줄을 실행하려면 저자의 깃허브 리포지토리 중에서 4장 부분(https://github.com/yhilpisch/py4at/tree/master/ch04) 에 있는 SMAVectorBacktester.py가 이 04_pyalgo.ipynb와 같은 폴더에 들어 있어야 한다. 파이썬을 배웠다면 너무나 당연히 알고 있어야 할 내용이지만, 이렇게 하는 방법을 문의한 경우가 있어서 역주를 달았다. 이 문제를 처리하는 방법에 대해서는 역자 서문에서도 언급해 두었다. 이 이후로 이와 같은 문제가 나와도 따로 언급하지 않겠다.

벤치마크benchmark(지표물)보다 실적이 더 좋은 수단을 매수하고 실적이 저조한 수단을 매도한다. 수단들이 적어도 일정 기간 동안은 각기 계속해서 초과성과outperform[7]나 미달성과underperform[8]를 보인다는 게 기본적인 착상인 것이다. Jegadeesh 및 Titman(1993, 2001)과 Chan 등(1996)에서는 이러한 유형의 거래 전략과 잠재적인 수익원을 연구한다.

횡단면 모멘텀 전략은 전통적으로 꽤 잘 수행되었다. Jegadeesh 및 Titman(1993)은 다음처럼 기록하고 있다.

> 이 논문에서는 과거 실적이 좋은 주식을 매수하고 과거 실적이 저조한 주식을 매도하는 전략이 3~12개월에 이르는 보유 기간 동안에 상당한 수익을 창출한다고 적혀 있다.

두 번째 유형은 **시계열**time series **모멘텀 전략**이다. 이러한 전략은 최근 실적이 좋은 수단을 매수하고 최근 실적이 저조한 수단을 매도한다. 이런 경우에 벤치마크 대상은 수단 자체의 과거 수익이다. Moskowitz 등(2012)은 광범위한 시장에서 이러한 유형의 모멘텀 전략을 자세히 분석한다. 그들은 이렇게 적고 있다.

> 횡단면 모멘텀 전략에서 증권의 상대적 수익에 초점을 맞추는 대신, 시계열 모멘텀 전략에서는 순전히 유가 증권의 과거 수익에 초점을 맞추고 있는데.... 우리가 조사하는 거의 모든 수단에서 시계열 모멘텀을 발견한 것은 '랜덤 워크' 가설에 도전하는 것 같다. 가장 기본적인 형태는 과거 가격의 상승/하락 여부에 대한 지식이 미래의 상승/하락에 대한 정보로 쓰여서는 안 된다는 것을 의미한다.

기초에 다가서기

달러(XAU =)로 표시된 금 가격의 종가를 생각해 보자.

```
In [74]: data = pd.DataFrame(raw['XAU='])

In [75]: data.rename(columns={'XAU=': 'price'}, inplace=True)

In [76]: data['returns'] = np.log(data['price'] / data['price'].shift(1))
```

가장 간단한 시계열 모멘텀 전략은 직전 수익이 긍정적인 경우라면 주식을 매수하고 부정적인 경우에는 그것을 매도하는 전략이다. 넘파이와 판다스를 사용하면 이 전략을 손쉽게 공식으로 만들 수 있다. 그냥 직전에 사용할 수 있었던 수익 기호를 마켓 포지션으로 취하면 그만이다. 그림 4-7에 이 전략을 따를 때의 성과가 나와 있다. 이 전략은 기본 수단의 성과가 무척 저조하다.

---

7   옮긴이 그냥 '아웃퍼폼'이라고도 부르며, 시장 수익률이나 지표물 수익률 대비 더 좋은 성과를 의미한다.
8   옮긴이 그냥 '언더퍼폼'이라고도 부르며, 시장 수익률이나 지표물 수익률 대비 더 나쁜 성과를 의미한다.

```
In [77]: data['position'] = np.sign(data['returns'])   ❶

In [78]: data['strategy'] = data['position'].shift(1) * data['returns']   ❷

In [79]: data[['returns', 'strategy']].dropna().cumsum(
                      ).apply(np.exp).plot(figsize=(10, 6));   ❸
```

❶ 관련 로그 수익의 부호(즉, 1이나 –1)로 새 열을 정의한다. 결과로 나온 값은 마켓 포지셔닝(롱 또는 숏)을 나타낸다.

❷ 주어진 마켓 포지셔닝을 고려하여 전략 로그 수익들을 계산한다.

❸ 벤치마크 수단benchmark instrument(지표 상품)을 사용해 전략 성과를 그려 낸 다음에 비교한다.

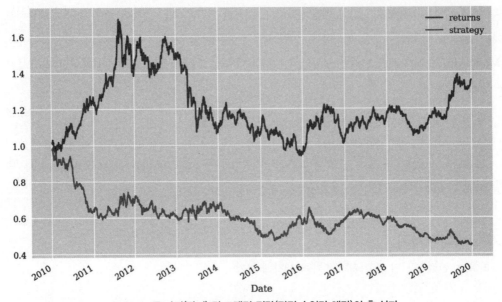

그림 4-7 금 가격(달러) 및 모멘텀 전략(직전 수익만 해당)의 총 성과

롤링 시간 창을 사용해 시계열 모멘텀 전략을 직전 수익 이상으로 일반화할 수 있다. 예를 들어, 직전의 3회에 걸친 수익을 평균 내어 포지셔닝을 위한 신호를 생성할 수 있다. 그림 4-8은 이런 경우에 해당하는 전략이 절대적 측면에서도 그렇고, 기준 수단에 비교해 볼 때도 훨씬 더 우수하다는 점을 보여준다.

```
In [80]: data['position'] = np.sign(data['returns'].rolling(3).mean())   ❶

In [81]: data['strategy'] = data['position'].shift(1) * data['returns']

In [82]: data[['returns', 'strategy']].dropna().cumsum(
                      ).apply(np.exp).plot(figsize=(10, 6));
```

❶ 이번에는 3일에 해당하는 롤링 창rolling window(회전 창, 굴림 창)에 대한 평균 수익을 취한다.

그러나 성과는 시간 창 파라미터에 무척 민감하다. 예를 들어, 3개 수익 대신 마지막 2개 수익을 선택하면 그림 4-9에서 보듯이 훨씬 더 나쁜 성과를 낼 수 있다.

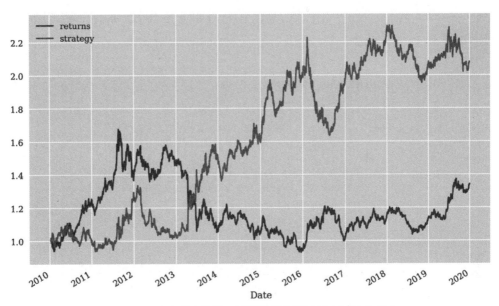

그림 4-8 금 가격(달러) 및 모멘텀 전략(마지막 3회 수익)의 총 성과

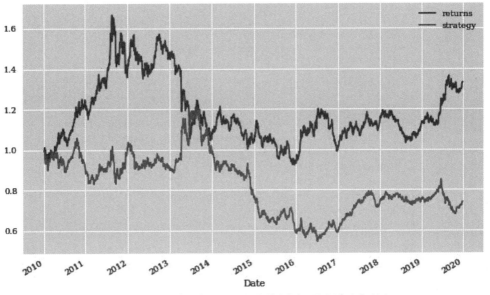

그림 4-9 금 가격(달러) 및 모멘텀 전략(마지막 2회 수익)의 총 성과

장중intraday(일중)에 시계열 모멘텀을 기대할 수도 있을 것이다. 실제로, 어떤 이는 일간interday이라고 부르기보다는 장중이라고 부르는 편을 더 선호하기도 한다. 그림 4-10은 각각 1, 3, 5, 7, 9개 수익 관측에 대한 다섯 가지 시계열 모멘텀 전략의 총 성과를 보여준다. 사용된 데이터는 아이컨 데이터 API_{Eikon Data API}에서 검색한, 애플 주식회사의 장중 주가 데이터다. 이 그림은 다음 코드를 기반으로 한다. 기본적으로 모든 전략은 이 장중 기간 동안 주식보다 더 좋은 성과를 내지만, 일부 전략은 겨우 앞서기도 한다.

```
In [83]: fn = '../data/AAPL_1min_05052020.csv'  ❶
         # fn = '../data/SPX_1min_05052020.csv'  ❶

In [84]: data = pd.read_csv(fn, index_col=0, parse_dates=True)  ❶

In [85]: data.info()  ❶
         <class 'pandas.core.frame.DataFrame'>
         DatetimeIndex: 241 entries, 2020-05-05 16:00:00 to 2020-05-05 20:00:00
         Data columns (total 6 columns):
          #   Column  Non-Null Count  Dtype
         ---  ------  --------------  -----
          0   HIGH    241 non-null    float64
          1   LOW     241 non-null    float64
          2   OPEN    241 non-null    float64
          3   CLOSE   241 non-null    float64
          4   COUNT   241 non-null    float64
          5   VOLUME  241 non-null    float64
         dtypes: float64(6)
         memory usage: 13.2 KB

In [86]: data['returns'] = np.log(data['CLOSE'] /
                                   data['CLOSE'].shift(1))  ❷

In [87]: to_plot = ['returns']  ❸

In [88]: for m in [1, 3, 5, 7, 9]:
             data['position_%d' % m] = np.sign(data['returns'].rolling(m).mean())  ❹
             data['strategy_%d' % m] = (data['position_%d' % m].shift(1) *
                                        data['returns'])  ❺
             to_plot.append('strategy_%d' % m)  ❻

In [89]: data[to_plot].dropna().cumsum().apply(np.exp).plot(
             title='AAPL intraday 05. May 2020',
             figsize=(10, 6), style=['-', '--', '--', '--', '--', '--']);  ❼
```

❶ CSV 파일에서 장중 데이터를 읽는다.[9]

❷ 장중 로그 수익을 계산한다.

---

9   [옮긴이] 저자의 깃허브 사이트(https://github.com/yhilpisch/py4at/tree/master/data)에 예시용 데이터 파일 두 개가 모두 들어있다.

❸ 나중에 그릴 열을 선택하기 위해 리스트 객체를 정의한다.

❹ 모멘텀 전략 파라미터에 따라 포지셔닝을 유도한다.

❺ 결과로 나온 전략 로그 수익을 계산한다.

❻ 리스트 객체에 열 이름을 추가한다.

❼ 전략의 성과를 벤치마크 수단의 성과와 비교하기 위해 모든 관련 열을 표시한다.

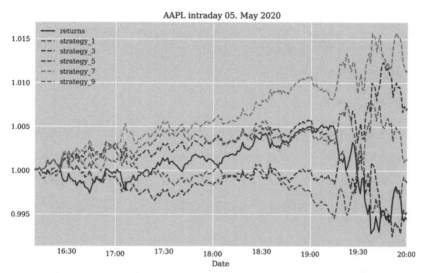

그림 4-10 애플 주식의 장중 총 성과와 다섯 가지 모멘텀 전략(마지막 1, 3, 5, 7, 9 수익)

그림 4-11은 S&P 500 지수에 대해 동일한 다섯 가지 전략의 성과를 보여준다. 다시 말하지만, 다섯 가지 전략 구성 모두 지수를 능가하고 모두 거래비용 이전에 플러스 수익을 나타낸다.

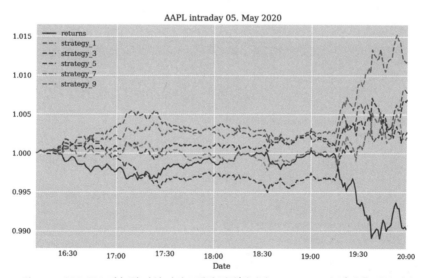

그림 4-11 S&P 500 지수 및 다섯 가지 모멘텀 전략(마지막 1, 3, 5, 7, 9 수익)의 총 일일 성과

접근 방식 일반화

121쪽에 나오는 '모멘텀 백테스트 클래스'를 다루는 소단원에서 MomVectorBacktester 클래스가 들어 있는 파이썬 모듈이 나온다. 이 모듈을 사용하면 모멘텀 기반 전략을 좀 더 표준화된 방식으로 백테스트해 볼 수 있다. 클래스에는 다음과 같은 속성이 있다.

- symbol: 사용할 RIC(수단 데이터)
- start: 선택한 데이터 부분의 시작 일자
- end: 선택한 데이터 부분의 종료 일자
- amount: 초기 투자 금액
- tc: 거래당 비례 거래비용

SMAVectorBacktester 클래스와 비교해 볼 때 이 클래스에서는 두 가지 중요한 일반화 기법을 도입한다. 즉, 백테스트 기간이 시작될 때 투자할 고정 금액과, 비용 측면에서 시장 현실에 가까워지기 위한 비례 거래비용이 그것이다. 특히 시간의 흐름에 맞춰 종종 많은 수의 거래로 이어지는 시계열 모멘텀 전략 상황에서는 거래비용을 더하는 게 중요하다.

이전에도 그랬던 것처럼 애플리케이션이 간단하다. 이 예제에서는 먼저 이전에 나온 대화형 세션에서 나온 결과를 따라 하지만, 이번에는 초기 투자액이 1만 달러다. 그림 4-12는 마지막 세 차례 수익의 평균을 취해 포지셔닝을 위한 신호를 생성함으로써 데이터 성과를 가시화한다. 두 번째는 거래당 0.1%에 해당하는 비례 거래비용이 있는 경우이다. 그림 4-13에서 알 수 있듯이 이 경우에 작은 거래비용도 성과를 크게 저하시킨다. 거래 빈도가 상대적으로 높아야만 성과를 낼 수 있는 전략을 구사하려고 하면 거래 비용이 크게 늘어나게 됨으로써 성과가 크게 줄어드는 역설적 상황에 빠지게 된다는 것이다.

```
In [90]: import MomVectorBacktester as Mom   ❶

In [91]: mombt = Mom.MomVectorBacktester('XAU=', '2010-1-1',
                                         '2019-12-31', 10000, 0.0)   ❷

In [92]: mombt.run_strategy(momentum=3)   ❸
Out[92]: (20797.87, 7395.53)

In [93]: mombt.plot_results()
In [94]: mombt = Mom.MomVectorBacktester('XAU=', '2010-1-1',
                                         '2019-12-31', 10000, 0.001)   ❹

In [95]: mombt.run_strategy(momentum=3)   ❺
Out[95]: (10749.4, -2652.93)

In [96]: mombt.plot_results()
```

❶ 모듈을 가져와 Mom이라고 부른다.[10]

❷ 시초 자본이 1만 달러이고 비례 거래비용이 0이 되도록 정의하는 백테스트 클래스의 객체를 인스턴스화 한다.

❸ 3일이라는 기간을 기반으로 모멘텀 전략을 백테스트한다. 이때 전략이 벤치마크 패시브 투자benchmark passive investment(지표물 추종 투자)를 능가한다.

❹ 이번에는 거래당 0.1%에 해당하는 비례 거래비용이 있다고 가정한다.

❺ 이런 경우에 전략을 따르면 기본적으로 모든 성과를 잃게 된다.

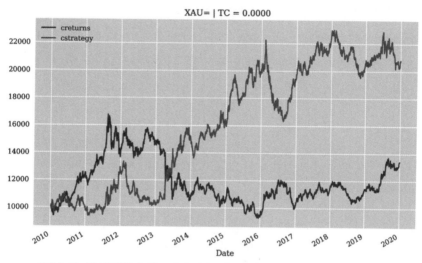

그림 4-12 금 가격(달러) 및 모멘텀 전략의 총 성과(최근 3회 수익, 거래비용 없음)

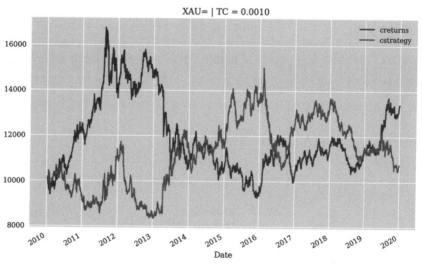

그림 4-13 금 가격(달러) 및 모멘텀 전략의 총 성과(최근 3회 수익, 거래비용 0.1%)

---

10 옮긴이 저자의 깃허브 사이트(https://github.com/yhilpisch/py4at/tree/master/data)에 예시용 데이터 파일 두 개가 모두 들어있다.

평균회귀 기반 전략

대략적으로 말하면 평균회귀 전략은 모멘텀 전략과 반대되는 추론에 의존한다. 금융수단이 추세에 비해 '너무 좋은' 성과를 거두면 매도하고 그 반대의 경우에는 매수하는 식이다. 달리 말하면 (시계열) 모멘텀 전략은 수익 간에 양의 상관관계를 가정하는 반면, 평균회귀 전략은 음의 상관관계를 가정한다. Balvers 등(2000)에는 다음과 같은 글이 있다:

> 평균회귀는 자산 가격이 추세 경로로 돌아가는 경향을 나타낸다.

예를 들어, 유로/달러 환율의 평균회귀 전략인 '추세 경로trend path' 대신에 단순이동평균SMA을 사용하면, SMA 기반 전략의 백테스트나 모멘텀 기반 전략의 백테스트와 비슷한 방식으로, 백테스트를 할 수 있다. 현재 주가와, 롱 포지션이나 숏 포지션을 나타내는 SMA 사이의 거리에 대한 문턱값threshold(임곗값)을 정의하자는 생각인 것이다.

기초에 다가서기

다음에 나오는 예제에서는 서로 다른 두 가지 금융수단financial instruments(금융상품)을 다룰 텐데, 이 두 금융수단이 모두 금 가격을 기준으로 삼고 있으므로 의미 있는 평균회귀를 기대할 수 있다.

- GLD는 SPDR 골드 셰어스SPDR Gold Shares를 나타내는 종목코드로, 이는 가장 큰 실물 기반 ETF다(SPDR 골드 셰어스 홈페이지 https://spdrgoldshares.com/를 참고하자).

- GDX는 NYSE 아카 골드 마이너스NYSE Arca Gold Miners 지수를 추적하기 위해 에쿼티 상품equity products(지분 참여 투자 상품)에 투자하는 반에크 벡터스 골드 마이너스 ETFVanEck Vectors Gold Miners ETF의 종목코드다(반에크 벡터스 골드 마이너스의 개요 페이지 https://www.vaneck.com/를 참고하자).

이 예제는 GDX로 시작하여 25일 SMA와 포지셔닝을 알리기 위해 SMA에서 벗어나는 현재 가격의 절대 편차에 대한 문턱값 3.5를 기반으로 평균회귀 전략을 구현한다. 그림 4-14는 GDX와 SMA의 현재 가격과 매도 신호와 매수 신호를 각기 생성하는 양의 문턱값과 음의 문턱값 간의 차분값을 보여준다.

```
In [97]: data = pd.DataFrame(raw['GDX'])

In [98]: data.rename(columns={'GDX': 'price'}, inplace=True)

In [99]: data['returns'] = np.log(data['price'] /
                                  data['price'].shift(1))

In [100]: SMA = 25  ❶

In [101]: data['SMA'] = data['price'].rolling(SMA).mean()  ❷
```

```
In [102]: threshold = 3.5  ❸

In [103]: data['distance'] = data['price'] - data['SMA']  ❹

In [104]: data['distance'].dropna().plot(figsize=(10, 6), legend=True)  ❺
          plt.axhline(threshold, color='r')
          plt.axhline(-threshold, color='r')
          plt.axhline(0, color='r');
```

❶ SMA 파라미터가 정의된다...

❷ ... 그리고 SMA('추세 경로')가 계산된다.

❸ 신호 생성을 위한 문턱값이 정의된다.

❹ 모든 시점에서 거리를 계산한다.

❺ 거리 값들을 표시한다.

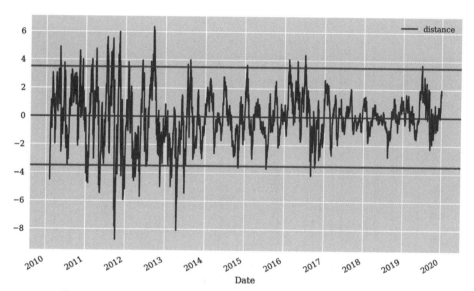

그림 4-14 GDX와 SMA의 현재 가격 간의 차분값과 평균회귀 신호 생성을 위한 문턱값

차분값들과 고정 문턱값들을 기반으로 포지셔닝positioning을 벡터화된 방식으로 다시 도출할 수 있다. 그림 4-15는 결과로 나오는 포지셔닝들을 보여준다.

```
In [105]: data['position'] = np.where(data['distance'] > threshold,
                                       -1, np.nan)  ❶

In [106]: data['position'] = np.where(data['distance'] < -threshold,
                                       1, data['position'])  ❷

In [107]: data['position'] = np.where(data['distance'] *
```

```
                    data['distance'].shift(1) < 0, 0, data['position'])  ❸

In [108]: data['position'] = data['position'].ffill().fillna(0)  ❹

In [109]: data['position'].iloc[SMA:].plot(ylim=[-1.1, 1.1],
                                            figsize=(10, 6));  ❺
```

❶ 거리 값이 문턱값보다 크면 숏으로 가고(새 position 열에서 -1로 설정), 그렇지 않으면 NaN을 설정한다.

❷ 거리 값이 음의 문턱값보다 낮으면 롱으로 가고(1로 설정), 그렇지 않으면 position 열을 변경하지 않고 유지한다.

❸ 거리 값의 부호가 변경된 경우에 마켓 뉴트럴market neutral(시장 중립)로 가고(0으로 설정), 그렇지 않으면 position 열을 변경하지 않은 상태로 유지한다.

❹ 모든 NaN의 앞쪽 자리들을 이전 값들을 사용해 채우고 남은 모든 NaN 값을 0으로 대체한다.

❺ 지수 포지션 SMA에서 결과 포지션을 그린다.

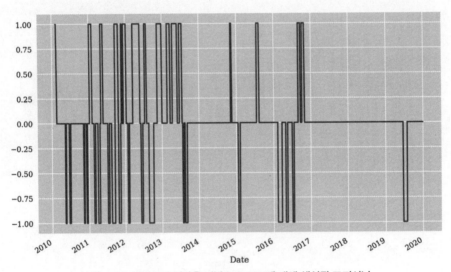

그림 4-15 평균회귀 전략을 기반으로 GDX에 대해 생성된 포지셔닝

마지막 단계는 그림 4-16에 나와있는 전략 수익을 도출하는 것이다. 이 전략은 GDX ETF를 상당히 능가하지만, 특정 파라미터화가 뉴트럴 포지션neutral position(중립 포지션), 즉 롱 포지션도 아니고 숏 포지션도 아닌 포지션으로 장기간 이어진다. 이러한 뉴트럴 포지션은 그림 4-16의 전략 곡선의 평평한 부분에 반영된다.

```
In [110]: data['strategy'] = data['position'].shift(1) * data['returns']

In [111]: data[['returns', 'strategy']].dropna().cumsum(
                ).apply(np.exp).plot(figsize=(10, 6));
```

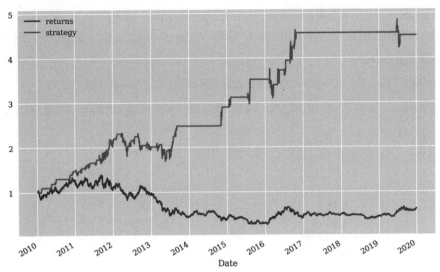

그림 4-16 GDX ETF 및 평균회귀 전략의 총 성과(SMA = 25, 문턱값 = 3.5)

접근 방식 일반화

이전과 마찬가지로 벡터화 백테스트를 구현할 때는 각 파이썬 클래스를 기반으로 하는 편이 더 효율적이다. 123쪽에 나오는 '평균회귀 백테스트 클래스'에 제시된 MRVectorBacktester 클래스는 MomVectorBacktester 클래스에서 상속되며 평균회귀 전략의 세부 사항을 수용하기 위해 run_strategy() 메서드를 대체한다.

이번 예제에서는 이제 GLD를 사용하고 비례 거래비용을 0.1%로 설정한다. 초기 투자 금액은 다시 1만 달러로 설정된다. 이번 SMA는 43이고 문턱값은 7.5로 설정된다. 그림 4-17은 GLD ETF와 비교한 평균회귀 전략 성과를 보여준다.

```
In [112]: import MRVectorBacktester as MR   ❶

In [113]: mrbt = MR.MRVectorBacktester('GLD', '2010-1-1', '2019-12-31',
                                        10000, 0.001)   ❷

In [114]: mrbt.run_strategy(SMA=43, threshold=7.5)   ❸
Out[114]: (13542.15, 646.21)

In [115]: mrbt.plot_results()   ❹
```

❶ 모듈을 가져와 MR이라고 부른다. [11]

---

11 `옮긴이` 저자의 깃허브 사이트(https://github.com/yhilpisch/py4at/tree/master/data)에 예시용 데이터 파일 두 개가 모두 들어있다.

❷ 1만 달러에 해당하는 시초 자본과 거래당 0.1%에 해당하는 비례 거래비용으로 MRVectorBacktester 클래스의 객체를 인스턴스화한다. 이 경우에 전략은 벤치마크 수단benchmark instrument(지표상품, 비교대상 상품)을 훨씬 능가한다.

❸ 43인 SMA 값과 7.5인 threshold(문턱, 임계) 값을 사용해 평균회귀 전략을 벡테스트한다.

❹ 기준 수단base instrument(기준상품, 비교대상 상품)에 대비되는, 전략에 따를 때의 누적 성과를 표시한다.

그림 4-17 GLD ETF와 평균회귀 전략의 총 성과(SMA = 43, 문턱값 = 7.5, 거래비용 0.1%)

데이터 스누핑 및 과적합

이번 장과 이 책의 나머지 부분에서는 중요한 알고리즘 트레이딩 개념들을 파이썬을 사용해 기술적으로 구현하는 데 초점을 맞춘다. 사용되는 전략, 파라미터, 데이터셋, 알고리즘은 때때로 임의로 선택되고 때로는 특정 포인트를 만들기 위해 의도적으로 선택된다. 의심할 여지가 없이, 금융에 적용되는 기술적 방법을 논의할 때는, 예를 들어, 다른 금융수단이나 기간에 대해 일반화하지 않더라도, '좋은 결과'를 나타내는 사례를 보는 편이 더 흥미롭고 동기 부여가 된다.

좋은 결과를 가진 사례를 보여줄 수 있는 능력에는 종종 **데이터 스누핑**data snooping(데이터 기웃거리기, 데이터 재참조)이라는 대가가 따른다. White(2000)에 따르면 데이터 스누핑을 다음과 같이 정의할 수 있다고 한다.

데이터 스누핑이란 추론을 하거나 모형을 선택하기 위해 특정 데이터셋을 두 번 이상 사용할 때 발생한다.

즉, 만족할 만한 수치나 그림을 얻기 위해 동일한 데이터셋을 대상으로 특정 접근 방식을 여러 번 적용해 보거나 그보다 더 많이 적용해 보는 경우인 것이다. 물론 이것은 거래 전략이 실제 상황에서는 비현실적일 수도 있는 경제적 잠재력을 지닌 척하기 때문에, 거래 전략 연구 시에는 지적으로 정직하지 못한 일로 여겨진다. 이 책에서는 알고리즘 트레이딩을 위한 프로그래밍 언어로 파이썬을 채택해 사용해 보는 데 초점을 맞추고 있으므로 데이터 스누핑 접근 방식이 타당할 수 있다. 이것은 예를 들어, 쉽게 식별할 수 있는 유일한 해가 있는 방정식을 푸는 수학 책과 비슷하다. 수학에서 그러한 간단한 사례들은 규칙적이기보다는 예외적이지만, 그럼에도 불구하고 교훈을 얻을 목적으로 자주 사용된다.

이런 맥락에서 발생하는 또 다른 문제는 **과적합**overfitting(과적응)이다. 거래라는 맥락에서 볼 때 과적합을 다음과 같이 설명할 수 있다(이에 대해서는 만 연구소Man Institute의 과적합 관련 글 https://hilpisch.com/man_overfitting_2015.pdf을 보자).

> 과적합이란 어떤 모형이, 신호signal를 기술하기보다는 잡음noise을 기술하는 경우를 말한다. 테스트할 때 사용한 데이터에 대해서만 모형이 좋은 성과를 내게 된다면, 향후에 사용할 신규 데이터에 대한 예측력이 거의 없게 되거나 전혀 없게 된다. 과적합이라고 하는 것은 실제로는 존재하지 않는 패턴까지 찾아 내는 상황이라고 설명할 수 있다. 과적합이 되어 버리면 비용을 치러야 하는데, 그 비용이란 다름 아닌 과적합이 되어 버린 전략을 따를 때 향후 성과가 저조할 것이라는 점을 말한다.

두 가지 SMA 값 기반 전략 같은 간단한 전략조차도 수천 개의 서로 다른 파라미터 조합을 대상으로 백테스트를 해 보아야 한다. 이러한 조합 중에 일부는 우수한 성과를 낼 것이 거의 확실하다. Bailey 등(2015)이 자세히 논의한 적이 있는데, 백테스트를 담당하는 사람들이 종종 문제를 인식하지 못해서 백테스트 시에 과적합하게 된다고 한다. 그들은 다음과 같은 점을 지적한다.

> 알고리즘 연구와 고성능 컴퓨팅이 최근에 발전하게 되면서 유한한 금융 시계열 데이터셋에서 수백만 개에서 수십억 개에 이르는 대체 투자 전략을 테스트하는 일조차도 사소한 일처럼 여겨지게 되었는데.... 성과를 극대화하기 위한 투자 전략용 파라미터를 이 계산 능력을 사용해 보정하는 게 일반적이다. 그러나 신호 대 잡음 비율(signal-to-noise ratio)이 너무 취약하기 때문에, 종종 이러한 보정의 결과로 인해 미래 신호가 아닌 과거 잡음을 통해서 이익을 얻는 파라미터들로 조합되어 버리는 일이 벌어지고 만다. 이로 인해 과적합된 백테스트라는 결과가 나오는 것이다.

통계적 의미에서 볼 때, 경험에 따른 결과가 타당성이 있는지를 따지는 문제를, 금융이라는 맥락에서는 전략을 백테스트하는 일만으로 제한하지는 않는다.

Ioannidis(2005)는 의학 관련 출판물을 언급하며 연구 결과의 재현성과 타당성을 판단할 때 확률적 참작 사항과 통계적 참작 사항을 참고한다.

현대에 이뤄지는 연구 중에서 허위 발견이 대다수이거나, 심지어 게시된 연구 주장 내용 중의 대다수가 허위일 수 있다는 우려가 커지고 있다. 그러나 이것은 놀라운 일이 아니다. 주장되는 연구 결과 중 대부분이 거짓이라는 점을 증명할 수 있는데.... 앞서 살펴본 것처럼, (연구를 수행하기 전의) 연구 결과가 실제로 참일 확률은, 연구 결과가 사실일 확률이나 연구의 통계력이나 통계적 유의수준에 따라 달라진다.

이러한 배경을 바탕으로 이 책의 거래 전략이 특정 데이터셋이나 파라미터 조합이나 특정 머신러닝 알고리즘을 전제로 했을 때 잘 수행되는 것으로 보인다면, 이는 특정 방식으로 구성하라는 권고를 아예 할 수 없다는 의미가 되며, 당면한 전략 구성 시의 품질과 잠재적인 성과에 대해 일반적인 결론을 이끌어 낼 수 없다는 의미가 된다.

물론 이 책에 제시된 코드와 예제를 사용해 자신만의 알고리즘 트레이딩 전략 아이디어를 탐색하고 자신만의 백테스트 결과와 검증 내용과 결론을 기반으로 실제로 구현해 보는 게 바람직하다. 어쨌든, 적절하고 부지런한 전략 연구에 따른 보상은 전수 대입brute force(무작위 대입, 무차별 대입) 기반 데이터 스누핑 및 과적합을 통해서 받을 게 아니라 금융 시장을 통해 받아야 한다.

결론

알고리즘 트레이딩 전략을 백테스트하는 상황에서 벡터화는 강력한 금융 분석 개념이자 과학적인 컴퓨팅 개념이다. 이번 장에서는 넘파이 및 판다스를 사용한 벡터화를 소개하고 이를 세 가지 전략 유형인 단순이동평균 기반 거래 전략, 모멘텀 기반 거래 전략, 평균회귀 기반 거래 전략에 적용해 보았다. 이번 장에서는 여러 가지 간단한 가정을 하고 있으며, 거래 전략을 엄밀하게 백테스트하려면 데이터 문제나 선택 문제 또는 과적합 방지 문제나 시장 미세구조 요소 같은, 실제 거래 성공을 결정하는 더 많은 요소를 고려해야 한다. 그러나 벡터화라는 개념과 그 기술에 초점을 맞추는 것과 구현 관점에서 알고리즘 트레이딩에서 무엇을 할 수 있는지에 초점을 맞추는 게 이번 장의 핵심 목표다. 제시된 모든 구체적인 사례 및 그 결과와 관련하여 데이터 스누핑 문제와 과적합 문제 및 통계적 유의성 문제를 고려해야 한다.

참조할 것들과 그 밖의 자료원

넘파이와 판다스를 사용해 벡터화를 하는 일에 관한 기본 사항을 다음 책에서 볼 수 있다.

- Wes McKinney. 2017. **Python for Data Analysis**. 2nd ed. Sebastopol: O'Reilly.

- Jake VanderPlas. 2016. **Python Data Science Handbook**. Sebastopol: O'Reilly.

금융이라는 맥락에서 넘파이와 판다스를 사용하려면 다음 책을 참고하자.

- Yves Hilpisch. 2015. **Derivatives Analytics with Python**: Data Analysis, Models, Simulation, Calibration, and Hedging. Wiley Finance.
- ———. 2017. **Listed Volatility and Variance Derivatives**: A Python-Based Guide. Wiley Finance.
- ———. 2018. **Python for Finance: Mastering Data-Driven Finance**. 2nd ed. Sebastopol: O'Reilly.

데이터 스누핑 및 과적합에 대한 주제를 다음 문서에서 참고하자.

- David Bailey, Jonathan Borwein, Marcos López de Prado, and Qiji Jim Zhu. 2015. "The Probability of Backtest Overfitting." **Journal of Computational Finance** 20, (4): 39-69. https://oreil.ly/sOHlf.
- John Ioannidis. 2005. "Why Most Published Research Findings Are False." **PLoS Medicine** 2, (8): 696-701.
- Halbert White. 2000. "A Reality Check for Data Snooping." **Econometrica** 68, (5): 1097-1126.

단순이동평균 기반 거래 전략에 대한 자세한 배경 정보 및 경험적 결과에 대해서는 다음 출처를 참고하자.

- William Brock, Josef Lakonishok, and Blake LeBaron. 1992. "Simple Technical Trading Rules and the Stochastic Properties of Stock Returns." **Journal of Finance** 47, (5): 1731-1764.
- Clif Droke. 2001. **Moving Averages Simplified**. Columbia: Marketplace Books.

어니스트 찬(Ernest Chan)의 책에서는 모멘텀과 평균회귀에 기반한 거래 전략을 자세히 다룬다. 이 책은 또한, 백테스트 거래 전략의 함정에 대해 살피기에 좋은 출처다.

- Ernest Chan. 2013. **Algorithmic Trading: Winning Strategies and Their Rationale**. Hoboken et al: John Wiley & Sons.

이 연구 논문은 모멘텀 기반 거래에 대한 전통적인 접근 방식인 **횡단면 모멘텀**cross-sectional momentum 전략의 특성과 수익원을 분석한다.

- Louis Chan, Narasimhan Jegadeesh, and Josef Lakonishok. 1996. "Momentum Strategies." **Journal of Finance** 51, (5): 1681-1713.

- Narasimhan Jegadeesh and Sheridan Titman. 1993. "Returns to Buying Winners and Selling Losers: Implications for Stock Market Efficiency." **Journal of Finance** 48, (1): 65-91.

- Narasimhan Jegadeesh and Sheridan Titman. 2001. "Profitability of Momentum Strategies: An Evaluation of Alternative Explanations." **Journal of Finance** 56, (2): 599-720.

모스코비츠Moskowitz 등이 쓴 논문에서는 시계열 모멘텀time series momentum이라고 부르는 전략을 분석하고 있다.

- Tobias Moskowitz, Yao Hua Ooi, and Lasse Heje Pedersen. 2012. "Time Series Momentum." **Journal of Financial Economics** 104: 228-250.

다음 논문들에서는 자산 가격들의 평균 회귀를 경험적으로 분석하고 있다.

- Ronald Balvers, Yangru Wu, and Erik Gilliland. 2000. "Mean Reversion across National Stock Markets and Parametric Contrarian Investment Strategies." **Journal of Finance** 55, (2): 745-772.

- Myung Jig Kim, Charles Nelson, and Richard Startz. 1991. "Mean Reversion in Stock Prices? A Reappraisal of the Empirical Evidence." **Review of Economic Studies** 58: 515-528.

- Laura Spierdijk, Jacob Bikker, and Peter van den Hoek. 2012. "Mean Reversion in International Stock Markets: An Empirical Analysis of the 20th Century." **Journal of International Money and Finance** 31: 228-249.

파이썬 스크립트

이번 장에서 참조하고 사용하는 파이썬 스크립트들이 이번 절에 나온다.

SMA 백테스트 클래스

다음은 단순이동평균 기반 전략에 맞춘 벡터화 백테스트용 클래스가 있는 파이썬 코드를 보여준다.

```
#
# SMA 기반 전략들을 대상으로
# 벡터화 백테스트를 하는 데 쓸
# 클래스가 있는 파이썬 모듈
```

```
#
# Python for Algorithmic Trading
# (c) Dr. Yves J. Hilpisch
# The Python Quants GmbH
#
import numpy as np
import pandas as pd
from scipy.optimize import brute


class SMAVectorBacktester(object):
    ''' SMA 기반 거래 전략들을 대상으로 벡터화 백테스트를 하는 데 쓸 클래스.

    속성
    ==========
    symbol: str
        SMA1 작업용 RIC 종목코드
    SMA1: int
        상대적 단기 SMA를 위한 일별 시간 창
    SMA2: int
        상대적 장기 SMA를 위한 일별 시간 창
    start: str
        데이터 검색 대상 중 시작 부분에 해당하는 날짜
    end: str
        데이터 검색 대상 중 끝 부분에 해당하는 날짜

    메서드
    =======
    get_data:
        기본 데이터셋을 검색해 준비해 둔다.
    set_parameters:
        한두 개의 SMA 파라미터들을 구성한다.
    run_strategy:
        SMA 기반 전략에 대한 백테스트를 실행한다.
    plot_results:
        종목코드와 비교한 전략의 성과를 그려 낸다.
    update_and_run:
        SMA 파라미터들을 갱신하고 (부정적인) 절대 성과를 반환한다.
    optimize_parameters:
        두 가지 SMA 파라미터들에 대한 전수 대입(brute-force) 최적화를 구현한다.
    '''

    def __init__(self, symbol, SMA1, SMA2, start, end):
        self.symbol = symbol
        self.SMA1 = SMA1 self.SMA2 = SMA2
        self.start = start
        self.end = end
        self.results = None
        self.get_data()

    def get_data(self):
        ''' 데이터를 검색하고 준비한다. '''
        raw = pd.read_csv('http://hilpisch.com/pyalgo_eikon_eod_data.csv',
```

```
                            index_col=0, parse_dates=True).dropna()
        raw = pd.DataFrame(raw[self.symbol])
        raw = raw.loc[self.start:self.end]
        raw.rename(columns={self.symbol: 'price'}, inplace=True)
        raw['return'] = np.log(raw / raw.shift(1))
        raw['SMA1'] = raw['price'].rolling(self.SMA1).mean()
        raw['SMA2'] = raw['price'].rolling(self.SMA2).mean()
        self.data = raw

    def set_parameters(self, SMA1=None, SMA2=None):
        ''' SMA 파라미터들과 이에 맞춰 각 시계열을 업데이트한다. '''
        if SMA1 is not None:
            self.SMA1 = SMA1
            self.data['SMA1'] = self.data['price'].rolling(
                self.SMA1).mean()
        if SMA2 is not None:
            self.SMA2 = SMA2
            self.data['SMA2'] = self.data['price'].rolling(self.SMA2).mean()

    def run_strategy(self):
        ''' 거래 전략을 벡테스트한다. '''
        data = self.data.copy().dropna()
        data['position'] = np.where(data['SMA1'] > data['SMA2'], 1, -1)
        data['strategy'] = data['position'].shift(1) * data['return']
        data.dropna(inplace=True)
        data['creturns'] = data['return'].cumsum().apply(np.exp)
        data['cstrategy'] = data['strategy'].cumsum().apply(np.exp)
        self.results = data
        # 전략의 총 성과
        aperf = data['cstrategy'].iloc[-1]
        # 전략의 초과성과/미달성과
        operf = aperf - data['creturns'].iloc[-1]
        return round(aperf, 2), round(operf, 2)

    def plot_results(self):
        ''' 종목과 비교되는, 거래 전략의 누적 성과를 그려 낸다.
        '''
        if self.results is None:
            print('No results to plot yet. Run a strategy.')
        title = '%s | SMA1=%d, SMA2=%d' % (self.symbol,
                                           self.SMA1, self.SMA2)
        self.results[['creturns', 'cstrategy']].plot(title=title,
                                           figsize=(10, 6))

    def update_and_run(self, SMA):
        ''' SMA 파라미터들을 갱신하고 (부정적인) 절대 성과를 반환한다
        (최소화 알고리즘용).

        파라미터
        ==========
        SMA: tuple
            SMA 파라미터 튜플
        '''
```

```
            self.set_parameters(int(SMA[0]), int(SMA[1]))
        return -self.run_strategy()[0]

    def optimize_parameters(self, SMA1_range, SMA2_range):
        ''' 주어진 SMA 파라미터 범위 내의 전역 최대(global maximum, 최댓값)를 찾는다.

        파라미터
        ==========
        SMA1_range, SMA2_range: tuple
        (시작, 종료, 단계 크기) 형식으로 된 튜플들
        '''
        opt = brute(self.update_and_run, (SMA1_range, SMA2_range), finish=None)
        return opt, -self.update_and_run(opt)


if __name__ == '__main__':
    smabt = SMAVectorBacktester('EUR=', 42, 252,
                                '2010-1-1', '2020-12-31')
    print(smabt.run_strategy())
    smabt.set_parameters(SMA1=20, SMA2=100)
    print(smabt.run_strategy())
    print(smabt.optimize_parameters((30, 56, 4), (200, 300, 4)))
```

모멘텀 백테스트 클래스

다음에 나오는 것은 시계열 모멘텀 기반 전략을 대상으로 벡터화된 백테스트를 하는 데 필요한 클래스가 있는 파이썬 코드다.

```
#
# 모멘텀 기반 전략들을 대상으로 벡터화 백테스트를 하는 데 필요한 클래스가 있는 파이썬 모듈.
#
# Python for Algorithmic Trading
# (c) Dr. Yves J. Hilpisch
# The Python Quants GmbH
#
import numpy as np
import pandas as pd


class MomVectorBacktester(object):
    ''' 모멘텀 기반 거래 전략들을 대상으로 벡터화 백테스트를 하는 데 쓸 클래스.

    속성
    ==========
    symbol: str
        작업에 쓸 RIC(금융 수단)
    start: str
        데이터를 선택한 부분의 시작 일자
    end: str
```

```
        데이터를 선택한 부분의 종료 일자
amount: int, float
        처음에 투자할 금액
tc: float
        거래당 비례 거래비용(예: 0.5% = 0.005)

메서드
=======
get_data:
        기본 데이터 집합을 검색해 준비해 둔다.
run_strategy:
        모멘텀 기반 전략에 대한 백테스트를 실행한다.
plot_results:
        종목코드와 비교되는 전략의 성과를 그려 낸다.
'''

def __init__(self, symbol, start, end, amount, tc):
    self.symbol = symbol
    self.start = start
    self.end = end
    self.amount = amount
    self.tc = tc
    self.results = None self.get_data()

def get_data(self):
    ''' 데이터를 검색해(retrieve, 인출해) 준비한다. '''
    aw = pd.read_csv('http://hilpisch.com/pyalgo_eikon_eod_data.csv',
                    index_col=0, parse_dates=True).dropna()
    raw = pd.DataFrame(raw[self.symbol])
    raw = raw.loc[self.start:self.end]
    raw.rename(columns={self.symbol: 'price'}, inplace=True)
    raw['return'] = np.log(raw / raw.shift(1))
    self.data = raw

def run_strategy(self, momentum=1):
    ''' 거래 전략을 벡테스트한다. '''
    self.momentum = momentum
    data = self.data.copy().dropna()
    data['position'] = np.sign(data['return'].rolling(momentum).mean())
    data['strategy'] = data['position'].shift(1) * data['return']
    # 거래 성사 시기를 결정한다.
    data.dropna(inplace=True)
    trades = data['position'].diff().fillna(0) != 0
    # 거래가 성사되었을 때 수익에서 거래 비용을 뺀다.
    data['strategy'][trades] -= self.tc
    data['creturns'] = self.amount * data['return'].cumsum().apply(np.exp)
    data['cstrategy'] = self.amount * \
        data['strategy'].cumsum().apply(np.exp)
    self.results = data
    # 전략의 절대 성과
    aperf = self.results['cstrategy'].iloc[-1]
    # 전략의 초과성과/미달성과
```

```
            operf = aperf - self.results['creturns'].iloc[-1]
            return round(aperf, 2), round(operf, 2)

    def plot_results(self):
        ''' 종목코드에 비교되는 누적 거래 전략 성과를 그려 낸다.
        '''
        if self.results is None:
            print('No results to plot yet. Run a strategy.')
        title = '%s | TC = %.4f' % (self.symbol, self.tc)
        self.results[['creturns', 'cstrategy']].plot(title=title,
                                                     figsize=(10, 6))


if __name__ == '__main__':
    mombt = MomVectorBacktester('XAU=', '2010-1-1', '2020-12-31',
                                10000, 0.0)
    print(mombt.run_strategy()) print(mombt.run_strategy(momentum=2))
    mombt = MomVectorBacktester('XAU=', '2010-1-1', '2020-12-31',
                                10000, 0.001)
    print(mombt.run_strategy(momentum=2))
```

평균회귀 백테스트 클래스

다음은 평균회귀 기반 전략의 벡터화 백테스트용 클래스가 있는 파이썬 코드를 보여준다.

```
#
# 평균 회귀 전략들을 대상으로 벡터화 백테스트를 하기 위한
# 클래스가 있는 파이썬 모듈.
#
# Python for Algorithmic Trading
# (c) Dr. Yves J. Hilpisch
# The Python Quants GmbH
#
from MomVectorBacktester import *


class MRVectorBacktester(MomVectorBacktester):
    ''' 평균 회귀 기반 거래 전략들의 벡터 백테스트에 쓸 클래스.

    속성
    ==========
    symbol: str
        작업에 쓸 RIC 종목코드
    start: str
        데이터 검색 시작 일자
    end: str
        데이터 검색 종료 일자
    amount: int, float
        처음에 투자할 금액
```

```
    tc: float
        거래당 비례 거래비용(예: 0.5% = 0.005)

메서드
=======
get_data:
    기본 데이터 집합을 검색해 내어 준비한다.
run_strategy:
    평균 회귀 기반 전략에 대한 백테스트를 실행한다.
plot_results:
    종목코드에 비교되는 전략 성과를 그려 낸다.
'''

def run_strategy(self, SMA, threshold):
    ''' 거래 전략을 벡테스트한다. '''
    data = self.data.copy().dropna()
    data['sma'] = data['price'].rolling(SMA).mean()
    data['distance'] = data['price'] - data['sma'] data.dropna(inplace=True)
    # 매수 신호들
    data['position'] = np.where(data['distance'] > threshold, -1, np.nan)
    # 매도 신호들
    data['position'] = np.where(data['distance'] < -threshold, 1, data['position'])
    # 현재 가격과 SMA의 교차(즉, 거리가 0임)
    data['position'] = np.where(data['distance'] *
    data['distance'].shift(1) < 0,
    0, data['position'])
    data['position'] = data['position'].ffill().fillna(0)
    data['strategy'] = data['position'].shift(1) * data['return']
    # 거래 성사 시기를 결정한다.
    trades = data['position'].diff().fillna(0) != 0
    # 거래가 성사되었을 때 수익에서 거래 비용을 뺀다.
    data['strategy'][trades] -= self.tc
    data['creturns'] = self.amount * \
        data['return'].cumsum().apply(np.exp)
    data['cstrategy'] = self.amount * \
        data['strategy'].cumsum().apply(np.exp)
    self.results = data
    # 전략의 절대 성과
    aperf = self.results['cstrategy'].iloc[-1]
    # 전략의 초과성과/미달성과
    operf = aperf - self.results['creturns'].iloc[-1]
    return round(aperf, 2), round(operf, 2)


if __name__ == '__main__':
    mrbt = MRVectorBacktester('GDX', '2010-1-1', '2020-12-31', 10000, 0.0)
    print(mrbt.run_strategy(SMA=25, threshold=5))
    mrbt = MRVectorBacktester('GDX', '2010-1-1', '2020-12-31', 10000, 0.001)
    print(mrbt.run_strategy(SMA=25, threshold=5))
    mrbt = MRVectorBacktester('GLD', '2010-1-1', '2020-12-31', 10000, 0.001)
    print(mrbt.run_strategy(SMA=42, threshold=7.5))
```

5

시장 이동 예측을 위한 머신러닝 기술

> 스카이넷이 점점 더 급격히 빠른 속도로 학습하기 시작했다.
> 동부 표준시 기준 8월 29일 02시 14분에 '자각'을 했다.
>
> — 영화 〈터미네이터 2〉

최근 몇 년 동안 머신러닝과 딥러닝 및 인공지능 분야에서 엄청난 진전이 있었다. 특히 전 세계의 금융 산업과 알고리즘 트레이더들도 이러한 기술 발전의 혜택을 받고 싶어 한다.

이번 장에서는 **선형회귀**linear regression 같은 통계 기술과 **로지스틱 회귀**logistic regression 같은 머신러닝 기술을 도입하여 과거 수익을 기반으로 미래 가격의 움직임을 예측해 보겠다. 또한, **신경망**neural networks을 사용해 주식 시장의 움직임을 예측하는 방법을 보여준다. 물론 이번 장만으로 머신러닝을 철저하게 소개할 수는 없지만, 실무자의 관점에서 특정 기술을 사용해 가격 예측 문제를 구체적으로 푸는 방법 정도는 보여줄 수 있다. 자세한 내용을 알고 싶다면 Hilpisch(2020)를 참고하자.[1]

이번 장에서는 다음과 같은 거래 전략 유형들을 다룬다.

선형회귀 기반 전략

이러한 전략은 선형회귀를 사용해 추세를 추정하거나, 금융수단 가격이 미래에 움직일 방향을 도출한다.

---

1   Guido 및 Müller(2016), VanderPlas(2016)의 책은 파이썬을 사용해 머신러닝을 하는 방법과 관련하여 실용적이면서도 일반적인 내용을 소개한다.

머신러닝 기반 전략

알고리즘 트레이딩에서는 일반적으로 금융수단이 움직일 방향을 예측하면 그만이다. 이러 이유로, 예측 문제는 기본적으로 상방 이동이나 하방 이동이 있을지 여부를 결정하는 **분류 문제**classification problem로 귀결된다. 이러한 분류 문제를 공략하기 위한 머신러닝 알고리즘이 다양하게 개발되었다. 이번 장에서는 분류를 위한 일반적인 기준 알고리즘 역할을 할 수 있는 로지스틱 회귀를 소개한다.

딥러닝 기반 전략

페이스북 같은 거대 기술 기업들이 딥러닝deep learning을 대중화했다. 머신러닝 알고리즘과 비슷하게, 신경망에 기반한 딥러닝 알고리즘을 사용해 금융 시장 예측에서 직면하게 되는 분류 문제를 공략할 수 있다.

이번 장은 다음과 같이 구성된다. 곧 이어서 나오는 '선형회귀 기반 시장 이동 예측'에서는 선형회귀 기술을 활용해 지수 수준과 가격 이동 방향을 예측하는 방법을 소개한다. 140쪽에 나오는 '머신러닝 기반 시장 이동 예측'에서는 머신러닝에 초점을 맞추고 선형회귀 기반 사이킷런을 소개한다. 로지스틱 회귀를 선형회귀 모형의 대안으로 소개하고 다뤄 볼 텐데, 이 회귀 기법은 주로 분류 문제를 명시적으로 적용해야 할 때 쓴다. 154쪽의 '딥러닝 기반 시장 이동 예측'에서는 케라스를 도입하여 신경망 알고리즘을 기반으로 주식 시장 이동 방향을 예측한다.

이번 장에서는 과거 수익을 기반으로 금융 시장의 미래 가격 변동을 예측하는 실용적인 접근 방식을 제공하는 것을 핵심 목표로 삼는다. 효율적 시장 가설efficient market hypothesis이 보편적으로 적용되지 않는다는 점과, 주가 차트의 기술적 분석의 배경을 이루는 추론과 비슷하게, 과거를 통해서 미래에 대한 통찰력을 통계적 기법으로 채굴할 수 있다는 점을 기본 가설로 세운다. 즉, 금융 시장에서 특정 패턴이 반복되기 때문에, 과거에 대한 관측치들을 미래 가격 변동을 예측하는 데 활용할 수 있다고 가정한다는 말이다. 자세한 내용을 Hilpisch(2020)에서 다룬다.

선형회귀 기반 시장 이동 예측

최소제곱법ordinary least squares, OLS과 선형회귀linear regression(일차회귀, 선형환원)는 다양한 응용 분야에서 유용하다는 점이 입증된 것이며 수십 년이나 된 통계 기술이다. 이번 절에서는 선형회귀를 사용해 가격을 예측해 볼 것이다. 그러나 기본 사항들을 간단히 살펴본 다음에 기본 접근 방식을 소개하는 일부터 해 보겠다.

선형회귀를 간단히 살펴보기

선형회귀를 적용하기 전에 일부 무작위 데이터를 기반으로 한 접근 방식을 간단히 살펴보는 게 도움이 될 수 있다. 예제 코드는 넘파이를 사용해 먼저 독립변수 x에 대한 데이터로 쓸 ndarray 객체를 생성한다. 이 데이터를 기반으로 종속변수 y에 대한 무작위 데이터('잡음 데이터')가 생성된다. 넘파이는 단순한 단항식을 기반으로 OLS 회귀를 편리하게 구현하기 위해 polyfit과 polyval이라는 함수를 제공한다. 선형회귀의 경우에 사용되는 단항식의 최고 차수는 1로 설정된다. 그림 5-1은 데이터와 회귀선을 보여준다.

```
In [1]: import os
        import random
        import numpy as np           ❶
        from pylab import mpl, plt    ❷
        plt.style.use('seaborn')
        mpl.rcParams['savefig.dpi'] = 300
        mpl.rcParams['font.family'] = 'serif'
        os.environ['PYTHONHASHSEED'] = '0'

In [2]: x = np.linspace(0, 10)       ❸

In [3]: def set_seeds(seed=100):
            random.seed(seed)
            np.random.seed(seed)
        set_seeds()                  ❹

In [4]: y = x + np.random.standard_normal(len(x))   ❺

In [5]: reg = np.polyfit(x, y, deg=1)    ❻

In [6]: reg                          ❼
Out[6]: array([0.94612934, 0.22855261])

In [7]: plt.figure(figsize=(10, 6))  ❽
        plt.plot(x, y, 'bo', label='data')    ❾
        plt.plot(x, np.polyval(reg, x), 'r', lw=2.5,
                 label='linear regression')   ❿
        plt.legend(loc=0)            ⓫
```

❶ numpy를 가져온다.

❷ matplotlib을 가져온다.

❸ 0에서 10 사이의 x 값에 대해 간격이 균일한 부동소수점 수 격자를 생성한다.

❹ 모든 관련 난수 생성기의 시드 값을 고정한다.

❺ y 값에 대한 무작위 데이터를 생성한다.

⑥ 차수가 1인 OLS 회귀(즉, 선형회귀)가 수행된다.

⑦ 최적의 파라미터 값들을 표시한다.

⑧ 새 그림 객체를 만든다.

⑨ 원래 데이터 집합을 점들로 그려 낸다.

⑩ 회귀직선을 그린다.

⑪ 범례를 만든다.

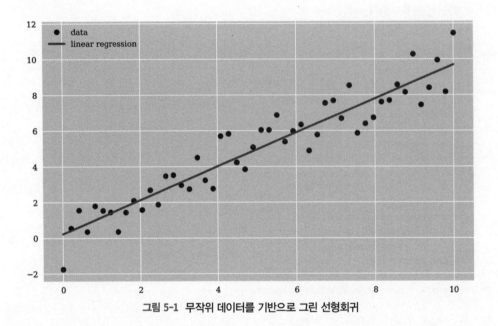

그림 5-1 무작위 데이터를 기반으로 그린 선형회귀

종속변수 x의 구간은 $x \in [0, 10]$이다. 구간을 $x \in [0, 20]$으로 확대한다면, 최적의 회귀 파라미터가 주어졌을 때, 외삽extrapolation(보외)에 의해 원래 데이터셋의 영역을 넘어서는 종속변수 y에 대한 값을 '예측'할 수 있다. 그림 5-2는 외삽을 시각화한다.

```
In [8]: plt.figure(figsize=(10, 6))
        plt.plot(x, y, 'bo', label='data')
        xn = np.linspace(0, 20)   ①
        plt.plot(xn, np.polyval(reg, xn), 'r', lw=2.5, label='linear regression')
        plt.legend(loc=0);
```

① x 값에 대해 확장된 정의역domain을 생성한다.

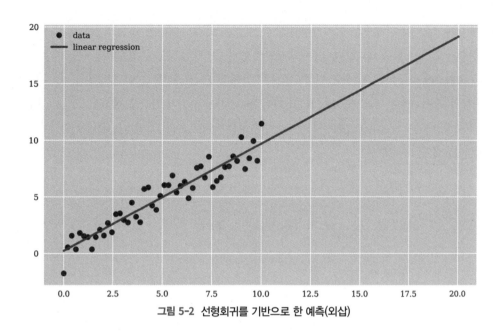

그림 5-2 선형회귀를 기반으로 한 예측(외삽)

가격 예측을 위한 기본 아이디어

시계열 데이터 기반 가격 예측을 하려면 데이터의 시간 기반 순서화time-based ordering라는 한 가지 특징을 처리해야 한다. 일반적으로 데이터 순서는 선형회귀를 적용하는 데 중요하지 않다. 이전 절에 나왔던 첫 번째 예제에서 선형회귀가 구현된 데이터는 x 및 y로 이뤄진 쌍을 일정하게 유지하면서 완전히 다른 순서로 컴파일되었을 수 있다. 순서에 관계없이 최적의 회귀 파라미터는 동일했을 것이다.

그러나 예를 들어, 익일물tomorrow(내일)의 지수 수준을 예측해야 하는 상황이라면, 과거를 이루는 지수 수준들을 올바른 순서로 유지하는 게 아주 중요할 것이다. 이런 경우에 어떤 사람이 오늘, 어제, 그 전날 등의 지수 수준을 고려하여 익일물에 대한 지수 수준을 예측하려고 한다고 하자. 입력으로 사용되는 날짜 수를 일반적으로 **시차**lags(時差)라고 한다. 따라서 당일물today(오늘)의 지수 수준과 이전의 두 가지 지수를 더 사용하면 **3 시차**three lags로 해석된다.

다음 예제는 이 아이디어를 다소 단순한 상황에 맞춰 다시 변환한다. 예제에서 사용하는 데이터는 0에서 11까지의 숫자이다.

```
In [9]: x = np.arange(12)

In [10]: x
Out[10]: array([ 0,  1,  2,  3,  4,  5,  6,  7,  8,  9, 10, 11])
```

회귀에 대해 세 가지 시차가 있다고 가정해 보자. 이것은 회귀에 대해서 세 개의 독립변수와 하나의 종속변수가 있다는 점을 의미한다. 더 구체적으로 말하자면 0, 1, 2는 독립변수에 해당하는 값이고 3은 종속변수에 해당하는 값이다. 단계에 맞춰(시간에 맞게) 전진이동을 하면 값은 1, 2, 3 및 4가 된다. 값의 최종 조합은 8과 9와 10 그리고 11이 된다. 따라서 이런 착상을 형식적으로 $A \cdot x = b$ 형식의 선형방정식linear equation(일차방정식)으로 변환하는 문제로 여기고 이것을 풀면 된다. 여기서 A 는 행렬이고 x 및 b는 벡터다.

```
In [11]: lags = 3   ❶

In [12]: m = np.zeros((lags + 1, len(x) - lags))   ❷

In [13]: m[lags] = x[lags:]   ❸
         for i in range(lags):   ❹
             m[i] = x[i:i - lags]   ❺

In [14]: m.T   ❻
Out[14]: array([[ 0.,  1.,  2.,  3.],
                [ 1.,  2.,  3.,  4.],
                [ 2.,  3.,  4.,  5.],
                [ 3.,  4.,  5.,  6.],
                [ 4.,  5.,  6.,  7.],
                [ 5.,  6.,  7.,  8.],
                [ 6.,  7.,  8.,  9.],
                [ 7.,  8.,  9., 10.],
                [ 8.,  9., 10., 11.]])
```

❶ 시차 개수를 정의한다.

❷ 적절한 차원으로 ndarray 객체를 인스턴스화한다.

❸ 목푯값(종속변수)을 정의한다.

❹ 0에서 lags − 1에 해당할 때까지 반복한다.

❺ 기저basis 벡터들(독립변수)을 정의한다.

❻ ndarray 객체인 m의 전치행렬을 표시한다.

전치된 ndarray 객체 m에서 처음 3개 열에는 세 개의 독립변수에 대한 값이 들어 있다. 이 값들은 모두 함께 A 행렬을 형성한다. 네 번째 열과 마지막 열은 b 벡터를 나타낸다. 결과적으로 선형회귀는 누락된 x 벡터를 생성한다. 이제 더 많은 독립변수가 있으므로 polyfit과 polyval이 더 이상 작동하지 않는다. 그러나 넘파이의 선형대수용 하위 패키지인 linalg에는 일반적인 최소제곱 문제를 풀 수 있게 한 함수인 lstsq가 있다. 결과 배열을 이루는 원소들 중 첫 번째 원소만이 최적의 회귀 파라미터를 포함하므로 필요하다.

```
In [15]: reg = np.linalg.lstsq(m[:lags].T, m[lags], rcond=None)[0]  ❶
In [16]: reg  ❷
Out[16]: array([-0.66666667, 0.33333333, 1.33333333])

In [17]: np.dot(m[:lags].T, reg)  ❸
Out[17]: array([ 3., 4., 5., 6., 7., 8., 9., 10., 11.])
```

❶ 선형 OLS 회귀를 구현한다.

❷ 최적 파라미터들을 프린트한다.

❸ dot 곱_{dot product}(스칼라곱, 점곱)은 예측 결과를 산출한다.

이 기본적인 생각이 실제 금융 시계열 데이터에 쉽게 적용된다.

지수 수준 예측

다음 단계로 유로/달러 환율 같은 실제 금융수단의 시계열 데이터에 대한 기본 접근 방식을 변환할 차례다.

```
In [18]: import pandas as pd  ❶

In [19]: raw = pd.read_csv('http://hilpisch.com/pyalgo_eikon_eod_data.csv',
                           index_col=0, parse_dates=True).dropna()  ❷

In [20]: raw.info()  ❷
         <class 'pandas.core.frame.DataFrame'>
         DatetimeIndex: 2516 entries, 2010-01-04 to 2019-12-31
         Data columns (total 12 columns):
          #    Column  Non-null Count  Dtype
         ---   ------  --------------  ---------------
          0    AAPL.O  2516 non-null   float64
          1    MSFT.O  2516 non-null   float64
          2    INTC.O  2516 non-null   float64
          3    AMZN.O  2516 non-null   float64
          4    GS.N    2516 non-null   float64
          5    SPY     2516 non-null   float64
          6    .SPX    2516 non-null   float64
          7    .VIX    2516 non-null   float64
          8    EUR=    2516 non-null   float64
          9    XAU=    2516 non-null   float64
          10   GDX     2516 non-null   float64
          11   GLD     2516 non-null   float64
         dtypes: float64(12)
         memory usage: 255.5 KB

In [21]: symbol = 'EUR='
```

```
In [22]: data = pd.DataFrame(raw[symbol])   ❸

In [23]: data.rename(columns={symbol: 'price'}, inplace=True)   ❹
```

❶ pandas 패키지를 가져온다.

❷ EOD_{end-of-day}(일말) 데이터를 검색하여 DataFrame 객체에 저장한다.

❸ 지정된 종목코드에 대한 시계열 데이터는 원래 데이터 프레임에서 선택된다.

❹ 단일 열의 이름을 price로 변경한다.

공식적으로 말하자면, 이전에 나왔던 간단한 예제에서 볼 수 있던 파이썬 코드를 거의 변경하지 않은 채로 회귀 기반 예측 접근 방식을 구현할 수 있다. 그저 데이터 객체만 교체하면 된다.

```
In [24]: lags = 5

In [25]: cols = []
         for lag in range(1, lags + 1):
             col = f'lag_{lag}'
             data[col] = data['price'].shift(lag)   ❶
             cols.append(col)
         data.dropna(inplace=True)

In [26]: reg = np.linalg.lstsq(data[cols], data['price'],
                               rcond=None)[0]

In [27]: reg
Out[27]: array([ 0.98635864, 0.02292172, -0.04769849, 0.05037365, -0.01208135])
```

❶ price 열을 가져와서 lag에 맞춰 옮긴다.

최적의 회귀 파라미터는 일반적으로 랜덤워크 가설_{random walk hypothesis}이라고 하는 것을 보여준다. 이 가설은 예를 들어, 주가나 환율이 익일물_{tomorrow}(내일)의 가격에 대한 최상의 예측 변수가 당일물_{today}(오늘)의 가격이라는 결과로 랜덤워크_{random walk}(임의보행, 확률보행, 멋대로 걷기)를 따른다는 것을 말한다. 최적의 파라미터는 당일물의 가격이 익일물의 예상 가격 수준을 거의 완벽하게 설명하므로 이러한 가설을 뒷받침하는 것 같다. 다른 네 개 값에는 가중치가 거의 할당되지 않는다.

그림 5-3은 유로/달러 환율과 예상 가치를 보여준다. 다년에 걸친 기간에 대한 데이터량이 많기 때문에 두 시계열을 그림에서 구별할 수 없다.

```
In [28]: data['prediction'] = np.dot(data[cols], reg)   ❶

In [29]: data[['price', 'prediction']].plot(figsize=(10, 6));   ❷
```

❶ 예측 값을 dot 곱 값으로 계산한다.

❷ price 열과 prediction 열을 표시한다.

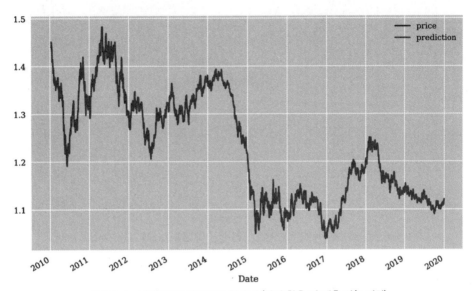

그림 5-3 선형회귀를 기반으로 한 유로/달러 환율 및 예측 값(5 시차)

훨씬 더 짧은 기간에 대한 결과를 그리고 나서 확대해 보면 두 시계열을 더 잘 구별할 수 있다. 그림 5-4는 3개월이라는 기간 동안의 결과를 보여준다. 이 그림은 익일물의 환율을 예측한 값이 대략적으로 당일물의 환율과 같다는 점을 보여준다. 원래 환율이 1 거래일에 해당하는 만큼 오른쪽으로 다소 이동한 게 예측 값이 된다.

```
In [30]: data[['price', 'prediction']].loc['2019-10-1':].plot(figsize=(10, 6));
```

선형 OLS 회귀를 적용하여 과거 환율(historical rates)을 기반으로 유로/달러의 환율을 예측하면 랜덤워크 가설을 지지할 수 있다. 예로 든 수치에 따른 결과를 보면, 당일물의 환율이 최소제곱이라는 의미에 맞게 익일물의 환율에 대한 최상의 예측 변수임을 알 수 있다.

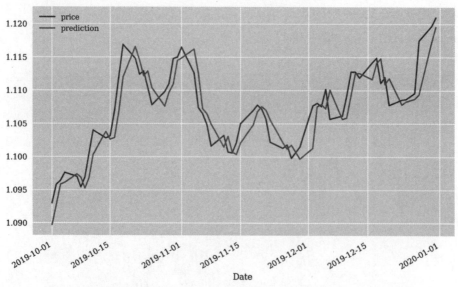

그림 5-4 선형회귀를 기반으로 한 유로/달러 환율 및 예측 값(5개 시차, 3개월만 해당)

미래 수익 예측

지금까지는 절대 환율 수준을 기반으로 분석을 했다. 그러나 (로그) 수익이 시계열 데이터를 정상적이게stationary(시불변적이게) 하는 특성이 있기 때문에, 이러한 통계 애플리케이션들에서는 더 나은 선택일 수 있다. 수익 데이터에 선형회귀를 적용하는 코드는 이전과 거의 똑같다. 이번에는 익일물의 수익을 예측하는 데 쓰이는 게 당일물의 수익일 뿐만 아니라, 회귀 결과들도 본질적으로 완전히 다르다.

```
In [31]: data['return'] = np.log(data['price'] /
                                  data['price'].shift(1))    ❶

In [32]: data.dropna(inplace=True)    ❷

In [33]: cols = []
         for lag in range(1, lags + 1):
             col = f'lag_{lag}'
             data[col] = data['return'].shift(lag)    ❸
             cols.append(col)
         data.dropna(inplace=True)

In [34]: reg = np.linalg.lstsq(data[cols], data['return'],
                               rcond=None)[0]

In [35]: reg
Out[35]: array([-0.015689  ,  0.00890227, -0.03634858,  0.01290924, -0.00636023])
```

❶ 로그 수익을 계산한다.

❷ NaN 값이 들어 있는 모든 줄을 삭제한다.

❸ 시차가 있는 데이터에 대한 returns(수익) 열을 가져온다.

그림 5-5는 수익 데이터들과 예측 값들을 보여준다. 그림에서 알 수 있듯이 분명히 선형회귀만으로는 미래 수익 규모를 제대로 예측하지 못한다.

```
In [36]: data['prediction'] = np.dot(data[cols], reg)

In [37]: data[['return', 'prediction']].iloc[lags:].plot(figsize=(10, 6));
```

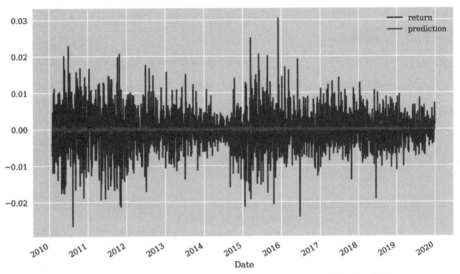

그림 5-5 선형회귀를 기반으로 한 유로/달러 로그 수익 및 예측 값(5 시차)

거래라는 관점에서 볼 때, 어떤 이는 수익 규모를 예측하는 게 중요한 게 아니라 방향을 올바르게 예측할 수 있는지 여부를 따지는 게 중요한 것이라고 주장할 수도 있을 것이다. 이를 위해 간단한 계산을 해서 이러한 면을 개략적으로 살펴보자. 선형회귀를 사용해 방향을 제대로 예측할 때마다, 즉 예측 수익의 부호가 정확하다는 점을 의미할 때마다, 시장 수익과 예측 수익을 곱한 값은 양수가 되고 그렇지 않으면 음수가 된다.

예제의 경우에 예측은 1,250번 적중하고 1,242번 적중하지 못한다. 이는 약 49.9%, 즉 거의 50%에 해당하는 명중률hit ratio(적중률)이라고 해석할 수 있다.

```
In [38]: hits = np.sign(data['return'] *
                        data['prediction']).value_counts() ❶

In [39]: hits ❷
```

```
Out[39]: 1.0 1250
        -1.0 1242
         0.0 13
        dtype: int64

In [40]: hits.values[0] / sum(hits)  ❸
Out[40]: 0.499001996007984
```

❶ 시장이 산출해 낸 것과 예상 수익을 계산해 그 결과에 따른 부호를 취하고 값을 계산한다.

❷ 두 가지 가능한 값의 개수를 프린트한다.

❸ 모든 예측 값이 주어졌을 때 정확히 예측한 횟수로 정의한 명중률을 계산한다.

미래 시장 방향 예측

종속변수 값으로 사용되는 로그 수익 부호를 기반으로 선형회귀를 직접 구현하여 명중률을 향상시킬 수 있는지 여부가 의문점이다. 적어도 이론적으로 이것은 수익 값의 부호에 대비한 절대 수익 값을 예측하는 문제를 단순화한다. 이 추론을 구현하기 위해 파이썬 코드에서 유일하게 바꿀 점은 회귀 단계에 부호 있는 값(즉, 파이썬에서는 1.0이나 -1.0)을 사용하는 것이다. 이것은 실제로 명중 횟수를 1,301회로 늘리고 명중률을 2% 포인트만큼 늘려주어 약 51.9%가 되게 했다.

```
In [41]: reg = np.linalg.lstsq(data[cols], np.sign(data['return']),
                               rcond=None)[0]  ❶

In [42]: reg
Out[42]: array([-5.11938725, -2.24077248, -5.13080606, -3.03753232,
         -2.14819119])

In [43]: data['prediction'] = np.sign(np.dot(data[cols], reg))  ❷

In [44]: data['prediction'].value_counts()
Out[44]:  1.0    1300
         -1.0    1205
         Name: prediction, dtype: int64

In [45]: hits = np.sign(data['return'] *
                        data['prediction']).value_counts()
In [46]: hits
Out[46]:  1.0    1301
         -1.0    1191
          0.0      13
         dtype: int64

In [47]: hits.values[0] / sum(hits)
Out[47]: 0.5193612774451097
```

❶ 이것은 회귀에 대해 예측할 수익의 부호를 직접 사용한다.

❷ 또한, 예측 단계의 경우에 부호만 관련된다.

회귀 기반 전략의 벡터화 백테스트

지금까지 제시한 방식에 맞춰 선형회귀를 사용하는 거래 전략의 경제적 잠재력을 명중률만으로 아주 많이 알아내기는 어렵다. 특정 기간 동안 시장에서 최선인 날과 최악인 날에 해당하는 10일간이 투자의 전반적인 성과에 상당한 영향을 미친다는 점이 잘 알려져 있다.[2] 물론 이상적인 세계에서 롱-숏 트레이더는 적절한 시장타이밍 지표를 기반으로 각각 롱으로 가거나 숏으로 감으로써, 모든 최선인 날과 최악인 날에서 이익을 얻으려고 노력할 것이다. 이러한 점을 현재 상황에 대입해 본다면 명중률 외에도 시장타이밍market timing의 품질이 중요하다는 의미가 된다. 따라서 4장의 접근 방식을 따라 백테스트를 하면 예측에 대한 회귀 값을 더 잘 살펴볼 수 있다.

사용할 데이터를 이미 갖추고 있으므로, 파이썬 코드 두 줄로 벡터화 백테스트를 하면서 가시화까지 할 수 있다. 이는 예측 값이 이미 마켓 포지션(롱 또는 숏)을 반영하고 있기 때문이다. 그림 5-6을 통해 가정을 바탕으로 한 현재 전략이 큰 초과성과outperform를 보인다는 점을 알 수 있다(무엇보다도 거래비용을 무시하기 때문).

```
In [48]: data.head()
Out[48]:              price     lag_1     lag_2     lag_3     lag_4     lag_5  \
         Date
         2010-01-20  1.4101 -0.005858 -0.008309 -0.000551  0.001103 -0.001310
         2010-01-21  1.4090 -0.013874 -0.005858 -0.008309 -0.000551  0.001103
         2010-01-22  1.4137 -0.000780 -0.013874 -0.005858 -0.008309 -0.000551
         2010-01-25  1.4150  0.003330 -0.000780 -0.013874 -0.005858 -0.008309
         2010-01-26  1.4073  0.000919  0.003330 -0.000780 -0.013874 -0.005858

                     prediction    return
         Date
         2010-01-20         1.0 -0.013874
         2010-01-21         1.0 -0.000780
         2010-01-22         1.0  0.003330
         2010-01-25         1.0  0.000919
         2010-01-26         1.0 -0.005457

In [49]: data['strategy'] = data['prediction'] * data['return']    ❶

In [50]: data[['return', 'strategy']].sum().apply(np.exp)    ❷
Out[50]: return      0.784026
         strategy    1.654154
         dtype: float64
```

---

2   예를 들어, The Tale of 10 Days(https://www.invesco.com/pdf/IIC-TEN-BRO-1.pdf)에 나오는 토론 내용을 참고하자.

```
In [51]: data[['return', 'strategy']].dropna().cumsum(
             ).apply(np.exp).plot(figsize=(10, 6));   ❸
```

❶ 예측 값들(포지셔닝들)에 시장 수익을 곱한다.

❷ 기준 수단base instrument(기준 상품)의 총 성과와 전략에 따른 총 성과를 계산한다.

❷ 기준 수단의 성과와 전략의 총 성과를 시간의 흐름에 맞춰 표시한다(표본 내, 거래비용 없음).

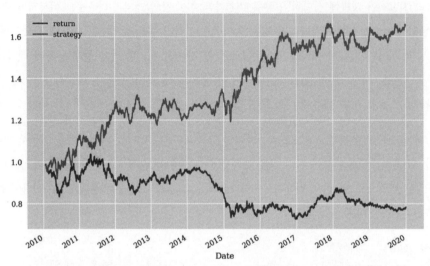

그림 5-6 유로/달러의 성과(return)와 회귀 기반 전략(stragegy)의 총 성과(5 시차)

 예측 기반 전략의 명중률은 전반적인 전략 성과와 관련하여 생각한다면 동전의 한 면에 불과하다. 다른 측면은 전략이 시장타이밍을 얼마나 잘 잡는가이다. 특정 기간 동안, 최고인 날과 최악인 날을 정확하게 예측하는 전략은 명중률이 50% 미만인 경우에도 시장을 능가할 수 있다. 반면에, 명중률이 50%를 훨씬 넘는 전략은 드물고, 큰 움직임이 잘못되면 여전히 기준 수단보다 실적이 낮을 수 있다.

접근 방식 일반화

167쪽에 나오는 '선형회귀 백테스트 클래스'에서는 4장에서 그랬던 것처럼 회귀 기반 거래 전략의 백터화 백테스트를 위한 클래스를 포함하는 파이썬 모듈을 제공한다. 임의의 금액을 투자하고 비례 거래비용을 허용하는 것 외에도 선형 등록 모형의 **표본 내 적합화**in-sample fitting(표본 내 적용) 및 **표본 외 평가**out-of-sample evaluation를 허용한다. 즉, 회귀 모형은 데이터셋의 어느 한 부분(예: 2010년~2015년)을 기준으로 적합하게 하고 데이터셋의 다른 부분(예: 2016년과 2019년)을 기준으로 평가하자는 것이다. 최적화, 즉 적합화 단계가 포함된 전략이라면 모두 데이터 스누핑 및 모형의 과적합으로 인해 발생하는 문제를 방지하는 데 도움이 되므로, 실제 성과에 대한 더 현실적인 보기를 제공하는 셈이 된다 (114쪽에 나오는 '데이터 스누핑 및 과적합'을 참고하자).

그림 5-7은 5개 시차를 기반으로 한 회귀 기반 전략이 거래비용을 고려하기 전에 특정 구성에 대한 유로/달러 기준 수단의 성과를 넘어선다는 점을 보여준다.

```
In [52]: import LRVectorBacktester as LR  ❶

In [53]: lrbt = LR.LRVectorBacktester('EUR=', '2010-1-1', '2019-12-31',
                                       10000, 0.0)  ❷

In [54]: lrbt.run_strategy('2010-1-1', '2019-12-31',
                           '2010-1-1', '2019-12-31', lags=5)  ❸
Out[54]: (17166.53, 9442.42)

In [55]: lrbt.run_strategy('2010-1-1', '2017-12-31',
                           '2018-1-1', '2019-12-31', lags=5)  ❹
Out[55]: (10160.86, 791.87)

In [56]: lrbt.plot_results()  ❺
```

❶ 모듈을 가져와 LR이라고 부른다.[3]

❷ LRVectorBacktester 클래스 객체를 인스턴스화한다.

❸ 똑같은 데이터 집합을 사용해 전략을 훈련할 뿐만 아니라 평가도 한다.

❹ 훈련 단계와 평가 단계에 두 개의 서로 다른 데이터셋을 사용해 본다.

❺ 시장과 비교한 표본 외 전략 성과를 표시한다.

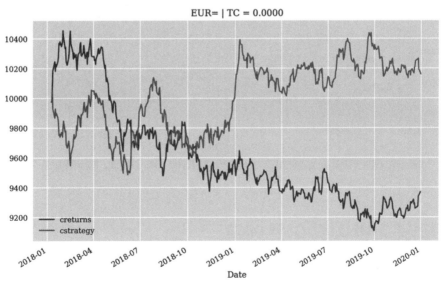

그림 5-7 유로/달러의 총 성과 및 회귀 기반 전략(5 시차, 표본 외, 거래비용 반영 이전)의 총 성과

---

3   [옮긴이] 저자의 깃허브 사이트(https://github.com/yhilpisch/py4at/tree/master/data)에 예시용 데이터 파일 두 개가 모두 들어있다.

GDX ETF를 생각해 보자. 선택한 전략 구성은 거래비용을 고려한 후 표본 외 성과를 보여준다(그림 5-8를 참고하자).

```
In [57]: lrbt = LR.LRVectorBacktester('GDX', '2010-1-1', '2019-12-31',
                                       10000, 0.002)  ❶

In [58]: lrbt.run_strategy('2010-1-1', '2019-12-31',
                           '2010-1-1', '2019-12-31', lags=7)
Out[58]: (23642.32, 17649.69)

In [59]: lrbt.run_strategy('2010-1-1', '2014-12-31',
                           '2015-1-1', '2019-12-31', lags=7)
Out[59]: (28513.35, 14888.41)

In [60]: lrbt.plot_results()
```

❶ GDX의 시계열 데이터 변경.

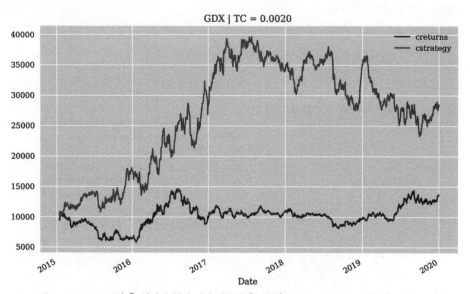

그림 5-8 GDX ETF의 총 성과와 회귀 기반 전략의 총 성과(7 시차, 표본 외, 거래비용 반영 이전)

머신러닝 기반 시장 이동 예측

요즘에 파이썬 생태계에서는 다양한 패키지를 머신러닝 분야에 공급한다. 이들 중 가장 인기있는 것은 사이킷런(https://scikit-learn.org/)이며, 가장 잘 문서화되고 잘 유지 관리가 되는 패키지 중 하나이다. 이번 절에서는 먼저 이전 절에 나왔던 결과 중에 일부를 복제해서 쓰면서 선형회귀 기반 패키지들의 API를 소개한다. 그런 다음에 로지스틱 회귀를 분류 알고리즘으로 사용해 미래 시장 방향 예측 문제를 공략한다.

사이킷런을 사용한 선형회귀

사이킷런 API를 소개하기 전에, 이번 장에서 제시한 예측 접근 방식의 기본 아이디어를 다시 살펴 보는 게 좋겠다. 넘파이만 사용할 때처럼 데이터를 준비하면 된다.

```
In [61]: x = np.arange(12)

In [62]: x
Out[62]: array([ 0,  1,  2,  3,  4,  5,  6,  7,  8,  9, 10, 11])

In [63]: lags = 3

In [64]: m = np.zeros((lags + 1, len(x) - lags))
In [65]: m[lags] = x[lags:]
         for i in range(lags):
             m[i] = x[i:i - lags]
```

우리 목적에 비춰 볼 때, 사이킷런 사용 단계가 3단계로 구성된다고 볼 수 있다.

1. **모형 선택**model selection: 모형을 선택해 인스턴스화한다.

2. **모형 적합화**model fitting(모형 적응): 모형이 데이터에 적합화되어야 한다.

3. **예측**prediction: 적합화된 모형이 주어지면 예측이 수행된다.

선형회귀를 적용하기 위해 이는 일반화선형모형generalized linear model에 대한 `linear_model` 하 위 패키지를 사용하는 다음 코드로 변환된다(사이킷런의 `linear models` 페이지[https://scikit-learn. org/stable/modules/linear_model.html]를 참고하자). 기본적으로 `LinearRegression` 모형은 절편값intercept value에 적합하게 된다.

```
In [66]: from sklearn import linear_model   ❶

In [67]: lm = linear_model.LinearRegression()   ❷

In [68]: lm.fit(m[:lags].T, m[lags])
Out[68]: LinearRegression()   ❸

In [69]: lm.coef_   ❹
Out[69]: array([0.33333333, 0.33333333, 0.33333333])

In [70]: lm.intercept_   ❺
Out[70]: 2.0
```

```
In [71]: lm.predict(m[:lags].T)     ❻
Out[71]: array([ 3., 4., 5., 6., 7., 8., 9., 10., 11.])
```

❶ 일반화선형모형 클래스를 가져온다.

❷ 선형회귀 모형을 인스턴스화한다.

❸ 모형을 데이터에 적합시킨다.

❹ 최적의 회귀 파라미터를 프린트한다.

❺ 절편값을 프린트한다.

❻ 적합화된 모형이 주어진 경우에, 원하는 값을 예측한다.

fit_intercept 파라미터를 False로 설정하면 넘파이 및 polyfit()에서와 똑같은 회귀 결과가 제공된다.

```
In [72]: lm = linear_model.LinearRegression(fit_intercept=False)     ❶

In [73]: lm.fit(m[:lags].T, m[lags])
Out[73]: LinearRegression(fit_intercept=False)

In [74]: lm.coef_
Out[74]: array([-0.66666667, 0.33333333, 1.33333333])

In [75]: lm.intercept_
Out[75]: 0.0

In [76]: lm.predict(m[:lags].T)
Out[76]: array([ 3., 4., 5., 6., 7., 8., 9., 10., 11.])
```

❶ 절편값 없이 적합화를 강제한다.

이 예제는 이미 예측 문제에 사이킷런을 적용하는 방법을 잘 보여주고 있다. API 디자인이 일관성을 띠므로, 기본 접근 방식을 다른 모형에도 적용해 볼 수 있다.

간단한 분류 문제

분류 문제에서는 제한된 범주 집합('클래스들') 중에서 새 관측값이 속한 범주를 결정해야 한다. 고전적인 머신러닝 연구 문제 중에는 0에서 9에 이르는 손글씨 숫자를 식별하는 문제가 있다. 이러한 식별을 통해, 예를 들면 3이라는 글자를 쓴 손글씨를 보고 그게 3이라는 숫자라는 것을 정확히 맞출수 있게 된다. 또는 잘못된 결과가 나왔더라도(예: 6이나 8이라는 결과가 나왔다면), 그러한 모든 잘못된 결과는 서로 똑같이 잘못된 것이다. 금융 시장 상황에서는 금융수단 가격을 예측하면 정확한 수단 가격과 동떨어진 결과가 나오거나 아니면 아주 근접한 결과가 나올 수 있다. 내일의 시장 방향을 예측한다면 그 방향이 정확한 경우와 ('완전히') 잘못된 경우만이 결과로 나온다. 후자는 '위'나 '아래' 또는 '+1'이나 '-1' 또는 '1'이나 '0'처럼 범주 집합이 제한되어 있는 **분류 문제**classification problem인 셈이다. 반대로 전자는 **추정 문제**estimation problem다.

분류 문제에 대한 간단한 예를 위키피디아의 로지스틱 회귀logistic regression 항목에서 볼 수 있다. 데이터셋에 담긴 내용은 여러 학생이 시험을 준비하기 위해 공부한 시간을, 각 학생의 시험 합격 여부와 관련시킨 것들이다. 공부한 시간은 실수(float 객체)이지만, 시험 통과 여부는 True(참) 또는 False(거짓)인데 이는 1이나 0이라는 수로 표현할 수 있다. 그림 5-9에는 데이터를 그래픽으로 표현한 게 나온다.

```
In [77]: hours = np.array([0.5, 0.75, 1., 1.25, 1.5, 1.75, 1.75, 2.,
                          2.25, 2.5, 2.75, 3., 3.25, 3.5, 4., 4.25,
                          4.5, 4.75, 5., 5.5])  ❶

In [78]: success = np.array([0, 0, 0, 0, 0, 0, 1, 0, 1, 0, 1, 0, 1,
                            0, 1, 1, 1, 1, 1, 1])  ❷

In [79]: plt.figure(figsize=(10, 6))
         plt.plot(hours, success, 'ro')  ❸
         plt.ylim(-0.2, 1.2);  ❹
```

❶ 서로 다른 학생들이 공부한 시간(순서가 중요).

❷ 각 학생의 시험 합격 여부(순서가 중요).

❸ hours(공부 시간)를 x값으로, success(합격 유무)을 y값으로 하는 데이터셋을 그래프로 그려 낸다.

❹ y축의 한계를 조정한다.

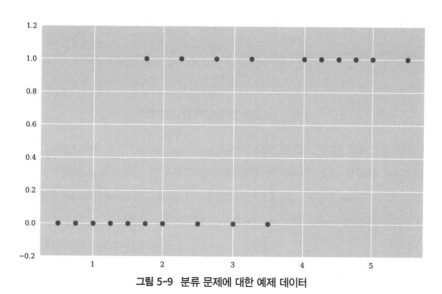

그림 5-9 분류 문제에 대한 예제 데이터

이러한 상황에서 일반적으로 제기되는 기본적인 질문은 다음과 같다. (데이터셋에 등록되어 있지 않은) 어떤 학생이 공부한 시간이 주어지면 그가 시험에 합격할지 여부를 알 수 있는가? 선형회귀는 어떤 답을 줄 수 있는가? 아마도 그림 5-10에서 볼 수 있듯이 만족스러운 것은 아닐 것이다. 공부한 시간 수가 서로 다르므로 선형회귀는 주로 0과 1 사이의 값(예측)을 제공하며 더 낮거나 더 높은 값도 제공한다. 그러나 시험을 치른 결과는 **실패**failure 또는 **성공**success으로만 나타난다.

```
In [80]: reg = np.polyfit(hours, success, deg=1)   ❶

In [81]: plt.figure(figsize=(10, 6))
         plt.plot(hours, success, 'ro')
         plt.plot(hours, np.polyval(reg, hours), 'b')   ❷
         plt.ylim(-0.2, 1.2);
```

❶ 데이터셋에 대한 선형회귀를 구현한다.

❷ 데이터셋을 사용해 회귀선을 그린다.

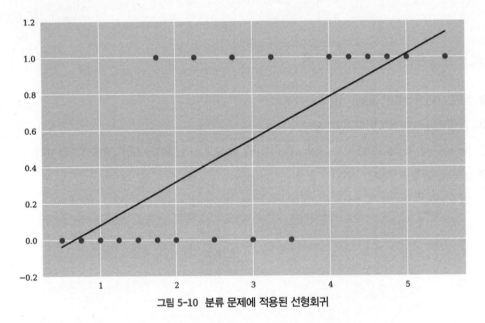

그림 5-10 분류 문제에 적용된 선형회귀

바로 이럴 때 로지스틱 회귀 및 서포트 벡터 머신support vector machine(지지도 벡터 기계) 같은 분류 알고리즘이 작동한다. 예제의 경우, 로지스틱 회귀 분석을 적용하는 것만으로도 충분하다(더 자세한 배경 정보를 알고 싶다면 James 등(2013, ch. 4)을 참고하자). 각 클래스는 linear_model 하위 패키지에도 있다. 그림 5-11은 다음에 나오는 파이썬 코드를 실행한 결과를 보여준다. 이번에는 모든 다른 입력값에 대해 분명한 (예측) 값이 있다. 이 모형은 0~2시간 공부한 학생이 합격하지 못할 것이라고 예측한다. 2.75시간 이상 공부한 학생이라면 모두 시험에 합격할 것으로 모형은 예측한다.

```
In [82]: lm = linear_model.LogisticRegression(solver='lbfgs')  ❶

In [83]: hrs = hours.reshape(1, -1).T  ❷

In [84]: lm.fit(hrs, success)  ❸
Out[84]: LogisticRegression()

In [85]: prediction = lm.predict(hrs)  ❹

In [86]: plt.figure(figsize=(10, 6))
         plt.plot(hours, success, 'ro', label='data')
         plt.plot(hours, prediction, 'b', label='prediction')
         plt.legend(loc=0)
         plt.ylim(-0.2, 1.2);
```

❶ 로지스틱 회귀 모형을 인스턴스화한다.

❷ 일차원 ndarray 객체를 이차원 객체로 모양을 바꾼다(사이킷런에서 필요).

❸ 적합화 단계를 구현한다.

❹ 적합화된 모형이 주어진 경우에 예측 단계를 구현한다.

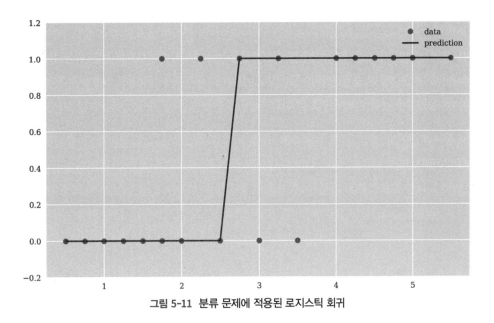

그림 5-11 분류 문제에 적용된 로지스틱 회귀

그러나 그림 5-11에서 볼 수 있듯이 2.75시간 이상이 성공으로 이어진다는 보장은 없다. 실패하는 경우에 비해 몇 시간을 더 공부한다고 해도 성공할 '확률이 더 높은' 것일 뿐이다. 이런 식의 확률적 추론은 다음 코드에서 보여주듯이 동일한 모형 인스턴스를 기반으로 분석하고 시각화할 수도 있다. 그림 5-12에 보이는 점선은 성공 확률을 나타낸다(단조 증가). 파선 모양으로 된 점선은 실패 확률을 표시한다(단조 감소).

```
In [87]: prob = lm.predict_proba(hrs)   ❶

In [88]: plt.figure(figsize=(10, 6))
         plt.plot(hours, success, 'ro')
         plt.plot(hours, prediction, 'b')
         plt.plot(hours, prob.T[0], 'm--',
                 label='$p(h)$ for zero')   ❷
         plt.plot(hours, prob.T[1], 'g-.',
                 label='$p(h)$ for one')   ❸
         plt.ylim(-0.2, 1.2)
         plt.legend(loc=0);
```

❶ 각 성공 확률과 실패 확률을 예측한다.

❷ 실패 확률을 표시한다.

❸ 성공 확률을 표시한다.

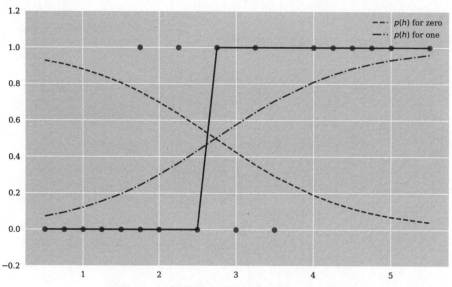

그림 5-12 로지스틱 회귀 기반의 성공 확률과 실패 확률

 사이킷런을 사용하면 매우 다양한 머신러닝 모형에 효과적이면서도 통일된 방식으로 접근할 수 있다. 예제는 로지스틱 회귀를 적용하기 위한 API가 선형회귀를 위한 API와 다르지 않음을 보여준다. 따라서 사이킷런은 파이썬 코드를 크게 변경하지 않고 특정 애플리케이션 시나리오에서 여러 적절한 머신러닝 모형을 테스트하는 데 적합하다.

기본을 갖추었다면, 이제 시장 방향 예측 문제에 로지스틱 회귀를 적용해 볼 차례다.

로지스틱 회귀 기반 시장 방향 예측

일반적으로 회귀 상황에서 **독립변수**independent variables라거나 **설명변수**explanatory variables라고 부르는 것을 머신러닝 분야에서는 **특징**feature(특성, 피처)이라고 부른다. 단순 분류 예제에서는 공부 시간이라는 단일 특징만 있었다. 실제로는 분류에 사용할 수 있는 특징이 한 개인 경우보다 두 개 이상인 경우가 더 흔하다. 이번 장에서 소개한 예측 접근 방식을 감안할 때 한 가지 시차를 사용해서는 한 가지 특징을 식별할 수 있다. 따라서 시계열 데이터에서 3개 시차로 작업한다는 것은 3개 특징이 있음을 의미한다. 있을 만한 결과나 범주는 상방 이동 및 하방 이동뿐이므로 이를 각기 +1과 -1로 표현할 수 있다. 표현을 다르게 하더라도 수식체계formalism는 동일하게 유지되며, 특히 현재 **특징 행렬**feature matrix(특성행렬)이라고 부르는 행렬을 도출해 낼 때는 더욱 그렇다.

다음 코드는 3단계 절차가 똑같이 잘 적용되는 판다스 DataFrame 기반 '특징 행렬'을 만드는 대안을 제시한다. 이제 특징 행렬은 원래 데이터셋에 있는 열들의 하위 집합인 셈이다.

```
In [89]: symbol = 'GLD'

In [90]: data = pd.DataFrame(raw[symbol])

In [91]: data.rename(columns={symbol: 'price'}, inplace=True)

In [92]: data['return'] = np.log(data['price'] / data['price'].shift(1))

In [93]: data.dropna(inplace=True)

In [94]: lags = 3

In [95]: cols = []                                          ❶
         for lag in range(1, lags + 1):
             col = 'lag_{}'.format(lag)                     ❷
             data[col] = data['return'].shift(lag)          ❸
             cols.append(col)                               ❹

In [96]: data.dropna(inplace=True)                          ❺
```

❶ 빈 리스트 객체를 인스턴스화하여 열 이름들을 모은다.

❷ 열 이름에 대한 str 객체를 만든다.

❸ 각 시차 데이터와 함께 DataFrame 객체에 새 열을 한 개 추가한다.

❹ 리스트 객체에 열 이름을 추가한다.

❺ 데이터셋이 완전한지 확인하자.

로지스틱 회귀는 선형회귀에 비해 명중률에 대한 백분율 포인트를 약 54.5%보다 높인다. 그림 5-13은 로지스틱 회귀 기반으로 예측을 했을 때의 전략에 따른 성과를 보여준다. 명중률은 더 높지만 성과가 선형회귀보다는 더 나쁘다.

```
In [97]: from sklearn.metrics import accuracy_score

In [98]: lm = linear_model.LogisticRegression(C=1e7, solver='lbfgs',
                                               multi_class='auto',
                                               max_iter=1000)   ❶

In [99]: lm.fit(data[cols], np.sign(data['return']))   ❷
Out[99]: LogisticRegression(C=10000000.0, max_iter=1000)

In [100]: data['prediction'] = lm.predict(data[cols])   ❸

In [101]: data['prediction'].value_counts()   ❹
Out[101]:  1.0    1983
          -1.0     529
          Name: prediction, dtype: int64

In [102]: hits = np.sign(data['return'].iloc[lags:] *
                        data['prediction'].iloc[lags:]
                        ).value_counts()   ❺

In [103]: hits
Out[103]:  1.0    1338
          -1.0    1159
           0.0      12
          dtype: int64

In [104]: accuracy_score(data['prediction'],
                        np.sign(data['return']))   ❻
Out[104]: 0.5338375796178344

In [105]: data['strategy'] = data['prediction'] * data['return']   ❼

In [106]: data[['return', 'strategy']].sum().apply(np.exp)   ❼
Out[106]: return      1.289478
          strategy    2.458716
          dtype: float64

In [107]: data[['return', 'strategy']].cumsum().apply(np.exp).plot(
                                        figsize=(10, 6));   ❽
```

❶ 정칙화 항에 더 적은 가중치를 부여하는 C 값을 사용해 모형 객체를 인스턴스화한다(일반화선형모형 페이지 [https://scikit-learn.org/stable/modules/linear_model.html#logistic-regression]를 참고하자).

❷ 예측할 수익의 부호를 기반으로 모형을 적합시킨다.

❸ DataFrame 객체에 새 열을 생성하고 여기에 예측 값을 써넣는다.

❹ 결과로 생성되는 롱 포지션 개수와 숏 포지션 개수를 각각 표시한다.

❺ 정확하고 잘못된 예측 횟수를 계산한다.

❻ 이 경우에 정확도(명중률)는 53.3%이다.

❼ 그러나 전략의 총 성과는...

❽ ... 패시브 벤치마크 투자passive benchmark investment(지표물 추종 투자)와 비교할 때 훨씬 높다.

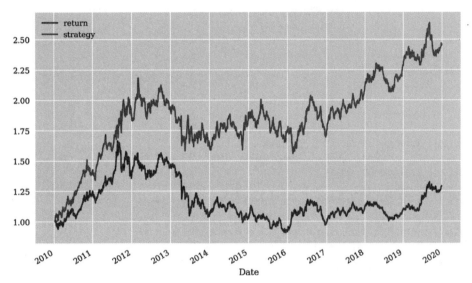

그림 5-13 GLD ETF 및 로지스틱 회귀 기반 전략의 총 성과(3 시차, 표본 내)

사용되는 시차 횟수를 3에서 5로 늘리면 명중률이 감소하지만 전략의 총 성과가 어느 정도 향상된다(표본 내, 거래비용 반영 전). 그림 5-14는 결과로 나온 성과를 보여준다.

```
In [108]: data = pd.DataFrame(raw[symbol])

In [109]: data.rename(columns={symbol: 'price'}, inplace=True)

In [110]: data['return'] = np.log(data['price'] / data['price'].shift(1))

In [111]: lags = 5
In [112]: cols = []
          for lag in range(1, lags + 1):
              col = 'lag_%d' % lag
              data[col] = data['price'].shift(lag)  ❶
              cols.append(col)

In [113]: data.dropna(inplace=True)
```

```
In [114]: lm.fit(data[cols], np.sign(data['return']))  ❷
Out[114]: LogisticRegression(C=10000000.0, max_iter=1000)

In [115]: data['prediction'] = lm.predict(data[cols])

In [116]: data['prediction'].value_counts()  ❸
Out[116]:  1.0     2047
          -1.0      464
          Name: prediction, dtype: int64

In [117]: hits = np.sign(data['return'].iloc[lags:] *
                          data['prediction'].iloc[lags:]
                         ).value_counts()

In [118]: hits
Out[118]:  1.0      1331
          -1.0      1163
           0.0        12
          dtype: int64

In [119]: accuracy_score(data['prediction'],
                         np.sign(data['return']))  ❹
Out[119]: 0.5312624452409399

In [120]: data['strategy'] = data['prediction'] * data['return']  ❺

In [121]: data[['return', 'strategy']].sum().apply(np.exp)  ❺
Out[121]: return      1.283110
          strategy    2.656833
          dtype: float64

In [122]: data[['return', 'strategy']].cumsum().apply(np.exp).plot(
                                          figsize=(10, 6));
```

❶ 시차 수를 5로 늘린다.

❷ 5개 시차를 기준으로 모형을 적합시킨다.

❸ 이제 새로운 파라미터화를 통해 훨씬 더 많은 숏 포지션들이 있게 되었다.

❹ 정확도(명중률)가 53.1%로 감소한다.

❺ 누적 성과도 크게 향상된다.

 여기서 과적합 함정에 빠지지 않도록 조심해야 한다. 모형 적합화를 위해 훈련 데이터(= 표본 내 데이터)를 사용하고 전략 성과 평가를 위해 테스트 데이터(= 표본 외 데이터)를 사용하는 접근 방식을 통해 더욱 현실적인 그림을 얻을 수 있다. 이것은 접근 방식을 파이썬 클래스의 형태로 다시 일반화하는 다음 절에서 수행된다.

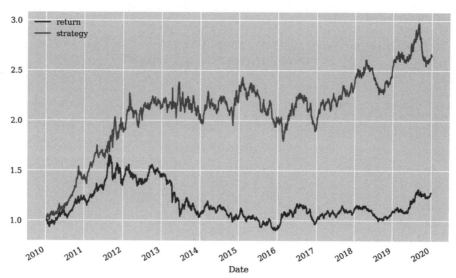

그림 5-14 GLD ETF 및 로지스틱 회귀 기반 전략의 총 성과(5개 시차, 표본 내)

접근 방식 일반화

169쪽에 나오는 '분류 알고리즘 백테스트 클래스'에서는 사이킷런의 선형모형 기반 전략을 대상으로 벡터화 백테스트를 하기 위한 클래스가 있는 파이썬 모듈을 제공한다. 선형회귀와 로지스틱 회귀만 구현되지만, 모형 개수가 쉽게 늘어난다. 원칙적으로 ScikitVectorBacktester 클래스는 LRVectorBacktester에서 선택된 메서드를 상속할 수 있지만 독립적인 방식으로 제공된다. 이를 통해 실제 애플리케이션에 이 클래스를 더 쉽게 보강해 재사용을 할 수 있다.

ScikitBacktesterClass를 기반으로 로지스틱 회귀 기반 전략의 표본 외 평가out-of-sample evaluation를 할 수 있다. 이 예에서는 유로/달러 환율을 기준 수단으로 사용한다.

그림 5-15는 이전과 같이 거래비용을 반영하지 않고 표본 외 기간(2019년에 걸쳐) 동안 전략으로 인한 성과가 기준 수단의 성과를 능가한다는 것을 보여준다.

```
In [123]: import ScikitVectorBacktester as SCI[4]

In [124]: scibt = SCI.ScikitVectorBacktester('EUR=',
                                    '2010-1-1', '2019-12-31',
                                    10000, 0.0, 'logistic')

In [125]: scibt.run_strategy('2015-1-1', '2019-12-31',
                          '2015-1-1', '2019-12-31', lags=15)
```

---

4   옮긴이 저자의 깃허브 사이트(https://github.com/yhilpisch/py4at/tree/master/data)에 예시용 데이터 파일 두 개가 모두 들어있다.

```
Out[125]: (12192.18, 2189.5)

In [126]: scibt.run_strategy('2016-1-1', '2018-12-31',
                            '2019-1-1', '2019-12-31', lags=15)
Out[126]: (10580.54, 729.93)

In [127]: scibt.plot_results()
```

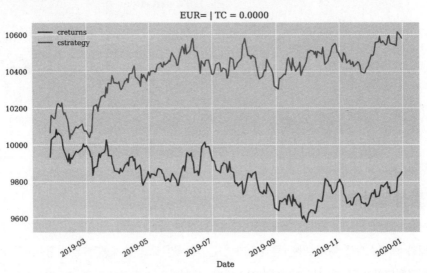

그림 5-15 S&P 500의 총 성과와 표본 외 로지스틱 회귀 기반 전략의 총 성과(15개 시차, 거래비용 없음)

또 다른 예로, GDX ETF에 적용된 동일한 전략을 고려해 보자. 이 전략에 대한 표본 외 실적(2018년)이 그림 5-16(거래비용 반영 전)에 나와 있다.

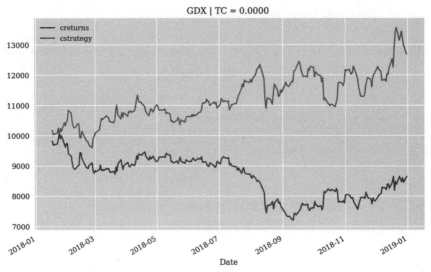

그림 5-16 GDX ETF의 총 성과와 로지스틱 회귀 기반 전략의 총 성과(10개 시차, 표본 외, 거래비용 없음)

```
In [128]: scibt = SCI.ScikitVectorBacktester('GDX',
                                             '2010-1-1', '2019-12-31',
                                             10000, 0.00, 'logistic')

In [129]: scibt.run_strategy('2013-1-1', '2017-12-31',
                             '2018-1-1', '2018-12-31', lags=10)
Out[129]: (12686.81, 4032.73)

In [130]: scibt.plot_results()
```

그림 5-17은 그 밖의 모든 파라미터를 일정하게 유지하면서 거래비용을 고려할 때 총 성과가 어떻게 줄어들어 순 손실을 초래하는지를 보여준다.

```
In [131]: scibt = SCI.ScikitVectorBacktester('GDX',
                                             '2010-1-1', '2019-12-31',
                                             10000, 0.0025, 'logistic')

In [132]: scibt.run_strategy('2013-1-1', '2017-12-31',
                             '2018-1-1', '2018-12-31', lags=10)
Out[132]: (9588.48, 934.4)

In [133]: scibt.plot_results()
```

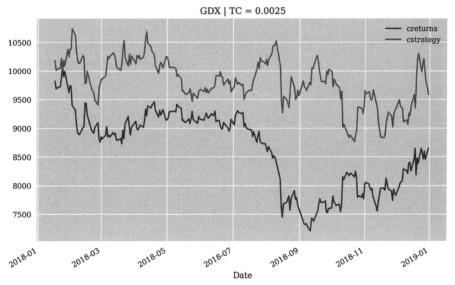

그림 5-17 GDX ETF의 총 성과와 로지스틱 회귀 기반 전략의 총 성과(10개 시차, 거래비용을 반영한 표본 외)

정교한 머신러닝 기술을 주식 시장 예측에 적용하면 처음에는 유망한 결과를 얻을 수 있다. 여러 사례를 가지고 백테스트를 한 전략은 표본 내 기준 수단보다 훨씬 뛰어난 성과를 낸다. 종종 이러한 뛰어난 성과가 단순화된 가정을 섞었기 때문이거나 예측 모형이 과적합되었기 때문일 수 있다. 예를 들어, 표본 내 데이터 집합 대신에 표본 외 데이터셋을 사용하되, 즉 더 현실적인 그림을 얻기 위한 두 가지 방법을 사용하되, 아주 똑같은 전략을 테스트하고 거래비용을 추가하면, 생각해 둔 전략 성과가 '예기치 못 하게' 기준 수단이 내는 성과보다 뒤처지거나 순 손실로 바뀌는 일이 벌어진다.

딥러닝 기반 시장 이동 예측

딥러닝 라이브러리인 텐서플로TensorFlow(https://www.tensorflow.org/)는 구글이 소스 코드까지 공개해 게시한 것으로서, 많은 관심을 끌어냈고 광범위하게 응용되었다. 이번 절에서는 이전 절에서 분류 문제로 모형화를 해 보며 주식 시장 이동 예측에 사이킷런을 적용한 방식과 같은 방식으로 텐서플로를 적용한다. 그러나 텐서플로를 직접 사용하지 않고, 오히려 텐서플로만큼 인기있는 케라스 딥러닝 패키지를 거쳐 사용할 생각이다. 케라스Keras란 텐서플로 패키지를 더 높은 수준에서 추상화를 함으로써 API를 쉽게 이해하고 사용할 수 있게 한 것이라고 생각하면 된다.

pip install tensorflow라고 명령을 내린 다음에 pip install keras라고 명령을 내리면 라이브러리를 아주 쉽게 설치할 수 있다. 사이킷런 또한, 분류 문제에 신경망을 적용해 볼 수 있게 하는 클래스를 제공한다.

딥러닝 및 케라스에 대한 자세한 배경 정보를 Goodfellow 등(2016)과 Chollet(2017)에서 볼 수 있다.

다시 보는 단순 분류 문제

신경망을 분류 문제에 적용하는 기본 접근 방식을 설명하기 위해 이전 절에서 소개했던 간단한 분류 문제를 다시 살펴보는 게 좋겠다.

```
In [134]: hours = np.array([0.5, 0.75, 1., 1.25, 1.5, 1.75, 1.75, 2.,
                            2.25, 2.5, 2.75, 3., 3.25, 3.5, 4., 4.25,
                            4.5, 4.75, 5., 5.5])

In [135]: success = np.array([0, 0, 0, 0, 0, 0, 1, 0, 1, 0, 1, 0, 1,
                             0, 1, 1, 1, 1, 1, 1])

In [136]: data = pd.DataFrame({'hours': hours, 'success': success})  ❶

In [137]: data.info()  ❷
          <class 'pandas.core.frame.DataFrame'> RangeIndex: 20 entries, 0 to 19
          Data columns (total 2 columns):
           #   Column     Non-Null Count   Dtype
```

```
 ---  ------        --------------    -----
  0   hours         20 non-null       float64
  1   success       20 non-null       int64
dtypes: float64(1), int64(1)
memory usage: 448.0 bytes
```

❶ 두 개의 데이터 부분집합을 DataFrame 객체에 저장한다.

❷ DataFrame 객체에 대한 메타 정보를 프린트한다.

이러한 준비를 통해 사이킷런의 MLPClassifier를 가져와서 간단하게 적용할 수 있다.[5] 이 문맥에서 'MLP'란 **조밀 신경망**dense neural network의 또 다른 표현인 **다층 퍼셉트론**multi-layer perceptron을 의미한다. 이전과 마찬가지로 사이킷런을 사용해 신경망에 적용해 보는 API는 기본적으로 똑같다.

```
In [138]: from sklearn.neural_network import MLPClassifier   ❶

In [139]: model = MLPClassifier(hidden_layer_sizes=[32],
                                max_iter=1000, random_state=100)   ❷
```

❶ 사이킷런에서 MLPClassifier 객체를 가져온다.

❷ MLPClassifier 객체를 인스턴스화한다.

다음 코드는 그림 5-18과같이 모형에 적합하게 하고 예측을 생성하고 결과를 그려 낸다.

```
In [140]: model.fit(data['hours'].values.reshape(-1, 1), data['success'])   ❶
Out[140]: MLPClassifier(hidden_layer_sizes=[32], max_iter=1000,
          random_state=100)

In [141]: data['prediction'] = model.predict(data['hours'].values.reshape(-1, 1))   ❷

In [142]: data.tail()
Out[142]:     hours success prediction
          15   4.25      1           1
          16   4.50      1           1
          17   4.75      1           1
          18   5.00      1           1
          19   5.50      1           1
In [143]: data.plot(x='hours', y=['success', 'prediction'],
                    style=['ro', 'b-'], ylim=[-.1, 1.1],
                    figsize=(10, 6));   ❸
```

❶ 분류를 위해 신경망에 적합하게 한다.

---

5   자세한 내용을 알고 싶다면 https://oreil.ly/hOwsE를 참고하자.

❷ 적합화된 모형을 기반으로 예측 값을 생성한다.

❸ 원래 데이터와 예측 값을 그려 낸다.

이 간단한 예제는 딥러닝 접근법의 적용이 사이킷런 및 LogisticRegression(선형회귀) 모형 객체를 사용한 접근법과 아주 비슷하다는 점을 보여준다. API는 기본적으로 똑같다. 파라미터만 다르다.

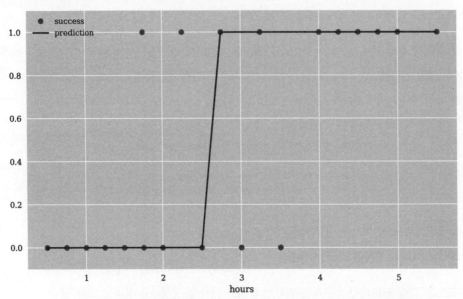

그림 5-18 간단한 분류 예제용으로 MLP 분류기를 사용한 기준 데이터 및 예측 결과

심층 신경망 기반 시장 방향 예측

다음 단계는 금융 시계열의 로그 수익 형태로 주식 시장 데이터에 접근 방식을 적용하는 것이다. 먼저 데이터를 검색해 준비해야 한다.

```
In [144]: symbol = 'EUR='  ❶

In [145]: data = pd.DataFrame(raw[symbol])  ❷

In [146]: data.rename(columns={symbol: 'price'}, inplace=True)  ❸

In [147]: data['return'] = np.log(data['price'] /
                                  data['price'].shift(1))  ❹

In [148]: data['direction'] = np.where(data['return'] > 0, 1, 0)  ❹

In [149]: lags = 5

In [150]: cols = []
```

```
        for lag in range(1, lags + 1):  ❺
            col = f'lag_{lag}'
            data[col] = data['return'].shift(lag)  ❻
            cols.append(col)
        data.dropna(inplace=True)  ❼
In [151]: data.round(4).tail()  ❽
Out[151]:
                price  return  direction   lag_1    lag_2    lag_3    lag_4    lag_5
     Date
     2019-12-24  1.1087  0.0001          1  0.0007  -0.0038   0.0008  -0.0034   0.0006
     2019-12-26  1.1096  0.0008          1  0.0001   0.0007  -0.0038   0.0008  -0.0034
     2019-12-27  1.1175  0.0071          1  0.0008   0.0001   0.0007  -0.0038   0.0008
     2019-12-30  1.1197  0.0020          1  0.0071   0.0008   0.0001   0.0007  -0.0038
     2019-12-31  1.1210  0.0012          1  0.0020   0.0071   0.0008   0.0001   0.0007
```

❶ CSV 파일에서 데이터를 읽어온다.

❷ 관심있는 단일 시계열 열을 선택한다.

❸ 유일한 열의 이름을 price로 변경한다.

❹ 로그 수익들을 계산하고 direction(방향)을 이진수를 담는 열로 정의한다.

❺ 시차가 있는 데이터를 생성한다.

❻ 로그 수익들이 각기 시차 처리된 수만큼 이동한 새 DataFrame 열들을 작성한다.

❼ NaN 값이 포함된 행을 삭제한다.

❽ 5개의 특징 열에 나타나는 '패턴'을 표현하는 마지막 5개 행을 프린트한다.

다음 코드는 케라스 패키지를 사용해[6] 조밀 신경망dense neural network, DNN을 구성하고, 훈련용 데이터 부분집합과 테스트용 데이터 부분집합을 정의하고, 특징 열을 정의하고, 분류기를 레이블링한 다음에, 모형을 적합시킨다. 백엔드backend(뒷단, 후단부)에서 케라스는 텐서플로 패키지를 사용해 작업을 수행한다. 그림 5-19는 훈련 중에 훈련용 데이터 집합training data set과 검증용 데이터 집합validation data set에 대해 DNN 분류기의 정확도가 어떻게 변하는지를 보여준다. 검증용 데이터 집합으로는 훈련 데이터 중에서 20%(재편성하지 않은 채로, 즉 훈련 데이터를 다시 섞지 않은 채로 뽑아낸 것)가 사용된다.

```
In [152]: import tensorflow as tf  ❶
          from keras.models import Sequential  ❷
          from keras.layers import Dense  ❸
          from keras.optimizers import Adam, RMSprop

In [153]: optimizer = Adam(learning_rate=0.0001)

In [154]: def set_seeds(seed=100):
```

---

6 자세한 내용을 알고 싶다면 https://keras.io/layers/core/를 참고하자.

```
                    random.seed(seed)
                    np.random.seed(seed)
                    tf.random.set_seed(100)

In [155]: set_seeds()
          model = Sequential()  ❹
          model.add(Dense(64, activation='relu',
                  input_shape=(lags,)))  ❺
          model.add(Dense(64, activation='relu'))  ❺
          model.add(Dense(1, activation='sigmoid'))  ❺
          model.compile(optimizer=optimizer,
                      loss='binary_crossentropy',
                      metrics=['accuracy'])  ❻

In [156]: cutoff = '2017-12-31'  ❼

In [157]: training_data = data[data.index < cutoff].copy()  ❽

In [158]: mu, std = training_data.mean(), training_data.std()  ❾

In [159]: training_data_ = (training_data - mu) / std  ❾

In [160]: test_data = data[data.index >= cutoff].copy()  ❽

In [161]: test_data_ = (test_data - mu) / std  ❾

In [162]: %%time
          model.fit(training_data[cols],
                    training_data['direction'],
                    epochs=50, verbose=False,
                    validation_split=0.2, shuffle=False)  ❿
          CPU times: user 4.86 s, sys: 989 ms, total: 5.85 s
          Wall time: 3.34 s

Out[162]: <tensorflow.python.keras.callbacks.History at 0x7f996a0a2880>

In [163]: res = pd.DataFrame(model.history.history)

In [164]: res[['accuracy', 'val_accuracy']].plot(figsize=(10, 6), style='--');
```

❶ 텐서플로 패키지를 가져온다.

❷ 필요한 모형 객체를 케라스에서 가져온다.

❸ 관련 계층 객체를 케라스에서 가져온다.

❹ Sequential 모형이 인스턴스화된다.

❺ 은닉 계층과 출력 계층이 정의된다.

❻ 분류를 위해 Sequential 모형 객체를 컴파일한다.

❼ 훈련 데이터와 테스트 데이터 사이의 마감일cutoff date을 정의한다.

❽ 훈련용 데이터 집합과 테스트용 데이터 집합을 정의한다.

❾ 가우스 정규화를 통해 특징 데이터를 정규화한다.

❿ 모형을 훈련용 데이터 집합에 적합시킨다.

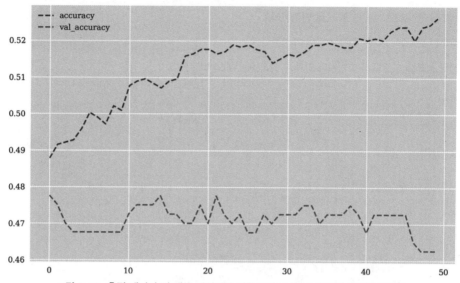

그림 5-19 훈련 데이터 및 검증 데이터에 대한 DNN 분류기의 훈련 단계별 정확도

적합화된 분류기가 장착된 모형은 훈련용 데이터 집합에 대한 예측을 생성할 수 있다. 그림 5-20은 기준 수단(표본 내)과 비교한 전략 총 성과를 보여준다.

```
In [165]: model.evaluate(training_data_[cols], training_data['direction'])
          63/63 [==============================] - 0s 586us/step - loss: 0.7556 -
          accuracy: 0.5152

Out[165]: [0.7555528879165649, 0.5151968002319336]

In [166]: pred = np.where(model.predict(training_data_[cols]) > 0.5, 1, 0)  ❶

In [167]: pred[:30].flatten()  ❶
Out[167]: array([0, 0, 0, 0, 0, 1, 1, 1, 1, 0, 0, 0, 1, 1, 1, 0, 0, 0, 1, 1,
          0, 0, 0, 1, 0, 1, 0, 1, 0, 0])

In [168]: training_data['prediction'] = np.where(pred > 0, 1, -1)  ❷
In [169]: training_data['strategy'] = (training_data['prediction'] *
                                       training_data['return'])  ❸

In [170]: training_data[['return', 'strategy']].sum().apply(np.exp)
Out[170]: return      0.826569
          strategy    1.317303
          dtype: float64
```

```
In [171]: training_data[['return', 'strategy']].cumsum(
                ).apply(np.exp).plot(figsize=(10, 6))   ❹
```

❶ 표본 내 시장 방향을 예측한다.

❷ 예측을 롱-숏 포지션 +1 및 -1로 변환한다.

❸ 주어진 포지션에 대한 전략 수익을 계산한다.

❹ 전략 성과를 도표화하고 벤치마크 대상 성과(표본 내)와 비교한다.

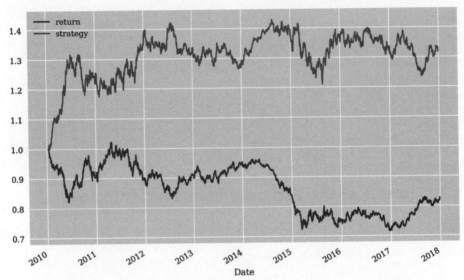

그림 5-20 딥러닝 기반 전략과 비교한 유로/달러의 총 성과(표본 내, 거래비용 없음)

이 전략은 훈련용 데이터 집합(표본 내, 거래비용 없이)에서 기준 수단보다 약간 더 나은 성과를 보이는 것 같다. 그러나 우리는 테스트용 데이터 집합(표본 외)에서 어떻게 수행될지가 더 궁금하다. 이 전략이 처음에 출발할 때는 흔들리지만, 그림 5-21에서 볼 수 있듯이 표본 외 데이터를 가지고 기준 수단이 이룬 성과를 넘어선다. 이는 분류기의 정확도가 테스트용 데이터 집합에서 50%를 약간 넘어설 뿐이라는 점에도 불구하고 이뤄낸 성과인 것이다.

```
In [172]: model.evaluate(test_data_[cols], test_data['direction'])
          16/16 [==============================] - 0s 676us/step - loss: 0.7292 -
          accuracy: 0.5050

Out[172]: [0.7292129993438721, 0.5049701929092407]

In [173]: pred = np.where(model.predict(test_data_[cols]) > 0.5, 1, 0)

In [174]: test_data['prediction'] = np.where(pred > 0, 1, -1)
```

```
In [175]: test_data['prediction'].value_counts()
Out[175]: -1    368
           1    135
          Name: prediction, dtype: int64

In [176]: test_data['strategy'] =(test_data['prediction'] *
                                   test_data['return'])

In [177]: test_data[['return', 'strategy']].sum().apply(np.exp)
Out[177]: return      0.934478
          strategy    1.109065
          dtype: float64

In [178]: test_data[['return', 'strategy']].cumsum(
                     ).apply(np.exp).plot(figsize=(10, 6));
```

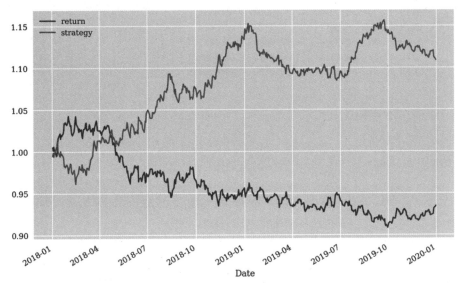

그림 5-21 딥러닝 기반 전략과 비교한 유로/달러의 총 성과(표본 외, 거래비용 없음)

다양한 특징 유형 추가

지금까지는 주로 로그 수익에 분석 초점을 맞추었다. 물론 더 많은 클래스/범주를 추가할 뿐만 아니라 **모멘텀**momentum · **변동성**volatility · **거리**distance 측도에 기반한 특징 같은 다른 유형의 특징을 혼합체에 추가할 수도 있다. 다음 코드는 추가 특징들을 유도해 내서 데이터셋에 추가한다.

```
In [179]: data['momentum'] = data['return'].rolling(5).mean().shift(1)   ❶

In [180]: data['volatility'] = data['return'].rolling(20).std().shift(1)   ❷
```

```
In [181]: data['distance'] = (data['price'] -
                              data['price'].rolling(50).mean()).shift(1)  ❸

In [182]: data.dropna(inplace=True)

In [183]: cols.extend(['momentum', 'volatility', 'distance'])

In [184]: print(data.round(4).tail())
                price  return  direction   lag_1   lag_2   lag_3   lag_4   lag_5
     Date
     2019-12-24  1.1087  0.0001         1   0.0007 -0.0038  0.0008 -0.0034   0.0006
     2019-12-26  1.1096  0.0008         1   0.0001  0.0007 -0.0038  0.0008  -0.0034
     2019-12-27  1.1175  0.0071         1   0.0008  0.0001  0.0007 -0.0038   0.0008
     2019-12-30  1.1197  0.0020         1   0.0071  0.0008  0.0001  0.0007  -0.0038
     2019-12-31  1.1210  0.0012         1   0.0020  0.0071  0.0008  0.0001   0.0007


                    momentum  volatility  distance
       Date
       2019-12-24   -0.0010      0.0024    0.0005
       2019-12-26   -0.0011      0.0024    0.0004
       2019-12-27   -0.0003      0.0024    0.0012
       2019-12-30    0.0010      0.0028    0.0089
       2019-12-31    0.0021      0.0028    0.0110
```

❶ 모멘텀 기반 특징이다.

❷ 변동성 기반 특징이다.

❸ 거리 기반 특징이다.

다음 단계는 훈련용 데이터 집합과 테스트용 데이터 집합을 재정의하고, 특징 데이터를 정규화하고, 새 특징 열을 반영하도록 모형을 업데이트할 차례다.

```
In [185]: training_data = data[data.index < cutoff].copy()

In [186]: mu, std = training_data.mean(), training_data.std()

In [187]: training_data_ = (training_data - mu) / std

In [188]: test_data = data[data.index >= cutoff].copy()

In [189]: test_data_ = (test_data - mu) / std

In [190]: set_seeds()
          model = Sequential()
          model.add(Dense(32, activation='relu',
                          input_shape=(len(cols),)))  ❶
          model.add(Dense(32, activation='relu'))
          model.add(Dense(1, activation='sigmoid'))
          model.compile(optimizer=optimizer,
```

```
                            loss='binary_crossentropy',
                            metrics=['accuracy'])
```

❶ input_shape 파라미터는 새로운 특징의 수를 반영하도록 조정된다.

보강한 특징 집합을 기반으로 분류기를 훈련할 수 있다. 전략의 표본 내 성과는 그림 5-22에 설명
된 것처럼 이전보다 훨씬 좋다.

```
In [191]: %%time
          model.fit(training_data_[cols], training_data['direction'],
                    verbose=False, epochs=25)
          CPU times: user 2.32 s, sys: 577 ms, total: 2.9 s
          Wall time: 1.48 s

Out[191]: <tensorflow.python.keras.callbacks.History at 0x7f996d35c100>

In [192]: model.evaluate(training_data_[cols], training_data['direction'])
          62/62 [==============================] - 0s 649us/step - loss: 0.6816 -
          accuracy: 0.5646

Out[192]: [0.6816270351409912, 0.5646397471427917]

In [193]: pred = np.where(model.predict(training_data_[cols]) > 0.5, 1, 0)

In [194]: training_data['prediction'] = np.where(pred > 0, 1, -1)

In [195]: training_data['strategy'] = (training_data['prediction'] *
                                       training_data['return'])

In [196]: training_data[['return', 'strategy']].sum().apply(np.exp)
Out[196]: return      0.901074
          strategy    2.703377
          dtype: float64

In [197]: training_data[['return', 'strategy']].cumsum(
                        ).apply(np.exp).plot(figsize=(10, 6));
```

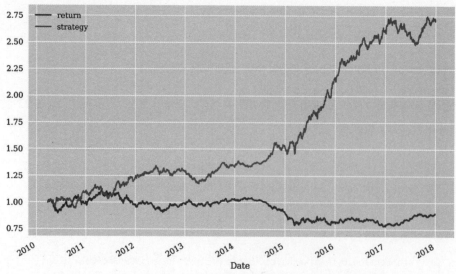

그림 5-22 딥러닝 기반 전략과 비교한 유로/달러의 총 성과(표본 내, 특징들을 추가)

마지막 단계는 분류기 평가와 표본 외 전략 성과의 도출이다. 분류기는 또한 추가 특징이 없는 경우에 비해 훨씬 더 나은 성과를 낸다. 이전과 마찬가지로 출발 시에는 조금 요동한다(그림 5-23를 참고하자).

```
In [198]: model.evaluate(test_data_[cols], test_data['direction'])
          16/16 [==============================] - 0s 800us/step - loss: 0.6931 -
          accuracy: 0.5507

Out[198]: [0.6931276321411133, 0.5506958365440369]

In [199]: pred = np.where(model.predict(test_data_[cols]) > 0.5, 1, 0)

In [200]: test_data['prediction'] = np.where(pred > 0, 1, -1)

In [201]: test_data['prediction'].value_counts()
Out[201]: -1    335
           1    168
          Name: prediction, dtype: int64

In [202]: test_data['strategy'] = (test_data['prediction'] *
                                   test_data['return'])

In [203]: test_data[['return', 'strategy']].sum().apply(np.exp)
Out[203]: return      0.934478
          strategy    1.144385
          dtype: float64

In [204]: test_data[['return', 'strategy']].cumsum(
                              ).apply(np.exp).plot(figsize=(10, 6));
```

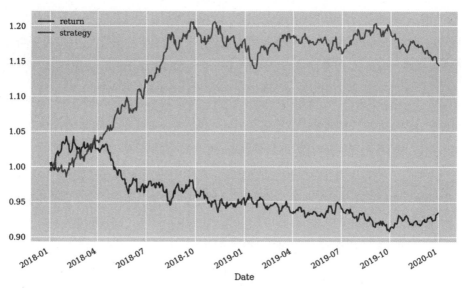

그림 5-23 딥러닝 기반 전략과 비교한 유로/달러의 총 성과(표본 외, 특징들을 추가)

케라스 패키지는 텐서플로 패키지와 함께 백엔드로 결합되어 알고리즘 트레이딩용 심층 신경망 (DNN) 분류기 같은 최신 딥러닝 발전 성과를 활용할 수 있다. 이 애플리케이션은 사이킷런을 사용하는 그 밖의 머신러닝 모형을 적용하는 일만큼 간단하다. 이번 절에서 설명하는 접근 방식은, 사용되고 있는 다양한 유형의 특징들을 보태는 식으로 쉽게 보강할 수 있게 한다.

 파이썬 클래스를 코딩해 보는 연습을 해 보는 게 좋은데(167쪽에 나오는 '선형회귀 백테스트 클래스'와 169쪽에 나오는 '분류 알고리즘 백테스트 클래스'에 나오는 마음가짐으로), 이렇게 함으로써 케라스 패키지를 더욱 체계적이면서도 현실적으로 사용해 금융 시장을 예측해 볼 수 있고, 거래 전략들을 각기 백테스트해 볼 수 있다.

결론

장래 시장 이동을 예측할 수만 있다면 금융 분야의 성배를 쥔 것이나 다름없다. 즉, 진실을 찾을 수 있다는 말이다. 이는 **효율적 시장**efficient market을 극복한다는 의미이기도 하다. 상당한 경지에 이르기까지 그렇게 할 수만 있다면 그 결과로 탁월한 투자를 하며 탁월한 거래 수익을 얻을 수 있다. 이번 장에서는 과거 수익이나 이와 비슷한 금융 수량을 기반으로 미래 시장 방향을 예측하기 위해 전통적인 통계학 기반 기법과 머신러닝 분야 및 딥러닝 분야의 통계 기법을 소개했다. 일부 표본 내 결과는 선형회귀나 로지스틱 회귀에서 모두 가망성을 보여주었다. 그러나 이러한 전략일지라도 표본 외 데이터로 평가하고 거래비용을 고려해야 비로소 더 신뢰할 수 있게 된다.

이번 장에서는 성배를 찾았다고 주장하지 않는다. 그보다는 오히려 성배를 찾는 일에 유용할 수 있는 기술들을 훔쳐보았다고 주장한다. 예를 들어 사이킷런의 통합 API는 하나의 선형모형을 다른 선형모형으로 쉽게 대체할 수 있게 한다. 그런 의미에서 ScikitBacktesterClass를, 더 많은 머신러닝 모형을 탐색하고 이를 금융 시계열 예측에 적용하기 위한, 출발점으로 삼을 수 있다.

1991년도에 나온 영화인 〈터미네이터 2〉의 첫 장면에서 따온 인용문에서는 컴퓨터가 얼마나 빠르게 학습해 의식을 지니게 될 수 있는지를 다소 낙관적으로 보고 있다. 컴퓨터가 대부분의 생활 영역에서 인간을 대체할 것이라고 여러분이 믿든 말든, 또는 그것들이 언젠가 자신을 인식할 수 있게 되든 말든, 그것들이 거의 모든 생활 영역을 지원하는 장치로 쓰이게 되면서 인간에게 유용하다는 점이 입증되었다. 그리고 머신러닝 알고리즘들이나 딥러닝 알고리즘들, 즉 인공지능에 사용되는 알고리즘들은 적어도 가까운 장래에 더 나은 알고리즘 트레이더가 될 수 있도록 약속해준다. 이러한 주제와 생각해 볼 점들을 자세히 알고 싶다면 Hilpisch(2020)를 참고하자.

참조할 것들과 그 밖의 자료원

Guido 및 Müller(2016)와 VanderPlas(2016)라는 책들은 파이썬과 사이킷런을 함께 사용해 머신러닝을 하는 방법과 관련하여 실용적이면서도 일반적인 내용을 소개한다. Hilpisch(2020)라는 책은 알고리즘 트레이딩을 통해 통계적 비효율성을 식별하고 경제적 비효율성을 활용하는 문제에 머신러닝과 딥러닝 알고리즘을 적용하는 데 전적으로 초점을 맞추고 있다.

- Sarah Guido and Andreas Müller. 2016. **Introduction to Machine Learning with Python: A Guide for Data Scientists**. Sebastopol: O'Reilly.

- Yves Hilpisch. 2020. **Artificial Intelligence in Finance: A Python-Based Guide**. Sebasto pol: O' Reilly.

- Jake VanderPlas. 2016. **Python Data Science Handbook: Essential Tools for Working with Data**. Sebastopol: O'Reilly.

Hastie 등(2008)과 James 등(2013)이라는 책들에서는 널리 사용되는 머신러닝 기술과 알고리즘을 철저하게 수학적인 측면에서 간략하게 설명한다.

- Trevor Hastie, Robert Tibshirani, and Jerome Friedman. 2008. **The Elements of Statistical Learning.** 2nd ed. New York: Springer.

- Gareth James, Daniela Witten, Trevor Hastie, and Robert Tibshirani. 2013. **Introduction to Statistical Learning.** New York: Springer.

딥러닝 및 케라스에 대한 자세한 배경 정보를 알고 싶다면 다음 책을 참고하자.

- Francois Chollet. 2017. **Deep Learning with Python**. Shelter Island: Manning.
- Ian Goodfellow, Yoshua Bengio, and Aaron Courville. 2016. **Deep Learning. Cambridge**: MIT Press. http://deeplearningbook.org.

파이썬 스크립트

이번 장에서 참조하고 사용하는 파이썬 스크립트들이 이번 절에 나온다.

선형회귀 백테스트 클래스

다음 내용에서는 시장 이동 방향 예측에 사용되는 **선형회귀** 기반 전략을 대상으로 벡터화 백테스트를 하기 위한 클래스가 들어 있는 파이썬 코드를 볼 수 있다.

```python
# 선형 회귀 기반 전략의 벡터화 백테스트를 위한 클래스를 사용하는 파이썬 모듈.
#
# Python for Algorithmic Trading
# (c) Dr. Yves J. Hilpisch
# The Python Quants GmbH
#
import numpy as np
import pandas as pd


class LRVectorBacktester(object):
    ''' 선형회귀 기반 거래 전략의 벡터화 백테스트를 위한 클래스.

    속성
    ==========
    symbol: str
        작업하는 데 쓸 TR RIC (금융 수단)
    start: str
        데이터를 선택한 부분의 시작 일자
    end: str
        데이터를 선택한 부분의 종료 일자
    amount: int, float
        처음에 투자할 금액
    tc: float
        거래당 비례 거래비용(예: 0.5% = 0.005)

    메서드
    =======
    get_data:
        기본 데이터 집합을 검색해서 준비해 둔다.
```

```
select_data:
    데이터의 부분집합 한 개를 선택한다.
prepare_lags:
    회귀용으로 시차 처리한 데이터를 준비한다.
fit_model:
    회귀 단계를 구현한다.
run_strategy:
    회귀 기반 전략을 위해 백테스트를 실행한다.
plot_results:
    종목코드와 비교되게 전략의 성과를 표시한다.
'''

def __init__(self, symbol, start, end, amount, tc):
    self.symbol = symbol
    self.start = start
    self.end = end
    self.amount = amount
    self.tc = tc
    self.results = None
    self.get_data()

def get_data(self):
    ''' 데이터를 검색해서 준비해 둔다. '''
    raw = pd.read_csv('http://hilpisch.com/pyalgo_eikon_eod_data.csv',
                      index_col=0, parse_dates=True).dropna()
    raw = pd.DataFrame(raw[self.symbol])
    raw = raw.loc[self.start:self.end]
    raw.rename(columns={self.symbol: 'price'}, inplace=True)
    raw['returns'] = np.log(raw / raw.shift(1))
    self.data = raw.dropna()

def select_data(self, start, end):
    ''' 금융 데이터의 부분집합들을 선택한다. '''
    data = self.data[(self.data.index >= start) &
                     (self.data.index <= end)].copy()
    return data

def prepare_lags(self, start, end):
    ''' 회귀 및 예측 단계에 대해 시차 처리한 데이터를 준비한다. '''
    data = self.select_data(start, end)
    self.cols = []
    for lag in range(1, self.lags + 1):
        col = f'lag_{lag}'
        data[col] = data['returns'].shift(lag)
        self.cols.append(col)
    data.dropna(inplace=True)
    self.lagged_data = data

def fit_model(self, start, end):
    ''' 회귀 단계를 구현한다. '''
    self.prepare_lags(start, end)
    reg = np.linalg.lstsq(self.lagged_data[self.cols],
```

```
                                np.sign(self.lagged_data['returns']),
                                rcond=None)[0]
        self.reg = reg

    def run_strategy(self, start_in, end_in, start_out, end_out, lags=3):
        ''' 거래 전략을 백테스트한다. '''
        self.lags = lags
        self.fit_model(start_in, end_in)
        self.results = self.select_data(start_out, end_out).iloc[lags:]
        self.prepare_lags(start_out, end_out)
        prediction = np.sign(np.dot(self.lagged_data[self.cols], self.reg))
        self.results['prediction'] = prediction
        self.results['strategy'] = self.results['prediction'] * \
                                   self.results['returns']
        # 거래 성사 시기를 결정한다.
        trades = self.results['prediction'].diff().fillna(0) != 0
        # 거래가 성사되었을 때 수익에서 거래 비용을 뺀다.
        self.results['strategy'][trades] -= self.tc
        self.results['creturns'] = self.amount * \
                        self.results['returns'].cumsum().apply(np.exp)
        self.results['cstrategy'] = self.amount * \
                        self.results['strategy'].cumsum().apply(np.exp)
        # 전략의 총 성과
        aperf = self.results['cstrategy'].iloc[-1]
        # 전략의 초과성과/미달성과
        operf = aperf - self.results['creturns'].iloc[-1]
        return round(aperf, 2), round(operf, 2)

    def plot_results(self):
        ''' 종목코드와 비교되게 거래 전략의 누적 성과를 표시한다. '''
        if self.results is None:
            print('No results to plot yet. Run a strategy.')
        title = '%s | TC = %.4f' % (self.symbol, self.tc)
        self.results[['creturns', 'cstrategy']].plot(title=title,
                                                figsize=(10, 6))

if __name__ == '__main__':
    lrbt = LRVectorBacktester('.SPX', '2010-1-1', '2018-06-29', 10000, 0.0)
    print(lrbt.run_strategy('2010-1-1', '2019-12-31', '2010-1-1', '2019-12-31'))
    print(lrbt.run_strategy('2010-1-1', '2015-12-31', '2016-1-1', '2019-12-31'))
    lrbt = LRVectorBacktester('GDX', '2010-1-1', '2019-12-31', 10000, 0.001)
    print(lrbt.run_strategy('2010-1-1', '2019-12-31', '2010-1-1', '2019-12-31', lags=5))
    print(lrbt.run_strategy('2010-1-1', '2016-12-31', '2017-1-1', '2019-12-31', lags=5))
```

분류 알고리즘 백테스트 클래스

다음은 시장 이동 방향 예측에 사용되는 표준 분류 알고리즘으로, 로지스틱 회귀 기반 전략을 대상으로 벡터화 백테스트를 하기 위한 클래스가 들어 있는 파이썬 코드를 보여준다.

```
#
# 머신러닝 기반 전략에 대해 벡터화 백테스트를 해 보기 위한
# 클래스를 사용하는 파이썬 모듈.
#
# Python for Algorithmic Trading
#(c) Dr. Yves J. Hilpisch
# The Python Quants GmbH
#
import numpy as np
import pandas as pd
from sklearn import linear_model


class ScikitVectorBacktester(object):
    ''' 머신러닝 기반 거래 전략의 벡터화 백테스트를 위한 클래스다.

    속성
    ==========
    symbol: str
        작업하는 데 쓸 TR RIC(금융 수단)
    start: str
        데이터를 선택한 부분의 시작 일자
    end: str
        데이터를 선택한 부분의 종료 일자
    amount: int, float
        처음에 투자할 금액
    tc: float
        거래당 비례 거래비용(예: 0.5% = 0.005)
    model: str

    '회귀' 메서드 또는 '로지스틱' 메서드
    =======
    get_data:
        기본 데이터 집합을 검색해서 준비해 둔다.
    select_data:
        데이터의 부분집합 한 개를 선택한다.
    prepare_features:
        모델을 적합시키기 위한, 특징들이 있는 데이터를 준비한다.
    fit_model:
        적합화 단계를 구현한다.
    run_strategy:
        회귀 기반 전략을 위해 백테스트를 실행한다.
    plot_results:
        종목코드와 비교되게 전략의 성과를 표시한다.
    '''

    def __init__(self, symbol, start, end, amount, tc, model):
        self.symbol = symbol
        self.start = start
        self.end = end
        self.amount = amount
        self.tc = tc
```

```python
        self.results = None
        if model == 'regression':
            self.model = linear_model.LinearRegression()
        elif model == 'logistic':
            self.model = linear_model.LogisticRegression(C=1e6,
                solver='lbfgs', multi_class='ovr', max_iter=1000)
        else:
            raise ValueError('Model not known or not yet implemented.')
        self.get_data()

    def get_data(self):
        ''' 데이터를 검색해서 준비해 둔다. '''
        raw = pd.read_csv('http://hilpisch.com/pyalgo_eikon_eod_data.csv',
                        index_col=0, parse_dates=True).dropna()
        raw = pd.DataFrame(raw[self.symbol])
        raw = raw.loc[self.start:self.end]
        raw.rename(columns={self.symbol: 'price'}, inplace=True)
        raw['returns'] = np.log(raw / raw.shift(1))
        self.data = raw.dropna()

    def select_data(self, start, end):
        ''' 금융 데이터의 부분 집합들을 선택한다. '''
        data = self.data[(self.data.index >= start) &
                        (self.data.index <= end)].copy()
        return data

    def prepare_features(self, start, end):
        ''' 회귀 및 예측 단계에 대해 특징 열들을 준비한다. '''
        self.data_subset = self.select_data(start, end)
        self.feature_columns = []
        for lag in range(1, self.lags + 1):
            col = 'lag_{}'.format(lag)
            self.data_subset[col] = self.data_subset['returns'].shift(lag)
            self.feature_columns.append(col)
        self.data_subset.dropna(inplace=True)

    def fit_model(self, start, end):
        ''' 적합화 단계를 구현한다. '''
        self.prepare_features(start, end)
        self.model.fit(self.data_subset[self.feature_columns],
                    np.sign(self.data_subset['returns']))

    def run_strategy(self, start_in, end_in, start_out, end_out, lags=3):
        ''' 거래 전략을 백테스트한다. '''
        self.lags = lags
        self.fit_model(start_in, end_in)
        # data = self.select_data(start_out, end_out)
        self.prepare_features(start_out, end_out)
        prediction = self.model.predict(
            self.data_subset[self.feature_columns])
        self.data_subset['prediction'] = prediction
        self.data_subset['strategy'] = (self.data_subset['prediction'] *
```

```
                                    self.data_subset['returns'])
        # 거래 성사 시기를 결정한다.
        trades = self.data_subset['prediction'].diff().fillna(0) != 0
        # 거래가 성사되었을 때 수익에서 거래 비용을 뺀다.
        self.data_subset['strategy'][trades] -= self.tc
        self.data_subset['creturns'] = (self.amount *
                    self.data_subset['returns'].cumsum().apply(np.exp))
        self.data_subset['cstrategy'] = (self.amount *
                    self.data_subset['strategy'].cumsum().apply(np.exp))
        self.results = self.data_subset
        # 전략의 절대 성과
        aperf = self.results['cstrategy'].iloc[-1]
        # 전략의 초과성과/미달성과
        operf = aperf - self.results['creturns'].iloc[-1]
        return round(aperf, 2), round(operf, 2)

    def plot_results(self):
        ''' 종목코드와 비교되게 거래 전략의 누적 성과를 표시한다. '''
        if self.results is None:
            print('No results to plot yet. Run a strategy.')
        title = '%s | TC = %.4f' % (self.symbol, self.tc)
        self.results[['creturns', 'cstrategy']].plot(title=title, figsize=(10, 6))


if __name__ == '__main__':
    scibt = ScikitVectorBacktester('.SPX', '2010-1-1', '2019-12-31',
                                    10000, 0.0, 'regression')
    print(scibt.run_strategy('2010-1-1', '2019-12-31', '2010-1-1', '2019-12-31'))
    print(scibt.run_strategy('2010-1-1', '2016-12-31', '2017-1-1', '2019-12-31'))
    scibt = ScikitVectorBacktester('.SPX', '2010-1-1', '2019-12-31',
                                    10000, 0.0, 'logistic')
    print(scibt.run_strategy('2010-1-1', '2019-12-31', '2010-1-1', '2019-12-31'))
    print(scibt.run_strategy('2010-1-1', '2016-12-31', '2017-1-1', '2019-12-31'))
    scibt = ScikitVectorBacktester('.SPX', '2010-1-1', '2019-12-31',
                                    10000, 0.001, 'logistic')
    print(scibt.run_strategy('2010-1-1', '2019-12-31', '2010-1-1', '2019-12-31',
                    lags=15))
    print(scibt.run_strategy('2010-1-1', '2013-12-31', '2014-1-1', '2019-12-31',
                    lags=15))
```

이벤트 기반 백테스트용 클래스 구축

삶 속에서 벌어지는 실제 비극은 사람들이 지닌 선입견과는 아무런 관련이 없다.
사건 속에서 사람들은 항상 자신들의 단순함이나 웅장함
또는 자신들 안에 내재된 것처럼 보이는 기괴한 감정들에 당황해한다.

— 장 콕토Jean Cocteau

한편으로, **벡터화 백테스트**를 할 때 넘파이와 판다스를 활용하면 일반적으로 코드를 간결하게 구현할 수 있으며 효율적일 뿐만 아니라, 넘파이와 판다스가 이러한 벡터 기반 작업에 최적화되어 있어서 백테스트가 빠르게 실행된다. 그러나 이러한 접근 방식만으로 모든 유형의 거래 전략에 대처할 수도 없고, 알고리즘 트레이더가 직면하게 되는 모든 현실적인 거래 현상에 대처할 수도 없다. 벡터화 백테스트와 관련하여 접근 방식의 잠재적인 단점은 다음과 같다.

사전관찰 편향look-ahead bias

벡터화 백테스트는 전체 데이터셋이 사용할 수 있게 준비된 상황에서 하게 되며, 새 데이터가 점진적으로 도달하는 면을 고려하지 않는다.

단순화simplification

예를 들어, 고정 거래비용만을 계산에 넣는다면, 주로 상대적 수익을 기반으로 하는 모형을 벡터화 방식으로 구축하지 못하게 된다. 또한, 거래당 고정 금액이나 단일 금융수단(예: 주식 지분)의 분할 불가능성을 적절하게 모형화할 수 없게 된다.

비재귀성non-recursiveness(비축차성)

내재된 거래 전략을 구현하는 알고리즘들은, 특정 시점까지의 손익이나 비슷한 경로에 의존하는 통계량처럼, 시간의 흐름에 따라 상태 변수로 재귀할 수 있다. 벡터화는 이러한 특징들에 대처할 수 없다.

반면에 **이벤트 기반 백테스트**event-based backtesting를 한다면 모형화한 거래 현실에 대해 더 현실적인 접근 방식을 도입할 수 있으므로 이러한 문제를 해결할 수 있다. 기본적으로 **이벤트**event(사건)는 신규 데이터 도달이라는 특성을 띤다. 하루 종일 데이터를 기반으로 애플 주식회사 주식에 대한 거래 전략을 백테스트하고 있는 중에 애플 주식의 새로운 종가가 나오는 상황이 벌어지면 이게 이벤트가 된다. 또한, 이자율이 바뀐다거나 손실제한stop loss(손절매) 수준에 도달하는 경우도 이벤트가 될 것이다. 이벤트 기반 백테스트 접근 방식의 장점은 일반적으로 다음과 같다.

점진적 접근incremental approach

현실 세계에서 벌어지는 거래와 마찬가지로, 신규 데이터가 틱별로tick-by-tick 또는 호가별로quote-by-quote 점진적으로 도달한다는 전제를 바탕으로 백테스트가 수행된다.

사실적인 모형화realistic modeling

새롭고 구체적인 이벤트에 의해 촉발되는 과정들을 모형화할 수 있는 자유를 최대한 누릴 수 있다.

경로 의존성path dependency

지금까지 본 최고 가격이나 최저 가격 같은, 조건부 의존 통계량이나 재귀 의존 통계량 또는 경로 의존 통계량을 추적하고 이를 거래 알고리즘에 간단하게 포함시킬 수 있다.

재사용성reusability

다양한 거래 전략 유형을 백테스트하려면 객체 지향 프로그래밍을 통해 구현하고 통합할 수 있을 만큼 서로 비슷한 기본 기능이 필요하다.

거래에 근접close to trading

이벤트 기반 백테스트 시스템의 특정 요소들을 때때로 거래 전략을 자동화하는 구현 과정에서 사용할 수 있다.

다음에 나오는 내용 중에서, 새 이벤트는 일반적으로 새 데이터의 한 단위를 나타내는 봉bar으로 식별된다. 예를 들어, 이벤트는 장중 거래 전략의 경우에 **1분봉**one-minute bar일 수도 있고, 일일 종가를 기반으로 하는 거래 전략이라면 **1일봉**one-day bar일 수 있다.

이번 장은 다음과 같이 구성된다. 다음 쪽에 나오는 '백테스트 기저 클래스'에서는 거래 전략의 이벤트 기반 백테스트를 위한 기저 클래스base class(기본 클래스)를 제공한다. 181쪽에 나오는 '롱 전용 백테스트 클래스' 및 184쪽에 나오는 '롱-숏 백테스트 클래스'에서는 각기 기저 클래스를 사용해 롱-숏 백테스트 클래스를 구현한다.

이번 장에서는 이벤트 기반 모형화를 이해하고, 더 현실적인 백테스트를 허용하는 클래스를 만들고, 추가 향상 및 개선을 위한 시작점으로 사용할 수 있는 기본 백테스트 인프라를 확보하는 것을 목표로 삼는다.

백테스트 기저 클래스

이벤트 기반 백테스트를 위해 파이썬 클래스 형태로 인프라를 구축할 때는 다음과 같은 사항이 필요하다.

데이터 검색과 데이터 준비retrieving and preparing data
기저 클래스를 사용해 데이터를 검색retrieving(인출)할 수 있어야 할 뿐만 아니라, 할 수만 있다면 백테스트 자체를 위해 데이터를 준비할 수 있어야 한다. 이 책에서 하는 토론에 집중하려면, CSV 파일에서 읽어오는 EODend-of-day(일말) 데이터가 기저 클래스에서 쓸 수 있는 데이터 형식으로 되어 있어야 한다.

도우미 함수와 편의 함수helper and convenience functions
기저 클래스는 백테스트를 쉽게 할 수 있게 하는 몇 가지 도우미 함수와 편의 함수를 제공해야 한다. 예를 들어, 데이터를 그려내는 함수, 상태변수들을 프린트하는 함수, 주어진 봉bar에 대한 일자 정보와 가격 정보를 반환하는 함수가 있다.

주문 넣기placing orders
기저 클래스는 기본적인 매수 주문 유형과 매도 주문 유형을 다룰 수 있게 해주어야 한다. 다만, 이 책에서는 논의를 단순화하기 위해 시장가 매수 주문과 시장가 매도 주문만 모형화할 것이다.

포지션 닫기closing out positions
백테스트가 끝나면 모든 마켓 포지션을 닫아야 한다close out(청산해야 한다). 기저 클래스가 이 최종 거래를 처리해야 한다.

기저 클래스가 이러한 요건들을 충족하는 경우에 단순이동평균SMA, 모멘텀, 평균회귀(4장을 참고하자), 머신러닝 기반 예측 기법(5장을 참고하자)뿐만 아니라 머신러닝 기반 예측에 기초한 전략을 백테스트하는 개별 클래스들을 각기 기저 클래스를 기반으로 삼아 구축할 수 있다. 189쪽에 나오는 '백테스트 기저 클래스에서는 BacktestBase라고 하는 이러한 기저 클래스를 구현한다. 다음으로 할 일은 이 클래스의 단일 메서드를 통해 설계 개요를 확인하는 것이다.

특별한 메서드인 __main__과 관련하여 몇 가지 주목할 만한 사항이 있다. 첫째, 사용할 수 있는 초기 금액을 일정하게 유지할 수 있게 비공개 속성인 _amount에 한 번 저장하고, 이동 잔고_{running} _{balance}(변동 잔고)를 나타내는 정칙 속성인 amount에 또 한 번 저장한다. 기본적으로 거래비용이 없다고 가정하자.

```python
def __init__(self, symbol, start, end, amount, ftc=0.0, ptc=0.0, verbose=True):
    self.symbol = symbol
    self.start = start
    self.end = end
    self.initial_amount = amount   ❶
    self.amount = amount   ❷
    self.ftc = ftc   ❸
    self.ptc = ptc   ❹
    self.units = 0   ❺
    self.position = 0   ❻
    self.trades = 0   ❼
    self.verbose = verbose   ❽
    self.get_data()
```

❶ 비공개 속성에 초기 금액을 저장한다.

❷ 시작 시의 현금 잔고 값을 설정한다.

❸ 거래당 고정 거래비용을 정의한다.

❹ 거래당 비례 거래비용을 정의한다.

❺ 초기 포트폴리오의 수단으로 삼은 것의 단위(예: 주식 수)이다.

❻ 초기 포지션을 시장 중립_{market neutral}으로 설정한다.

❼ 초기 거래 수를 0으로 설정한다.

❽ 전체 출력을 얻으려면 self.verbose를 True로 설정한다.

초기화 중에 get_data 메서드가 호출되어 제공된 종목코드 및 지정된 시간 간격에 대해 CSV 파일에서 EOD 데이터를 검색한다. 또한, 로그 수익을 계산한다. 다음에 나오는 파이썬 코드는 4장과 5장에서 광범위하게 사용된 것이다. 그러므로 여기에서는 자세히 설명하지 않겠다.

```python
def get_data(self):
    ''' 데이터를 검색(인출)해 준비해 둔다. '''
    raw = pd.read_csv('http://hilpisch.com/pyalgo_eikon_eod_data.csv',
                      index_col=0, parse_dates=True).dropna()
    raw = pd.DataFrame(raw[self.symbol])
```

```
    raw = raw.loc[self.start:self.end]
    raw.rename(columns={self.symbol: 'price'}, inplace=True)
    raw['return'] = np.log(raw / raw.shift(1))
    self.data = raw.dropna()
```

.plot_data() 메서드는 제공된 종목코드에 대한(수정 종가 기준) 값들을 그려내는 간단한 도우미 메서드이다.

```
def plot_data(self, cols=None):
    ''' 종목코드에 대한 종가들을 그려 낸다. '''
    if cols is None:
        cols = ['price']
    self.data['price'].plot(figsize=(10, 6), title=self.symbol)
```

자주 호출되는 메서드는 .get_date_price()이다. 봉이 주어지면, 메서드는 일자 및 가격 정보를 반환한다.

```
def get_date_price(self, bar):
    ''' 봉에 대한 일자와 가격을 반환한다.'''
    date = str(self.data.index[bar])[:10]
    price = self.data.price.iloc[bar]
    return date, price
```

.print_balance()는 특정 봉이 주어졌을 때 해당 봉의 현재 현금 잔고를 프린트하는 반면, .print_net_wealth()는 순자산(= 현재 잔고 + 거래 포지션의 가치)에 대해 동일한 작업을 수행한다.

```
def print_balance(self, bar):
    ''' 현재 현금 잔고 정보를 출력해 낸다. '''
    date, price = self.get_date_price(bar)
    print(f'{date} | current balance {self.amount:.2f}')

def print_net_wealth(self, bar):
    ''' 현재 현금 잔고 정보를 출력해 낸다. '''
    date, price = self.get_date_price(bar)
    net_wealth = self.units * price + self.amount
    print(f'{date} | current net wealth {net_wealth:.2f}')
```

두 가지 핵심 메서드는 .place_buy_order()와 .place_sell_order()이다. 이를 통해 금융수단 단위를 모방한emulate 거래를 허용한다. 첫 번째는 .place_buy_order() 메서드로, 자세히 설명되어 있다.

```
def place_buy_order(self, bar, units=None, amount=None):
    ''' 매수 주문을 넣는다. '''
```

```
    date, price = self.get_date_price(bar)  ❶
    if units is None:  ❷
        units = int(amount / price)  ❸
    self.amount -= (units * price) * (1 + self.ptc) + self.ftc  ❹
    self.units += units  ❺
    self.trades += 1  ❻
    if self.verbose:
        print(f'{date} | selling {units} units at {price:.2f}')  ❽
        self.print_balance(bar)  ❾
        self.print_net_wealth(bar)  ❿
```

❶ 주어진 봉에 대한 일자 및 가격 정보가 검색된다.

❷ 단위 가격이 제공되지 않으면...

❸ ...단위 수는 amount에 들어 있는 가격을 기준으로 계산된다. (이 둘 중에 하나는 주어져야 한다는 점에 주의하자.) 계산 시에는 거래비용을 포함하지 않는다.

❹ 현재 현금 잔고는 매수할 수단 단위에 대한 현금 지출과 비례 고정비용 및 고정 거래비용에 의해 감소된다. 사용할 수 있는 유동성이 충분한지 여부는 확인되지 않는다는 점에 유념하자.

❺ self.units의 값은 구입한 단위 개수만큼 증가했다.

❻ 이것은 거래 횟수에 대한 카운터를 1씩 늘린다.

❼ self.verbose가 True인 경우...

❽ ...매매 집행에 대한 정보 프린트...

❾ ...현재 현금 잔고...

❿ ...그리고 현재 순자산.

둘째, .place_sell_order() 메서드는 .place_buy_order() 메서드와 비교하여 두 가지 사소한 조정만 있다.

```
def place_sell_order(self, bar, units=None, amount=None):
    ''' 매도 주문을 넣는다. '''
    date, price = self.get_date_price(bar)
    if units is None:
        units = int(amount / price)
    self.amount += (units * price) * (1 - self.ptc) - self.ftc  ❶
    self.units -= units  ❷
    self.trades += 1
    if self.verbose:
        print(f'{date} | selling {units} units at {price:.2f}')
        self.print_balance(bar)
        self.print_net_wealth(bar)
```

❶ 현재 현금 잔고는 매도 수익에서 거래비용을 뺀 만큼 증가한다.

❷ self.units의 값은 매도된 단위의 개수만큼 감소했다.

어떤 종류의 거래 전략이 백테스트되더라도 백테스트 기간이 끝날 때 포지션을 닫아야 한다. BacktestBase 클래스를 이루고 있는 코드에서는 포지션을 닫지 않을 뿐만 아니라, 오히려 성과 수치를 계산하고 프린트하기 위해 자산 가치 형태로 설명된다고 가정한다.

```python
def close_out(self, bar):
    '''롱 포지션이나 숏 포지션을 닫는다. '''
    date, price = self.get_date_price(bar)
    self.amount += self.units * price   ❶
    self.units = 0
    self.trades += 1
    if self.verbose:
        print(f'{date} | inventory {self.units} units at {price:.2f}')
        print('=' * 55)
        print('Final balance   [$] {:.2f}'.format(self.amount))   ❷
        perf = ((self.amount - self.initial_amount) /
                self.initial_amount * 100)
        print('Net Performance [%] {:.2f}'.format(perf))   ❸
        print('Trades Executed [#] {:.2f}'.format(self.trades))   ❸
        print('=' * 55)
```

❶ 결국에 거래비용이 차감되지 않는다.

❷ 최종 잔액은 현재 현금 잔액과 거래 포지션의 가치로 구성된다.

❸ 순 성과를 백분율로 계산한다.

파이썬 스크립트의 최종 부분은 파일이 스크립트로서 실행될 때 집행되는 __main__ 부분이다.

```python
if __name__ == '__main__':
    bb = BacktestBase('AAPL.O', '2010-1-1', '2019-12-31', 10000)
    print(bb.data.info()) print(bb.data.tail())
    bb.plot_data()
```

BacktestBase 클래스를 기반으로 객체를 인스턴스화한다. 그러면 제공된 종목코드에 대한 데이터 검색이 자동으로 진행된다. 그림 6-1은 결과로 나온 그림을 보여준다. 다음에 나오는 출력 내용을 통해서 각 DataFrame 객체 및 가장 최근 데이터 행 다섯 개에 대한 메타 정보를 알 수 있다.

```
In [1]: %run BacktestBase.py¹
<class 'pandas.core.frame.DataFrame'>
DatetimeIndex: 2515 entries, 2010-01-05 to 2019-12-31
Data columns (total 2 columns):
 #   Column  Non-Null Count  Dtype
---  ------  --------------  -----
 0   price   2515 non-null   float64
 1   return  2515 non-null   float64
dtypes: float64(2)
memory usage: 58.9 KB
None
                price    return
Date
2019-12-24   284.27   0.000950
2019-12-26   289.91   0.019646
2019-12-27   289.80  -0.000380
2019-12-30   291.52   0.005918
2019-12-31   293.65   0.007280

In [2]:
```

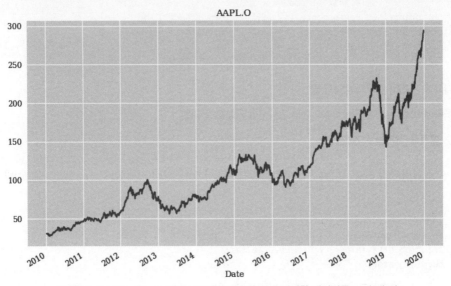

그림 6-1 BacktestBase 클래스가 종목코드에 대해 검색한 데이터를 그려 낸 것

두 개의 후속 절에서는 롱 전용 전략과 롱-숏 거래 전략을 백테스트하는 클래스를 제공한다. 이러한 클래스는 이번 절에 제시된 기저 클래스에 의존하기 때문에 백테스트 루틴을 간결하게 구현할수 있다.

---

1   옮긴이 저자의 깃허브 사이트에 있는 이 BacktestBase.py 프로그램의 마지막 줄에 있는 plt.savefig('../../images/ch06/backtestbaseplot.png')를 수정해서 plt.savefig('backtestbaseplot.png')로 바꾸는 것이 편리하다. 이러면 프로그램과 그림이 같은 폴더에 들어있게 되기 때문이다.

객체 지향 프로그래밍을 활용하면 파이썬 클래스 형태로 기본 백테스트 인프라를 구축할 수 있다. 다른 종류의 알고리즘 트레이딩 전략의 백테스트 중에 필요한 표준 기능은 중복되지 않고 유지하기 쉬운 방식으로 이러한 클래스에서 사용할 수 있다. 또한 기저 클래스를 향상시켜, 그 위에 구축된 여러 다른 클래스에 도움이 될 수 있는, 기본적으로 더 많은 특징들을 제공할 수도 있다.

롱 전용 백테스트 클래스

특정 투자자 선호 사항들이나 규정들에 근거하여 거래 전략의 일부로 공매도를 금지할 수 있다. 결과적으로 트레이더나 포트폴리오 관리자는 롱 포지션에 진입하거나 현금이나 머니마켓 계정 같은 비슷한 저위험 자산의 형태로 자본을 묻어 둘 수 있다. 192쪽에 나오는 '롱 전용 백테스트 클래스'에서는 BacktestLongOnly라고 하는 롱 전용 전략에 대한 백테스트 클래스 코드를 보여준다. BacktestBase 클래스에 의존하고 이것을 상속하기 때문에 SMA, 모멘텀, 평균회귀를 기반으로 세 가지 전략을 구현하는 코드는 다소 간결하다.

.run_mean_reversion_strategy() 메서드는 평균회귀 기반 전략에 대한 백테스트 절차를 구현한다. 이 메서드는 구현 관점에서 약간 까다로울 수 있으므로 자세히 설명한다. 그러나 기본적인 통찰이 다른 두 가지 전략을 구현하는 메서드로도 쉽게 이어진다.

```
def run_mean_reversion_strategy(self, SMA, threshold):
    '''평균회귀 기반 전략을 백테스트한다.

    파라미터
    ==========
    SMA: int
        일별 단순이동평균
    threshold: float
        SMA에 대한 편차 기반 신호의 절댓값
    '''
    msg = f'\n\nRunning mean reversion strategy | '
    msg += f'SMA={SMA} & thr={threshold}'
    msg += f'\nfixed costs {self.ftc} | '
    msg += f'proportional costs {self.ptc}'
    print(msg) ❶
    print('=' * 55)
    self.position = 0 ❷
    self.trades = 0 ❷
    self.amount = self.initial_amount ❸

    self.data['SMA'] = self.data['price'].rolling(SMA).mean() ❹

    for bar in range(SMA, len(self.data)): ❺
        if self.position == 0: ❻
            if(self.data['price'].iloc[bar] <
                self.data['SMA'].iloc[bar] - threshold): ❼
```

```
            self.place_buy_order(bar, amount=self.amount)   ❽
            self.position = 1   ❾
    elif self.position == 1:   ❿
        if self.data['price'].iloc[bar] >= self.data['SMA'].iloc[bar]:   ⓫
            self.place_sell_order(bar, units=self.units)   ⓬
            self.position = 0   ⓭
self.close_out(bar)   ⓮
```

❶ 처음에 이 메서드는 백테스트를 위한 주요 파라미터의 개요를 프린트한다.

❷ 포지션은 시장 중립market neutral으로 설정되어 있으며, 더 명확하게 하기 위해 여기에서 그렇게 하는 것이며, 어쨌든 그래야만 한다.

❸ 다른 백테스트 실행으로 값이 덮어써진 경우에는 현재 현금 잔고가 초기 금액으로 재설정된다.

❹ 전략 구현에 필요한 SMA 값을 계산한다.

❺ 시작 값 SMA는 전략 구현 및 백테스트를 시작하는 데 사용할 수 있는 SMA 값들이 반드시 있게 하기 위한 것이다.

❻ 조건문은 포지션이 시장 중립인지 여부를 확인한다.

❼ 포지션이 시장 중립이라면 현재 가격이 매수 주문을 촉발하고 매수할 수 있을 만큼 SMA에 비해 충분히 낮은지 확인한다.

❽ 현재 현금 잔고에 있는 금액으로 매수 주문을 집행한다.

❾ 마켓 포지션은 롱으로 설정된다.

❿ 조건문은 포지션이 시장에서 롱인지 여부를 확인한다.

⓫ 이 경우에 현재 가격이 SMA 수준 이상으로 수익을 냈는지를 확인한다.

⓬ 이 경우에 금융수단의 모든 단위에 대해 매도 주문이 이루어진다.

⓭ 마켓 포지션은 다시 중립으로 설정된다.

⓮ 백테스트 기간이 끝날 때 마켓 포지션이 열려 있으면 마켓 포지션을 닫는다.

192쪽에 나오는 '롱 전용 백테스트 클래스'에서 파이썬 스크립트를 실행하면 다음과 같이 백테스트 결과가 생성된다. 예제들은 고정 거래비용과 비례 거래비용의 영향을 보여준다. 첫째, 이러한 거래비용들이 일반적으로 성과를 삼켜 버린다. 어느 경우이든지, 거래비용을 고려하게 되면 성과가 떨어진다. 둘째, 거래비용이라는 요인을 통해 특정 전략이 시간의 흐름에 맞춰 촉발하는 거래 횟수가 중요하다는 점을 알 수 있다. 거래비용이 없으면 모멘텀 전략은 SMA 기반 전략을 훨씬 능가한다. 거래비용으로 인해 SMA 기반 전략에서는 거래 횟수를 줄이는 일에 의존하기 때문에 모멘텀 전략에 따른 성과를 능가하게 된다.

```
Running SMA strategy | SMA1=42 & SMA2=252
fixed costs 0.0 | proportional costs 0.0
===============================================
Final balance    [$] 56204.95
Net Performance [%] 462.05
===============================================

Running momentum strategy | 60 days
fixed costs 0.0 | proportional costs 0.0
===============================================
Final balance    [$] 136716.52
Net Performance [%] 1267.17
===============================================

Running mean reversion strategy | SMA=50 & thr=5
fixed costs 0.0 | proportional costs 0.0
===============================================
Final balance    [$] 53907.99
Net Performance [%] 439.08
===============================================

Running SMA strategy | SMA1=42 & SMA2=252
fixed costs 10.0 | proportional costs 0.01
===============================================
Final balance    [$] 51959.62
Net Performance [%] 419.60
===============================================

Running momentum strategy | 60 days
fixed costs 10.0 | proportional costs 0.01
===============================================
Final balance    [$] 38074.26
Net Performance [%] 280.74
===============================================

Running mean reversion strategy | SMA=50 & thr=5
fixed costs 10.0 | proportional costs 0.01
===============================================
Final balance    [$] 15375.48
Net Performance [%] 53.75
===============================================
```

5장에서는 동전의 양면처럼 성과에도 두 가지 측면이 있음을 강조한다. 바로 정확한 시장 방향 예측이라는 측면과, 시장타이밍을 정확하게 예측하기 위한 명중률(즉, 예측한 게 정확히 맞아 떨어진 비율)이라는 측면이 그것이다. 여기에 표시된 결과들을 통해서, 두 가지 측면 외에도 전략에 의해 촉발된 거래 횟수라고하는 '제3의 측면'도 있음을 알 수 있다. 거래비용이 없거나 낮은 그 밖의 전략에 비해 거래 빈도가 높은 전략의 성과가 뛰어나다는 주장쯤은 묵살해 버릴 수 있을 만큼, 전략의 거래 빈도가 클수록 그만큼 거래 비용을 많이 부담해야 한다. 무엇보다도 ETF(Exchange Traded Fund, 상장지수 펀드) 등을 기반으로 하는 저비용 패시브 투자(passive investment, 지표물 추종 투자) 전략이 이러한 사례가 되는 경우가 흔하다.

롱-숏 백테스트 클래스

194쪽에 나오는 '롱-숏 백테스트 클래스'에서는 BacktestBase 클래스에서도 상속을 받는 BacktestLongShort 클래스를 제공한다. 서로 다른 전략들의 백테스트를 위한 메서드들을 구현하는 일 외에도, 롱으로 가거나 숏으로 가는 데 필요한 메서드들을 추가로 구현한다. .go_short() 메서드는 반대 방향으로 정확히 똑같이 수행하므로 여기서는 .go_long() 메서드만 자세히 설명하겠다.

```
def go_long(self, bar, units=None, amount=None):      ❶
    if self.position == -1:   ❷
        self.place_buy_order(bar, units=-self.units)    ❸
    if units:   ❹
        self.place_buy_order(bar, units=units)    ❺
    elif amount:   ❻
        if amount == 'all':    ❼
            amount = self.amount    ❽
        self.place_buy_order(bar, amount=amount)    ❾

def go_short(self, bar, units=None, amount=None):
    if self.position == 1:
        self.place_sell_order(bar, units=self.units)
    if units:
        self.place_sell_order(bar, units=units)
    elif amount:
        if amount == 'all':
            amount = self.amount
        self.place_sell_order(bar, amount=amount)
```

❶ bar 외에도, 메서드는 거래된 수단의 단위 숫자 또는 통화 금액을 기대한다.

❷ .go_long() 케이스에서는 먼저 숏 포지션이 있는지 확인한다.

❸ 그렇다면, 숏 포지션이 먼저 닫힌다.

❹ 그런 다음에 units(단위)가 주어졌는지 확인한다.

❺ … 그에 따라 매수 주문이 시작된다.

❻ amount(금액)가 주어지면 두 가지 경우가 있을 수 있다.

❼ 첫째, 값은 all인데, 이를 번역하자면…

❽ …이는 현금 잔고에 들어 있는 모든 이용가능 현금이라는 말이다.

❾ 둘째, 값은 단순히 각 매수 주문을 내는 데 사용되는 수이다. 유동성이 충분한지 여부는 확인되지 않는다.

파이썬 클래스들을 간결하게 구현하기 위해 단순화하는 바람에 많은 책임을 사용자가 떠맡게 되었다. 예를 들어, 클래스는 거래를 집행하기에 충분한 유동성이 있는지 여부를 관리하지 않는다. 알고리즘 트레이더에게 충분한 신용을 부여한다거나 제한 없는 신용을 부여할 수 있다고 가정한다면, 이론적으로 볼 때 이러한 가정 행위를 경제적 단순화라고 할 수 있다. 또 다른 예로, 특정 메서드들은 두 파라미터(units 또는 amount) 중에 한 개 이상이 지정될 것으로 예상을 한다. 둘 다 설정되지 않은 경우를 포착하는 코드는 없다. 이러한 예상 행위는 기술적인 단순화에 해당한다.

다음은 BacktestLongShort 클래스에 있는 .run_mean_reversion_strategy() 메서드의 핵심 루프를 보여준다. 다시 말하지만, 구현이 조금 더 복잡하기 때문에 평균회귀 전략이 선택된다. 예를 들어, 중간적인 시장 중립 포지션으로 이어지는 유일한 전략이다. 이렇게 하면 194쪽에 나오는 '롱-숏 백테스트 클래스'에서 볼 수 있듯이 다른 두 가지 전략에 비해 검사를 더 많이 해야 한다.

```
for bar in range(SMA, len(self.data)):
    if self.position == 0:  ❶
        if (self.data['price'].iloc[bar] < self.data['SMA'].iloc[bar] - threshold):  ❷
            self.go_long(bar, amount=self.initial_amount)  ❸
            self.position = 1  ❹
        elif (self.data['price'].iloc[bar] > self.data['SMA'].iloc[bar] + threshold):  ❺
            self.go_short(bar, amount=self.initial_amount)
            self.position = -1  ❻
    elif self.position == 1:  ❼
        if self.data['price'].iloc[bar] >= self.data['SMA'].iloc[bar]:  ❽
            self.place_sell_order(bar, units=self.units)  ❾
            self.position = 0  ❿
    elif self.position == -1:  ⓫
        if self.data['price'].iloc[bar] <= self.data['SMA'].iloc[bar]:  ⓬
            self.place_buy_order(bar, units=-self.units)  ⓭
            self.position = 0  ⓮
self.close_out(bar)
```

❶ 제1수준의 첫 번째 조건문에서는 포지션이 시장 중립인지 여부를 확인한다.

❷ 이게 사실이면 현재 가격이 SMA에 비해 충분히 낮은지를 확인한다.

❸ 이 경우에 .go_long() 메서드가 호출된다.

❹ ... 그리고 마켓 포지션은 롱으로 설정된다.

❺ 현재 가격이 SMA에 비해 충분히 높으면 .go_short() 메서드가 호출된다.

❻ 그리고 마켓 포지션은 숏으로 설정된다.

❼ 제1수준의 두 번째 조건은 매수 마켓 포지션을 확인한다.

❽ 이 경우에 현재 가격이 SMA 수준 이상인지 다시 확인한다.

❾ 그렇다면 포트폴리오의 모든 단위를 매도하여 롱 포지션을 닫는다.

❿ 마켓 포지션은 뉴트럴neutral(중립)로 재설정된다.

⑪ 마지막으로 제1수준의 세 번째 조건문은 숏 포지션을 확인한다.

⑫ 현재 가격이 SMA 이하인 경우에는...

⑬ ...숏 포지션을 닫기 위해 모든 숏 단위에 대한 매수 주문이 촉발trigger된다.

⑭ 그런 다음에 마켓 포지션은 뉴트럴로 재설정된다.

194쪽에 나오는 '롱-숏 백테스트 클래스'에서 파이썬 스크립트를 실행하면 성과에 대한 결과들을 얻을 수 있는데, 이러한 결과는 전략 특성에 대한 추가 정보에 해당한다. 어떤 사람은 금융 수단을 숏하는 일에 유연성을 추가하면 더 나은 결과들을 얻을 수 있다고 가정하는 경향이 있다. 그러나 현실은 이것이 반드시 사실이 아니라는 점을 보여준다. 모든 전략은 거래비용이 없는 경우이든지 아니면 거래비용을 나중에 부과하는 경우이든지 간에 더 나쁜 성과를 낸다. 일부 구성들에서는 순 손실을 보게 되거나 부채 포지션까지 이르게 된다. 다음에 나오는 결과들은 어떤 특정한 경우에 해당하는 것들일 뿐이지만, 어쨌든 이런 결과들에 비춰 볼 때 지나치게 일찍 결론을 짓는 상황이거나 부채를 쌓아가는 데도 한도가 있다는 점을 계산에 넣지 않는 상황이라면 위험해질 수 있음을 알 수 있다.

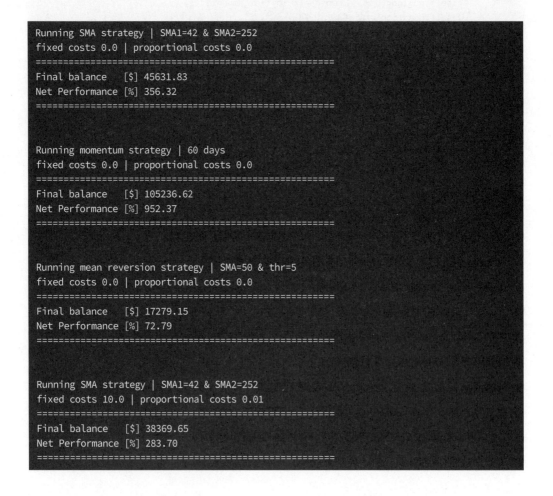

```
Running SMA strategy | SMA1=42 & SMA2=252
fixed costs 0.0 | proportional costs 0.0
=================================================
Final balance    [$] 45631.83
Net Performance  [%] 356.32
=================================================


Running momentum strategy | 60 days
fixed costs 0.0 | proportional costs 0.0
=================================================
Final balance    [$] 105236.62
Net Performance  [%] 952.37
=================================================


Running mean reversion strategy | SMA=50 & thr=5
fixed costs 0.0 | proportional costs 0.0
=================================================
Final balance    [$] 17279.15
Net Performance  [%] 72.79
=================================================


Running SMA strategy | SMA1=42 & SMA2=252
fixed costs 10.0 | proportional costs 0.01
=================================================
Final balance    [$] 38369.65
Net Performance  [%] 283.70
=================================================
```

```
Running momentum strategy | 60 days
fixed costs 10.0 | proportional costs 0.01
==================================================
Final balance   [$] 6883.45
Net Performance [%] -31.17
==================================================


Running mean reversion strategy | SMA=50 & thr=5
fixed costs 10.0 | proportional costs 0.01
==================================================
Final balance   [$] -5110.97
Net Performance [%] -151.11
==================================================
```

 예를 들어, 차액 거래(contract for difference, CFD) 상황에서 거래로 인해 시초 자본을 모두 소진하고 부채 포지션으로 이어질 수 있는 상황이 발생한다. 이들은 트레이더가 포지션 가치의 5%만 초기 마진 (initial margin, 개시증거금)으로 내놓기만 하면 되는, 레버리지(leverage, 타인 자본 활용도)가 높은 상품이다(레버리지가 20일 때). 예를 들어, 포지션 가치가 10%만큼 변경되면 트레이더는 해당 마진 콜(margin call, 추가 증거금 납부 요구)을 충족해야 할 수 있다. 10만 달러짜리 롱 포지션이라면 5,000달러에 해당하는 에쿼티(equity, 순가치)가 필요하다. 포지션이 9만 달러로 떨어지면 자산이 소멸되고 트레이더는 손실을 충당하기 위해 5,000달러를 더 적어 넣어야 한다. 이는 나머지 주식이 0달러로 떨어지자마자 포지션을 닫는 일, 즉 노 마진 스톱 아웃(no margin stop out, 증거금 부족으로 인한 이윤 없는 강제 청산)을 당하는 일을 떠맡게 된다.

결론

이번 장에서는 거래 전략들의 이벤트 기반 백테스트에 쓸 수 있는 클래스를 제공한다. 벡터화 백테스트와 비교하여 이벤트 기반 백테스트는 모든 단일한 새 이벤트(일반적으로 신규 데이터 도달이 이에 해당)를 개별적으로 처리할 수 있도록 루프와 반복을 의도적으로 많이 사용한다. 이는 무엇보다도 고정 거래비용이나 더 복잡한 전략(및 그 변형)에 쉽게 대처할 수 있게 더욱 유연한 접근 방식을 허용한다.

175쪽에 나오는 '백테스트 기저 클래스'에서는 다양한 거래 전략의 백테스트에 유용한 특정 메서드들이 있는 기저 클래스를 제공한다. 181쪽에 나오는 '롱 전용 백테스트 클래스' 및 184쪽에 나오는 '롱-숏 백테스트 클래스'에서는 이 인프라를 기반으로 롱 전용 및 롱-숏 거래 전략의 백테스트를 허용하는 클래스를 구현한다. 주로 비교할 목적으로 4장에서는 공식적으로 소개한 세 가지 전략을 모두 구현한다. 이번 장에 나오는 클래스들을 출발점으로 삼아 쉽게 개선하고 향상할 수 있다.

참조할 것들과 그 밖의 자료원

이전에 나온 여러 장에서는 이번 장에서 다루는 세 가지 거래 전략과 관련된 기본 아이디어와 개념을 소개했다. 이번 장에서는 처음으로 파이썬 클래스와 객체 지향 프로그래밍(OOP) 기법을 더 체계적으로 사용해 보았다. 파이썬 및 파이썬의 데이터 모형을 사용한 OOP에 대한 좋은 소개 내용을 Ramalho(2021)에서 찾을 수 있다. 금융에 적용되는 OOP를 더 간결하게 소개한 내용을 Hilpisch (2018, ch. 6)에서 찾을 수 있다.

- Yves Hilpisch. 2018. **Python for Finance: Mastering Data-Driven Finance. 2nd ed.** Sebastopol: O'Reilly.
- Luciano Ramalho. 2021. **Fluent Python: Clear, Concise, and Effective Programming. 2nd ed.** Sebastopol: O'Reilly.

파이썬 생태계는 알고리즘 트레이딩 전략의 백테스트를 허용하는 여러 옵션 패키지를 제공한다. 그 중에 네 개를 예로 들자면 다음과 같다.

- 비티bt: http://pmorissette.github.io/bt/
- 백트레이더Backtrader: https://backtrader.com/
- 파이알고트레이드PyAlgoTrade: http://gbeced.github.io/pyalgotrade/
- 집라인Zipline: https://github.com/quantopian/zipline

예를 들어, 집라인은 알고리즘 트레이딩 전략의 백테스트를 위해 인기있는 퀀토피안Quantopian[2] 플랫폼을 지원하지만 로컬로 설치해 사용할 수도 있다.

이러한 패키지를 사용하면 이번 장에 제시된 다소 단순한 클래스보다 더 철저하게 알고리즘 트레이딩 전략을 백테스트할 수 있지만, 이 책에서는 독자와 알고리즘 트레이더가 파이썬에 자체적으로 포함된 방식으로 코드를 구현할 수 있게 하는 것을 목표로 삼고 있다. 나중에 가서 실제 백테스트를 표준 패키지를 사용해서 수행하게 되더라도, 꼭 필요한 것은 아닐 수도 있겠지만 그 밖의 접근 방식이나 해당 방식의 역할을 잘 이해해 두면 유익할 것이다.

파이썬 스크립트

이번 장에서 참조하고 사용하는 파이썬 스크립트들이 이번 절에 나온다.

---

2   옮긴이 현재는 운영되지 않는다.

백테스트 기저 클래스

다음에 나오는 파이썬 코드에는 이벤트 기반 백테스트를 위한 기저 클래스가 들어 있다.

```
#
# 이벤트 기반 백테스트를 위한 기저 클래스를 사용하는 파이썬 스크립트.
#

# Python for Algorithmic Trading
# (c) Dr. Yves J. Hilpisch
# The Python Quants GmbH
#
import numpy as np
import pandas as pd
from pylab import mpl, plt
plt.style.use('seaborn')
mpl.rcParams['font.family'] = 'serif'


class BacktestBase(object):
    '''거래 전략을 가지고 이벤트 기반 백테스트를 하기 위한 기저 클래스다.

    속성
    ==========
    symbol: str
        사용할 TR RIC (금융 수단)
    start: str
        데이터를 선택한 부분의 시작 일자
    end: str
        데이터를 선택한 부분의 종료 일자
    amount: float
        한 번 투자하거나 거래당 투자할 금액
    ftc: float
        거래당 고정 거래비용(매수 또는 매도)
    ptc: float
        거래당 비례 거래비용(매수 또는 매도)

    메서드
    =======
    get_data:
        기본 데이터 집합을 검색해(인출해) 준비한다.
    plot_data:
        종목코드에 대한 종가를 그려 낸다.
    get_date_price:
        주어진 봉에 대한 일자와 가격을 반환한다.
    print_balance:
        현재 (현금) 잔고를 프린트해 낸다.
    print_net_wealth:
        현재 순 자산을 프린트해 낸다.
    place_buy_order:
        매수 주문을 넣는다.
```

```
place_sell_order:
    매도 주문을 넣는다.
close_out:
    롱 포지션이나 숏 포지션을 닫는다.
'''

def __init__(self, symbol, start, end, amount,
             ftc=0.0, ptc=0.0, verbose=True):
    self.symbol = symbol
    self.start = start
    self.end = end
    self.initial_amount = amount
    self.amount = amount
    self.ftc = ftc
    self.ptc = ptc
    self.units = 0
    self.position = 0
    self.trades = 0
    self.verbose = verbose
    self.get_data()

def get_data(self):
    ''' 데이터를 검색해(인출해) 준비해둔다. '''
    raw = pd.read_csv('http://hilpisch.com/pyalgo_eikon_eod_data.csv',
                      index_col=0, parse_dates=True).dropna()
    raw = pd.DataFrame(raw[self.symbol])
    raw = raw.loc[self.start:self.end]
    raw.rename(columns={self.symbol: 'price'}, inplace=True)
    raw['return'] = np.log(raw / raw.shift(1))
    self.data = raw.dropna()

def plot_data(self, cols=None):
    ''' 종목코드의 종가를 표시한다. '''
    if cols is None:
        cols = ['price']
    self.data['price'].plot(figsize=(10, 6), title=self.symbol)

def get_date_price(self, bar):
    ''' 봉에 대한 일자와 가격을 반환한다. '''
    date = str(self.data.index[bar])[:10]
    price = self.data.price.iloc[bar]
    return date, price

def print_balance(self, bar):
    ''' 현재 현금잔고 정보를 프린트한다. '''
    date, price = self.get_date_price(bar)
    print(f'{date} | current balance {self.amount:.2f}')

def print_net_wealth(self, bar):
    ''' 현재 현금잔고 정보를 프린트한다. '''
    date, price = self.get_date_price(bar)
    net_wealth = self.units * price + self.amount
```

```
        print(f'{date} | current net wealth {net_wealth:.2f}')

    def place_buy_order(self, bar, units=None, amount=None):
        ''' 매수 주문을 넣는다. '''
        date, price = self.get_date_price(bar)
        if units is None:
            units = int(amount / price)
        self.amount -=(units * price) *(1 + self.ptc) + self.ftc
        self.units += units
        self.trades += 1
        if self.verbose:
            print(f'{date} | selling {units} units at {price:.2f}')
            self.print_balance(bar)
            self.print_net_wealth(bar)

    def place_sell_order(self, bar, units=None, amount=None):
        ''' 매도 주문을 넣는다. '''
        date, price = self.get_date_price(bar)
        if units is None:
            units = int(amount / price)
        self.amount += (units * price) * (1 - self.ptc) - self.ftc
        self.units -= units
        self.trades += 1
        if self.verbose:
            print(f'{date} | selling {units} units at {price:.2f}')
            self.print_balance(bar)
            self.print_net_wealth(bar)

    def close_out(self, bar):
        ''' 롱 포지션이나 숏 포지션을 닫는다. '''
        date, price = self.get_date_price(bar)
        self.amount += self.units * price
        self.units = 0
        self.trades += 1
        if self.verbose:
            print(f'{date} | inventory {self.units} units at {price:.2f}')
            print('=' * 55)
        print('Final balance   [$] {:.2f}'.format(self.amount))
        perf =((self.amount - self.initial_amount) /
                self.initial_amount * 100)
        print('Net Performance [%] {:.2f}'.format(perf))
        print('Trades Executed [#] {:.2f}'.format(self.trades))
        print('=' * 55)


if __name__ == '__main__':
    bb = BacktestBase('AAPL.O', '2010-1-1', '2019-12-31', 10000)
    print(bb.data.info())
    print(bb.data.tail())
    bb.plot_data()
```

롱 전용 백테스트 클래스

다음은 SMA, 모멘텀 및 평균회귀 기반 전략 구현과 함께 롱 전용 전략의 이벤트 기반 백테스트를 위한 클래스가 있는 파이썬 코드를 보여준다.

```
#
# 이벤트 기반 백테스트를 할 수 있게 하는 롱 전용 클래스를 사용하는 파이썬 스크립트.
#
# Python for Algorithmic Trading
# (c) Dr. Yves J. Hilpisch
# The Python Quants GmbH
#
from BacktestBase import *


class BacktestLongOnly(BacktestBase):

    def run_sma_strategy(self, SMA1, SMA2):
        '''
        SMA 기반 전략 백테스트.

        파라미터
        ==========
        SMA1, SMA2: int
        롱과 숏의 더 긴 기간에 대한 단순이동평균(일)
        '''
        msg = f'\n\nRunning SMA strategy | SMA1={SMA1} & SMA2={SMA2}'
        msg += f'\nfixed costs {self.ftc} | '
        msg += f'proportional costs {self.ptc}'
        print(msg)
        print('=' * 55)
        self.position = 0  # 초기 뉴트럴 포지션
        self.trades = 0  # 아직은 거래 없음
        self.amount = self.initial_amount  # 초기 금액을 재설정
        self.data['SMA1'] = self.data['price'].rolling(SMA1).mean()
        self.data['SMA2'] = self.data['price'].rolling(SMA2).mean()

        for bar in range(SMA2, len(self.data)):
            if self.position == 0:
                if self.data['SMA1'].iloc[bar] > self.data['SMA2'].iloc[bar]:
                    self.place_buy_order(bar, amount=self.amount)
                    self.position = 1  # 롱 포지션
            elif self.position == 1:
                if self.data['SMA1'].iloc[bar] < self.data['SMA2'].iloc[bar]:
                    self.place_sell_order(bar, units=self.units)
                    self.position = 0  # 시장 중립
        self.close_out(bar)

    def run_momentum_strategy(self, momentum):
        '''
```

모멘텀 기반 전략 백테스트.

파라미터
==========
momentum: int
평균 수익 계산 일수
'''

```
msg = f'\n\nRunning momentum strategy | {momentum} days'
msg += f'\nfixed costs {self.ftc} | '
msg += f'proportional costs {self.ptc}'
print(msg) print('=' * 55)
self.position = 0  # 초기 뉴트럴 포지션
self.trades = 0  # 아직은 거래 없음
self.amount = self.initial_amount  # 초기 자본 재설정
self.data['momentum'] = self.data['return'].rolling(momentum).mean()
for bar in range(momentum, len(self.data)):
    if self.position == 0:
        if self.data['momentum'].iloc[bar] > 0:
            self.place_buy_order(bar, amount=self.amount)
            self.position = 1  # 롱 포지션
    elif self.position == 1:
        if self.data['momentum'].iloc[bar] < 0:
            self.place_sell_order(bar, units=self.units)
            self.position = 0  # 시장 중립
self.close_out(bar)

def run_mean_reversion_strategy(self, SMA, threshold):
    '''
    평균회귀 기반 전략 백테스트

    파라미터
    ==========
    SMA: int
    일 단위 단순이동평균
    threshold: float
    SMA에 대한 편차 기반 신호의 절댓값
    '''
    msg = f'\n\nRunning mean reversion strategy | '
    msg += f'SMA={SMA} & thr={threshold}'
    msg += f'\nfixed costs {self.ftc} | '
    msg += f'proportional costs {self.ptc}'
    print(msg)
    print('=' * 55)
    self.position = 0
    self.trades = 0
    self.amount = self.initial_amount

    self.data['SMA'] = self.data['price'].rolling(SMA).mean()

    for bar in range(SMA, len(self.data)):
        if self.position == 0:
            if (self.data['price'].iloc[bar] <
```

```
                              self.data['SMA'].iloc[bar] - threshold):
                          self.place_buy_order(bar, amount=self.amount)
                          self.position = 1
                  elif self.position == 1:
                      if self.data['price'].iloc[bar] >= self.data['SMA'].iloc[bar]:
                          self.place_sell_order(bar, units=self.units)
                          self.position = 0
          self.close_out(bar)


if __name__ == '__main__':
    def run_strategies():
        lobt.run_sma_strategy(42, 252)
        lobt.run_momentum_strategy(60)
        lobt.run_mean_reversion_strategy(50, 5)
    lobt = BacktestLongOnly('AAPL.O', '2010-1-1', '2019-12-31', 10000, verbose=False)
    run_strategies()
    # 거래 비용: 10 USD 고정, 1% 변동
    lobt = BacktestLongOnly('AAPL.O', '2010-1-1', '2019-12-31', 10000, 10.0, 0.01, False)
    run_strategies()
```

롱-숏 백테스트 클래스

다음 파이썬 코드에는 SMA와 모멘텀 및 평균회귀 기반 전략을 구현한 것과 더불어, 롱-숏 전략의
이벤트 기반 백테스트를 위한 클래스가 포함되어 있다.

```
#
#
# 이벤트 기반 백테스트를 할 수 있게 하는 롱 전용 클래스가 있는 파이썬 스크립트.
#
# Python for Algorithmic Trading
# (c) Dr. Yves J. Hilpisch
# The Python Quants GmbH
#
from BacktestBase import *

class BacktestLongShort(BacktestBase):

    def go_long(self, bar, units=None, amount=None):
        if self.position == -1:
            self.place_buy_order(bar, units=-self.units)
        if units:
            self.place_buy_order(bar, units=units)
        elif amount:
            if amount == 'all':
                amount = self.amount
            self.place_buy_order(bar, amount=amount)

    def go_short(self, bar, units=None, amount=None):
```

```python
            if self.position == 1:
                self.place_sell_order(bar, units=self.units)
        if units:
            self.place_sell_order(bar, units=units)
        elif amount:
            if amount == 'all':
                amount = self.amount
            self.place_sell_order(bar, amount=amount)

    def run_sma_strategy(self, SMA1, SMA2):
        msg = f'\n\nRunning SMA strategy | SMA1={SMA1} & SMA2={SMA2}'
        msg += f'\nfixed costs {self.ftc} | '
        msg += f'proportional costs {self.ptc}'
        print(msg)
        print('=' * 55)
        self.position = 0  # 초기 뉴트럴 포지션
        self.trades = 0  # 아직 거래 없음
        self.amount = self.initial_amount  # 초기 자본 재설정
        self.data['SMA1'] = self.data['price'].rolling(SMA1).mean()
        self.data['SMA2'] = self.data['price'].rolling(SMA2).mean()

        for bar in range(SMA2, len(self.data)):
            if self.position in [0, -1]:
                if self.data['SMA1'].iloc[bar] > self.data['SMA2'].iloc[bar]:
                    self.go_long(bar, amount='all')
                    self.position = 1  # 롱 포지션
            if self.position in [0, 1]:
                if self.data['SMA1'].iloc[bar] < self.data['SMA2'].iloc[bar]:
                    self.go_short(bar, amount='all')
                    self.position = -1  # 숏 포지션
        self.close_out(bar)

    def run_momentum_strategy(self, momentum):
        msg = f'\n\nRunning momentum strategy | {momentum} days'
        msg += f'\nfixed costs {self.ftc} | '
        msg += f'proportional costs {self.ptc}'
        print(msg)
        print('=' * 55)
        self.position = 0  # 초기 뉴트럴 포지션
        self.trades = 0  # 아직 거래 없음
        self.amount = self.initial_amount  # 초기 자본 재설정
        self.data['momentum'] = self.data['return'].rolling(momentum).mean()
        for bar in range(momentum, len(self.data)):
            if self.position in [0, -1]:
                if self.data['momentum'].iloc[bar] > 0:
                    self.go_long(bar, amount='all')
                    self.position = 1  # 롱 포지션
            if self.position in [0, 1]:
                if self.data['momentum'].iloc[bar] <= 0:
                    self.go_short(bar, amount='all')
                    self.position = -1  # 숏 포지션
        self.close_out(bar)
```

```python
        def run_mean_reversion_strategy(self, SMA, threshold):
            msg = f'\n\nRunning mean reversion strategy | '
            msg += f'SMA={SMA} & thr={threshold}'
            msg += f'\nfixed costs {self.ftc} | '
            msg += f'proportional costs {self.ptc}'
            print(msg)
            print('=' * 55)
            self.position = 0  # 초기 뉴트럴 포지션
            self.trades = 0  # 아직 거래 없음
            self.amount = self.initial_amount  # 초기 자본 재설정

            self.data['SMA'] = self.data['price'].rolling(SMA).mean()

            for bar in range(SMA, len(self.data)):
                if self.position == 0:
                    if (self.data['price'].iloc[bar] <
                            self.data['SMA'].iloc[bar] - threshold):
                        self.go_long(bar, amount=self.initial_amount)
                        self.position = 1
                    elif (self.data['price'].iloc[bar] >
                        self.data['SMA'].iloc[bar] + threshold):
                        self.go_short(bar, amount=self.initial_amount)
                        self.position = -1
                elif self.position == 1:
                    if self.data['price'].iloc[bar] >= self.data['SMA'].iloc[bar]:
                        self.place_sell_order(bar, units=self.units)
                        self.position = 0
                elif self.position == -1:
                    if self.data['price'].iloc[bar] <= self.data['SMA'].iloc[bar]:
                        self.place_buy_order(bar, units=-self.units)
                        self.position = 0
            self.close_out(bar)

if __name__ == '__main__':
    def run_strategies():
        lsbt.run_sma_strategy(42, 252)
        lsbt.run_momentum_strategy(60)
        lsbt.run_mean_reversion_strategy(50, 5)
    lsbt = BacktestLongShort('EUR=', '2010-1-1', '2019-12-31', 10000,
                            verbose=False)
    run_strategies()
    # 거래 비용: 10달러 고정, 1% 변동
    lsbt = BacktestLongShort('AAPL.O', '2010-1-1', '2019-12-31',
                            10000, 10.0, 0.01, False)
    run_strategies()
```

CHAPTER

7

실시간 데이터와 소켓 사용

우주의 비밀을 찾고 싶다면 에너지, 주파수, 진동이라는 측면에서 생각하세요.

— 니콜라 테슬라_{Nikola Tesla}

거래 아이디어를 개발하고 이를 백테스트하는 일은 다소 비동기적일 뿐만 아니라 임무필수적_{critical} 과정도 아니며, 이 과정이 반복될 수도 있고 반복되지 않을 수도 있으며, 자본을 걸고 하는 일도 아니며, 성능과 속도가 아주 중요한 요건이 되는 상황도 아니다. 반면에 시장으로 향해 가서 거래 전략을 전개하게 되면 상당히 많은 규칙이 바뀌고 만다. 일반적으로 대량 데이터가 실시간으로 도달하므로 데이터의 실시간 처리와 스트리밍 데이터를 기반으로 한 실시간 의사결정이 필요하게 된다. 이번 장에서는 기술적인 도구로 흔히 쓰는 **소켓**_{sockets}을 선택해서 실시간 데이터를 가지고 작업하는 방법을 설명한다. 이러한 맥락에서 핵심 기술 용어들을 이루는 단어 몇 가지를 들면 다음과 같다.

네트워크 소켓_{network socket}
　　컴퓨터 네트워크에서 연결의 끝점을 이르는 말인데, 간단히 소켓이라고도 부른다.

소켓 주소_{socket address}
　　인터넷 프로토콜(IP) 주소와 포트 번호의 조합이다.

소켓 프로토콜_{socket protocol}
　　TCP_{Transfer Control Protocol}(전송 제어 규약) 같은 소켓 통신을 정의하고 처리하는 프로토콜이다.

소켓 쌍socket pair

서로 통신하는 로컬 소켓과 원격 소켓의 조합이다.

소켓 APIsocket API

소켓 제어와 통신 제어를 할 수 있게 하는 응용 프로그래밍 인터페이스다.

이번 장에서는 가볍고 빠르며 확장 가능한 소켓 프로그래밍 라이브러리인 ZeroMQ(https://zeromq.org/)를 사용하는 데 초점을 맞춘다. 가장 널리 사용되는 프로그래밍 언어에 대한 래퍼가 있는 여러 플랫폼에서 사용할 수 있다. ZeroMQ는 소켓 통신을 위해 다양한 패턴을 지원한다. 이러한 패턴 중 하나는 단일 소켓이 데이터를 게시하고 여러 소켓이 동시에 데이터를 검색하는 소위 **게시자-구독자**publisher-subscriber, PUB-SUB 패턴이다. 이것은 라디오 장치를 통해 수천 명의 사람들이 동시에 듣는 프로그램을 방송하는 라디오 방송국과 비슷하다.

PUB-SUB 패턴을 고려할 때 알고리즘 트레이딩의 기본 적용 시나리오는 거래소나 거래 플랫폼이나 데이터 서비스 제공 업체에서 실시간 금융 데이터를 검색하는 것이다. 유로/달러(EUR/USD) 통화 쌍을 기반으로 장중 거래 아이디어를 개발하고 이를 철저히 백테스트했다고 가정해 보자. 그렇다면 해당 전략을 전개할 때 실시간으로 가격 데이터를 수신하고 처리할 수 있어야 한다. 이것은 PUB-SUB 패턴과 정확히 일치한다. 핵심 인스턴스는 사용 가능한 새 틱 데이터가 생기면 이것을 브로드캐스트broadcast(전파)하고, 사용자는 물론 수천 명의 다른 사용자는 해당 데이터를 동시에 수신해 처리한다.[1]

이번 장을 다음과 같이 구성하였다. 다음 쪽에 나오는 '모의 틱 데이터 서버 실행'에서는 모의 금융 데이터를 사용할 수 있게 틱 데이터 서버를 구현하고 실행하는 방법을 설명한다. 202쪽에 나오는 '모의 틱 데이터 클라이언트 연결'에서는 틱 데이터 서버에 연결하기 위한 틱 데이터 클라이언트를 구현한다. 203쪽에 나오는 '실시간 신호 생성'에서는 틱 데이터 서버의 데이터를 기반으로 실시간 거래 신호를 생성하는 방법을 보여준다. 마지막으로 206쪽에 나오는 'Plotly 기반 스트리밍 데이터 시각화'에서는 실시간으로 스트리밍 데이터를 효율적으로 방법으로 그려내는 Plotly(https://plotly.com/)라는 시각화 패키지를 소개한다.

알고리즘 트레이딩 상황에서 스트리밍 데이터로 작업할 수 있는 도구 세트와 접근 방식을 제공하는 게 이번 장의 목표다.

---

1 동시에(simultaneously), 즉 같은 시각에(at the same time)라는 것에 말하자면, 이것은 이론적이면서도 이상적일 뿐이다. 실제 애플리케이션에서 송신 소켓과 수신 소켓, 네트워크 속도 및 기타 요소 사이의 서로 다른 거리는 가입자 소켓당 정확한 검색 시간에 영향을 미친다.

이번 장에 나오는 코드는 소켓 통신에 쓰이는 포트들의 성능이 허락되는 수준에 이르끼까지 포트들을 최대한 사용하면서 스크립트를 동시에 두 개 이상 실행해야 한다. 따라서 다른 파이썬 커널을 실행하는 그 밖의 터미널 인스턴스에서 이번 장에 나오는 코드를 실행하는 것이 좋다. 예를 들어, 단일 주피터 노트북 내에서 실행하면 코드가 일반적으로 동작하지 않는다. 그러나 단말기의 틱 데이터 서버 스크립트와 (아래에 나오는 '모의 틱 데이터 서버 실행'을 참고하자) 주피터 노트북에서 데이터를 검색하는 일은 된다(206쪽에 나오는 'Plotly 기반 스트리밍 데이터 시각화'를 참고하자).

모의 틱 데이터 서버 실행

이번 절에서는 시뮬레이션된 금융수단 가격을 기반으로 모의 틱 데이터 서버를 실행하는 방법을 보여준다. 데이터 생성에 사용되는 모형은 수식 7-1처럼 정확한 오일러 이산화를 사용할 수 있는 기하적 브라운 운동(피제수 없음)이다. 여기에서 S는 수단 가격, r은 고정 매도 금리, σ는 고정 변동률 요인, z는 표준 정규확률변수이다. Δt는 수단 가격에 대한 두 개의 개별 관측치 사이의 간격이다.

$$S_t = S_{t-\Delta t} \cdot \exp\left(\left(r - \frac{\sigma^2}{2}\right)\Delta t + \sigma\sqrt{\Delta t}z\right)$$

식 7-1 기하적 브라운 운동의 오일러 이산화

이 모형을 사용하는, 213쪽에 나오는 '모의 틱 데이터 서버'에서는 ZeroMQ를 사용하는 틱 데이터 서버와 InstrumentPrice라는 클래스를 구현하여 새로운 시뮬레이션 틱 데이터를 무작위 방식으로 게시하는 파이썬 스크립트를 제공한다. 게시 이벤트는 두 가지 방법으로 무작위로 지정된다. 첫째, 주가는 몬테카를로 시뮬레이션을 기반으로 한다. 두 번째는 무작위로 만든 두 게시 이벤트 사이의 시간 간격이다. 이번 절의 나머지 부분에서는 스크립트의 주요 부분을 자세히 설명한다.

다음에 나오는 스크립트 중에서 첫 부분은 무엇보다도 ZeroMQ의 파이썬 래퍼에 대해 일부 가져오기를 수행한다. 또한, PUB 형식 소켓을 여는 데 필요한 주요 객체를 인스턴스화한다.

```
import zmq  ❶
import math
import time
import random

context = zmq.Context()  ❷
socket = context.socket(zmq.PUB)  ❸
socket.bind('tcp://0.0.0.0:5555')  ❹
```

❶ 이것은 ZeroMQ 라이브러리에 대한 파이썬 래퍼를 가져온다.

❷ Context 객체가 인스턴스화된다. 이 객체는 소켓 통신의 핵심이 되는 객체다.

❸ 소켓 자체는 PUB 소켓 유형('통신 패턴')에 따라 정의된다.

❹ 소켓은 로컬 IP 주소(리눅스와 맥오에스에서는 0.0.0.0, 윈도우에서는 127.0.0.1)와 포트 번호 5555에 바인딩된다.

InstrumentPrice(수단 가격) 클래스는 시간의 흐름에 따른 수단 가격을 시뮬레이션하기 위한 것이다. 속성으로는, 수단의 종목코드(symbol) 및 인스턴스가 생성되는 시간 외에도 기하적 브라운 운동에 대한 주요 파라미터가 있다. 유일한 메서드인 .simulate_value()는 마지막으로 호출된 이후 경과된 시간과 임의의 요인을 고려하여 주가에 대한 새 값을 생성한다.

```python
class InstrumentPrice(object):
    def __init__(self):
        self.symbol = 'SYMBOL'
        self.t = time.time()   ❶
        self.value = 100.
        self.sigma = 0.4
        self.r = 0.01

    def simulate_value(self):
        ''' 새롭고 무작위한 주가를 생성한다.
        '''
        t = time.time()   ❷
        dt = (t - self.t) / (252 * 8 * 60 * 60)   ❸
        dt *= 500   ❹
        self.t = t   ❺
        self.value *= math.exp((self.r - 0.5 * self.sigma ** 2) * dt +
                        self.sigma * math.sqrt(dt) * random.gauss(0, 1))   ❻
        return self.value
```

❶ t 속성은 초기화 시간을 저장한다.

❷ .simulate_value() 메서드가 호출되면 현재 시간이 기록된다.

❸ dt는 현재 시간과 (거래) 연도 부분의 self.t에 저장된 시간 간의 시간 간격을 나타낸다.

❹ 수단 가격 간의 이동을 더 크게 하기 위해 이 코드 줄은 dt 변수를 (임의의 계수로) 조정한다.

❺ 속성 t는 다음 메서드 호출에 대한 참조 지점을 나타내는 현재 시간으로 업데이트된다.

❻ 기하적 브라운 운동에 대한 오일러 방식을 기반으로 새로운 수단 가격이 시뮬레이션된다.

스크립트의 주요 부분은 InstrumentPrice 형식 객체와 무한 while 루프의 인스턴스화로 구성된다. while 루프를 도는 동안 새로운 수단의 가격이 시뮬레이션되고, 메시지가 생성되어 프린트되고 소켓을 통해 전송된다.

마지막으로 임의의 시간 동안 실행이 일시 중지된다.

```
ip = InstrumentPrice()    ❶

while True:    ❷
    msg = '{} {:.2f}'.format(ip.symbol, ip.simulate_value())    ❸
    print(msg)    ❹
    socket.send_string(msg)    ❺
    time.sleep(random.random() * 2)    ❻
```

❶ 이 줄은 InstrumentPrice 객체를 인스턴스화한다.

❷ 무한 while 루프가 시작된다.

❸ 메시지 텍스트는 symbol 속성과 새로 시뮬레이션된 주가 값을 기반으로 생성된다.

❹ 메시지 str 객체는 표준 출력으로 프린트된다.

❺ 이 객체는 구독된 소켓으로도 전송된다.

❻ 루프 실행은 임의의 시간(0~2초) 동안 일시 중지되어, 시장에 새로운 틱 데이터가 무작위로 도달하는 것
을 시뮬레이션한다.

스크립트를 실행하면 다음과 같은 메시지가 출력된다.

```
(base) pro:ch07 yves$ Python TickServer.py
SYMBOL 100.00
SYMBOL 99.65
SYMBOL 99.28
SYMBOL 99.09
SYMBOL 98.76
SYMBOL 98.83
SYMBOL 98.82
SYMBOL 98.92
SYMBOL 98.57
SYMBOL 98.81
SYMBOL 98.79
SYMBOL 98.80
```

이 시점에서 스크립트가 tcp://0.0.0.0:5555(윈도우의 경우에 tcp://127.0.0.1:5555)에 바인딩된 소켓
을 통해 동일한 메시지를 보내는지 여부를 아직 확인할 수 없다. 이를 위해 소켓 쌍을 완료하려면
게시 소켓을 구독하는 다른 소켓이 필요하다.

종종 금융수단의 가격에 대한 몬테카를로 시뮬레이션은 동차(homogeneous, 동일 차수)인 시간 간격(예:
'1 거래일')에 의존한다. 예를 들어 이것은 많은 경우에 더 긴 기간에 걸친 일말 종가(end-of-day closing
price)로 작업하기에 '충분히 좋은' 근사치이다. 장중 틱 데이터 상황에서 데이터가 무작위로 도달하는 특
성을 중요하게 고려해야 한다. 틱 데이터 서버용 파이썬 스크립트는 실행을 일시 중지하는 동안 임의의
시간 간격으로 임의 도달 시간을 구현한다.

모의 틱 데이터 클라이언트 연결

틱 데이터 서버의 코드는 이미 충분히 간결하며, 코드의 가장 긴 부분을 InstrumentPrice라는 시뮬레이션용 클래스가 담당한다. 214쪽에 나오는 '틱 데이터 클라이언트'에 표시된 것처럼 각 틱 데이터 클라이언트에 대한 코드는 훨씬 더 간결하다. 코드 몇 줄 만으로 기본 Context 객체를 인스턴스화하고 게시 소켓에 연결하고 여기서 유일하게 사용할 수 있는 채널인 SYMBOL 채널을 구독할 수 있다. while 루프에서 문자열 기반 메시지가 수신되고 프린트된다. 루프는 다소 짧은 스크립트를 만든다.

다음 스크립트의 초기 부분은 틱 데이터 서버 스크립트와 거의 대칭을 이룬다.

```
import zmq  ❶

context = zmq.Context()  ❷
socket = context.socket(zmq.SUB)  ❸
socket.connect('tcp://0.0.0.0:5555')  ❹
socket.setsockopt_string(zmq.SUBSCRIBE, 'SYMBOL')  ❺
```

❶ 이 코드는 ZeroMQ 라이브러리에 대한 파이썬 래퍼를 가져온다.

❷ 클라이언트의 경우에 기본 객체는 zmq.Context의 인스턴스이기도 하다.

❸ 여기부터는 코드가 다른데, 소켓 유형이 SUB로 설정되기 때문이다.

❹ 이 소켓은 각 IP 주소 및 포트 조합에 연결된다.

❺ 이 코드 줄은 소켓이 구독하는 소위 채널을 정의한다. 여기에서는 1개 채널밖에 없지만 그럼에도 불구하고 채널에 대한 사양specification(규격)이 필요하다. 그러나 실제 애플리케이션에서는 소켓 연결을 통해 다양한 종목코드에 대한 데이터를 수신할 수 있다.

while 루프는 서버 소켓에서 보낸 메시지를 검색하고 출력하는 것으로 귀결된다.

```
while True:  ❶
    data = socket.recv_string()  ❷
    print(data)  ❸
```

❶ 이 소켓은 무한 루프로 데이터를 받는다.

❷ 이것은 데이터(문자열 기반 메시지)가 수신되는, 코드의 주요 줄이다.

❸ 데이터는 stdout(표준출력장치, 즉 모니터)에 프린트(즉, 표시)된다.

소켓 클라이언트용 파이썬 스크립트의 출력은 소켓 서버용 파이썬 스크립트의 출력과 아주 똑같다.

```
(base) pro:ch07 yves$ Python TickClient.py
SYMBOL 100.00
SYMBOL 99.65
SYMBOL 99.28
SYMBOL 99.09
SYMBOL 98.76
SYMBOL 98.83
SYMBOL 98.82
SYMBOL 98.92
SYMBOL 98.57
SYMBOL 98.81
SYMBOL 98.79
SYMBOL 98.80
```

소켓 통신을 통해 문자열 기반 메시지 형태로 데이터를 검색retrieving(인출)하는 일은, 실시간 거래 신호 생성이나 데이터 시각화처럼, 데이터를 기반으로 수행되는 작업에 앞서 해야 할 일일 뿐이다. 이것이 다음 두 절에서 다루는 내용이다.

 ZeroMQ를 사용하면 다른 객체 형식도 전송할 수 있다. 예를 들어, 소켓을 통해 파이썬 객체를 보내는 옵션이 있다. 이를 위해 객체는 기본적으로 pickle에 의해서 직렬화 및 역직렬화가 된다. 이를 수행하는 각 메서드는 .send_pyobj()와 .recv_pyobj()이다(PyZMQ API[https://pyzmq.readthedocs.io/en/latest/api/zmq.html]를 참고하자). 그러나 실제로 플랫폼과 데이터를 제공하는 업체에서는 다양한 환경을 지원하며, 파이썬은 그렇게 제공하는 여러 언어 중 하나에 불과하다. 따라서, 예를 들어, JSON과 같은 표준 데이터 형식과 함께 문자열 기반 소켓 통신이 자주 사용된다.

실시간 신호 생성

온라인 알고리즘online algorithm이란 시간의 흐름에 맞춰 점진적으로(비트 단위별로 한 개씩) 수신되는 데이터를 기반으로 하는 알고리즘이다. 이러한 알고리즘은 관련 변수 및 파라미터의 현재 상태와 이전 상태만 알 뿐 미래 상태를 알지 못한다. 이것은 (완벽한) 예지력이라는 요소를 배제해야만 하는 금융 거래 알고리즘에 대한 현실적 구성이다. 반대로 **오프라인 알고리즘**offline algorithm은 처음부터 전체 데이터셋을 알고 있다. 컴퓨터 과학 분야에 속한 알고리즘 중에 많은 것들이 오프라인 알고리즘(예: 숫자 목록을 정렬하는 알고리즘) 범주에 속한다.

온라인 알고리즘을 기반으로 신호를 실시간으로 생성하려면 시간의 흐름에 맞춰 데이터를 수집하고 처리해야 한다. 예를 들어, 세 개의 5초 간격 시계열 모멘텀 기반 거래 전략을 생각해 보자(4장을 참고하자). 틱 데이터를 수집한 다음에는 다시 표집sampling해야 하는데, 재표집resampling한 데이터셋을 기반으로 모멘텀을 계산해야 한다. 시간이 지나면 지속적인 증분 업데이트가 발생한다. 215쪽에 나오는 '모멘텀 온라인 알고리즘'에서는 앞서서 온라인 알고리즘으로 소개했던, 모멘텀 전략을 구현하는 파이썬 스크립트를 제시한다. 기술적으로 보면, 소켓 통신을 처리하는 일 외에도 두 가지 주요 작업이 있다. 첫 번째는 틱 데이터의 검색 및 저장이다.

```python
df = pd.DataFrame()  ❶
mom = 3  ❷
min_length = mom + 1  ❸

while True:
    data = socket.recv_string()  ❹
    t = datetime.datetime.now()  ❺
    sym, value = data.split()  ❻
    df = df.append(pd.DataFrame({sym: float(value)}, index=[t]))  ❼
```

❶ 틱 데이터를 수집하기 위해 빈 판다스 DataFrame을 인스턴스화한다.

❷ 모멘텀 계산을 위한 시간 간격 수를 정의한다.

❸ 트리거될 신호 생성의(초기) 최소 길이를 지정한다.

❹ 소켓 연결을 통한 틱 데이터 검색.

❺ 데이터 검색을 위해 타임스탬프가 생성된다.

❻ 문자열 기반 메시지는 종목코드와 숫자 값으로 나뉜다(여전히 여기서는 str 객체).

❼ 이 코드 줄은 첫째로, 새 데이터로 임시 DataFrame 객체를 생성한 다음에 기존 DataFrame 객체에 추가한다.

두 번째로, 다음에 나오는 파이썬 코드 같이 데이터를 재표집하고 처리한다. 이는 특정 시점까지 수집된 틱 데이터를 기반으로 발생한다. 이 단계에서 로그 수익은 재표집된 데이터를 기반으로 계산되고 모멘텀이 도출된다. 모멘텀의 징후는 금융수단에서 취해야 할 포지셔닝을 정의한다.

```python
dr = df.resample('5s', label='right').last()  ❶
dr['returns'] = np.log(dr / dr.shift(1))  ❷
if len(dr) > min_length:
    min_length += 1  ❸
    dr['momentum'] = np.sign(dr['returns'].rolling(mom).mean())  ❹
    print('\n' + '=' * 51)
    print('NEW SIGNAL | {}'.format(datetime.datetime.now()))
    print('=' * 51)
    print(dr.iloc[:-1].tail())  ❺
    if dr['momentum'].iloc[-2] == 1.0:  ❻
        print('\nLong market position.')
        # 어떤 조치를 취하기(예: 매수 주문)
    elif dr['momentum'].iloc[-2] == -1.0:  ❼
        print('\nShort market position.')
        # 어떤 조치를 취하기(예: 매도 주문)
```

❶ 사용할 수 있는 마지막 틱 값을 관련 값으로 사용해 5초 간격으로 틱 데이터를 재표집한다.

❷ 이는 5초 간격 동안의 로그 수익을 계산한다.

❸ 이렇게 하면 재표집된 DataFrame 객체의 최소 길이가 1 씩 늘어난다.

❹ 모멘텀과 그 부호를 기반으로 세 개의 재표집된 시간 간격에서 로그가 반환될 때 포지션이 도출된다.

❺ 이렇게 하면 재표집된 DataFrame 객체의 마지막 5개 행이 프린트된다.

❻ 모멘텀 값이 1.0이라는 것은 롱 마켓 포지션이라는 뜻이다. 프로덕션_{production}(운영환경)에서 첫 번째 신호나 신호 변경이 있게 되면 브로커로 하여금 주문을 하게 하는 행동 같은 특정 행동들을 유발한다. 마지막 값이 이 단계에서 관련(아직 완료되지 않은) 시간 간격 동안 불완전한 데이터를 기반으로 하므로 momentum 열의 두 번째이면서도 마지막인 값이 사용된다. 기술적으로 이것은 label='right' 파라미터화와 함께 pandas.resample() 메서드를 사용하기 때문이다.

❼ 마찬가지로 모멘텀 값이 –1.0이면 숏 마켓 포지션과 잠재적으로 유발될 수 있는 특정 행동(예: 브로커와의 매도 주문)을 의미한다. 다시 말하지만 momentum 열의 두 번째이지만 마지막 값이 사용된다.

스크립트가 실행되면 선택한 파라미터에 따라서는, 첫 번째 신호를 생성하는 데 사용할 수 있는 충분한(재표집된) 데이터가 있을 때까지, 약간의 시간이 걸린다.

다음은 온라인 거래 알고리즘 스크립트의 중간 예제 출력이다.

```
(base) yves@pro ch07 $ python OnlineAlgorithm.py

===============================================
NEW SIGNAL | 2020-05-23 11:33:31.233606
===============================================
                     SYMBOL  ...  momentum
2020-05-23 11:33:15   98.65  ...       NaN
2020-05-23 11:33:20   98.53  ...       NaN
2020-05-23 11:33:25   98.83  ...       NaN
2020-05-23 11:33:30   99.33  ...       1.0

[4 rows x 3 columns]

Long market position.

===============================================
NEW SIGNAL | 2020-05-23 11:33:36.185453
===============================================
                     SYMBOL  ...  momentum
2020-05-23 11:33:15   98.65  ...       NaN
2020-05-23 11:33:20   98.53  ...       NaN
2020-05-23 11:33:25   98.83  ...       NaN
2020-05-23 11:33:30   99.33  ...       1.0
2020-05-23 11:33:35   97.76  ...      -1.0

[5 rows x 3 columns]
```

```
Short market position.

==================================================
NEW SIGNAL | 2020-05-23 11:33:40.077869
==================================================
                         SYMBOL  ...    momentum
2020-05-23 11:33:20       98.53  ...         NaN
2020-05-23 11:33:25       98.83  ...         NaN
2020-05-23 11:33:30       99.33  ...         1.0
2020-05-23 11:33:35       97.76  ...        -1.0
2020-05-23 11:33:40       98.51  ...        -1.0

[5 rows x 3 columns]

Short market position.
```

 제시된 틱 클라이언트 스크립트를 기반으로 SMA 기반 전략과 평균회귀 전략을 온라인 알고리즘으로 구현해 보면 좋은 연습 거리가 될 것이다.

Plotly 기반 스트리밍 데이터 시각화

스트리밍 데이터를 실시간으로 시각화하려면 일반적으로 큰 노력이 필요하다. 다행히도 요즘에는 그러한 작업을 쉽게 할 수 있게 하는 기술이나 파이썬 패키지가 많이 있다. 다음에서는 정적 데이터와 스트리밍 데이터를 가지고 멋진 상호작용형 그림들을 생성하는 데 사용되는 기술이자 서비스인 Plotly를 사용해 보겠다. 따라하려면 plotly 패키지를 설치해야 한다. 또한, 주피터 랩에서 작업할 때 여러 주피터 랩 확장 프로그램을 설치해야 한다. 터미널에서 다음 명령을 실행해야 한다.

```
conda install plotly ipywidgets
jupyter labextension install jupyterlab-plotly
jupyter labextension install @jupyter-widgets/jupyterlab-manager
jupyter labextension install plotlywidget
```

기초

필요한 패키지들과 그 밖의 확장 도구들이 설치되면 스트리밍 그림을 아주 효율적으로 생성할 수 있다. 첫 번째 단계는 Plotly 모양 위젯figure widget을 만드는 것이다.

```
In [1]: import zmq
        from datetime import datetime
```

```
        import plotly.graph_objects as go  ❶

In [2]: symbol = 'SYMBOL'

In [3]:
    fig = go.FigureWidget()  ❷
    fig.add_scatter()  ❷
    fig  ❷
Out[3]: FigureWidget({
    'data': [{'type': 'scatter', 'uid':
    'e1a65f25-287d-4021-a210-c2f41f32426a'}], 'layout': {'t...
```

❶ 이렇게 하면 plotly로부터 그래픽 객체를 가져온다.

❷ 이것은 주피터 노트북 내에서 Plotly 모양 위젯을 인스턴스화한다.

두 번째 단계는, 동일한 머신에서 실행해야 하는 표본 틱 데이터 서버와의 소켓 통신을 별도의 파이썬 프로세스에서 설정하는 것이다. 들어오는 데이터는 타임스탬프에 의해 보강되고 리스트 객체에 수집된다. 이러한 리스트 객체들은 차례로 모양 위젯의 data 객체들을 업데이트하는 데 사용된다 (그림 7-1을 참고하자).

```
In [4]: context = zmq.Context()

In [5]: socket = context.socket(zmq.SUB)

In [6]: socket.connect('tcp://0.0.0.0:5555')

In [7]: socket.setsockopt_string(zmq.SUBSCRIBE, 'SYMBOL')

In [8]: times = list()  ❶
        prices = list()  ❷

In [9]: for _ in range(50):
            msg = socket.recv_string()
            t = datetime.now()  ❸
            times.append(t)  ❸
            _, price = msg.split()
            prices.append(float(price))
            fig.data[0].x = times  ❹
            fig.data[0].y = prices  ❹
```

❶ 타임스탬프timestamp(시각 소인)들을 담는 리스트 객체.

❷ 실시간 가격들을 담는 리스트 객체.

❸ 타임스탬프를 생성하고 추가한다.

❹ 수정된 x (times) 및 y (prices) 데이터셋으로 데이터 객체를 업데이트한다.

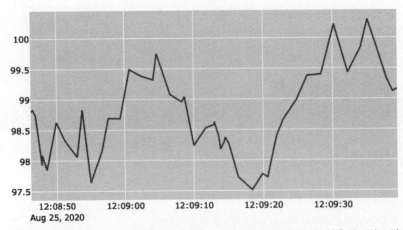

그림 7-1 소켓 연결을 통해 실시간으로 검색되는 스트리밍 가격 데이터를 사용해 그린 그림

세 가지 실시간 스트림

Plotly를 사용하는 스트리밍 그림 속에 여러 가지 그래프 객체를 둘 수 있다. 예를 들어, 가격 틱 외에 두 개의 단순이동평균(SMA)을 실시간으로 시각화해야 할 때 이런 기능이 유용하다. 이번에는 다음 코드가 세 개의 scatter(산포) 객체를 사용해 모양 위젯을 다시 인스턴스화한다. 표본 틱 데이터 서버로부터 나온 틱 데이터는 판다스 DataFrame 객체로부터 수집된다. 두 SMA는 소켓에서 업데이트할 때마다 계산된다. 수정된 데이터셋은 모양 위젯의 데이터 객체를 업데이트하는 데 사용된다(그림 7-2를 참고하자).

```
In [10]: fig = go.FigureWidget()
         fig.add_scatter(name='SYMBOL')
         fig.add_scatter(name='SMA1', line=dict(width=1, dash='dot'),
                         mode='lines+markers')
         fig.add_scatter(name='SMA2', line=dict(width=1, dash='dash'),
                         mode='lines+markers')
         fig
Out[10]: FigureWidget({
         'data': [{'name': 'SYMBOL', 'type': 'scatter', 'uid':
         'bcf83157-f015-411b-a834-d5fd6ac509ba…

In [11]: import pandas as pd

In [12]: df = pd.DataFrame()  ❶

In [13]: for _ in range(75):
             msg = socket.recv_string()
             t = datetime.now()
             sym, price = msg.split()
             df = df.append(pd.DataFrame({sym: float(price)}, index=[t]))  ❶
```

```
        df['SMA1'] = df[sym].rolling(5).mean()   ❷
        df['SMA2'] = df[sym].rolling(10).mean()  ❷
        fig.data[0].x = df.index
        fig.data[1].x = df.index
        fig.data[2].x = df.index
        fig.data[0].y = df[sym]
        fig.data[1].y = df['SMA1']
        fig.data[2].y = df['SMA2']
```

❶ DataFrame 객체로부터 틱 데이터를 모은다.

❷ 별도의 열에 있는 두개의 SMA를 DataFrame 객체에 추가한다.

 다시 말하지만 스트리밍 틱 데이터와, 두 SMA를 기반으로 하는 온라인 거래 알고리즘을 구현한 것을 사용하는 그림(두 SMA 선이 있는 그림)을 결합하는 게 바람직하다. 이 경우, 이러한 거래 알고리즘은 틱 데이터를 기반으로 하지 않고 고정 길이 봉(5초, 1분 등)을 기반으로 하기 때문에 재표집 기능을 구현 부분에 추가해야 한다.

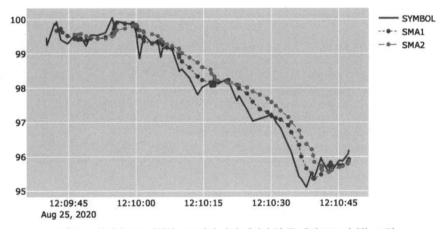

그림 7-2 실시간으로 계산된 스트리밍 가격 데이터 및 두 개의 SMA가 있는 그림

세 가지 스트림에 대한 세 가지 하위 그림

기존 Plotly 그림과 마찬가지로 모양figure 위젯들을 기반으로 하는 스트리밍 그림 속에 여러 개의 하위 그림을 둘 수 있다. 다음 예제에서는 세 개의 하위 그림이 있는 스트리밍 그림을 생성한다. 첫 번째 하위 그림은 실시간 틱 데이터를 그려 낸다. 두 번째 그림에서는 로그 수익 데이터를 그려 낸다. 세 번째는 로그 수익 데이터를 기반으로 시계열 모멘텀을 표시한다. 그림 7-3은 전체 모양 객체의 어느 순간을 따낸 그림을 보여준다.

```
In [14]: from plotly.subplots import make_subplots

In [15]: f = make_subplots(rows=3, cols=1, shared_xaxes=True)  ❶
         f.append_trace(go.Scatter(name='SYMBOL'), row=1, col=1)  ❷
         f.append_trace(go.Scatter(name='RETURN', line=dict(width=1, dash='dot'),
                 mode='lines+markers', marker={'symbol': 'triangle-up'}),
                 row=2, col=1)  ❸
         f.append_trace(go.Scatter(name='MOMENTUM', line=dict(width=1, dash='dash'),
                 mode='lines+markers', marker={'symbol': 'x'}), row=3, col=1)  ❹
         # f.update_layout(height=600)  ❺

In [16]: fig = go.FigureWidget(f)

In [17]: fig
Out[17]: FigureWidget({
             'data': [{'name': 'SYMBOL',
             'type': 'scatter',
             'uid': 'c8db0cac...

In [18]: import numpy as np

In [19]: df = pd.DataFrame()

In [20]: for _ in range(75):
             msg = socket.recv_string()
             t = datetime.now()
             sym, price = msg.split()
             df = df.append(pd.DataFrame({sym: float(price)}, index=[t]))
             df['RET'] = np.log(df[sym] / df[sym].shift(1))
             df['MOM'] = df['RET'].rolling(10).mean()
             fig.data[0].x = df.index
             fig.data[1].x = df.index
             fig.data[2].x = df.index
             fig.data[0].y = df[sym]
             fig.data[1].y = df['RET']
             fig.data[2].y = df['MOM']
```

❶ x축을 공유하는 세 개의 하위 그림을 만든다.

❷ 가격 데이터에 대한 첫 번째 하위 그림을 생성한다.

❸ 로그 수익 데이터에 대한 두 번째 하위 그림을 생성한다.

❹ 모멘텀 데이터에 대한 세 번째 하위 그림을 생성한다.

❺ Figure 객체의 높이를 조정한다.

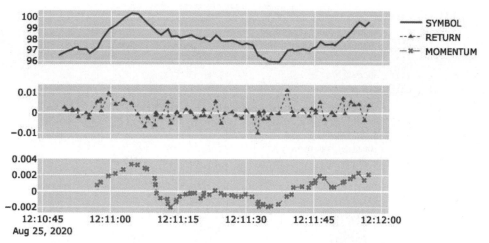

그림 7-3 가격 데이터(SYMBOL), 로그 수익(RETURN), 모멘텀(MOMENTUM)을 여러 하위 그림에 맞춰 스트리밍하기

스트리밍 데이터를 막대 형태로 그리기

모든 스트리밍 데이터를 시계열(Scatter 객체) 형태로 시각화하는 게 무조건 좋다고만은 할 수 없다. 높이가 변경되는 막대들을 사용하면 일부 스트리밍 데이터를 더 잘 가시화할 수 있다. 216쪽에 나오는 '막대 차트용 모의 데이터 서버'에는 막대를 사용해 시각화하기에 적합한 모의 데이터를 제공하는 파이썬 스크립트가 들어 있다. 단일 데이터셋(메시지)은 8개 부동소수점 수로 구성된다. 다음 파이썬 코드는 스트리밍 막대 차트를 생성한다(그림 7-4를 참고하자). 이런 상황에서 x축 데이터는 일반적으로 변경되지 않는다. 다음 코드가 작동하려면 BarsServer.pyscript가 별도의 로컬 파이썬 인스턴스에서 실행되어야 한다.

```
In [21]: socket = context.socket(zmq.SUB)

In [22]: socket.connect('tcp://0.0.0.0:5556')

In [23]: socket.setsockopt_string(zmq.SUBSCRIBE, '')

In [24]: for _ in range(5):
             msg = socket.recv_string()
             print(msg)
    60.361 53.504 67.782 64.165 35.046 94.227 20.221 54.716
    79.508 48.210 84.163 73.430 53.288 38.673 4.962 78.920
    53.316 80.139 73.733 55.549 21.015 20.556 49.090 29.630
    86.664 93.919 33.762 82.095 3.108 92.122 84.194 36.666
    37.192 85.305 48.397 36.903 81.835 98.691 61.818 87.121

In [25]: fig = go.FigureWidget()
         fig.add_bar()
         fig
```

```
Out[25]: FigureWidget({
    'data': [{'type': 'bar', 'uid':
    '51c6069f-4924-458d-a1ae-c5b5b5f3b07f'}], 'layout': {'templ...

In [26]: x = list('abcdefgh')
         fig.data[0].x = x
         for _ in range(25):
             msg = socket.recv_string()
             y = msg.split()
             y = [float(n) for n in y]
             fig.data[0].y = y
```

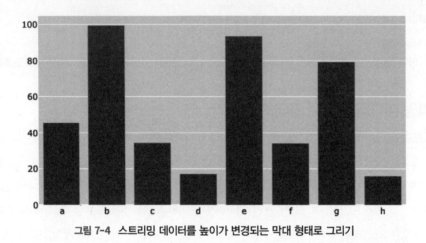

그림 7-4 스트리밍 데이터를 높이가 변경되는 막대 형태로 그리기

결론

오늘날 알고리즘 트레이딩은 다양한 유형의 스트리밍(실시간) 데이터 형식을 처리해야 한다. 이와 관련하여 가장 중요한 유형은 원칙적으로 24시간 내내 생성되어 게시되는 금융수단 틱 데이터다. 소켓은 스트리밍 데이터를 처리하기 위해 선택한 기술 도구이다. 이와 관련하여 강력하면서도 사용하기 쉬운 라이브러리는 ZeroMQ이며, 이번 장에서는 모의 틱 데이터를 끝없이 방출하는 모의 틱 데이터 서버를 만드는 데 사용했다.

온라인 알고리즘을 기반으로, 실시간으로 거래 신호를 생성하고, Plotly를 사용해 스트리밍 방식으로 들어오는 틱 데이터를 그림으로 그려 시각화하기 위해, 다양한 틱 데이터 클라이언트를 소개하고 설명했다. Plotly는 주피터 노트북 내에서 스트리밍 시각화를 효율적으로 수행하며, 무엇보다도 단일 그림이나 그 밖의 하위 그림과 동시에 여러 스트림 데이터를 연동할 수 있게 해준다.

이번 장과 바로 앞서 나온 장에서 다룬 주제를 바탕으로, 이제 여러분은 **과거 정형 데이터**historical structured data와 **실시간 스트리밍 데이터**real-time streaming data를 모두 다룰 수 있게 되었다. 참고로, 전자는 거래 전략을 대상으로 백테스트를 할 때 필요하고, 후자는 실시간으로 거래 신호를 생성해야 할 때 필요하다. 이것은 자동화한 알고리즘 트레이딩 운영을 구축하기 위한 노력의 주요 이정표를 나타낸다.

참조할 것들과 그 밖의 자료원

ZeroMQ에 대한 개요를 전반적으로 살펴보기 좋은 곳은 ZeroMQ 홈페이지(http://zeromq.org/)다. ZeroMQ 학습용 자습서(https://bit.ly/3suUerW)페이지에서는 소켓 통신 라이브러리용 파이썬 래퍼를 기반으로 하는 PUB-SUB 패턴을 한 번 쭉 둘러볼 수 있다.

Plotly 작업을 시작하기에 좋은 곳은 Plotly 홈페이지(https://plotly.com/), 그중에서도 파이썬용 Plotly 입문(https://plotly.com/python/getting-started/) 페이지다.

파이썬 스크립트

이번 장에서 참조하고 사용하는 파이썬 스크립트들이 이번 절에 나온다.

모의 틱 데이터 서버

다음은 ZeroMQ 기반 모의 틱 데이터 서버를 실행하는 스크립트다. 기하적 브라운 운동에 몬테카를로 시뮬레이션을 사용한다.

```
#
# 금융 틱 데이터 서버를 시뮬레이션 하기 위한 파이썬 스크립트.
#
# Python for Algorithmic Trading
# (c) Dr. Yves J. Hilpisch
# The Python Quants GmbH
#
import zmq
import math
import time
import random

context = zmq.Context()
socket = context.socket(zmq.PUB)
socket.bind('tcp://0.0.0.0:5555')


class InstrumentPrice(object):
```

```python
    def __init__(self):
        self.symbol = 'SYMBOL'
        self.t = time.time()
        self.value = 100.
        self.sigma = 0.4
        self.r = 0.01

    def simulate_value(self):
        ''' 새롭고 무작위한 주가를 생성한다.
        '''
        t = time.time()
        dt = (t - self.t) / (252 * 8 * 60 * 60)
        dt *= 500
        self.t = t
        self.value *= math.exp((self.r - 0.5 * self.sigma ** 2) * dt +
                               self.sigma * math.sqrt(dt) * random.gauss(0, 1))
        return self.value


ip = InstrumentPrice()

while True:
    msg = '{} {:.2f}'.format(ip.symbol, ip.simulate_value())
    print(msg)
    socket.send_string(msg)
    time.sleep(random.random() * 2)
```

틱 데이터 클라이언트

다음은 ZeroMQ를 기반으로 틱 데이터 클라이언트를 실행하는 스크립트다. 213쪽에 나오는 '모의 틱 데이터 서버'에 틱 데이터 서버에 연결하는 방법이 나온다.

```python
#
# 틱 데이터 클라이언트를 사용하는 파이썬 스크립트.
#
# Python for Algorithmic Trading
# (c) Dr. Yves J. Hilpisch
# The Python Quants GmbH
#
import zmq

context = zmq.Context()
socket = context.socket(zmq.SUB)
socket.connect('tcp://0.0.0.0:5555')
socket.setsockopt_string(zmq.SUBSCRIBE, 'SYMBOL')

while True:
    data = socket.recv_string()
    print(data)
```

모멘텀 온라인 알고리즘

다음은 시계열 모멘텀 기반 거래 전략을 온라인 알고리즘으로 구현한 스크립트다. 213쪽에 나오는 '모의 틱 데이터 서버'에 틱 데이터 서버에 연결하는 방법이 나온다.

```python
#
# 온라인 거래 알고리즘을 사용하는 파이썬 스크립트.
#
# Python for Algorithmic Trading
# (c) Dr. Yves J. Hilpisch
# The Python Quants GmbH
#
import zmq
import datetime
import numpy as np
import pandas as pd

context = zmq.Context()
socket = context.socket(zmq.SUB)
socket.connect('tcp://0.0.0.0:5555')
socket.setsockopt_string(zmq.SUBSCRIBE, 'SYMBOL')

df = pd.DataFrame()
mom = 3
min_length = mom + 1

while True:
    data = socket.recv_string()
    t = datetime.datetime.now()
    sym, value = data.split()
    df = df.append(pd.DataFrame({sym: float(value)}, index=[t]))
    dr = df.resample('5s', label='right').last()
    dr['returns'] = np.log(dr / dr.shift(1))
    if len(dr) > min_length:
        min_length += 1
        dr['momentum'] = np.sign(dr['returns'].rolling(mom).mean())
        print('\n' + '=' * 51)
        print('NEW SIGNAL | {}'.format(datetime.datetime.now()))
        print('=' * 51)
        print(dr.iloc[:-1].tail())
        if dr['momentum'].iloc[-2] == 1.0:
            print('\nLong market position.')
            # 어떤 조치를 취한다(예: 매수 주문을 넣는다)
        elif dr['momentum'].iloc[-2] == -1.0:
            print('\nShort market position.')
            # 어떤 조치를 취한다(예: 매도 주문을 넣는다)
```

막대 차트용 모의 데이터 서버

다음은 스트리밍 데이터터를 막트 차트로 그릴 때 필요한 모의 데이터를 생성하는 파이썬 스크립트다.

```python
#
# 임의의 막대들을 나타낸 데이터를 공급할 서버용 파이썬 스크립트.
#
# Python for Algorithmic Trading
# (c) Dr. Yves J. Hilpisch
# The Python Quants GmbH
#
import zmq
import math
import time
import random

context = zmq.Context()
socket = context.socket(zmq.PUB)
socket.bind('tcp://0.0.0.0:5556')

while True:
    bars = [random.random() * 100 for _ in range(8)]
    msg = ' '.join([f'{bar:.3f}' for bar in bars]) print(msg)
    socket.send_string(msg)
    time.sleep(random.random() * 2)
```

Oanda를 활용한 CFD 거래

> 오늘날 복잡한 수단을 거래하거나 충분한 레버리지를 부여받은 소규모 기업조차도
> 글로벌 금융 시스템을 위협할 수 있다.
>
> — 폴 싱어Paul Singer

오늘날 금융 시장에서 거래를 시작해 보기가 그 어느 때보다 쉬워졌다. 알고리즘 트레이더가 선택할 수 있는 온라인 거래 플랫폼(즉, 브로커)은 많다. 플랫폼 선택은 여러 요인의 영향을 받을 수 있다.

수단instruments(상품)

마음속에 가장 먼저 떠오르는 기준은 거래하고 싶어 하는 수단 유형이다. 예를 들어, 주식, 상장 지수 펀드(ETF), 채권, 통화, 원자재, 옵션, 선물 거래에 관심이 있을 수 있다.

전략strategies

일부 트레이더는 롱 전용 전략에 관심을 두는 반면에 어떤 트레이더는 숏 매도(short selling)에만 관심을 둔다. 어떤 이는 단일 수단 전략에 초점을 맞추지만, 그 밖의 어떤 이는 동시에 여러 수단을 포함하는 전략에 초점을 맞춘다.

비용costs

고정 거래비용과 변동 거래비용은 많은 트레이더에게 중요한 요소다. 이 거래비용으로 트레이더들은 특정 전략이 수익성이 있는지 여부를 정하기도 한다(예: 4장 및 6장을 참고하자).

기술technology

기술은 거래 플랫폼 선택에서 중요한 요소가 되었다. 첫째, 플랫폼이 트레이더에게 제공하는 도구들이 있다. 일반적으로 데스크탑/노트북 컴퓨터, 태블릿 및 스마트폰용 거래 도구를 사용할 수 있다. 둘째, 트레이더가 프로그래밍 방식으로 액세스할 수 있는 API application programming interfaces(응용 프로그래밍 인터페이스)가 있다.

법역jurisdiction(관할구역)

금융 거래는 국가나 지역에 따라 서로 다른 법적 토대legal frameworks가 적용되며 엄격하게 규제되는 분야다. 이것은 특정 트레이더의 거주지에 따라 특정 플랫폼이나 금융수단을 사용하는 것을 금지할 수 있다.

이번 장에서는 소매 트레이더에게도 자동화한 알고리즘 트레이딩 전략을 전개하는 데 적합한 온라인 거래 플랫폼인 Oanda에 초점을 맞춘다. 앞에서 대강 설명한 기준과 더불어 Oanda를 간략히 설명하자면 다음과 같다.

수단instruments

Oanda는 소위 차액계약contracts for difference, CFD 물품을 광범위하게 제공한다(219쪽에 나오는 '차액계약(CFD)' 및 244쪽에 나오는 '면책조항'을 참고하자). CFD의 주요 특징은 레버리지(예: 10:1이나 50:1)를 사용하고 손실이 시초 자본initial capital을 초과할 수 있도록 마진margin(본인 자본, 증거금)을 바탕으로 삼아 거래된다는 것이다.

전략strategies

Oanda는 CFD를 가지고 롱으로 갈 수도 있고(즉, 매수), 숏으로 갈 수도 있다(즉, 매도). 이익 목표와 (추격) 손실제한을 하거나with(위드) 하지 않는without(위드아웃) 시장가 주문이나 지정가 주문 같은 다양한 주문 유형을 사용할 수 있다.

비용costs

Oanda에서는 CFD 거래와 관련된 고정 거래비용이 없다. 그러나 CFD를 거래할 때 변동 거래비용으로 이어지는 매수-매도 스프레드bid-ask spread(매수-매도 호가 차이)가 있다.

기술technology

Oanda는 실시간으로 데이터를 검색하고 모든 수단의 (수동, 임의) 거래를 허용하는 거래 애플리케이션인 fxTrade Practice를 제공한다(그림 8-1를 참고하자). 브라우저 기반 거래 애플리케이션도 있다(그림 8-2를 참고하자). 플랫폼의 주요 강점은 RESTful 및 스트리밍 API(Oanda v20 API, http://developer.oanda.com/rest-live-v20/introduction/를 참고하자)이다. 이를 통해 트레이더는 과거 데이터 및 스트리밍 데이터에 프로그래밍 방식으로 액세스하여 매수 주문이나 매도 주문을 내거나 계정 정보를 검색할 수 있다. 파이썬 래퍼 패키지도 사용할 수 있다(PyPi의 v20 https://pypi.org/project/v20/를 참고하자). Oanda는 모든 기술적 기능들을 자유롭게 쓸 수 있게 무료 페이퍼 트레이딩paper trading(모의 거래) 계정을 제공하는데, 이를 통해 플랫폼을 체험해 볼 수 있어 아주 좋다. 또한, 페이퍼 거래에서 실시간 거래로 쉽게 전환할 수 있게 한다.

법역jurisdiction(관할구역)

계정 소유자의 거주지에 따라 거래 가능한 CFD가 달라진다. FX 관련 CFD는 기본적으로 Oanda가 활성화된 모든 곳에서 사용할 수 있다. 예를 들어, 주가 지수에 대한 CFD는 특정 법역에서 제공되지 않을 수 있다.

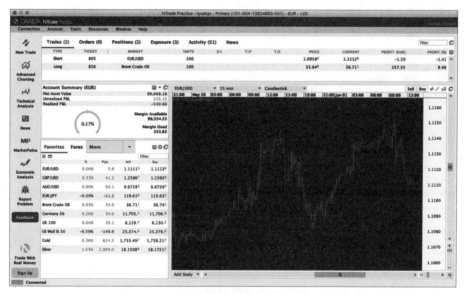

그림 8-1 Oanda 거래 애플리케이션인 fxTrade Practice

차액계약(CFD)

CFD에 관한 내용을 인베스토피디아(Investopedia)의 CFD 페이지 https://www.investopedia.com/terms/c/contractfordifferences.asp에서 더 자세히 볼 수 있고, 그 밖의 내용까지 알고 싶다면 위키피디아의 CFD 페이지 https://en.wikipedia.org/wiki/Contract_for_difference를 참고하자. 통화 쌍(예: 유로/달러), 원자재(예: 금), 주가 지수(예: S&P 500 주가 지수), 채권(예: 독일 10년 채권) 등에 사용할 수 있는 CFD가 있다. 기본적으로 글로벌 매크로 전략을 구현할 수 있는 상품 범위를 생각할 수 있다. 금융적으로 말하자면, CFD는 다른 수단들의 가격 개발을 기반으로 수익을 도출하는 파생 상품인 것이다. 또한, 거래 활동(즉, 유동성 공급)이 CFD 가격에 영향을 미친다. CFD를 S&P 500 지수를 기반으로 할 수 있지만, CFD는 Oanda(또는 Oanda와 유사한 서비스를 제공하는 공급자)가 발행하고 가격을 매기고 지원하는, 완전히 다른 상품이다.

차액계약은 트레이더들이 알아 두어야 할 특정 위험을 야기한다. 이 문제를 보여주는 최근 사건은 온라인 브로커 공간에서 많은 파산을 초래한 스위스 프랑 사건(Swiss Franc event)이 있다. 예를 들어, "Currency Brokers Fall Over Like Dominoes After SNB Decison on Swiss Franc"(스위스 프랑에 대한 SNB 결정 후 화폐 중개인이 도미노처럼 무너지다, https://bit.ly/3mbpXfS)라는 기사를 참고하자.

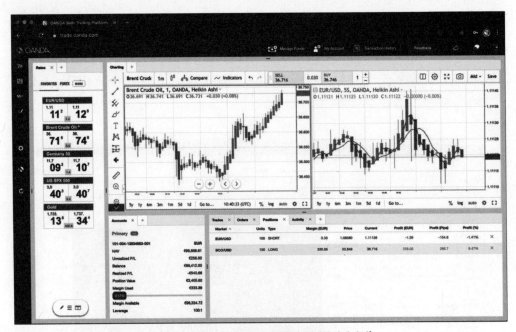

그림 8-2 Oanda 브라우저 기반 거래 애플리케이션[1]

이번 장은 다음과 같이 구성된다. 다음 쪽에 나오는 '계정 구성'에서는 계정을 구성하는 방법을 간략하게 설명한다. 222쪽에 나오는 'Oanda API'에서는 API에 액세스하는 데 필요한 단계를 보여준다. 224쪽에 나오는 '과거 데이터 검색'에서는 API 액세스를 기반으로 특정 CFD에 대한 과거 데이터를 검색해 작업한다. 230쪽에 나오는 '스트리밍 데이터 작업'에서는 데이터 검색 및 시각화를 위한 Oanda의 스트리밍 API를 소개한다. 233쪽에 나오는 '실시간 거래 전략 구현'에서는 자동화한 알고리즘 트레이딩 전략을 실시간으로 구현한다. 마지막으로 238쪽에 나오는 '계정 정보 검색'에서는 현재 잔고나 최근 거래 내용처럼, 계정 자체에 대한 데이터를 검색하는 일을 다룬다. 전체적으로 코드는 tpqoa라는 파이썬 래퍼 클래스를 사용한다(이에 대한 깃허브 저장소를 참고하자).

이번 장의 목표는 Oanda 플랫폼에서 자동으로 거래하기 위해 이전 장에서 소개한 접근 방식과 기술을 사용하는 것이다.

---

1   옮긴이 완다 홈페이지 주소는 https://www1.oanda.com/이다. 하지만 회원 가입을 해야 이용할 수 있고, 법역 문제로 인해 한국 거주자는 이용할 수 없다.

계정 구성

Oanda 계정을 구성하는 과정은 간단하고 효율적이다. 실제 계정과 무료 데모(즉, '연습용') 계정 중에서 선택할 수 있으며, 이는 다음 내용을 구현하기에 아주 충분하다(그림 8-3 및 8-4를 참고하자).

그림 8-3 Oanda 계정 등록(계정 유형)

계정을 등록한 다음에 플랫폼 계정에 로그인을 한 경우에 그림 8-5처럼 시작 페이지가 표시되어 나와야 한다. 이 페이지의 중간 부분에는 설치해야 하는 'fxTrade Practice for Desktop'이라고 부르는 애플리케이션을 내려받을 수 있게 한 링크가 있다. 실행되면 그림 8-1에 표시된 화면과 비슷한 화면이 나온다.

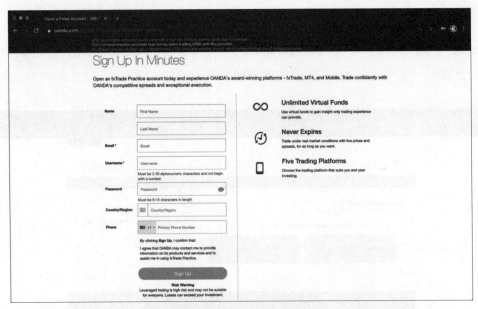

그림 8-4 Oanda에 가입하기(등록 양식)

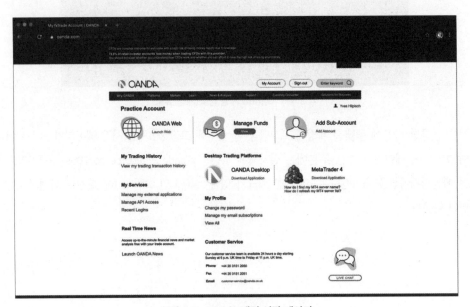

그림 8-5 Oanda 계정 시작 페이지

Oanda API

계정을 등록했다면 Oanda가 제공하는 API에 쉽게 액세스할 수 있다. 필요한 주요 요소는 계정번호와 액세스 토큰(API 키)이다. 예를 들어, Manage Funds(자금 관리) 영역에서 계정번호를 찾을 수 있다.

액세스 토큰을 Manage API Access(API 액세스 관리) 영역에서 생성할 수 있다(그림 8-6을 참고하자).[2]

이제부터는 configparser(https://docs.python.org/3/library/configparser.html)모듈이 계정 자격 증명을 관리하는 데 사용된다. 모듈은 Oanda 실습 계정과 함께 사용할 수 있는 다음 형식의 텍스트 파일 (예: pyalgo.cfg)을 기대한다.

```
[oanda]
account_id = YOUR_ACCOUNT_ID
access_token = YOUR_ACCESS_TOKEN
account_type = practice
```

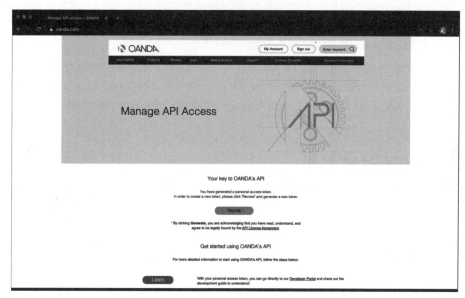

그림 8-6 Oanda API 액세스 관리 페이지

파이썬을 통해 API에 액세스하려면 Oanda의 v20 패키지(이에 대한 깃허브 저장소, https://github.com/oanda/v20-python를 참고하자)에 의존하는 파이썬 래퍼 패키지인 tpqoa(이에 대한 깃허브 저장소, https://github.com/yhilpisch/tpqoa를 참고하자)를 사용하는 것이 좋다.

다음 명령으로 tpqoa를 설치하면 된다.

```
pip install git+https://github.com/yhilpisch/tpqoa.git[3]
```

---

2   특정 객체의 이름을 지정하는 일은 Oanda API라는 맥락에는 완전히 부합하지 않는다. 예를 들어, API 키(API key)와 액세스 토큰 (access token)은 같은 의미로 사용된다. 또한, 계정 ID(account ID)와 계정번호(account number)는 동일한 번호를 나타낸다.

3   옮긴이 tpqoa를 설치하기 전에 먼저 판다스(pandas)를 설치해 두어야 한다. 그리고 tpqoa를 실행하려면 파이썬 버전이 3.6 이상이어야 한다.

이러한 필수 요소를 사용하면 한 줄의 코드로 API에 연결할 수 있다.

```
In [1]: import tpqoa

In [2]: api = tpqoa.tpqoa('../pyalgo.cfg')    ❶
```

❶ 필요하다면 경로와 파일 이름을 조정하자.

이 코드는 우리 여정 중의 중요한 이정표로 여겨도 될 만한 것이다. Oanda API에 연결하면 과거 데이터 검색, 프로그래밍 방식 주문 배치 등이 가능하다.

 configparser 모듈을 사용하면 계정 자격 증명을 저장하고 관리하는 일을 단순화할 수 있다. 알고리즘 트레이딩을 할 때에는 필요한 계정 수가 빠르게 늘어날 수 있다. 예를 들면, 클라우드 인스턴스나 서버, 데이터 서비스 공급자, 온라인 거래 플랫폼 등이 있다.

계정 정보가 일반 텍스트 형식으로 저장된다는 단점도 있다. 이는 특히 여러 계정에 대한 정보가 단일 파일에 저장되기 때문에 상당한 보안 위험을 나타낸다. 따라서 프로덕션(production, 운영 환경)으로 이동할 때는, 예를 들자면 파일 암호화 방법을 적용하여 자격 증명을 안전하게 유지해야 한다.

과거 데이터 검색

Oanda 플랫폼 작업의 주요 이점은 RESTful API를 통해 모든 Oanda 수단들의 완전한 가격 이력(과거 가격들)에 액세스할 수 있다는 것이다. 이 맥락에서 **완전한 과거**complete history(완전한 이력)[4]란 CFD의 기준 수단들instruments(상품들)에 대한 데이터를 말하는 게 아니라, 그러한 기준 수단들을 제외한 그 밖의 CFD 그 자체의 데이터를 의미한다.

거래 가능 수단 찾기

특정 계정으로 거래할 수 있는 수단들을 대략적으로 알아보고 싶다면 .get_instruments() 메서드를 사용하자. 이 메서드를 사용하면 거래소 등에서 수단을 표시할 때 흔히 쓰는 이름과, 알고리즘 트레이딩 기술을 응용할 때 사용하는 수단 이름(즉, 상품 이름)만 알아낼 수 있다. 그 밖에도 API를 통해서 더 자세한 정보를 알 수 있는데, 예를 들면 최소 포지션 크기 같은 것을 들 수 있다.

```
In [3]: api.get_instruments()[:15]
Out[3]: [('AUD/CAD', 'AUD_CAD'),
         ('AUD/CHF', 'AUD_CHF'),
```

---

4   옮긴이 즉, 완전한 과거 거래 내역 데이터.

```
    ('AUD/HKD', 'AUD_HKD'),
    ('AUD/JPY', 'AUD_JPY'),
    ('AUD/NZD', 'AUD_NZD'),
    ('AUD/SGD', 'AUD_SGD'),
    ('AUD/USD', 'AUD_USD'),
    ('Australia 200', 'AU200_AUD'),
    ('Brent Crude Oil', 'BCO_USD'),
    ('Bund', 'DE10YB_EUR'),
    ('CAD/CHF', 'CAD_CHF'),
    ('CAD/HKD', 'CAD_HKD'),
    ('CAD/JPY', 'CAD_JPY'),
    ('CAD/SGD', 'CAD_SGD'),
    ('CHF/HKD', 'CHF_HKD')]
```

분봉에서 모멘텀 전략을 백테스트하기

다음 예에서는 유로/달러 통화 쌍을 기반으로 하는 EUR_USD 수단을 사용한다. **1분봉 대상 모멘텀 기반 전략**momentum-based strategies on one-minute bars들을 백테스트하는 게 목표다. 사용된 데이터는 2020년 5월 중의 어느 이틀에 해당하는 분량이다. 우선 Oanda에서 원시 데이터를 검색(인출)해 내는 일부터 해야 한다.

```
In [4]: help(api.get_history)   ❶
        Help on method get_history in module tpqoa.tpqoa:

        get_history(instrument, start, end, granularity, price, localize=True)
         method of tpqoa.tpqoa.tpqoa instance
            Retrieves historical data for instrument.

            파라미터⁵
            ==========
            instrument: string
                유효한 수단 이름
            start, end: datetime, str
                개시일과 마감일을 나타내기 위한 파이썬 날짜(datetime) 형식 객체나 문자열(string) 형식 객체
            granularity: string
                'S5', 'M1', 'D' 같은 문자열
            price: string
                'A'(ask, 즉 매도), 'B'(bid, 즉 매수), 'M'(middle, 즉 중간) 중 한 가지

            반환값
            =======
            data: pd.DataFrame
                데이터가 들어 있는 판다스 DataFrame 객체
```

---

5   옮긴이 이 파라미터 부문은 원래 영문으로 표기되었지만, 독자가 각 파라미터의 역할을 정확히 이해할 수 있게 하려고 번역해 두었다.

```
In [5]: instrument = 'EUR_USD'  ❷
        start = '2020-08-10'  ❷
        end = '2020-08-12'  ❷
        granularity = 'M1'  ❷
        price = 'M'  ❷

In [6]: data = api.get_history(instrument, start, end,
                               granularity, price)  ❸

In [7]: data.info()  ❹
        <class 'pandas.core.frame.DataFrame'>
        DatetimeIndex: 2814 entries, 2020-08-10 00:00:00 to 2020-08-11
         23:59:00
        Data columns (total 6 columns):
         #    Column   Non-Null Count  Dtype
        ---   ------   --------------  -----
         0    o        2814 non-null   float64
         1    h        2814 non-null   float64
         2    l        2814 non-null   float64
         3    c        2814 non-null   float64
         4    volume   2814 non-null   int64
         5    complete 2814 non-null   bool
        dtypes: bool(1), float64(4), int64(1)
        memory usage: 134.7 KB

In [8]: data[['c', 'volume']].head()  ❺
Out[8]:                       c  volume
        time
        2020-08-10 00:00:00 1.17822      18
        2020-08-10 00:01:00 1.17836      32
        2020-08-10 00:02:00 1.17828      25
        2020-08-10 00:03:00 1.17834      13
        2020-08-10 00:04:00 1.17847      43
```

❶ .get_history() 메서드에 대한 독스트링docstring, 즉 도움말을 표시한다.

❷ 파라미터 값을 정의한다.

❸ API에서 원시 데이터를 검색한다.

❹ 검색된 데이터 집합에 대한 메타 정보를 표시한다.

❺ 두 열의 처음 5개 데이터 행을 표시한다.

두 번째 단계는 벡터화 백테스트를 구현하는 것이다. 두 가지 모멘텀 전략을 동시에 백테스트하자는 생각인 것이다. 코드는 단순하면서 간결하다(4장을 참고하자).

논의를 간단히 할 수 있도록, 다음 코드에서는 중간 가격mid prices의 종가(c)만 사용한다.[6]

---

6 이로 인해 해당 상품의 매도 시와 매수 시에 매수-매도 스프레드 형태의 거래 원가가 암묵적으로 무시된다.

```
In [9]: import numpy as np

In [10]: data['returns'] = np.log(data['c'] / data['c'].shift(1))  ❶

In [11]: cols = []  ❷

In [12]: for momentum in [15, 30, 60, 120]:  ❸
             col = 'position_{}'.format(momentum)  ❹
             data[col] = np.sign(data['returns'].rolling(momentum).mean())  ❺
             cols.append(col)  ❻
```

❶ 중간 가격들의 close 값들을 기반으로 로그 수익을 계산한다.

❷ 빈 리스트 객체를 인스턴스화하여 열 이름들을 모아 둔다.

❸ 분봉들을 사용해 모멘텀 전략에 대한 시간 간격을 정의한다.

❹ DataFrame 객체에서 저장에 사용할 열의 이름을 정의한다.

❺ 전략 포지셔닝들을 새 열로 구성해 추가한다.

❻ 이 열의 이름을 리스트 객체에 추가한다.

마지막으로 할 일은, 다양한 모멘텀 전략의 **절대적 성과를 도출하고 이를 그려내는 일**이다. 그림 8-7은 모멘텀 기반 전략의 성과를 그림으로 그려 보여주고 기준 수단 자체의 성과와 비교한다.

```
In [13]: from pylab import plt
         plt.style.use('seaborn')
         import matplotlib as mpl
         mpl.rcParams['savefig.dpi'] = 300
         mpl.rcParams['font.family'] = 'serif'

In [14]: strats = ['returns']  ❶

In [15]: for col in cols:  ❷
             strat = 'strategy_{}'.format(col.split('_')[1])  ❸
             data[strat] = data[col].shift(1) * data['returns']  ❹
             strats.append(strat)  ❺

In [16]: data[strats].dropna().cumsum(
             ).apply(np.exp).plot(figsize=(10, 6));  ❻
```

❶ 나중에 그릴 열 이름을 저장할 다른 리스트 객체를 정의한다.

❷ 서로 다른 전략들에 대한 포지셔닝들을 사용해 열들에 걸쳐 반복한다.

❸ 전략 성과가 저장된 새 열의 이름을 도출한다.

❹ 서로 다른 전략에 대한 로그 수익들을 계산해 새 열들로 저장한다.

❺ 나중에 그릴 수 있도록 열 이름들을 리스트 객체에 추가한다.

❻ 수단 및 전략들에 대한 누적 성과를 표시한다.

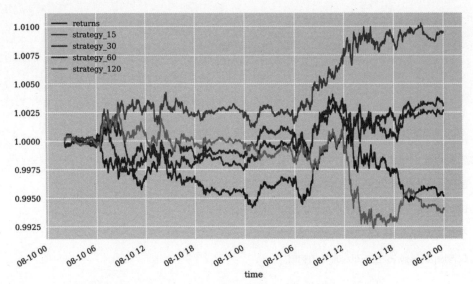

그림 8-7 EUR_USD 수단에 대한 다양한 모멘텀 전략의 총 성과(분봉)

레버리지와 마진의 계수화

일반적으로 100달러에 주식을 매수할 때의 손익profit and loss, P&L을 계산하기는 간단하다. 주가가 1달러만큼 오르면 1달러를 얻게 된다(미실현 이익). 주가가 1달러만큼 내리면 1달러를 잃게 된다(미실현 손실). 10주를 사면 결과에 10을 곱하면 된다.

그런데 Oanda 플랫폼에서 CFD들을 거래할 때는 레버리지leverage(타인 자본 활용도)와 마진margin(본인 자본, 증거금)이 포함된다. 이것은 손익 계산에 상당한 영향을 미친다. 이 주제에 대한 소개 및 개요를 알고 싶다면 "Oanda fxTrade Margin Rules"(Oanda fxTrade 마진 규칙, https://www1.oanda.com/resources/legal/united-states/legal/margin-rules)를 참고하자.

간단한 예를 들어, 이런 상황의 주요한 측면을 설명할 수 있다. 유로 기반 알고리즘 트레이더가 Oanda 플랫폼에서 EUR_USD 수단을 거래하기를 원하고 매도 가격 1.1에 1만 유로에 해당하는 롱 익스포져long exposure(롱으로 가기 위한 위험노출액)를 원한다고 해 보자. 레버리지와 마진이 없다면 트레이더(또는 파이썬 프로그램)는 CFD를 1만 단위만 살 수 있다.[7] 바로 이런 상황에서 수단(환율)의 가

---

7 일부 수단의 경우에 1 단위(one unit)는 통화 관련 CFD들 같은 경우에는 1달러(1 USD)를 의미한다. 지수 관련 CFD들(예: DE30_유로) 같은 경우에 1 단위는 CFD에 대한 (매수/매도) 호가에서의 통화 익스포져(currency exposure, 통화 위험 노출액)를 의미한다(예: 11,750유로).

격이 1.105(매수호가와 매도호가의 중간점 비율)로 오르면, 절대 이익은 10,000 × 0.005 = 50, 즉 0.5%가 된다.

이럴 때, 레버리지와 마진은 어떤 영향을 미치는가? 알고리즘 트레이더가 레버리지 비율을 20:1로 선택한다고 가정해 보겠다. 이는 5% 마진(= 100% / 20)으로 해석된다. 다시 말하자면 이는 트레이더가 동일한 익스포져exposure(위험 노출액)를 얻기 위해 1만 유로 × 5% = 500유로에 해당하는 마진 업프론트margin upfront(증거금에 대한 선불 수수료)를 내기만 하면 된다는 점을 의미한다. 수단의 가격이 1.105로 상승하면 절대 이익은 50유로로 유지되지만 상대 이익은 '50유로 / 500유로 = 10%'로 상승한다. 수익이 20배나 크게 늘어나는 셈이다. 바라던 대로 진행되기만 한다면, 이게 레버리지로 인해 얻을 수 있는 이점인 것이다.

상황이 거꾸로 돌아가면 어떻게 될까? 수단 가격이 1.08(매수호가와 매도호가의 중간점 비율)로 떨어져 '10,000 × (1.08 - 1.1) = -200유로'에 해당하는 손실을 초래한다고 가정해 보자. 상대적 손실은 이제 '-200유로 / 500유로 = -40%'이다. 알고리즘 트레이더가 거래하는 계정의 주식/현금 잔고balance가 200유로 미만인 경우, (규제적) 증거금 요건regulatory margin requirements(규제적 신용거래보증금, 규제적 위탁증거금)을 더 이상 충족할 수 없기 때문에 포지션을 폐쇄해야 한다. 손실로 인해 마진을 완전히 소진하면 거래를 유지하기 위해 추가 자금을 마진으로 할당해 넣어야 한다.[8]

그림 8-8은 20:1이라는 레버리지 비율에 대한 모멘텀 전략의 성과에 대한 증폭 효과를 보여준다. 5%의 초기 마진initial margin(개시증거금)은 앞에서 묘사한 최악의 경우에도 소모되지 않기 때문에 잠재적 손실을 충당하기에 충분하다.

```
In [17]: data[strats].dropna().cumsum().apply(
                 lambda x: x * 20).apply(np.exp).plot(figsize=(10, 6));    ❶
```

❶ 가정한 레버리지 비율에 따라 로그 수익에 20배를 곱한다.

 레버리지 거래는 잠재적 수익을 증폭시킬 뿐만 아니라 잠재적 손실도 증폭시킨다. 10:1 계수factor[9], 즉 10% 마진에 기반한 레버리지 거래의 경우에 기준 수단의 10% 불리한 움직임만으로도 전체 마진이 사라져 버린다. 즉, 시장이 10%만큼 움직이면 100% 손실이 발생하는 것이다. 따라서 레버리지 거래와 관련된 모든 위험을 완벽하게 이해해 두어야 한다. 또한, 위험 프로파일(risk profile)을 한다거나 욕심을 다스릴 수 있게 손실제한 주문(stop loss orders)을 걸어 두는 것처럼, 적절한 위험 예방 조치를 반드시 해야 한다.

---

8 계산을 단순하게 해야 할 때는, 레버리지 거래로 인해 발생할 수도 있는 비용들, 예를 들면 금융비용(financing costs)을 무시하는 경우가 있다.

9 [옮긴이] 이번 단원의 제목에 계수화(factoring)이라는 말이 들어가 있는데, '계수(factor)'를 정해 두는 일, 즉 레버리지 비율이나 마진 비율을 계수 형태로 정해 두는 일을 의미하는 것으로 보아서 번역한 말이다. 요인화(factoring)라고 번역해 버리면 본문에서 전달하는 의미를 전달하기 어렵게 되어 번역어로 쓰지 않았다.

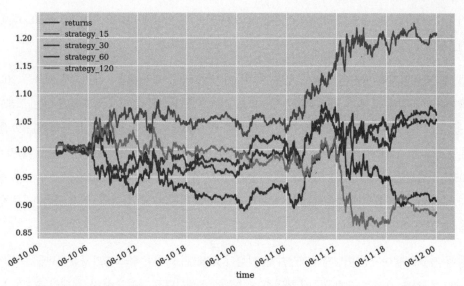

그림 8-8 EUR_USD 수단에 대한 모멘텀 전략을 20:1 레버리지로 펼쳤을 때의 총 성과(분봉)

스트리밍 데이터 작업

파이썬 래퍼 패키지인 tpqoa로 스트리밍 작업을 아주 간결하고 단순하게 할 수 있다. 이 패키지는 v20 패키지와 더불어 소켓 통신을 처리하므로 알고리즘 트레이더는 스트리밍 데이터로 수행할 작업을 결정하기만 하면 된다.

```
In [18]: instrument = 'EUR_USD'

In [19]: api.stream_data(instrument, stop=10)  ❶
         2020-08-19T14:39:13.560138152Z 1.19131 1.1915
         2020-08-19T14:39:14.088511060Z 1.19134 1.19152
         2020-08-19T14:39:14.390081879Z 1.19124 1.19145
         2020-08-19T14:39:15.105974700Z 1.19129 1.19144
         2020-08-19T14:39:15.375370451Z 1.19128 1.19144
         2020-08-19T14:39:15.501380756Z 1.1912 1.19141
         2020-08-19T14:39:15.951793928Z 1.1912 1.19138
         2020-08-19T14:39:16.354844135Z 1.19123 1.19138
         2020-08-19T14:39:16.661440356Z 1.19118 1.19133
         2020-08-19T14:39:16.912150908Z 1.19112 1.19132
```

❶ stop 파라미터는 특정 수의 틱이 검색된 후 스트리밍을 중지한다.

시장가로 주문을 넣기

마찬가지로 create_order() 메서드를 사용해 간단하게 시장가로 매수 주문buy orders이나 매도 주문 sell orders을 넣을 수 있다.

```
In [20]: help(api.create_order)      ❶
         Help on method create_order in module tpqoa.tpqoa:

         create_order(instrument, units, price=None, sl_distance=None,
         tsl_distance=None, tp_price=None, comment=None, touch=False,
         suppress=False, ret=False) method of tpqoa.tpqoa.tpqoa instance
             Places order with Oanda.

             파라미터[10]
             ==========
             instrument: string
                 유효한 수단 이름
             units: int
                 매수 예정 수단의 단위 수(양의 정수, 예: 'units = 50'),
                 또는 매도 예정 수단의 단위 수(음의 정수, 예: 'units = -100')
             price: float
                 지정가 주문(limit order, 제한 주문) 가격,
                 또는 예약 주문(touch order, 도달가 주문) 가격
             sl_distance : float
                 손실제한 거리(stop loss distance, 손절매) 가격,
                 필수인 경우가 있음(예: 독일).
             tsl_distance: float
                 추격 손실제한 거리(trailing stop loss distance, 추적 손절매)
             tp_price: float
                 거래에 사용할 이익 가격을 취한다.
             comment: str
                 문자열
             touch: boolean
                 예약 주문(market_if_touched order, MIT 주문) 여부,
                 가격을 지정해주어야 한다.
             suppress: boolean
                 인쇄 억제 여부
             ret: boolean
                 주문 객체 반환 여부

In [21]: api.create_order(instrument, 1000)      ❷


         {'id': '1721', 'time': '2020-08-19T14:39:17.062399275Z', 'userID': 13834683,
          'accountID': '101-004-13834683-001', 'batchID': '1720',
          'requestID': '24716258589170956', 'type': 'ORDER_FILL', 'orderID':
```

---

10 [옮긴이] 이 파라미터 부분은 원래 영문으로 표기되었지만, 독자가 각 파라미터의 역할을 정확히 이해할 수 있게 하려고 번역해 두었다.

'1720', 'instrument': 'EUR_USD', 'units': '1000.0',
'gainQuoteHomeConversionFactor': '0.835288642787',
'lossQuoteHomeConversionFactor': '0.843683503518', 'price': 1.19131,
'fullVWAP': 1.19131, 'fullPrice': {'type': 'PRICE', 'bids': [{'price':
1.1911, 'liquidity': '10000000'}], 'asks': [{'price': 1.19131,
'liquidity': '10000000'}], 'closeoutBid': 1.1911, 'closeoutAsk':
1.19131}, 'reason': 'MARKET_ORDER', 'pl': '0.0', 'financing': '0.0',
'commission': '0.0', 'guaranteedExecutionFee': '0.0',
'accountBalance': '98510.7986', 'tradeOpened': {'tradeID': '1721',
'units': '1000.0', 'price': 1.19131, 'guaranteedExecutionFee': '0.0',
'halfSpreadCost': '0.0881', 'initialMarginRequired': '33.3'},
'halfSpreadCost': '0.0881'}

```
In [22]: api.create_order(instrument, -1500)    ❸
```

{'id': '1723', 'time': '2020-08-19T14:39:17.200434462Z', 'userID':
13834683, 'accountID': '101-004-13834683-001', 'batchID': '1722',
'requestID': '24716258589171315', 'type': 'ORDER_FILL', 'orderID':
'1722', 'instrument': 'EUR_USD', 'units': '-1500.0',
'gainQuoteHomeConversionFactor': '0.835288642787',
'lossQuoteHomeConversionFactor': '0.843683503518', 'price': 1.1911,
'fullVWAP': 1.1911, 'fullPrice': {'type': 'PRICE', 'bids': [{'price':
1.1911, 'liquidity': '10000000'}], 'asks': [{'price': 1.19131,
'liquidity': '9999000'}], 'closeoutBid': 1.1911, 'closeoutAsk':
1.19131}, 'reason': 'MARKET_ORDER', 'pl': '-0.1772', 'financing':
'0.0', 'commission': '0.0', 'guaranteedExecutionFee': '0.0',
'accountBalance': '98510.6214', 'tradeOpened': {'tradeID': '1723',
'units': '-500.0', 'price': 1.1911, 'guaranteedExecutionFee': '0.0',
'halfSpreadCost': '0.0441', 'initialMarginRequired': '16.65'},
'tradesClosed': [{'tradeID': '1721', 'units': '-1000.0', 'price':
1.1911, 'realizedPL': '-0.1772', 'financing': '0.0',
'guaranteedExecutionFee': '0.0', 'halfSpreadCost': '0.0881'}],
'halfSpreadCost': '0.1322'}

```
In [23]: api.create_order(instrument, 500)    ❹
```

{'id': '1725', 'time': '2020-08-19T14:39:17.348231507Z', 'userID':
13834683, 'accountID': '101-004-13834683-001', 'batchID': '1724',
'requestID': '24716258589171775', 'type': 'ORDER_FILL', 'orderID':
'1724', 'instrument': 'EUR_USD', 'units': '500.0',
'gainQuoteHomeConversionFactor': '0.835313189428',
'lossQuoteHomeConversionFactor': '0.84370829686', 'price': 1.1913,
'fullVWAP': 1.1913, 'fullPrice': {'type': 'PRICE', 'bids': [{'price':
1.19104, 'liquidity': '9998500'}], 'asks': [{'price': 1.1913,
'liquidity': '9999000'}], 'closeoutBid': 1.19104, 'closeoutAsk':
1.1913}, 'reason': 'MARKET_ORDER', 'pl': '-0.0844', 'financing':
'0.0', 'commission': '0.0', 'guaranteedExecutionFee': '0.0',
'accountBalance': '98510.537', 'tradesClosed': [{'tradeID': '1723',

```
'units': '500.0', 'price': 1.1913, 'realizedPL': '-0.0844',
'financing': '0.0', 'guaranteedExecutionFee': '0.0', 'halfSpreadCost':
'0.0546'}], 'halfSpreadCost': '0.0546'}
```

❶ 시장가 주문market orders, 지정가 주문limit orders, 예약 주문market-if-touched orders을 하기 위한 모든 옵션을 표시한다.

❷ 시장가 주문을 통해 롱 포지션을 연다.

❸ 시장가 주문을 통해 롱 포지션을 닫은 후 숏으로 간다.

❹ 시장가 주문을 통해 숏 포지션을 닫는다.

Oanda API는 다양한 주문 유형을 둘 수 있게 하지만, 이번 장과 다음 장에서는 주로 새로운 신호가 나타날 때마다 즉시 롱으로 가거나 숏으로 가는 시장가 주문에 초점을 맞춘다.

실시간 거래 전략 구현

이번 절에서는 모멘텀 전략에 따라 Oanda 플랫폼에서 EUR_USD 수단을 자동으로 거래할 수 있게 사용자 맞춤형 클래스를 제공한다. 이 클래스를 MomentumTrader라고 부르며[11], 241쪽의 '파이썬 스크립트' 단원에 나와 있다. 다음 코드는 메서드가 없는 상태부터 시작하여 클래스를 한 줄씩 안내한다. 클래스 자체는 tpqoa 클래스로부터 상속을 받았다.

```
import tpqoa
import numpy as np
import pandas as pd


class MomentumTrader(tpqoa.tpqoa):
    def __init__(self, conf_file, instrument, bar_length, momentum, units,
                 *args, **kwargs):
        super(MomentumTrader, self).__init__(conf_file)
        self.position = 0          ❶
        self.instrument = instrument   ❷
        self.momentum = momentum     ❸
        self.bar_length = bar_length   ❹
        self.units = units         ❺
        self.raw_data = pd.DataFrame()   ❻
        self.min_length = self.momentum + 1   ❼
```

---

11 [옮긴이] 이 클래스를 담고 있는 저자의 깃허브 사이트(https://github.com/yhilpisch/py4at/blob/master/ch08/MomentumTrader.py)를 보면 63번 줄에서 bar_length 파라미터를 지정하지 않고 있어 오류가 발생할 수 있다. 이럴 때는
  mom = MomentumTrader('../pyalgo.cfg', instrument='EUR_USD',로 기입되어 있는 코드를
  mom = MomentumTrader('../pyalgo.cfg', instrument='EUR_USD', bar_length=5,처럼 수정하자.

❶ 초기 포지션 값(시장 중립).

❷ 거래할 수단.

❸ 틱 데이터의 재표집을 위한 봉의 길이.

❹ 모멘텀 계산을 위한 구간 개수.

❺ 거래할 단위 개수.

❻ 틱 데이터로 채울 빈 DataFrame 객체.

❼ 거래를 시작하기 위한 초기 최소 봉 길이.

주요 메서드는 .on_success()인데, 이는 모멘텀 전략에 대한 거래 로직을 구현한다.

```
def on_success(self, time, bid, ask):  ❶
    ''' 새 틱 데이터가 도달하면 조치들을 취한다. '''
    print(self.ticks, end=' ')  ❷
    self.raw_data = self.raw_data.append(pd.DataFrame(
        {'bid': bid, 'ask': ask}, index=[pd.Timestamp(time)]))  ❸
    self.data = self.raw_data.resample(
        self.bar_length, label='right').last().ffill().iloc[:-1]  ❹
    self.data['mid'] = self.data.mean(axis=1)  ❺
    self.data['returns'] = np.log(self.data['mid'] /
                                  self.data['mid'].shift(1))  ❻
    self.data['position'] = np.sign(
        self.data['returns'].rolling(self.momentum).mean())  ❼

    if len(self.data) > self.min_length:  ❽
        self.min_length += 1  ❽
        if self.data['position'].iloc[-1] == 1:  ❾
            if self.position == 0:  ❿
                self.create_order(self.instrument, self.units)  ⓫
            elif self.position == -1:  ⓬
                self.create_order(self.instrument, self.units * 2)  ⓭
            self.position = 1  ⓮
        elif self.data['position'].iloc[-1] == -1:  ⓯
            if self.position == 0:  ⓰
                self.create_order(self.instrument, -self.units)  ⓱
            elif self.position == 1:  ⓲
                self.create_order(self.instrument, -self.units * 2)  ⓳
            self.position = -1  ⓴
```

❶ 이 메서드는 새 틱 데이터가 도착할 때마다 호출된다.

❷ 검색된 틱 수가 프린트된다.

❸ 틱 데이터가 수집되고 저장된다.

❹ 그런 다음에 틱 데이터는 적절한 봉 길이에 맞게 다시 표집된다.

❺ 중간 가격이 계산되어 ...

❻ 로그 수익들이 파생되는 기준인 ...

❼ 신호(포지셔닝)는 모멘텀 파라미터/속성(온라인 알고리즘을 통해)을 기반으로 도출된다.

❽ 데이터가 충분하거나 새로운 데이터라면 거래 로직이 적용되고 최소 길이가 매번 증가한다.

❾ 최근 포지셔닝(즉, '신호')이 1(즉, 롱)인지 확인한다.

❿ 현재 마켓 포지션이 0(즉, 뉴트럴)이면 ...

⓫ self.units에 대한 매수 주문이 시작되고 ...

⓬ -1(즉, 숏)이면 ...

⓭ ... 0에 대한 매수 주문이 시작되었다.

⓮ 마켓 포지션인 self.position은 +1(즉, 롱)로 설정된다.

⓯ 최근 포지셔닝(즉, '신호')이 -1(즉, 숏)인지를 확인한다.

⓰ 현재 마켓 포지션이 0(즉, 뉴트럴)이면 ...

⓱ -self.units에 대한 매도 주문이 시작되고 ...

⓲ +1(즉, 롱)이면 ...

⓳ ... 0에 대한 매도 주문이 시작된다.

⓴ 마켓 포지션인 self.position은 -1(즉, 숏)로 설정된다.

단 코드 네 줄로 이 클래스를 기반으로 만든, 자동화한 알고리즘 트레이딩을 시작할 수 있다. 다음에 나오는 파이썬 코드는 자동 거래 세션을 시작한다.

```
In [24]: import MomentumTrader as MT

In [25]: mt = MT.MomentumTrader('../pyalgo.cfg',  ❶
                                instrument=instrument,  ❷
                                bar_length='10s',  ❸
                                momentum=6,  ❹
                                units=10000)  ❺

In [26]: mt.stream_data(mt.instrument, stop=500)  ❻
```

❶ 자격증명이 있는 구성 파일이다.

❷ instrument(수단) 파라미터가 지정된다.

❸ 재표집을 위한 bar_length(봉 길이) 파라미터가 제공된다.

❹ 재표집된 데이터 간격에 적용되는 momentum(모멘텀) 파라미터가 정의된다.

❺ 롱 포지션과 숏 포지션의 포지션 크기를 지정하는 units(단위) 파라미터가 설정된다.

❻ 이 코드는 스트리밍과 그에 따른 거래를 시작한다. 100틱 후에 중지된다.

코드를 실행하면 다음 내용이 출력된다.

```
1 2 3 4 5 6 7 8 9 10 11 12 13 14 15 16 17 18 19 20 21 22 23 24 25 26 27
28 29 30 31 32 33 34 35 36 37 38 39 40 41 42 43 44 45 46 47 48 49 50
51 52 53 54 55 56 57 58 59 60 61 62 63 64 65 66 67 68 69 70 71 72 73
74 75 76 77 78 79 80 81 82 83 84 85 86 87 88 89 90 91 92 93 94 95 96
97 98 99 100 101 102 103 104 105 106 107 108 109 110 111 112 113 114
115 116 117 118 119 120 121 122 123 124 125 126 127 128 129 130 131
132 133 134 135 136 137 138 139 140 141 142 143 144 145 146 147 148
149 150 151 152 153

{'id': '1727', 'time': '2020-08-19T14:40:30.443867492Z', 'userID':
13834683, 'accountID': '101-004-13834683-001', 'batchID': '1726',
'requestID': '42730657405829101', 'type': 'ORDER_FILL', 'orderID':
'1726', 'instrument': 'EUR_USD', 'units': '10000.0',
'gainQuoteHomeConversionFactor': '0.8350012403',
'lossQuoteHomeConversionFactor': '0.843393212565', 'price': 1.19168,
'fullVWAP': 1.19168, 'fullPrice': {'type': 'PRICE', 'bids': [{'price':
1.19155, 'liquidity': '10000000'}], 'asks': [{'price': 1.19168,
'liquidity': '10000000'}], 'closeoutBid': 1.19155, 'closeoutAsk':
1.19168}, 'reason': 'MARKET_ORDER', 'pl': '0.0', 'financing': '0.0',
'commission': '0.0', 'guaranteedExecutionFee': '0.0',
'accountBalance': '98510.537', 'tradeOpened': {'tradeID': '1727',
'units': '10000.0', 'price': 1.19168, 'guaranteedExecutionFee': '0.0',
'halfSpreadCost': '0.5455', 'initialMarginRequired': '333.0'},
'halfSpreadCost': '0.5455'}

154 155 156 157 158 159 160 161 162 163 164 165 166 167 168 169 170 171
172 173 174 175 176 177 178 179 180 181 182 183 184 185 186 187 188
189 190 191 192 193 194 195 196 197 198 199 200 201 202 203 204 205
206 207 208 209 210 211 212 213 214 215 216 217 218 219 220 221 222
223

{'id': '1729', 'time': '2020-08-19T14:41:11.436438078Z', 'userID':
13834683, 'accountID': '101-004-13834683-001', 'batchID': '1728',
'requestID': '42730657577912600', 'type': 'ORDER_FILL', 'orderID':
'1728', 'instrument': 'EUR_USD', 'units': '-20000.0',
'gainQuoteHomeConversionFactor': '0.83519398913',
'lossQuoteHomeConversionFactor': '0.843587898569', 'price': 1.19124,
'fullVWAP': 1.19124, 'fullPrice': {'type': 'PRICE', 'bids': [{'price':
1.19124, 'liquidity': '10000000'}], 'asks': [{'price': 1.19144,
'liquidity': '10000000'}], 'closeoutBid': 1.19124, 'closeoutAsk':
1.19144}, 'reason': 'MARKET_ORDER', 'pl': '-3.7118', 'financing':
'0.0', 'commission': '0.0', 'guaranteedExecutionFee': '0.0',
'accountBalance': '98506.8252', 'tradeOpened': {'tradeID': '1729',
'units': '-10000.0', 'price': 1.19124, 'guaranteedExecutionFee':
'0.0', 'halfSpreadCost': '0.8394', 'initialMarginRequired': '333.0'},
'tradesClosed': [{'tradeID': '1727', 'units': '-10000.0', 'price':
```

1.19124, 'realizedPL': '-3.7118', 'financing': '0.0',
'guaranteedExecutionFee': '0.0', 'halfSpreadCost': '0.8394'}],
'halfSpreadCost': '1.6788'}

224 225 226 227 228 229 230 231 232 233 234 235 236 237 238 239 240 241
242 243 244 245 246 247 248 249 250 251 252 253 254 255 256 257 258
259 260 261 262 263 264 265 266 267 268 269 270 271 272 273 274 275
276 277 278 279 280 281 282 283 284 285 286 287 288 289 290 291 292
293 294 295 296 297 298 299 300 301 302 303 304 305 306 307 308 309
310 311 312 313 314 315 316 317 318 319 320 321 322 323 324 325 326
327 328 329 330 331 332 333 334 335 336 337 338 339 340 341 342 343
344 345 346 347 348 349 350 351 352 353 354 355 356 357 358 359 360
361 362 363 364 365 366 367 368 369 370 371 372 373 374 375 376 377
378 379 380 381 382 383 384 385 386 387 388 389 390 391 392 393 394

{'id': '1731', 'time': '2020-08-19T14:42:20.525804142Z', 'userID':
13834683, 'accountID': '101-004-13834683-001', 'batchID': '1730',
'requestID': '42730657867512554', 'type': 'ORDER_FILL', 'orderID':
'1730', 'instrument': 'EUR_USD', 'units': '20000.0',
'gainQuoteHomeConversionFactor': '0.835400847964',
'lossQuoteHomeConversionFactor': '0.843796836386', 'price': 1.19111,
'fullVWAP': 1.19111, 'fullPrice': {'type': 'PRICE', 'bids': [{'price':
1.19098, 'liquidity': '10000000'}], 'asks': [{'price': 1.19111,
'liquidity': '10000000'}], 'closeoutBid': 1.19098, 'closeoutAsk':
1.19111}, 'reason': 'MARKET_ORDER', 'pl': '1.086', 'financing': '0.0',
'commission': '0.0', 'guaranteedExecutionFee': '0.0',
'accountBalance': '98507.9112', 'tradeOpened': {'tradeID': '1731',
'units': '10000.0', 'price': 1.19111, 'guaranteedExecutionFee': '0.0',
'halfSpreadCost': '0.5457', 'initialMarginRequired': '333.0'},
'tradesClosed': [{'tradeID': '1729', 'units': '10000.0', 'price':
1.19111, 'realizedPL': '1.086', 'financing': '0.0',
'guaranteedExecutionFee': '0.0', 'halfSpreadCost': '0.5457'}],
'halfSpreadCost': '1.0914'}

395 396 397 398 399 400 401 402 403 404 405 406 407 408 409 410 411 412
413 414 415 416 417 418 419 420 421 422 423 424 425 426 427 428 429
430 431 432 433 434 435 436 437 438 439 440 441 442 443 444 445 446
447 448 449 450 451 452 453 454 455 456 457 458 459 460 461 462 463
464 465 466 467 468 469 470 471 472 473 474 475 476 477 478 479 480
481 482 483 484 485 486 487 488 489 490 491 492 493 494 495 496 497
498 499 500

마지막으로, 직전 포지션을 닫는다.

```
In [27]: oo = mt.create_order(instrument, units=-mt.position * mt.units,
                              ret=True, suppress=True)   ❶
         oo
Out[27]: {'id': '1733',
         'time': '2020-08-19T14:43:17.107985242Z',
         'userID': 13834683,
```

```
'accountID': '101-004-13834683-001',
'batchID': '1732',
'requestID': '42730658106750652',
'type': 'ORDER_FILL',
'orderID': '1732',
'instrument': 'EUR_USD',
'units': '-10000.0',
'gainQuoteHomeConversionFactor': '0.835327206922',
'lossQuoteHomeConversionFactor': '0.843722455232',
'price': 1.19109,
'fullVWAP': 1.19109,
'fullPrice': {'type': 'PRICE',
 'bids': [{'price': 1.19109, 'liquidity': '10000000'}],
 'asks': [{'price': 1.19121, 'liquidity': '10000000'}],
 'closeoutBid': 1.19109,
 'closeoutAsk': 1.19121},
'reason': 'MARKET_ORDER',
'pl': '-0.1687',
'financing': '0.0',
'commission': '0.0',
'guaranteedExecutionFee': '0.0',
'accountBalance': '98507.7425',
'tradesClosed': [{'tradeID': '1731',
  'units': '-10000.0',
  'price': 1.19109,
  'realizedPL': '-0.1687',
  'financing': '0.0',
  'guaranteedExecutionFee': '0.0',
  'halfSpreadCost': '0.5037'}],
'halfSpreadCost': '0.5037'}
```

❶ 직전final 포지션을 닫는다.

계정 정보 검색

Oanda RESTful API로 계정 정보나 거래 내용을 편하게 다룰 수 있다. 예를 들어, 이전 절에 나온 모멘텀 전략을 실행한 후라면, 알고리즘 트레이더는 거래 계정의 현재 잔액을 검사해 보려고 할 것이다. .get_account_summary() 메서드를 사용하면 그렇게 할 수 있다.

```
In [28]: api.get_account_summary()
Out[28]: {'id': '101-004-13834683-001',
         'alias': 'Primary',
         'currency': 'EUR',
         'balance': '98507.7425',
         'createdByUserID': 13834683,
         'createdTime': '2020-03-19T06:08:14.363139403Z',
```

```
                'guaranteedStopLossOrderMode': 'DISABLED',
                'pl': '-1273.126',
                'resettablePL': '-1273.126',
                'resettablePLTime': '0',
                'financing': '-219.1315',
                'commission': '0.0',
                'guaranteedExecutionFees': '0.0',
                'marginRate': '0.0333',
                'openTradeCount': 1,
                'openPositionCount': 1,
                'pendingOrderCount': 0,
                'hedgingEnabled': False,
                'unrealizedPL': '929.8862',
                'NAV': '99437.6287',
                'marginUsed': '377.76',
                'marginAvailable': '99064.4945',
                'positionValue': '3777.6',
                'marginCloseoutUnrealizedPL': '935.8183',
                'marginCloseoutNAV': '99443.5608',
                'marginCloseoutMarginUsed': '377.76',
                'marginCloseoutPercent': '0.0019',
                'marginCloseoutPositionValue': '3777.6',
                'withdrawalLimit': '98507.7425',
                'marginCallMarginUsed': '377.76',
                'marginCallPercent': '0.0038',
                'lastTransactionID': '1733'}
```

최근에 몇 차례에 걸쳐서 성사된 거래에 대한 정보를 .get_transactions() 메서드로 수신한다.

```
In [29]: api.get_transactions(tid=int(oo['id']) - 2)
Out[29]: [{'id': '1732',
          'time': '2020-08-19T14:43:17.107985242Z',
          'userID': 13834683,
          'accountID': '101-004-13834683-001',
          'batchID': '1732',
          'requestID': '42730658106750652',
          'type': 'MARKET_ORDER',
          'instrument': 'EUR_USD',
          'units': '-10000.0',
          'timeInForce': 'FOK',
          'positionFill': 'DEFAULT',
          'reason': 'CLIENT_ORDER'},
         {'id': '1733',
          'time': '2020-08-19T14:43:17.107985242Z',
          'userID': 13834683,
          'accountID': '101-004-13834683-001',
          'batchID': '1732',
          'requestID': '42730658106750652',
          'type': 'ORDER_FILL',
          'orderID': '1732',
```

```
         'instrument': 'EUR_USD',
         'units': '-10000.0',
         'gainQuoteHomeConversionFactor': '0.835327206922',
        'lossQuoteHomeConversionFactor': '0.843722455232',
        'price': 1.19109,
        'fullVWAP': 1.19109,
        'fullPrice': {'type': 'PRICE',
         'bids': [{'price': 1.19109, 'liquidity': '10000000'}],
         'asks': [{'price': 1.19121, 'liquidity': '10000000'}],
         'closeoutBid': 1.19109,
         'closeoutAsk': 1.19121},
        'reason': 'MARKET_ORDER',
        'pl': '-0.1687',
        'financing': '0.0',
        'commission': '0.0',
        'guaranteedExecutionFee': '0.0',
        'accountBalance': '98507.7425',
        'tradesClosed': [{'tradeID': '1731',
          'units': '-10000.0',
          'price': 1.19109,
          'realizedPL': '-0.1687',
          'financing': '0.0',
          'guaranteedExecutionFee': '0.0',
          'halfSpreadCost': '0.5037'}],
        'halfSpreadCost': '0.5037'}]
```

.print_transactions() 메서드를 사용하면 간략한 개요를 알 수 있다.

```
In [30]: api.print_transactions(tid=int(oo['id']) - 18)
         1717 | 2020-08-19T14:37:00.803426931Z | EUR_USD |   -10000.0 | 0.0
         1719 | 2020-08-19T14:38:21.953399006Z | EUR_USD |    10000.0 | 6.8444
         1721 | 2020-08-19T14:39:17.062399275Z | EUR_USD |     1000.0 | 0.0
         1723 | 2020-08-19T14:39:17.200434462Z | EUR_USD |    -1500.0 | -0.1772
         1725 | 2020-08-19T14:39:17.348231507Z | EUR_USD |      500.0 | -0.0844
         1727 | 2020-08-19T14:40:30.443867492Z | EUR_USD |    10000.0 | 0.0
         1729 | 2020-08-19T14:41:11.436438078Z | EUR_USD |   -20000.0 | -3.7118
         1731 | 2020-08-19T14:42:20.525804142Z | EUR_USD |    20000.0 | 1.086
         1733 | 2020-08-19T14:43:17.107985242Z | EUR_USD |   -10000.0 | -0.1687
```

결론

Oanda 플랫폼을 사용하면 자동화한 알고리즘 트레이딩의 세계로 쉽고 간단하게 진입할 수 있다. Oanda는 소위 차액계약(CFDs)을 전문으로 한다. 트레이더의 거주 국가에 맞춰 거래할 수 있는 수 단이 다양하다.

기술적 관점에서 볼 때, 전용 파이썬 래퍼 패키지(v20)를 통해 쉽게 액세스할 수 있는 강력한 최신 API를 제공한다는 게 Oanda의 주요 장점이다. 이번 장에서는 계정을 설정하는 방법, 파이썬으로 API에 연결하는 방법, 백테스트할 목적으로 과거 데이터(분봉)를 검색하는 방법, 스트리밍 데이터를 실시간으로 검색하는 방법, 모멘텀 전략을 기반으로 CFD를 자동으로 거래하는 방법, 계정 정보 및 자세한 거래 내역을 검색하는 방법을 보여주었다.

참조할 것들과 그 밖의 자료원

Oanda 플랫폼 및 CFD 거래의 중요한 측면을 자세히 알고 싶다면 Help 및 Support(도움말과 지원 내용, https://oanda.secure.force.com/)를 담은 페이지들을 보자.

Oanda 개발자 포털의 Getting Started(시작하기, http://developer.oanda.com/rest-live-v20/introduction/) 부분에서 API를 자세히 설명하고 있다.

파이썬 스크립트

다음에 보이는 파이썬 스크립트에는 모멘텀 전략을 바탕으로 자동 거래를 하는 Oanda 사용자 지정 스트리밍 클래스가 들어 있다.

```python
#
# 모멘텀 거래 클래스를 사용하는 파이썬 스크립트.
# (Oanda v20용).
#
# Python for Algorithmic Trading
# (c) Dr. Yves J. Hilpisch
# The Python Quants GmbH
#
import tpqoa
import numpy as np
import pandas as pd


class MomentumTrader(tpqoa.tpqoa):
    def __init__(self, conf_file, instrument, bar_length, momentum, units,
                 *args, **kwargs):
        super(MomentumTrader, self).__init__(conf_file)
        self.position = 0
        self.instrument = instrument
        self.momentum = momentum
        self.bar_length = bar_length
```

```python
        self.units = units
        self.raw_data = pd.DataFrame()
        self.min_length = self.momentum + 1

    def on_success(self, time, bid, ask):
        ''' 새 틱 데이터가 도달하면 조치들을 취한다. '''
        print(self.ticks, end=' ')
        self.raw_data = self.raw_data.append(pd.DataFrame(
            {'bid': bid, 'ask': ask}, index=[pd.Timestamp(time)]))
        self.data = self.raw_data.resample(
            self.bar_length, label='right').last().ffill().iloc[:-1]
        self.data['mid'] = self.data.mean(axis=1)
        self.data['returns'] = np.log(self.data['mid'] /
                                      self.data['mid'].shift(1))
        self.data['position'] = np.sign(
            self.data['returns'].rolling(self.momentum).mean())
        if len(self.data) > self.min_length:
            self.min_length += 1
            if self.data['position'].iloc[-1] == 1:
                if self.position == 0:
                    self.create_order(self.instrument, self.units)
                elif self.position == -1:
                    self.create_order(self.instrument, self.units * 2)
                self.position = 1
            elif self.data['position'].iloc[-1] == -1:
                if self.position == 0:
                    self.create_order(self.instrument, -self.units)
                elif self.position == 1:
                    self.create_order(self.instrument, -self.units * 2)
                self.position = -1


if __name__ == '__main__':
    strat = 2
    if strat == 1:
        mom = MomentumTrader('../pyalgo.cfg', 'DE30_EUR', '5s', 3, 1)
        mom.stream_data(mom.instrument, stop=100)
        mom.create_order(mom.instrument, units=-mom.position * mom.units)
    elif strat == 2:
        mom = MomentumTrader('../pyalgo.cfg', instrument='EUR_USD',
                             bar_length='5s', momentum=6, units=100000)
        mom.stream_data(mom.instrument, stop=100)
        mom.create_order(mom.instrument, units=-mom.position * mom.units)
    else:
        print('Strategy not known.')
```

FXCM을 활용한 FX 거래

금융 기관은 그들이 하는 일을 거래라고 부르기를 좋아한다. 솔직해지자. 거래가 아니라 내기다.

— 그레이던 카터Graydon Carter

이번 장에서는 RESTful과 스트리밍 API(응용 프로그래밍 인터페이스) 및 파이썬 래퍼 패키지인 fcxmpy 를 사용해 FXCM 그룹 유한책임회사FXCM Group, LLC(이하 'FXCM')의 거래 플랫폼을 소개한다.[1] Oanda 와 비슷하게, 이 플랫폼도 자본 포지션이 작은 소매 트레이더가 자동화한 알고리즘 트레이딩 전략 을 세워 전개하기에 적합한 플랫폼이다. FXCM은 전통적인 거래 애플리케이션과 API를 통해 프로 그래밍 방식으로 거래할 수 있는 다양한 금융수단을 소매 트레이더와 기관 트레이더에게 제공한다. 통화 쌍과 더불어 주요 주가 지수 및 원자재에 대한 차액계약(CFD)에 상품들의 초점이 맞춰져 있다. 이와 관련하여 219쪽에 나오는 '차액계약(CFD)'및 다음 쪽에 나오는 '면책 조항'도 참고하자.

---

1   옮긴이 우리나라의 법령에 따르면 한국에 거주하는 개인이 FXCM을 통해 직접 거래할 수 없다고 한다. 'https://www.bok.or.kr/ portal/bbs/B0000267/list.do?menuNo=200796&searchCnd=1&searchWrd=fx마진'를 살펴보는 게 좋겠다.

마진(margin, 증거금)을 이용한 외국환 거래 및 차액 거래는 높은 수준의 위험을 수반하며, 예금을 초과하는 손실을 유지할 수 있으므로 모든 투자자에게 적합하지 않을 수 있다. 레버리지는 여러분에게 불리할 수 있다. 이 상품들은 소매 고객과 전문 고객을 대상으로 하는 것이다. 현지 법률 및 규정에 의해 부과된 특정 제한으로 인해 독일에 거주하는 소매 고객은 예치된 자금의 총 손실을 감수할 수 있지만, 예치된 자금을 초과하는 후속 지불 의무는 적용되지 않는다. 시장 및 거래와 관련된 모든 위험을 인식하고 완전히 이해하자. 상품을 거래하기 전에 재정 상황과 경험 수준을 신중하게 생각해 보자. 모든 의견·뉴스·조사·분석·가격에 관한 정보와 그 밖의 정보들은 일반적인 시장 논평일 뿐이며 투자에 관해 조언하는 게 아니다. 시장에 대한 해설은 투자 연구의 독립성을 증진하기 위해 고안된 법적 요건에 맞게 작성한 게 아니며, 이에 따라 해당 해설을 퍼트리기 전에 다루는 일은 금지 대상이 전혀 아니다. 거래 플랫폼이나 저자는 그러한 정보를 사용하거나 의존함으로 인해 직간접적으로 발생할 수 있는 이익이나 손실을 포함하여 이에 국한되지 않는 손실이나 손해에 대해서까지 책임을 지지 않는다.[2]

8장에서 논의된 플랫폼 기준과 관련하여 FXCM은 다음을 제공한다.

수단instruments

FX 상품(예: 통화 쌍 거래), 주가 지수에 대한 차액 계약(CFD), 원자재, 이율 상품.

전략strategies

FXCM은 무엇보다도, (레버리지를 적용한) 롱 포지션과 숏 포지션, 시장 진입 주문market entry orders, 손실제한 주문stop loss orders 및 이익 목표 실현take profit targets을 허용한다.

비용

매수-매도 스프레드bid-ask spread(매수-매도 호가 차이) 외에도 FXCM과의 모든 거래에는 일반적으로 고정 수수료가 부과된다. 다양한 가격 모형을 사용할 수 있다.

기술technology

예를 들어 FXCM은 알고리즘 트레이더에게 파이썬 래퍼 패키지인 fxcmpy를 사용해 액세스할 수 있는 최신 RESTful API를 제공한다. 데스크톱 컴퓨터와 태블릿 및 스마트폰용 표준 거래 애플리케이션도 사용할 수 있다.

법역jurisdiction(관할구역)

FXCM은 전 세계 여러 국가(예: 영국 또는 독일)에서 활동하고 있다. 국가에 따라 일부 제품은 규정이나 제한 사항으로 인해 쓸 수 없거나 제공되지 않을 수 있다.

---

2 옮긴이 그뿐만 아니라 번역서 출판사나 역자도 거래로 인한 책임을 전혀 지지 않는다는 점에 유념하자. 투자에 따른 모든 책임은 온전히 투자자의 몫이다.

이번 장에서는 프로그래밍 방식으로 자동화한 알고리즘 트레이딩 전략을 구현하는 데 필요한 FXCM 거래 API 및 fxcmpy라고 부르는 파이썬 패키지의 기본 기능을 다룬다. 이는 다음과 같이 구성된다. 아래에 나오는 '시작하기'에서는 FXCM REST API를 사용해 알고리즘 트레이딩을 하는 데 필요한 모든 사항을 구성하는 방법을 보여준다. 246쪽에 나오는 '데이터 검색'에서는 금융 데이터를 검색해 낸 다음에 다루는 방법을 보여준다(틱 수준까지). 251쪽에 나오는 'API 작업'에서는 과거 데이터나 스트리밍 데이터를 검색하거나 주문하거나 계정 정보를 조회하는 일처럼, RESTful API를 사용해 구현된 일반적인 작업을 설명한다는 점에서 핵심 부분이다.

시작하기

FXCM API를 자세히 다룬 문서는 https://oreil.ly/Df_7e에 있다. 파이썬 래퍼 패키지인 fxcmpy를 설치하려면 셸에서 다음 명령을 실행하자.

```
pip install fxcmpy
```

fxcmpy 패키지에 대해 다룬 문서는 http://fxcmpy.tpq.io에 있다.

FXCM 거래용 API와 fxcmpy 패키지에 입문하려 한다면, FXCM의 무료 데모 계정이면 충분하다. FXCM Demo Account(FXCM 데모 계정, https://www.fxcm.com/uk/forex-trading-demo/)에서 이러한 계정을 열 수 있다.[3] 다음 단계는 데모 계정 내에서 고유한 API 토큰(예: YOUR_FXCM_API_TOKEN)을 만드는 것이다. 그런 다음에, 예를 들면 다음 코드처럼 코드를 작성해 API에 연결할 수 있다.

```
import fxcmpy
api = fxcmpy.fxcmpy(access_token=YOUR_FXCM_API_TOKEN, log_level='error')
```

또는 8장에서 생성한 구성 파일을 사용해 API에 연결할 수 있다. 이 파일의 내용을 다음처럼 수정해야 한다.

```
[FXCM]
log_level = error
log_file = PATH_TO_AND_NAME_OF_LOG_FILE
access_token = YOUR_FXCM_API_TOKEN
```

그런 다음에 다음 코드를 사용하면 API에 연결할 수 있다.

---

3   FXCM 데모 계정은 특정 국가에서만 제공된다.

```
import fxcmpy
api = fxcmpy.fxcmpy(config_file='pyalgo.cfg')
```

기본적으로 서버가 데모 서버에 연결된다. 그러나 서버 파라미터를 사용해 실황 거래live trading 서버에 연결할 수 있다(해당 계정이 있는 경우).

```
api = fxcmpy.fxcmpy(config_file='pyalgo.cfg', server='demo')   ❶
api = fxcmpy.fxcmpy(config_file='pyalgo.cfg', server='real')   ❷
```

❶ 데모 서버에 연결한다.

❷ 실황 거래 서버에 연결한다.

데이터 검색

FXCM에서는 틱 데이터 같은 과거 시장가 데이터셋을 미리 꾸려 둔 변형물 한 개 속에 담아 제공함으로써, 해당 데이터에 접근할 수 있게 해준다. 이는 예를 들어, 2020년도의 10개 주간에 걸친 유로/달러 환율 주간 틱 데이터가 들어 있는 압축 파일을 FXCM 서버에서 검색(인출)할 수 있다는 말이다. API에서 과거 캔들 데이터historical candles data(과거 봉 데이터)를 검색하는 방법은 다음 절에서 설명한다.

틱 데이터 검색

여러 통화 쌍에 대해 FXCM은 과거 틱 데이터를 제공한다. fxcmpy 패키지는 이러한 틱 데이터를 검색하고 편리하게 사용할 수 있게 한다. 우선, 몇 가지를 가져온다.

```
In [1]: import time
        import numpy as np
        import pandas as pd
        import datetime as dt
        import matplotlib.pyplot as plt
        import matplotlib as mpl
        plt.style.use('seaborn')
        mpl.rcParams['savefig.dpi'] = 300
        mpl.rcParams['font.family'] = 'serif'
```

두 번째는 틱 데이터를 사용할 수 있는 종목코드symbols, 즉 통화쌍들을 살펴보는 것이다.

```
In [2]: from fxcmpy import fxcmpy_tick_data_reader as tdr

In [3]: print(tdr.get_available_symbols())
```

```
('AUDCAD', 'AUDCHF', 'AUDJPY', 'AUDNZD', 'CADCHF', 'EURAUD', 'EURCHF',
 'EURGBP', 'EURJPY', 'EURUSD', 'GBPCHF', 'GBPJPY', 'GBPNZD', 'GBPUSD',
 'GBPCHF', 'GBPJPY', 'GBPNZD', 'NZDCAD', 'NZDCHF', 'NZDJPY', 'NZDUSD',
 'USDCAD', 'USDCHF', 'USDJPY')
```

다음 코드는 단일 종목코드의 1주일 분량 틱 데이터를 검색한다. 결과로 나오는 판다스 DataFrame
객체에는 450만 개가 넘는 데이터 행이 있다.

```
In [4]: start = dt.datetime(2020, 3, 25)  ❶
        stop = dt.datetime(2020, 3, 30)    ❶

In [5]: td = tdr('EURUSD', start, stop)    ❶

In [6]: td.get_raw_data().info()           ❷
        <class 'pandas.core.frame.DataFrame'>
        Index: 4504288 entries, 03/22/2020 21:12:02.256 to 03/27/2020 20:59:00.022
        Data columns (total 2 columns):
         #   Column  Dtype
        ---  ------  -----
         0   Bid     float64
         1   Ask     float64
        dtypes: float64(2)
        memory usage: 103.1+ MB

In [7]: td.get_data().info()               ❸
        <class 'pandas.core.frame.DataFrame'>
        DatetimeIndex: 4504288 entries, 2020-03-22 21:12:02.256000 to
         2020-03-27 20:59:00.022000
        Data columns (total 2 columns):
         #   Column  Dtype
        ---  ------  -----
         0   Bid     float64
         1   Ask     float64
        dtypes: float64(2)
        memory usage: 103.1 MB

In [8]: td.get_data().head()
Out[8]:                              Bid        Ask
        2020-03-22 21:12:02.256    1.07006    1.07050
        2020-03-22 21:12:02.258    1.07002    1.07050
        2020-03-22 21:12:02.259    1.07003    1.07033
        2020-03-22 21:12:02.653    1.07003    1.07034
        2020-03-22 21:12:02.749    1.07000    1.07034
```

❶ 이 코드는 데이터 파일을 검색해 압축을 풀고 원시 데이터를 DataFrame 객체(결과로 나온 객체에 대한 속성)
에 저장한다.

❷ .get_raw_data() 메서드는 인덱스 값이 여전히 str 객체들인 원시 데이터와 함께 DataFrame 객체를
반환한다.

❸ .get_data() 메서드는 인덱스가 DatetimeIndex로 변환된 DataFrame 객체를 반환한다.[4]

틱 데이터는 DataFrame 객체에 저장되므로 데이터의 부분집합을 선택하고, 이것을 가지고 간단히 금융 분석 작업을 구현할 수 있다. 그림 9-1은 부분집합 및 단순이동평균SMA에 대해 도출된 중간 가격의 그림을 보여준다.

```
In [9]: sub = td.get_data(start='2020-03-25 12:00:00',
                          end='2020-03-25 12:15:00')   ❶

In [10]: sub.head()
Out[10]:                                Bid      Ask
         2020-03-25 12:00:00.067    1.08109   1.0811
         2020-03-25 12:00:00.072    1.08110   1.0811
         2020-03-25 12:00:00.074    1.08109   1.0811
         2020-03-25 12:00:00.078    1.08111   1.0811
         2020-03-25 12:00:00.121    1.08112   1.0811

In [11]: sub['Mid'] = sub.mean(axis=1)   ❷

In [12]: sub['SMA'] = sub['Mid'].rolling(1000).mean()   ❸
```

❶ 전체 데이터셋의 부분집합을 선택한다.

❷ 매수호가와 매도호가에서 중간 호가를 계산한다.

❸ 1,000틱 간격으로 SMA 값을 도출한다.

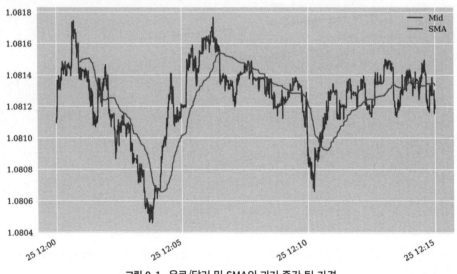

그림 9-1 유로/달러 및 SMA의 과거 중간 틱 가격

---

4   DatetimeIndex를 변환하는 데는 시간이 많이 걸리기 때문에 틱 데이터 검색과 관련해서 두 가지 메서드를 사용한다.

캔들 데이터 검색

또한, FXCM은 API 이외의 과거 캔들 데이터에 대한 액세스를 제공한다. 캔들 데이터는 매수호가와 매도호가 모두에 대해 시가, 고가, 저가, 종가가 있는 특정 동차_{homogeneous}(차수가 같은) 시간 간격('봉')에 대한 데이터다.

먼저 캔들 데이터가 제공되는 사용할 수 있는 종목코드를 살펴보자.

```
In [14]: from fxcmpy import fxcmpy_candles_data_reader as cdr

In [15]: print(cdr.get_available_symbols())
         ('AUDCAD', 'AUDCHF', 'AUDJPY', 'AUDNZD', 'CADCHF', 'EURAUD', 'EURCHF',
          'EURGBP', 'EURJPY', 'EURUSD', 'GBPCHF', 'GBPJPY', 'GBPNZD', 'GBPUSD',
          'GBPCHF', 'GBPJPY', 'GBPNZD', 'NZDCAD', 'NZDCHF', 'NZDJPY', 'NZDUSD',
          'USDCAD', 'USDCHF', 'USDJPY')
```

둘째, 데이터 검색 그 자체를 생각해 보자. 이는 틱 데이터 검색과 비슷하다. 유일한 차이점은 period(기간) 값, 즉 봉 길이를 지정해야 한다는 것이다(예: 1분간은 m1, 1시간은 H1, 1일간은 D1).

```
In [16]: start = dt.datetime(2020, 4, 1)
         stop = dt.datetime(2020, 5, 1)

In [17]: period = 'H1'  ❶

In [18]: candles = cdr('EURUSD', start, stop, period)

In [19]: data = candles.get_data()

In [20]: data.info()
         <class 'pandas.core.frame.DataFrame'>
         DatetimeIndex: 600 entries, 2020-03-29 21:00:00 to 2020-05-01 20:00:00
         Data columns (total 8 columns):
          #   Column    Non-Null Count  Dtype
         ---  ------    --------------  -----
          0   BidOpen   600 non-null    float64
          1   BidHigh   600 non-null    float64
          2   BidLow    600 non-null    float64
          3   BidClose  600 non-null    float64
          4   AskOpen   600 non-null    float64
          5   AskHigh   600 non-null    float64
          6   AskLow    600 non-null    float64
          7   AskClose  600 non-null    float64
         dtypes: float64(8)
         memory usage: 42.2 KB

In [21]: data[data.columns[:4]].tail()  ❷
```

```
Out[21]:                        BidOpen   BidHigh    BidLow   BidClose
         2020-05-01 16:00:00    1.09976   1.09996   1.09850    1.09874
         2020-05-01 17:00:00    1.09874   1.09888   1.09785    1.09818
         2020-05-01 18:00:00    1.09818   1.09820   1.09757    1.09766
         2020-05-01 19:00:00    1.09766   1.09816   1.09747    1.09793
         2020-05-01 20:00:00    1.09793   1.09812   1.09730    1.09788

In [22]: data[data.columns[4:]].tail()  ❸
Out[22]:                        AskOpen   AskHigh    AskLow   AskClose
         2020-05-01 16:00:00    1.09980   1.09998   1.09853    1.09876
         2020-05-01 17:00:00    1.09876   1.09891   1.09786    1.09818
         2020-05-01 18:00:00    1.09818   1.09822   1.09758    1.09768
         2020-05-01 19:00:00    1.09768   1.09818   1.09748    1.09795
         2020-05-01 20:00:00    1.09795   1.09856   1.09733    1.09841
```

❶ period 값을 지정한다.

❷ 매수호가bid prices의 시가, 고가, 저가, 종가.

❸ 매도호가ask prices의 시가, 고가, 저가, 종가.

이번 절을 마치기 위해 파이썬 코드를 따라 중간 종가를 계산하고 두 개의 SMA를 계산하고 결과를 그려 낸다(그림 9-2를 참고하자).

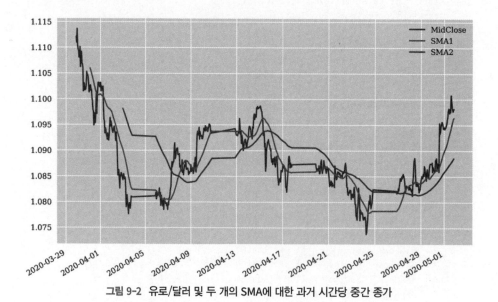

그림 9-2 유로/달러 및 두 개의 SMA에 대한 과거 시간당 중간 종가

```
In [23]: data['MidClose'] = data[['BidClose', 'AskClose']].mean(axis=1)  ❶

In [24]: data['SMA1'] = data['MidClose'].rolling(30).mean()   ❷
         data['SMA2'] = data['MidClose'].rolling(100).mean()  ❷
```

```
In [25]: data[['MidClose', 'SMA1', 'SMA2']].plot(figsize=(10, 6));
```

❶ 매수호가 및 매도호가에 대한 종가들로부터 중간 호가에 대한 종가를 계산한다.

❷ 두 개의 SMA를 계산한다. 하나는 더 짧은 시간 간격용이고 다른 하나는 더 긴 시간 간격용이다.

API 작업

이전에 나온 절에서는 FXCM 서버에서 미리 패키징된 과거 틱 데이터와 캔들 데이터를 검색했지만 이번 절에서는 API를 통해 과거 데이터를 검색하는 방법을 보여준다. 그러나 FXCM API에 대한 연결 객체가 필요하다. 따라서 먼저 fxcmpy 패키지를 가져오고, API를 연결하고(고유 API 토큰 기반) 사용 가능한 도구를 살펴본다. 사전 패키징된 데이터셋에 비해 더 많은 수단을 사용할 수 있다.

```
In [26]: import fxcmpy

In [27]: fxcmpy.__version__
Out[27]: '1.2.6'
In [28]: api = fxcmpy.fxcmpy(config_file='../pyalgo.cfg')   ❶

In [29]: instruments = api.get_instruments()

In [30]: print(instruments)
         ['EUR/USD', 'USD/JPY', 'GBP/USD', 'USD/CHF', 'EUR/CHF', 'AUD/USD',
          'USD/CAD', 'NZD/USD', 'EUR/GBP', 'EUR/JPY', 'GBP/JPY', 'CHF/JPY',
          'GBP/CHF', 'EUR/AUD', 'EUR/CAD', 'AUD/CAD', 'AUD/JPY', 'CAD/JPY',
          'NZD/JPY', 'GBP/CAD', 'GBP/NZD', 'GBP/AUD', 'AUD/NZD', 'USD/SEK',
          'EUR/SEK', 'EUR/NOK', 'USD/NOK', 'USD/MXN', 'AUD/CHF', 'EUR/NZD',
          'USD/ZAR', 'USD/HKD', 'ZAR/JPY', 'USD/TRY', 'EUR/TRY', 'NZD/CHF',
          'CAD/CHF', 'NZD/CAD', 'TRY/JPY', 'USD/ILS', 'USD/CNH', 'AUS200',
          'ESP35', 'FRA40', 'GER30', 'HKG33', 'JPN225', 'NAS100', 'SPX500',
          'UK100', 'US30', 'Copper', 'CHN50', 'EUSTX50', 'USDOLLAR', 'US2000',
          'USOil', 'UKOil', 'SOYF', 'NGAS', 'USOilSpot', 'UKOilSpot', 'WHEATF',
          'CORNF', 'Bund', 'XAU/USD', 'XAG/USD', 'EMBasket', 'JPYBasket',
          'BTC/USD', 'BCH/USD', 'ETH/USD', 'LTC/USD', 'XRP/USD', 'CryptoMajor',
          'EOS/USD', 'XLM/USD', 'ESPORTS', 'BIOTECH', 'CANNABIS', 'FAANG',
          'CHN.TECH', 'CHN.ECOMM', 'USEquities']
```

❶ 이것은 API에 연결된다. 경로와 파일 이름을 조정하자.

과거 데이터 검색

일단 연결되었다면, 단일 메서드 호출을 통해 특정 시간 간격에 대한 데이터 검색이 수행된다. .get_candles() 메서드를 사용할 때 파라미터 기간은 m1, m5, m15, m30, H1, H2, H3, H4,

H6, H8, D1, W1, M1 중 하나일 수 있다. 그림 9-3은 유로/달러 수단(통화 쌍)의 매도호가에 대한 종가를 요청하는 1분봉을 보여준다.

```
In [31]: candles = api.get_candles('USD/JPY', period='D1', number=10)  ❶

In [32]: candles[candles.columns[:4]]  ❶
Out[32]:                      bidopen  bidclose  bidhigh  bidlow
         date
         2020-08-07 21:00:00  105.538   105.898  106.051  105.452
         2020-08-09 21:00:00  105.871   105.846  105.871  105.844
         2020-08-10 21:00:00  105.846   105.914  106.197  105.702
         2020-08-11 21:00:00  105.914   106.466  106.679  105.870
         2020-08-12 21:00:00  106.466   106.848  107.009  106.434
         2020-08-13 21:00:00  106.848   106.893  107.044  106.560
         2020-08-14 21:00:00  106.893   106.535  107.033  106.429
         2020-08-17 21:00:00  106.559   105.960  106.648  105.937
         2020-08-18 21:00:00  105.960   105.378  106.046  105.277
         2020-08-19 21:00:00  105.378   105.528  105.599  105.097

In [33]: candles[candles.columns[4:]]  ❶
Out[33]:                      askopen  askclose  askhigh  asklow  tickqty
         date
         2020-08-07 21:00:00  105.557   105.969  106.062  105.484   253759
         2020-08-09 21:00:00  105.983   105.952  105.989  105.925       20
         2020-08-10 21:00:00  105.952   105.986  106.209  105.715   161841
         2020-08-11 21:00:00  105.986   106.541  106.689  105.929   243813
         2020-08-12 21:00:00  106.541   106.950  107.022  106.447   248989
         2020-08-13 21:00:00  106.950   106.983  107.056  106.572   214735
         2020-08-14 21:00:00  106.983   106.646  107.044  106.442   164244
         2020-08-17 21:00:00  106.680   106.047  106.711  105.948   163629
         2020-08-18 21:00:00  106.047   105.431  106.101  105.290   215574
         2020-08-19 21:00:00  105.431   105.542  105.612  105.109   151255

In [34]: start = dt.datetime(2019, 1, 1)  ❷
         end = dt.datetime(2020, 6, 1)  ❷

In [35]: candles = api.get_candles('EUR/GBP', period='D1',
                         start=start, stop=end)  ❷

In [36]: candles.info()  ❷
         <class 'pandas.core.frame.DataFrame'>
         DatetimeIndex: 438 entries, 2019-01-02 22:00:00 to 2020-06-01 21:00:00
         Data columns (total 9 columns):
          #   Column    Non-Null Count  Dtype
         ---  ------    --------------  -----
          0   bidopen   438 non-null    float64
          1   bidclose  438 non-null    float64
          2   bidhigh   438 non-null    float64
          3   bidlow    438 non-null    float64
          4   askopen   438 non-null    float64
```

```
      5   askclose    438 non-null    float64
      6   askhigh     438 non-null    float64
      7   asklow      438 non-null    float64
      8   tickqty     438 non-null    int64
     dtypes: float64(8), int64(1)
     memory usage: 34.2 KB

In [37]: candles = api.get_candles('EUR/USD', period='m1', number=250)  ❸

In [38]: candles['askclose'].plot(figsize=(10, 6))
```

❶ 가장 최근의 일말 가격end-of-day prices 열 개를 검색한다.

❷ 일년 동안의 일말 가격을 검색한다.

❸ 사용할 수 있는 가장 최근의 1분봉 가격을 검색한다.

 FXCM RESTful API에서 검색된 과거 데이터는 계정의 가격 모형에 따라 변경될 수 있다. 특히, 평균 매수-매도 스프레드는 FXCM이 다양한 트레이더 그룹에 제공하는 다양한 가격 모형에 대해 더 높을 수도 있고 낮을 수도 있다.

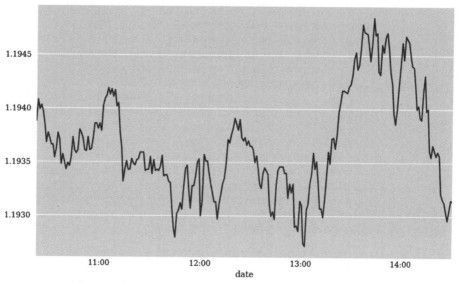

그림 9-3 유로/달러의 과거 매도호가에 대한 종가(분봉)

스트리밍 데이터 검색

예를 들어, 과거 데이터는 알고리즘 트레이딩 전략을 백테스트하는 데 중요하지만 알고리즘 트레이딩 전략을 전개하고 자동화하려면 실시간 데이터나 스트리밍 데이터(거래 시간 동안)에 지속적으로 액세스할 수 있어야 한다. Oanda API와 비슷하게 FXCM API를 사용하면 모든 수단에 대한 실시간 데이터 스트림을 구독할 수도 있다. fxcmpy 래퍼 패키지는 구독된 실시간 데이터 스트림을 처리하기 위해 사용자 정의 함수(콜백 함수라고 함)를 제공할 수 있다는 점에서 이 기능을 지원한다고 볼 수 있다.

다음 파이썬 코드는 검색된 데이터셋의 선택된 요소만 프린트하고 원하는 수단(여기서는 유로/달러)을 구독 후 실시간으로 검색된 데이터를 처리하는 데 사용되는 간단한 콜백 함수를 제공한다.

```
In [39]: def output(data, dataframe):
             print('%3d | %s | %s | %6.5f, %6.5f'
                 % (len(dataframe), data['Symbol'],
                     pd.to_datetime(int(data['Updated']), unit='ms'),
                     data['Rates'][0], data['Rates'][1]))   ❶

In [40]: api.subscribe_market_data('EUR/USD', (output,))   ❷
          2 | EUR/USD | 2020-08-19 14:32:36.204000 | 1.19319, 1.19331
          3 | EUR/USD | 2020-08-19 14:32:37.005000 | 1.19320, 1.19331
          4 | EUR/USD | 2020-08-19 14:32:37.940000 | 1.19323, 1.19333
          5 | EUR/USD | 2020-08-19 14:32:38.429000 | 1.19321, 1.19332
          6 | EUR/USD | 2020-08-19 14:32:38.915000 | 1.19323, 1.19334
          7 | EUR/USD | 2020-08-19 14:32:39.436000 | 1.19321, 1.19332
          8 | EUR/USD | 2020-08-19 14:32:39.883000 | 1.19317, 1.19328
          9 | EUR/USD | 2020-08-19 14:32:40.437000 | 1.19317, 1.19328
         10 | EUR/USD | 2020-08-19 14:32:40.810000 | 1.19318, 1.19329
         11 | EUR/USD | 2020-08-19 14:32:41.410000 | 1.19319, 1.19329

In [41]: api.get_last_price('EUR/USD')   ❸
Out[41]: Bid      1.19318
         Ask      1.19329
         High     1.19534
         Low      1.19217
         Name: 2020-08-19 14:32:40.810000, dtype: float64

In [42]: api.unsubscribe_market_data('EUR/USD')   ❹
```

❶ 이 코드는 검색된 데이터셋의 특정 원소를 프린트하는 콜백 함수이다.

❷ 여기서는 특정 실시간 데이터 스트림에 대한 구독하고 있다. '구독 취소' 이벤트가 없는 한 데이터는 비동기적으로 처리된다.

❸ 구독 중에 .get_last_price() 메서드는 사용할 수 있는 마지막 데이터셋을 반환한다.

❹ 이 메서드는 실시간 데이터 스트림에서 구독을 취소한다.

콜백 함수

콜백 함수를 쓰면 파이썬 함수나 이러한 여러 함수를 기반으로 실시간 스트리밍 데이터를 유연하게 처리할 수 있다. 또한, 수신한 데이터를 프린트하는 일처럼 간단한 작업부터 온라인 거래 알고리즘을 기반으로 한 거래 신호 생성과 같은 복잡한 작업에까지 이 함수를 사용할 수 있다.

주문을 넣기

FXCM API를 사용하면 FXCM의 거래 애플리케이션을 통해서도 사용할 수 있는 모든 유형의 주문 (예: 진입 주문 또는 추격 손실제한 주문)을 넣고 관리할 수 있다.[5] 그러나 다음 코드는 기본적인 시장가 매수 주문 및 매도 주문만 보여준다. 일반적으로 적어도 알고리즘 트레이딩을 시작하기에 충분하기 때문이다.

다음 코드는 먼저 오픈 포지션open position(열려 있는 포지션)이 없는지 확인한 다음에 .create_market_buy_order() 메서드를 통해 서로 다른 포지션들을 연다.

```
In [43]: api.get_open_positions()  ❶
Out[43]: Empty DataFrame
         Columns: []
         Index: []

In [44]: order = api.create_market_buy_order('EUR/USD', 100)  ❷

In [45]: sel = ['tradeId', 'amountK', 'currency',
                'grossPL', 'isBuy']  ❸

In [46]: api.get_open_positions()[sel]  ❸
Out[46]:      tradeId  amountK currency  grossPL  isBuy
         0  169122817     1  00  EUR/USD -9.21945   True

In [47]: order = api.create_market_buy_order('EUR/GBP', 50)  ❹

In [48]: api.get_open_positions()[sel]
Out[48]:      tradeId  amountK currency  grossPL  isBuy
         0  169122817      100  EUR/USD -8.38125   True
         1  169122819       50  EUR/GBP -9.40900   True
```

❶ 연결된(기본) 계정의 오픈 포지션들을 표시한다.

❷ 유로/달러 통화 쌍에서 100,000 포지션을 연다.[6]

❸ 선택한 원소들의 오픈 포지션만 표시한다.

❹ 유로/파운드(EUR/GBP) 통화 쌍에서 50,000개의 또 다른 포지션을 연다.

.create_market_buy_order()로는 포지션을 열 수 있다(즉, 늘릴 수 있다). .create_market_sell_order()로는 포지션을 닫을 수 있다(즉, 줄일 수 있다). 다음 코드에서 볼 수 있듯이, 포지션을 더 일반적으로 닫을 수 있게 하는 방법도 있다.

---

5   http://fxcmpy.tpq.io의 문서를 참고하자.

6   통화 쌍에 대한 수단의 수량은 1,000이다. 또한, 계정마다 레버리지 비율이 다를 수 있다. 이는 동일한 포지션이 관련 레버리지 비율에 따라 더 많은(또는 적은) 에쿼티(마진)를 요구할 수 있음을 의미한다. 필요하다면 예로 든 수량을 더 줄이자. 이에 대해서는 https://www.fxcm.com/uk/accounts/forex-cfd-leverage/를 보자.

```
In [49]: order = api.create_market_sell_order('EUR/USD', 25)  ❶

In [50]: order = api.create_market_buy_order('EUR/GBP', 50)  ❷

In [51]: api.get_open_positions()[sel]  ❸
Out[51]:        tradeId  amountK  currency   grossPL  isBuy
          0   169122817      100   EUR/USD  -7.54306   True
          1   169122819       50   EUR/GBP -11.62340   True
          2   169122834       25   EUR/USD  -2.30463  False
          3   169122835       50   EUR/GBP  -9.96292   True

In [52]: api.close_all_for_symbol('EUR/GBP')  ❹

In [53]: api.get_open_positions()[sel]
Out[53]:        tradeId  amountK  currency   grossPL  isBuy
          0   169122817      100   EUR/USD  -5.02858   True
          1   169122834       25   EUR/USD  -3.14257  False

In [54]: api.close_all()  ❺

In [55]: api.get_open_positions()
Out[55]: Empty DataFrame
         Columns: []
         Index: []
```

❶ 유로/달러 통화 쌍의 포지션을 줄인다.

❷ 유로/파운드 통화 쌍의 포지션을 늘린다.

❸ 유로/파운드의 경우에는 이제 두 가지 오픈 롱 포지션이 있는데, 유로/달러 포지션과는 다르게, 이것들은 네팅netting[7]이 된 게 아니다.

❹ .close_all_for_symbol() 메서드는 지정된 종목코드의 모든 포지션을 닫는다.

❺ .close_all() 메서드는 모든 오픈 포지션을 한 번에 닫는다.

 기본적으로 FXCM은 데모 계정을 헤지 계정으로 설정한다. 즉, 유로/달러를 1만 단위만큼 롱으로 가져 가고 동일한 1만 단위에 해당하는 수단을 숏으로 가져 가면, 서로 다른 두 가지 오픈 포지션이 된다. Oanda의 기본값은 동일한 수단에 대해 순 주문들(net orders)과 순 포지션들(net positions)이 있는 순 계정(net accounts)이다.

계정 정보

예를 들어, 오픈 포지션 외에도 FXCM API를 사용하면 더 많은 일반 계정 정보를 검색할 수 있다. 예를 들어, 기본 계정(여러 계정이 있는 경우)을 조회하거나 에쿼티equity(평가예탁잔고)와 마진margin(증거금) 상황을 훑어볼 수 있다.

---

7 옮긴이 한 계정에 있는 포지션들이 매수나 매도 중 한 방향만 있게 하는 일. 즉, 계정을 '순 계정(net accounts)'이 되게 하는 일.

```
In [56]: api.get_default_account()  ❶
Out[56]: 1233279

In [57]: api.get_accounts().T  ❷
Out[57]:                             0
         t                           6
         ratePrecision               0
         accountId             1233279
         balance               47555.2
         usdMr                       0
         mc                          N
         mcDate
         accountName          01233279
         usdMr3                      0
         hedging                     Y
         usableMargin3         47555.2
         usableMarginPerc          100
         usableMargin3Perc         100
         equity                47555.2
         usableMargin          47555.2
         bus                      1000
         dayPL                  653.16
         grossPL                     0
```

❶ 기본 accountId 값을 표시한다.

❷ 모든 계정에 대해 금융 상황과 일부 파라미터를 표시한다.

결론

이번 장은 알고리즘 트레이딩을 위한 FXCM의 RESTful API에 관한 장으로서 다음과 같은 주제를 다루었다.

- API를 사용하는 데 필요한 모든 환경 구성
- 과거 틱 데이터 검색
- 과거 캔들 데이터 검색
- 실시간 스트리밍 데이터 검색
- 시장가 매수 및 매도 주문
- 계정 정보 조회

이러한 측면 외에도 FXCM API 및 fxcmpy 래퍼 패키지는 물론 더 많은 기능을 제공한다. 그러나 이번 장의 주제는 알고리즘 트레이딩을 시작하는 데 필요한 기본 재료나 다름없다.

Oanda 및 FXCM을 통해 알고리즘 트레이더는 자동화한 알고리즘 트레이딩 전략을 구현하기 위한 광범위한 금융수단 및 적절한 API를 제공하는 두 가지 거래 플랫폼(브로커)을 사용할 수 있다. 10장에서는 몇 가지 중요한 측면이 더 추가해 섞어 보겠다.

참조할 것들과 그 밖의 자료원

다음 자료들에서는 FXCM 거래 API 및 파이썬 래퍼 패키지를 다룬다.

- 거래 API: https://fxcm.github.io/rest-api-docs
- fxcmpy 패키지: http://fxcmpy.tpq.io

CHAPTER

10

거래 운영 자동화

> 사람들은 컴퓨터가 너무 똑똑해지는 바람에 세상을 지배할 것이라고 걱정하지만,
> 진짜 문제는 컴퓨터가 너무 멍청한데도 이미 세상을 지배하고 있다는 점이다.
>
> —페드로 도밍고Pedro Domingos

여러분은 '이제 무엇을 해야 하지?'라고 생각할 수도 있겠다. 과거 데이터와 스트리밍 데이터를 검색할 수 있는 거래 플랫폼이 있다. 이 플랫폼으로 매수 주문과 매도 주문을 내고 계정 상태를 확인할 수 있다. 이 책에서는 시장 가격 이동 방향을 예측함으로써 알고리즘 트레이딩 전략을 도출하기 위한 방법을 여러 개 소개했다. '어떻게 하면 이 모든 것이 자동화한 방식으로 작동하도록 통합될 수 있는가?'라는 질문에 대해서 일반적인 답변을 할 수는 없다. 그러나 이번 장에서는 이런 상황에서 필요한 여러 주제를 다룬다. 이번 장에서는 단일한 자동화 알고리즘 트레이딩 전략이 전개된다고 가정한다. 예를 들면, 이 전략으로 자본관리와 위험관리 같은 측면을 단순화할 수 있다.

이번 장에서는 다음 주제를 다룬다. 260쪽에 나오는 '자본관리'에서는 켈리기준Kelly criterion을 설명한다. 전략 특성과 사용할 수 있는 거래 자본에 따라 켈리기준은 거래 규모를 조정하는 데 도움이 된다. 알고리즘 트레이딩 전략에 대한 신뢰를 얻으려면 전략이 성과 특성performance characteristics이나 위험 특성risk characteristics과 관련하여 철저히 백테스트되어야 한다. 271쪽에 나오는 '머신러닝 기반 거래 전략'은 15쪽에 나오는 '거래 전략'에서 소개한 대로 머신러닝(ML)의 분류 알고리즘을 기반으로 고안한 예제용 전략을 사용해 백테스트를 한다. 자동 거래용 알고리즘 트레이딩 전략을 전개하려면, 수신하는 스트리밍 데이터를 실시간으로 처리하는 온라인 알고리즘 형태가 되게 바꿔야 한다. 283쪽

에 나오는 '온라인 알고리즘'에서는 **오프라인** 알고리즘을 **온라인** 알고리즘으로 바꾸는 방법을 다룬다.

288쪽에 나오는 '인프라 및 배포'에서는 자동화한 알고리즘 트레이딩 전략이 클라우드에서 강력하고 안정적으로 실행되게 한다. 모든 관련 주제를 자세히 다룰 수는 없지만 **클라우드 배포**는 이 맥락에서 볼 때 가용성이나 성과 및 보안이라는 관점에서 유일하게 실행 가능한 옵션이다. 289쪽에 나오는 '로깅과 모니터링'에서는 로깅과 모니터링을 설명한다. 자동 거래 전략을 전개하는 동안 기록을 하며 특정 이벤트를 분석할 수 있으려면 로깅이 중요하다. 7장에서 소개한 소켓 통신을 통한 모니터링을 통해 사건을 원격지에서 실시간으로 관찰할 수 있다. 이번 장에서는 클라우드에서 알고리즘 트레이딩 전략의 자동화한 전개를 위한 핵심 단계의 시각적 요약을 제공하는 292쪽에 나오는 '보기 좋게 구성한 단계별 개요'로 끝난다.

자본관리

알고리즘 트레이딩과 관련해서는 '총 가용 자본을 고려할 때 주어진 알고리즘 트레이딩 전략에 얼마나 많은 자본을 배치해야 하는가?'가 핵심 질문 사항이다. 이 질문에 대한 답은 알고리즘 트레이딩을 통해 달성하려는 주요 목표가 무엇인가에 따라 달라진다. 대부분의 개인과 금융 기관은 **장기적인 부의 극대화**maximization of long-term wealth가 좋은 목표 후보라는 데 동의할 것이다. 이것이 에드워드 소프Edward Thorp가 Rotando 및 Thorp(1992)에서 설명한 대로 투자에 대한 **켈리기준**Kelly criterion을 유도해 낼 때 고려했던 점이다. 간단히 말해서 켈리기준은 통계적 수익 특성들을 고려할 때 트레이더가 전략에 배치해야 하는 가용 자본 비율을 명시적으로 계산할 수 있게 하는 기준인 것이다.

이항 구성 켈리기준

투자에 켈리기준 이론을 도입하는 일반적인 방법은 동전 던지기 게임이나 더 일반적으로는 이항 구성binomial setting, 즉 두 가지 결과만 가능한 구성을 기반으로 한다. 이번 절에서는 그러한 방식을 따르고자 한다. 도박꾼이 무한히 부유한 은행이나 카지노를 상대로 동전 던지기 놀이를 한다고 가정해 보자. 앞면이 나올 확률은 다음 사항이 지켜지는 어떤 값 p라고 가정한다.

$$\frac{1}{2} < p < 1$$

꼬리 확률은 다음으로 정의된다.

$$q = 1 - p < \frac{1}{2}$$

도박꾼은 $b > 0$인 임의 크기에 해당하는 내깃돈bets(즉, b)을 걸 수 있으며, 도박꾼은 자신이 돈을 건 쪽이 맞으면 같은 금액을 따고 틀리면 모두 잃는다. 확률에 대한 가정을 감안할 때 도박꾼은 당연히 앞면에 걸기를 원할 것이다.

따라서 단 한 판에 승부를 내려고 하는 경우에 이 내기 B(즉, 이 내기를 나타내는 확률변수)에 대한 예상 값은 다음과 같다.

$$\mathbf{E}(B) = p \cdot b - q \cdot b = (p - q) \cdot b > 0$$

끝도 없이 많은 자금을 댈 수 있어서 아예 위험으로부터 벗어난 도박꾼이라면 예상되는 보상을 극대화할 수 있으므로 가능한 한 많은 금액을 걸고 싶을 것이다. 그러나 금융 시장에서의 거래는 일반적으로 한 판짜리 게임이 아니다. 반복되는 게임이다. 따라서 b_i는 i일에 건 금액을 나타내고 c_0은 시초 자본initial capital을 나타낸다. 내기를 걸었던 날이 끝날 무렵에 지니게 될 자본 c_1은 하루 동안 내기에 성공했는지 여부에 따라 달라진다. $c_0 + b_1$일 수도 있지만 $c_0 - b_1$일 수도 있다. 이제 n번 반복되는 도박에 대한 기대 가치는 다음과 같다:

$$\mathbf{E}(B^n) = c_0 + \sum_{i=1}^{n} (p - q) \cdot b_i$$

고전 경제 이론에 따르면, 도박꾼은 위험 중립적이고 기대되는 효용을 극대화하는expected utility-maximizing(기대 효용 최대화, 기대 효용 극대화) 대리인들[1]을 사용해 앞의 표현식을 최대화하려고 시도한다. 단판one-shot(한 방)에 모든 돈을 걸어 버리는 상황에서 사용할 수 있는 모든 자금, $b_i = c_{i-1}$을 걸면 이게 극대화된다는 점을 쉽게 알 수 있다. 그러나 결국 이것은 단 한 차례의 손실로도 사용할 수 있는 모든 자금을 소진하게 되어 파산으로 이어진다는 점을 의미한다(무제한으로 돈을 빌릴 수 있다면 또 모르겠지만). 따라서 이 전략은 장기적인 부의 극대화로 이어지지 않는다.

가진 돈을 다 걸면 갑작스럽게 파산할 수 있지만, 아무것도 내기에 걸지 않는다면 어떤 손실도 다 피할 수 있을지는 몰라도 내기로 돈을 딸 수는 없다. 이럴 때 켈리기준이 필요한데, 내기를 할 모든 판round마다 얼마나 되는 돈을 내기에 걸어야 하는지를 알려 주는 **최적분율**optimal fraction f^{*}[2]를 도출해 켈리기준으로 삼을 수 있기 때문이다. $n = h + t$로 가정하면 여기서 h는 n판에 걸쳐 내기를 하는 동안에 관찰된 앞면이 나온 횟수를 나타내고 t는 뒷면이 나온 횟수를 의미한다. 이러한 정의에서 n판을 거친 후에 남은 돈은 다음과 같아진다.

---

1   [옮긴이] 여기서 말하는 대리인들(agents)은 투자은행들일 수도 있고, 펀드매니저들일 수도 있고, 컴퓨터 모형들일 수도 있다. 대리인이 복수형으로 표현되고 있다는 점에 주목하자.

2   [옮긴이] f를 'f옵티말' 또는 'f스타'라고 부른다.

$$c_n = c_0 \cdot (1 + f)^h \cdot (1 - f)^t$$

이러한 맥락에서, 장기적인 부의 극대화는 다음과 같이 내기를 걸 때마다 평균 기하적 성장률average geometric growth rate(평균 기하적 복리 수익률)을 최대화하는 것으로 귀결된다.

$$
\begin{aligned}
r^g &= \log \left(\frac{c_n}{c_0} \right)^{1/n} \\
&= \log \left(\frac{c_0 \cdot (1 + f)^h \cdot (1 - f)^t}{c_0} \right)^{1/n} \\
&= \log \left((1 + f)^h \cdot (1 - f)^t \right)^{1/n} \\
&= \frac{h}{n} \log (1 + f) + \frac{t}{n} \log (1 - f)
\end{aligned}
$$

문제는 공식적으로 f를 최적으로 선택하여 **기대**expected 평균 성장률을 최대화하는 것이다. $\mathbf{E}(h) = n \cdot p$ 와 $\mathbf{E}(t) = n \cdot q$를 사용하면 다음을 얻을 수 있다.

$$
\begin{aligned}
\mathbf{E}(r^g) &= \mathbf{E} \left(\frac{h}{n} \log (1 + f) + \frac{t}{n} \log (1 - f) \right) \\
&= \mathbf{E}(p \log (1 + f) + q \log (1 - f)) \\
&= p \log (1 + f) + q \log (1 - f) \\
&\equiv G(f)
\end{aligned}
$$

이제 일계조건first order condition, FOC(일차조건)에 맞춰 최적분율optimal fraction(최적 비율)인 f^*를 선택하여 항을 최대화할 수 있다. 일차 도함수는 다음과 같이 주어진다.

$$
\begin{aligned}
G'(f) &= \frac{p}{1 + f} - \frac{q}{1 - f} \\
&= \frac{p - pf - q - qf}{(1 + f)(1 - f)} \\
&= \frac{p - q - f}{(1 + f)(1 - f)}
\end{aligned}
$$

일계조건으로부터 다음을 얻는다.

$$G'(f) \overset{!}{=} 0 \Rightarrow f^* = p - q$$

이것이 최대(최소가 아닌)라고 믿는다면, 이 결과는 내기를 건 각 판round별로 $f* = p - q$에 해당하는 분율을 투자하는 것이 최적임을 의미한다. 예를 들어, $p = 0.55$이면 $f* = 0.55 - 0.45 = 0.1$이거나 최적분율은 10%이다.

다음 파이썬 코드는 시뮬레이션을 통해 이러한 개념과 결과를 공식화한다. 우선 몇 가지를 가져오고 구성하자.

```
In [1]: import math
        import time
        import numpy as np
        import pandas as pd
        import datetime as dt
        from pylab import plt, mpl

In [2]: np.random.seed(1000)
        plt.style.use('seaborn')
        mpl.rcParams['savefig.dpi'] = 300
        mpl.rcParams['font.family'] = 'serif'
```

예를 들어, 계열당per series 동전을 100번씩 던지되, 이걸 50회에 걸쳐 반복하는 일을 시뮬레이션해보자. 이를 위한 파이썬 코드는 간단하다.

```
In [3]: p = 0.55  ❶

In [4]: f = p - (1 - p)  ❷

In [5]: f  ❷
Out[5]: 0.10000000000000009

In [6]: I = 50  ❸

In [7]: n = 100  ❹
```

❶ 앞면에 대한 확률을 고정한다.

❷ 켈리기준에 따라 최적분율을 계산한다.

❸ 시뮬레이션할 계열 수이다.

❹ 각 계열당 시행횟수이다.

파이썬 함수인 run_simulation()이 핵심 부분인데, 이 함수가 앞서 나온 가정에 따라 시뮬레이션을 수행한다. 그림 10-1은 시뮬레이션 결과를 보여준다.

```
In [8]: def run_simulation(f):
            c = np.zeros((n, I))   ❶
            c[0] = 100   ❷
            for i in range(I):   ❸
                for t in range(1, n):   ❹
                    o = np.random.binomial(1, p)   ❺
                    if o > 0:   ❻
                        c[t, i] = (1 + f) * c[t - 1, i]   ❼
                    else:   ❽
                        c[t, i] = (1 - f) * c[t - 1, i]   ❾
            return c

In [9]: c_1 = run_simulation(f)   ❿

In [10]: c_1.round(2)
Out[10]: array([[100.  , 100.  , 100.  , ..., 100.  , 100.  , 100.  ],
               [ 90.  , 110.  ,  90.  , ..., 110.  ,  90.  , 110.  ],
               [ 99.  , 121.  ,  99.  , ..., 121.  ,  81.  , 121.  ],
               ...,
               [226.35, 338.13, 413.27, ..., 123.97, 123.97, 123.97],
               [248.99, 371.94, 454.6 , ..., 136.37, 136.37, 136.37],
               [273.89, 409.14, 409.14, ..., 122.73, 150.01, 122.73]])
In [11]: plt.figure(figsize=(10, 6))
         plt.plot(c_1, 'b', lw=0.5)   ⓫
         plt.plot(c_1.mean(axis=1), 'r', lw=2.5);   ⓬
```

❶ ndarray 객체를 인스턴스화하여 시뮬레이션 결과를 저장한다.

❷ 시초 자본을 100으로 초기화한다.

❸ 계열을 시뮬레이션하기 위한 외부 루프.

❹ 계열 자체를 위한 내부 루프.

❺ 동전 던지기를 시뮬레이션한다.

❻ 1, 즉 앞면이라면 ...

❼ ... 그런 다음에 따낸 돈을 보태자.

❽ 0, 즉 뒷면이라면 ...

❾ ... 잃은 돈만큼 뺀다.

❿ 시뮬레이션을 실행한다.

⓫ 50개 계열을 모두 그려 낸다.

⓬ 50개 계열 전체의 평균을 표시한다.

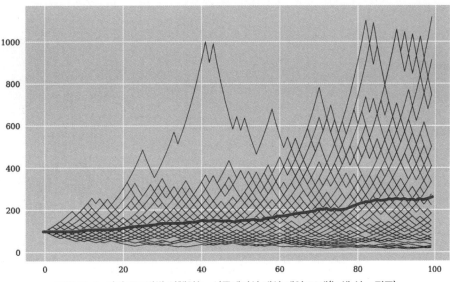

그림 10-1 각각 100번씩 시행하는, 시뮬레이션 대상 계열 50개(녹색 선 = 평균)

다음 코드는 다른 f 값에 대해 시뮬레이션을 반복한다. 그림 10-2에서 볼 수 있듯이, 분율이 낮으면 평균 성장률average growth rate(평균 복리 수익률)이 낮아진다. 값이 높을수록 시뮬레이션이 끝날 때 평균 자본average capital이 늘어나거나(f =0.25) 평균 자본이 훨씬 줄어들 수 있다 (f =0.5). 분율 f가 더 높은 두 경우에는 모든 계열의 변동성이 꽤 커진다.

```
In [12]: c_2 = run_simulation(0.05)  ❶

In [13]: c_3 = run_simulation(0.25)  ❷

In [14]: c_4 = run_simulation(0.5)  ❸

In [15]: plt.figure(figsize=(10, 6))
         plt.plot(c_1.mean(axis=1), 'r', label='$f^*=0.1$')
         plt.plot(c_2.mean(axis=1), 'b', label='$f=0.05$')
         plt.plot(c_3.mean(axis=1), 'y', label='$f=0.25$')
         plt.plot(c_4.mean(axis=1), 'm', label='$f=0.5$')
         plt.legend(loc=0);
```

❶ f = 0.05로 시뮬레이션.

❷ f = 0.25로 시뮬레이션.

❸ f = 0.5로 시뮬레이션.

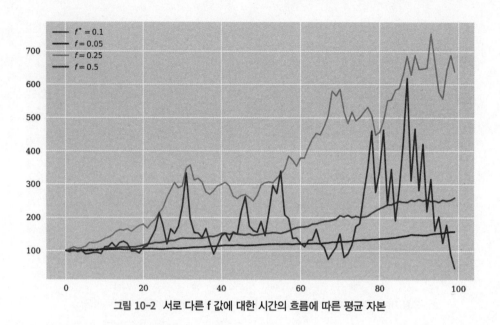

그림 10-2 서로 다른 f 값에 대한 시간의 흐름에 따른 평균 자본

주식 및 지수에 대한 켈리기준

현재 알려진 가치를 감안할 때 관련 주식(지수)이 오늘부터 일년 후 두 가지 값만 지닐 수 있는 주식 시장을 구성한다고 해 보자. 이 구성은 이항이지만, 이번에는 모형화 측면에서 주식 시장 현실에 조금 더 가깝다.[3] 구체적으로 다음 식이 참이라고 가정한다.

$$P\left(r^S = \mu + \sigma\right) = P\left(r^S = \mu - \sigma\right) = \frac{1}{2}$$

여기서 $\mathbf{E}\left(r^S\right) = \mu > 0$ 은 일년 동안에 걸친 주식의 예상 수익이고 $\sigma > 0$은 수익률의 표준편차(즉, 변동률)이다. 1개 기간 구성에서 일년 후에 사용할 수 있는 자본에 대해 다음과 같은 결과를 얻는다 (c_0 및 f가 이전과 같이 정의됨).

$$c(f) = c_0 \cdot \left(1 + (1 - f) \cdot r + f \cdot r^S\right)$$

여기서 r은 주식에 투자하지 않은 현금으로 얻은 일정한 단기 이자율이다. 기하적 성장률을 최대화 한다는 것은 다음 항을 최대화하는 것을 의미한다.

$$G(f) = \mathbf{E}\left(\log \frac{c(f)}{c_0}\right)$$

---

3   이어지는 설명은 Hung(2010)을 따른다.

이제 해당 연도에 n개의 관련 거래일이 있다고 가정하여 각 거래일 i에 대해 다음 사항이 적용된다.

$$P\left(r_i^S = \frac{\mu}{n} + \frac{\sigma}{\sqrt{n}}\right) = P\left(r_i^S = \frac{\mu}{n} - \frac{\sigma}{\sqrt{n}}\right) = \frac{1}{2}$$

변동성은 거래일 개수의 제곱근으로 확장된다. 이러한 가정 하에서 일별 값은 이전의 연간 값으로 확장되고 다음을 얻는다.

$$c_n(f) = c_0 \cdot \prod_{i=1}^{n} \left(1 + (1-f) \cdot \frac{r}{n} + f \cdot r_i^S\right)$$

이제 주식에 투자할 때 최대 장기 부maximum long-term wealth(부의 장기적 극대화)를 달성하려면 다음 수량을 최대화해야 한다.

$$
\begin{aligned}
G_n(f) &= \mathbf{E}\left(\log \frac{c_n(f)}{c_0}\right) \\
&= \mathbf{E}\left(\sum_{i=1}^{n} \log\left(1 + (1-f) \cdot \frac{r}{n} + f \cdot r_i^S\right)\right) \\
&= \frac{1}{2}\sum_{i=1}^{n} \log\left(1 + (1-f) \cdot \frac{r}{n} + f \cdot \left(\frac{\mu}{n} + \frac{\sigma}{\sqrt{n}}\right)\right) \\
&\quad + \log\left(1 + (1-f) \cdot \frac{r}{n} + f \cdot \left(\frac{\mu}{n} - \frac{\sigma}{\sqrt{n}}\right)\right) \\
&= \frac{n}{2} \log\left(\left(1 + (1-f) \cdot \frac{r}{n} + f \cdot \frac{\mu}{n}\right)^2 - \frac{f^2\sigma^2}{n}\right)
\end{aligned}
$$

테일러 급수전개Taylor series expansion(https://en.wikipedia.org/wiki/Taylor_series)를 사용하면 마침내 다음과 같은 결과에 도달한다.

$$G_n(f) = r + (\mu - r) \cdot f - \frac{\sigma^2}{2} \cdot f^2 + \mathcal{O}\left(\frac{1}{\sqrt{n}}\right)$$

또는 거래 점이 무한히 많은 경우에(즉, 연속 거래가 이뤄진 경우에) 다음과 같은 상황에 도달한다.

$$G_\infty(f) = r + (\mu - r) \cdot f - \frac{\sigma^2}{2} \cdot f^2$$

최적분율 f^*는 다음 식에 의해 일계조건을 통해 제공된다.

$$f^* = \frac{\mu - r}{\sigma^2}$$

이것은 무위험 이자율에 대한 주식의 예상 초과 수익을 수익의 분산으로 나눈 값을 나타낸다. 이 표현은 샤프 지수Sharpe ratio와 비슷해 보이지만 다르다.

실제 사례는 이전 공식의 적용과 거래 전략에 배치된 주식을 활용하는 데 있어 그 역할을 설명한다. 고려 중인 거래 전략은 단순히 **S&P 500 지수를 추종하는 롱 포지션**passive long position in the S&P 500 index이다. 이를 위해 기본 데이터를 빠르게 검색하고 필요한 통계를 쉽게 도출한다.

```
In [16]: raw = pd.read_csv('http://hilpisch.com/pyalgo_eikon_eod_data.csv',
                           index_col=0, parse_dates=True)

In [17]: symbol = '.SPX'

In [18]: data = pd.DataFrame(raw[symbol])

In [19]: data['return'] = np.log(data / data.shift(1))
In [20]: data.dropna(inplace=True)
In [21]: data.tail()
Out[21]:                .SPX     return
        Date
        2019-12-23  3224.01   0.000866
        2019-12-24  3223.38  -0.000195
        2019-12-27  3240.02   0.000034
        2019-12-30  3221.29  -0.005798
        2019-12-31  3230.78   0.002942
```

해당 기간 동안 S&P 500 지수의 통계적 특성은 지수의 롱 포지션에 투자할 최적분율이 약 4.5임을 시사한다. 즉, 사용할 수 있는 모든 달러에 대해 4.5 달러를 투자해야 하며, 이는 최적 켈리 분율optimal Kelly fraction 또는 이 경우에 **최적 켈리 계수**optimal Kelly factor에 따라 **레버리지 비율**leverage ratio이 4.5라는 점을 의미한다.

모든 조건이 동일하다면, 켈리기준은 기대 수익이 더 높고 변동률(분산)이 더 낮을 때 더 높은 레버리지를 의미한다.

```
In [22]: mu = data['return'].mean() * 252    ❶

In [23]: mu    ❶
Out[23]: 0.09992181916534204

In [24]: sigma = data['return'].std() * 252 ** 0.5    ❷

In [25]: sigma    ❷
```

```
Out[25]: 0.14761569775486563

In [26]: r = 0.0  ❸

In [27]: f = (mu - r) / sigma ** 2  ❹

In [28]: f  ❹
Out[28]: 4.585590244019818
```

❶ 연간 수익을 계산한다.

❷ 연간 변동률을 계산한다.

❸ 무위험 비율을 0으로 설정한다(계산을 단순하게 하기 위해).

❹ 전략에 투자할 최적 켈리 분율을 계산한다.

다음 파이썬 코드는 켈리기준Kelly criterion 및 최적 레버리지 비율optimal leverage ratio의 적용을 시뮬레이션한다. 이 일을 단순하게 하고 서로 비교해 볼 수 있게 시초 자본은 1로 설정하고 초기 투자 총 자본은 1·f*로 설정한다. 전략에 투입한 자본의 성과에 따라 총 자본 자체는 가용 자본에 따라 매일 조정된다. 손실이 발생하면 자본은 감소하며 이익이 발생하면 자본이 증가한다. 지수 자체와 비교한 주식 포지션의 변화는 그림 10-3에 나와 있다.

```
In [29]: equs = []

In [30]: def kelly_strategy(f):
             global equs
             equ = 'equity_{:.2f}'.format(f)
             equs.append(equ)
             cap = 'capital_{:.2f}'.format(f)
             data[equ] = 1  ❶
             data[cap] = data[equ] * f  ❷
             for i, t in numerate(data.index[1:]):
                 t_1 = data.index[i]  ❸
                 data.loc[t, cap] = data[cap].loc[t_1] * \
                                     math.exp(data['return'].loc[t])  ❹
                 data.loc[t, equ] = data[cap].loc[t] - \
                                     data[cap].loc[t_1] + \
                                     data[equ].loc[t_1]  ❺
                 data.loc[t, cap] = data[equ].loc[t] * f  ❻

In [31]: kelly_strategy(f * 0.5)  ❼

In [32]: kelly_strategy(f * 0.66)  ❽

In [33]: kelly_strategy(f)  ❾

In [34]: print(data[equs].tail())
                     equity_2.29  equity_3.03  equity_4.59
```

```
          Date
          2019-12-23        6.628865        9.585294        14.205748
          2019-12-24        6.625895        9.579626        14.193019
          2019-12-27        6.626410        9.580610        14.195229
          2019-12-30        6.538582        9.412991        13.818934
          2019-12-31        6.582748        9.496919        14.005618

In [35]: ax = data['return'].cumsum().apply(np.exp).plot(figsize=(10, 6))
         data[equs].plot(ax=ax, legend=True);
```

❶ equity에 대한 새 열을 생성하고 초기 값을 1로 설정한다.

❷ capital(자본)에 대한 새 열을 생성하고 초기 값을 1 · $f*$로 설정한다.

❸ 이전 값에 대해 올바른 DatetimeIndex 값을 선택한다.

❹ 수익이 주어졌을 때의 새 자본 포지션을 계산한다.

❺ 자본 포지션 성과에 따라 자본 가치를 조정한다.

❻ 새로운 주식 포지션과 고정 레버리지 비율을 고려하여 자본 포지션을 조정한다.

❼ f를 절반으로 낮춰 켈리기준 기반 전략을 시뮬레이션한다.

❽ ...f를 3분의 2로 낮춰...

❾ ...그리고 f 그대로.

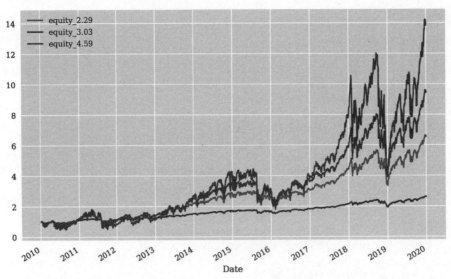

그림 10-3 서로 다른 f 값을 적용했을 때의 주식 포지션과 비교한 S&P 500의 총 성과

그림 10-3에서 알 수 있듯이 최적의 켈리 레버리지를 적용하면 레버리지 비율이 4.59일 때 직관적으로 보기에 그럴듯한 주식 포지션(높은 변동성)이 다소 불규칙하게 진화한다. 레버리지가 증가함에 따라 주식 포지션의 변동성이 증가할 것으로 예상할 수 있다. 따라서 실무자들은 종종 '풀 켈리full Kelly(전체 켈

리)'(4.6) 대신 '하프 켈리half Kelly(절반 켈리)'(2.3)를 사용한다. 현재 예에서는 다음과 같이 축소된다.

$$\frac{1}{2} \bullet f^* \approx 2.3$$

이러한 배경을 바탕으로, 그림 10-3은 또한, '풀 켈리'보다 가치가 낮은 주식 포지션의 변화를 보여준다. 정말로, 레이텍Latex에서 사용하는 수식 표기 방식인 [f]에 해당하는 값들보다 더 낮은 값들로 위험이 줄어든다.

머신러닝 기반 거래 전략

8장에서는 Oanda 거래 플랫폼과 이 플랫폼의 RESTful API 및 파이썬 래퍼 패키지인 tpqoa를 소개했다. 이번 절에서는 시장 가격 움직임의 방향을 예측하는 머신러닝 기반 접근 방식을 Oanda v20 RESTful API의 과거 데이터와 결합하여 유로/달러 통화 쌍에 대한 알고리즘 트레이딩 전략을 백테스트한다. 이번에는 매수-매도 스프레드를 비례 거래비용으로 고려하여 벡터화 백테스트를 사용한다. 또한, 4장에서 소개한 단순한 벡터화 백테스트 접근법과 비교하여 테스트한 거래 전략의 위험 특성을 더욱 심층적으로 분석한다.

벡터화 백테스트

장중 데이터, 특히 10분봉들을 기반으로 백테스트를 한다. 다음 코드는 Oanda v20 API에 연결하고 일주일분 10분봉 데이터를 검색한다. 그림 10-4는 데이터가 검색되는 기간 동안의 중간 종가mid close prices를 시각화한다.

```
In [36]: import tpqoa

In [37]: %time api = tpqoa.tpqoa('../pyalgo.cfg')   ❶
         CPU times: user 893 µs, sys: 198 µs, total: 1.09 ms
         Wall time: 1.04 ms

In [38]: instrument = 'EUR_USD'   ❶

In [39]: raw = api.get_history(instrument,
                               start='2020-06-08',
                               end='2020-06-13',
                               granularity='M10',
                               price='M')   ❶

In [40]: raw.tail()
Out[40]:                      o      h      l      c  volume  complete
```

```
        time
        2020-06-12 20:10:00   1.12572   1.12593   1.12532   1.12568       221       True
        2020-06-12 20:20:00   1.12569   1.12578   1.12532   1.12558       163       True
        2020-06-12 20:30:00   1.12560   1.12573   1.12534   1.12543       192       True
        2020-06-12 20:40:00   1.12544   1.12594   1.12528   1.12542       219       True
        2020-06-12 20:50:00   1.12544   1.12624   1.12541   1.12554       296       True

In [41]: raw.info()
        <class 'pandas.core.frame.DataFrame'>
        DatetimeIndex: 701 entries, 2020-06-08 00:00:00 to 2020-06-12 20:50:00
        Data columns (total 6 columns):
         #   Column    Non-Null Count   Dtype
        ---  ------    --------------   -----
         0   o         701 non-null     float64
         1   h         701 non-null     float64
         2   l         701 non-null     float64
         3   c         701 non-null     float64
         4   volume    701 non-null     int64
         5   complete  701 non-null     bool
        dtypes: bool(1), float64(4), int64(1)
        memory usage: 33.5 KB

In [42]: spread = 0.00012   ❷

In [43]: mean = raw['c'].mean()   ❸
In [44]: ptc = spread / mean   ❹
        ptc   ❹
Out[44]: 0.00010599557439495706

In [45]: raw['c'].plot(figsize=(10, 6), legend=True);
```

❶ API에 연결하고 데이터를 검색한다.

❷ 평균 매수-매도 스프레드를 지정한다.

❸ 데이터셋의 평균 종가를 계산한다.

❹ 평균 스프레드와 평균 중간 종가를 고려하여 평균 비례 거래비용을 계산한다.

머신러닝 기반 전략은 로그 수익 및 종가의 최소 및 최대 같은 여러 시계열 기능을 사용한다. 또한, 특징 데이터들을 시차 처리한다. 즉, 머신러닝 알고리즘은 시차 처리한 특징 데이터들로 구현된 과거 패턴에서 학습해야 한다.

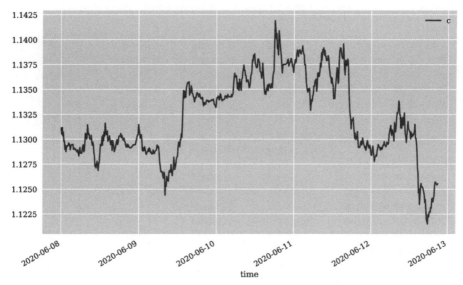

그림 10-4 유로/달러 환율(10분봉)

```
In [46]: data = pd.DataFrame(raw['c'])

In [47]: data.columns = [instrument,]

In [48]: window = 20 ❶
         data['return'] = np.log(data / data.shift(1)) ❷
         data['vol'] = data['return'].rolling(window).std() ❸
         data['mom'] = np.sign(data['return'].rolling(window).mean()) ❹
         data['sma'] = data[instrument].rolling(window).mean() ❺
         data['min'] = data[instrument].rolling(window).min() ❻
         data['max'] = data[instrument].rolling(window).max() ❼

In [49]: data.dropna(inplace=True)

In [50]: lags = 6 ❽

In [51]: features = ['return', 'vol', 'mom', 'sma', 'min', 'max'] ❽

In [52]: cols = []
         for f in features:
             for lag in range(1, lags + 1):
                 col = f'{f}_lag_{lag}'
                 data[col] = data[f].shift(lag) ❽
                 cols.append(col)

In [53]: data.dropna(inplace=True)

In [54]: data['direction'] = np.where(data['return'] > 0, 1, -1) ❾

In [55]: data[cols].iloc[:lags, :lags] ❿
```

```
Out[55]:                     return_lag_1  return_lag_2  return_lag_3  return_lag_4  \
    time
    2020-06-08 04:20:00      0.000097      0.000018     -0.000452      0.000035
    2020-06-08 04:30:00     -0.000115      0.000097      0.000018     -0.000452
    2020-06-08 04:40:00      0.000027     -0.000115      0.000097      0.000018
    2020-06-08 04:50:00     -0.000142      0.000027     -0.000115      0.000097
    2020-06-08 05:00:00      0.000035     -0.000142      0.000027     -0.000115
    2020-06-08 05:10:00     -0.000159      0.000035     -0.000142      0.000027

                            return_lag_5  return_lag_6
    time
    2020-06-08 04:20:00      0.000000      0.000009
    2020-06-08 04:30:00      0.000035      0.000000
    2020-06-08 04:40:00     -0.000452      0.000035
    2020-06-08 04:50:00      0.000018     -0.000452
    2020-06-08 05:00:00      0.000097      0.000018
    2020-06-08 05:10:00     -0.000115      0.000097
```

❶ 특정한 특징들의 창 길이window length를 지정한다.

❷ 종가로부터 로그 수익을 계산해 낸다.

❸ 롤링 변동률rolling volatility(이동 변동률, 굴림 변동률, 회전 변동률)을 계산한다.

❹ 최근 로그 수익들의 평균으로 시계열 모멘텀을 도출한다.

❺ 단순이동평균을 계산한다.

❻ 롤링 최댓값을 계산한다.

❼ 롤링 최솟값을 계산한다.

❽ 시차 처리한 특징 데이터들을 DataFrame 객체에 추가한다.

❾ 레이블 데이터를 시장 방향(+1은 상승, -1은 하락)으로 정의한다.

❿ 결과로 나온 시차 처리 특징 데이터들에서 작은 부분집합을 보인다.

특징들과 레이블 데이터가 주어지면 이제 다른 지도학습 알고리즘을 적용할 수 있다. 다음에 나오는 코드에서는 분류용 알고리즘인 **에이다부스트**AdaBoost **알고리즘**을 사이킷런 머신러닝 패키지에서 사용한다(AdaBoostClassifier, https://bit.ly/31vLh68을 참고하자). 분류라는 맥락에서 볼 때 부스팅boosting(증폭)이라는 개념은 과적합 가능성이 적은 우수한 예측 변수에 도달하기 위해 기본 분류기의 앙상블ensemble(모듬)을 사용하는 일을 말한다(114쪽에 나오는 '데이터 스누핑 및 과적합'을 참고하자). 기본 분류기로는 사이킷런의 결정 트리 분류 알고리즘이 사용된다(DecisionTreeClassifier, https://bit.ly/3fsRwzH를 참고하자).

코드는 순차적인 훈련-테스트 분할을 기반으로 알고리즘 트레이딩 전략을 훈련하고 테스트한다. 훈련 데이터와 테스트 데이터에 대한 모형의 정확도 점수는 모두 50% 이상이다. 어떤 사람은 정확도

점수 대신에 거래 전략의 **명중률**hit ratio이라고 하는 것의 맥락에서 금융 거래에 관해 말할 수도 있을 것이다. 여기서 명중률이란 모든 거래 횟수 대비 승리한 거래 횟수를 말한다. 명중률이 50%보다 훨씬 크므로 켈리기준이라는 맥락에서 볼 때, 확률보행random walk(임의보행, 멋대로 걷기) 구성에 비해 통계적 우위가 있다는 점을 의미할 수도 있다.

```
In [56]: from sklearn.metrics import accuracy_score
         from sklearn.tree import DecisionTreeClassifier
         from sklearn.ensemble import AdaBoostClassifier

In [57]: n_estimators=15       ❶
         random_state=100      ❶
         max_depth=2   ❶
         min_samples_leaf=15   ❶
         subsample=0.33   ❶

In [58]: dtc = DecisionTreeClassifier(random_state=random_state,
                                       max_depth=max_depth,
                                       min_samples_leaf=min_samples_leaf)   ❷

In [59]: model = AdaBoostClassifier(base_estimator=dtc,
                                    n_estimators=n_estimators,
                                    random_state=random_state)   ❸

In [60]: split = int(len(data) * 0.7)
In [61]: train = data.iloc[:split].copy()

In [62]: mu, std = train.mean(), train.std()   ❹

In [63]: train_ = (train - mu) / std   ❹

In [64]: model.fit(train_[cols], train['direction'])   ❺
Out[64]: AdaBoostClassifier(algorithm='SAMME.R',
         base_estimator=DecisionTreeClassifier(ccp_alpha=0.0,
         class_weight=None,
         criterion='gini',
         max_depth=2,
         max_features=None,
         max_leaf_nodes=None,
         min_impurity_decrease=0.0,
         min_impurity_split=None,
         min_samples_leaf=15,
         min_samples_split=2,
         min_weight_fraction_leaf=0.0,
         presort='deprecated',
         random_state=100,
         splitter='best'),
         learning_rate=1.0,
         n_estimators=15,
         random_state=100)
```

```
In [65]: accuracy_score(train['direction'], model.predict(train_[cols]))  ❻
Out[65]: 0.8050847457627118

In [66]: test = data.iloc[split:].copy()  ❼

In [67]: test_ = (test - mu) / std  ❼

In [68]: test['position'] = model.predict(test_[cols])  ❽

In [69]: accuracy_score(test['direction'], test['position'])  ❾
Out[69]: 0.5665024630541872
```

❶ 머신러닝 알고리즘에 필요한 주요 파라미터를 지정한다(이전에 제공된 모형 클래스에 대한 참조를 참고하자).

❷ 기본 분류 알고리즘(의사결정 트리)을 인스턴스화한다.

❸ 에이다부스트 분류 알고리즘을 인스턴스화한다.

❹ 가우스 정규화를 훈련용training 특징들로 이뤄진 데이터 집합에 적용한다.

❺ 훈련용 데이터 집합을 기반으로 모형을 적합시킨다.

❻ 학습된 모형의 표본 내 예측 정확도를 표시한다(학습 데이터셋).

❼ 가우스 정규화를 테스트용 특징 데이터 집합에 적용한다(훈련용 특징 데이터셋의 파라미터를 사용).

❽ 테스트용 데이터 집합에 대한 예측을 생성한다.

❾ 훈련된 모형의 표본 외out-of-sample 예측들(즉, 테스트 집합을 사용한 예측들)의 정확도를 보여준다.

명중률은 금융 거래에 성공한 동전의 한 면일 뿐이라는 점이 잘 알려져 있다. 다른 한 면은, 중요한 거래가 제대로 이루어지도록 하는 것뿐만 아니라 거래 전략에 내포된 거래비용도 함께 고려해야 한다는 점이다.[4] 이럴 경우에는 공식적인 벡터화 백테스트 접근 방식만이 거래 전략의 품질을 판단할 수 있게 한다. 다음 코드는 평균 매수-매도 스프레드를 기반으로 한 비례 거래비용을 고려한다. 그림 10-5에서는 알고리즘 트레이딩 전략의 성과(비례 거래비용이 없는 경우)를 패시브 벤치마크 투자 성과와 비교한다.

```
In [70]: test['strategy'] = test['position'] * test['return']  ❶

In [71]: sum(test['position'].diff() != 0)  ❷
Out[71]: 77

In [72]: test['strategy_tc'] = np.where(test['position'].diff() != 0,
```

---

4 가장 큰 시장 움직임(즉, 가장 큰 승자 및 패자의 움직임)을 정확하게 알아내는 것이 투자와 거래 성과를 내는 데 무엇보다 중요하다는 점은 정형화된 경험적 사실이다. 이런 면이 그림 10-5에 깔끔하게 설명되어 있는데, 이는 기본 수단을 기준으로 볼 때 아래쪽으로 크게 정확히 내려간 거래 전략의 움직임이, 오히려 해당 거래 전략에 따른 큰 폭의 상승을 초래한다는 점을 보여준다.

```
                                     test['strategy'] - ptc,  ❸
                                     test['strategy'])

In [73]: test[['return', 'strategy', 'strategy_tc']].sum(
             ).apply(np.exp)
Out[73]: return          0.990182
         strategy        1.015827
         strategy_tc     1.007570
         dtype: float64

In [74]: test[['return', 'strategy', 'strategy_tc']].cumsum(
             ).apply(np.exp).plot(figsize=(10, 6));
```

❶ 머신러닝 기반 알고리즘 트레이딩 전략에 대한 로그 수익을 도출한다.

❷ 포지션의 변화를 기반으로 거래 전략이 암시하는 거래 횟수를 계산한다.

❸ 거래가 발생할 때마다 그날의 전략 로그 수익에서 비례 거래비용이 차감된다.

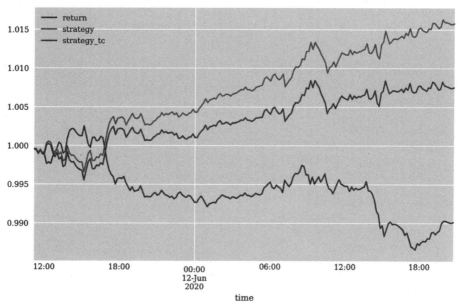

그림 10-5 유로/달러 환율 및 알고리즘 트레이딩 전략의 총 성과(거래비용 전후)

 벡터화 백테스트는 시장 현실 전략에 얼마나 가깝게 테스트할 수 있는지에 대한 한계가 있다. 예를 들어, 거래당 고정 거래비용을 직접 포함할 수 없다. 근사치로 고정 거래비용을 간접적으로 고려하기 위해 평균 비례 거래비용(평균 포지션 크기 기준)의 배수를 취할 수는 있다. 그러나 이렇게 한다고 해도 일반적으로 정확하지는 않다. 더 높은 정밀도가 필요하다면, 가격 데이터의 모든 봉에 대한 명시적 루프가 있는 이벤트 기반 백테스트(event-based backtesting) 같은 다른 접근 방식을 적용해야 한다(6장을 참고하자).

최적 레버리지

거래 전략에 대한 로그 수익 데이터를 갖추고 있다면, 평균 및 분산 값을 계산해 켈리기준에 따른 최적 레버리지를 도출할 수 있다. 다음 코드는 수들의 척도scale(눈금)를 연간화된 값들이 되도록 조절하지만, 평균 수익과 분산 척도의 계수가 서로 같기 때문에 켈리기준에 따른 최적 레버리지 값들이 변경되지는 않는다.

```
In [75]: mean = test[['return', 'strategy_tc']].mean() * len(data) * 52    ❶
         mean
Out[75]: return        -1.705965
         strategy_tc    1.304023
         dtype: float64

In [76]: var = test[['return', 'strategy_tc']].var() * len(data) * 52    ❷
         var
Out[76]: return         0.011306
         strategy_tc    0.011370
         dtype: float64

In [77]: vol = var ** 0.5    ❸
         vol
Out[77]: return         0.106332
         strategy_tc    0.106631
         dtype: float64

In [78]: mean / var    ❹
Out[78]: return        -150.884961
         strategy_tc    114.687875
         dtype: float64

In [79]: mean / var * 0.5    ❺
Out[79]: return        -75.442481
         strategy_tc    57.343938
         dtype: float64
```

❶ 연간 평균 수익.

❷ 연간 분산.

❸ 연간 변동률.

❹ 켈리기준('풀 켈리')에 따른 최적 레버리지.

❺ 켈리기준('하프 켈리')에 따른 최적 레버리지.

'하프 켈리' 기준을 사용하면 거래 전략에 대한 최적 레버리지는 50보다 크다. Oanda 같은 여러 브로커와 외국환 쌍 및 차액계약(CFD) 같은 특정 금융수단들을 이용한다면 소매 트레이더들일지라도 이러한 레버리지 비율을 달성할 수 있다. 그림 10-6은 다양한 레버리지 값에 대한 거래비용과 거래 전략의 성과를 비교하여 보여준다.

```
In [80]: to_plot = ['return', 'strategy_tc']

In [81]: for lev in [10, 20, 30, 40, 50]:
             label = 'lstrategy_tc_%d' % lev
             test[label] = test['strategy_tc'] * lev    ❶
             to_plot.append(label)

In [82]: test[to_plot].cumsum().apply(np.exp).plot(figsize=(10, 6));
```

❶ 다양한 레버리지 값에 대한 전략적 수익들을 조절한다.

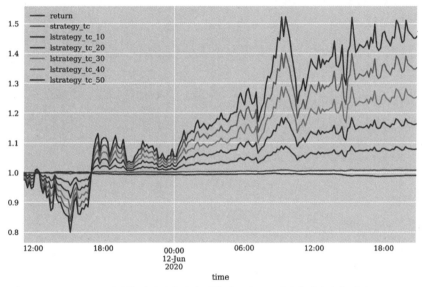

그림 10-6 다양한 레버리지 값에 대한 알고리즘 트레이딩 전략의 총 성과

 레버리지는 거래 전략과 관련된 위험을 크게 늘린다. 트레이더는 위험 면책 조항들과 면책 규정들을 주의 깊게 읽어야 한다. 백테스트 성과가 긍정적이라고 해서 미래의 성과가 보장되지는 않는다. 표시된 모든 결과는 예시일 뿐이며 프로그래밍 접근 방식과 분석학 접근 방식을 적용하는 방법을 보여주기 위한 것일 뿐이다. 독일과 같은 일부 법역에서는 소매 트레이더에 대한 레버리지 비율을 다양한 금융수단 그룹별로 제한한다.

위험분석

레버리지는 특정 거래 전략과 관련된 위험risk(리스크)을 상당히 키우기 때문에, 여러분은 위험을 더 면밀히 분석해야 한다. 다음에 나오는 위험분석에서는 레버리지 비율이 30이라고 가정한다. 먼저 최대 하락폭과 최장 하락폭 기간을 계산해야 한다. **최대 하락폭**maximum drawdown(최대 낙폭, 최대 드로다운)이란 최근 최고치 이후 가장 큰 손실, 즉 딥dip을 일컫는 말이다. 따라서 **최장 하락기간**longest drawdown period이란 거래 전략이 최근 최고점으로 돌아 가기 위해 필요한 최장 기간을 말한다. 분석 시에는 초기 에쿼티 포지션이 3,333유로로이며, 레버리지 비율 30에 대해 10만 유로에 해당하는 초기 포지션 크기로 이어진다고 가정한다. 또한, 성과가 어떻게 나오든지 상관없이 시간의 흐름에 맞춰 에쿼티equity[5]를 조정하지 않는다고 가정한다.

```
In [83]: equity = 3333  ❶

In [84]: risk = pd.DataFrame(test['lstrategy_tc_30'])  ❷

In [85]: risk['equity'] = risk['lstrategy_tc_30'].cumsum(
                             ).apply(np.exp) * equity  ❸

In [86]: risk['cummax'] = risk['equity'].cummax()  ❹

In [87]: risk['drawdown'] = risk['cummax'] - risk['equity']  ❺

In [88]: risk['drawdown'].max()  ❻
Out[88]: 511.38321383258017

In [89]: t_max = risk['drawdown'].idxmax()  ❼
         t_max  ❼
Out[89]: Timestamp('2020-06-12 10:30:00')
```

❶ 시초 에쿼티

❷ 관련 로그 수익 시계열...

❸ ... 시초 에쿼티에 맞춰 조절된다.

❹ 시간의 흐름에 따른 누적 최댓값이다.

❺ 시간의 흐름에 따른 하락 값이다.

❻ 최대 하락폭 값이다.

❼ 발생 시점이다.

기술적으로 새로운 최고치는 하락폭drawdown 값이 0이라는 특징이 있다. 하락기간drawdown period은 이러한 두 최고점 사이의 시간이다. 그림 10-7은 최대 하락폭 및 하락기간을 모두 시각화한다.

```
In [90]: temp = risk['drawdown'][risk['drawdown'] == 0]  ❶

In [91]: periods = (temp.index[1:].to_pydatetime() -
```

---

5   역긴이 여기서 말하는 에쿼티는 포지션의 순 가치, 즉 순 포지션을 말한다. 이 책의 앞부분에서도 에쿼티가 나오는데, 그때는 지분 참여 투자 상품을 의미했다. 에쿼티라는 말이 문맥에 따라 다른 의미를 지닌다는 점에 유념하자.

```
                    temp.index[:-1].to_pydatetime())  ❷

In [92]: periods[20:30]  ❷
Out[92]: array([datetime.timedelta(seconds=600),
          datetime.timedelta(seconds=1200),
        datetime.timedelta(seconds=1200), datetime.timedelta(seconds=1200)],
            dtype=object)

In [93]: t_per = periods.max()  ❸

In [94]: t_per  ❸
Out[94]: datetime.timedelta(seconds=26400)

In [95]: t_per.seconds / 60 / 60  ❹
Out[95]: 7.333333333333333

In [96]: risk[['equity', 'cummax']].plot(figsize=(10, 6))
         plt.axvline(t_max, c='r', alpha=0.5);
```

❶ 하락폭이 0이어야 하는 신고가high들을 식별한다.

❷ 모든 신고가 사이의 시간 델타 값을 계산한다.

❸ 최장 하락기간(초)은 ...

❹ ... 시간으로 변환되었다.

또 다른 중요한 위험 척도는 **VaR**value-at-risk(위험금액, 최대예상손실액)이다. 이 값은 통화 금액으로 나타내며, 특정 시계time horizon(視界)와 특정 신뢰수준confidence level을 고려할 때 예상되는 최대 손실을 나타낸다.

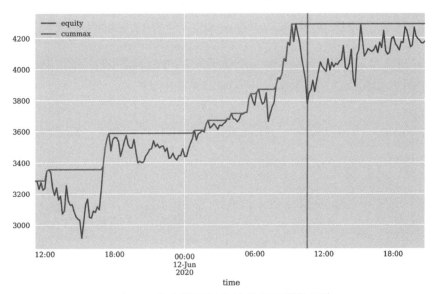

그림 10-7 최대 하락폭(수직선) 및 하락기간(수평선)

다음 코드는 다양한 신뢰수준에 대해 시간의 흐름에 따른 레버리지 거래 전략에 대한 주식 포지션의 로그 수익을 기반으로 VaR 값을 도출한다. 시간 간격은 10분봉 길이로 고정된다.

```
In [97]: import scipy.stats as scs

In [98]: percs = [0.01, 0.1, 1., 2.5, 5.0, 10.0]  ❶

In [99]: risk['return'] = np.log(risk['equity'] /
                                 risk['equity'].shift(1))

In [100]: VaR = scs.scoreatpercentile(equity * risk['return'], percs)  ❷

In [101]: def print_var():
              print('{}    {}'.format('Confidence Level', 'Value-at-Risk'))
              print(33 * '-')
              for pair in zip(percs, VaR):
                  print('{:16.2f} {:16.3f}'.format(100 - pair[0], -pair[1]))  ❸

In [102]: print_var()  ❸
          Confidence Level     Value-at-Risk
          ---------------------------------
                     99.99           162.570
                     99.90           161.348
                     99.00           132.382
                     97.50           122.913
                     95.00           100.950
                     90.00            62.622
```

❶ 사용할 백분위 수 값을 정의한다.

❷ 백분위 수 값이 주어지면 VaR 값을 계산한다.

❸ 백분위 수 값을 신뢰수준으로 변환하고 VaR 값(음수 값)을 양수 값으로 변환하여 프린트한다.

마지막으로 다음 코드는 원래 DataFrame 객체를 재표집하여 **한 시간**이라는 시간 범위에 대한 VaR 값을 계산한다. 실제로 VaR 값은 모든 신뢰수준에 대해 증가한다.

```
In [103]: hourly = risk.resample('1H', label='right').last()  ❶

In [104]: hourly['return'] = np.log(hourly['equity'] /
                                    hourly['equity'].shift(1))

In [105]: VaR = scs.scoreatpercentile(equity * hourly['return'], percs)  ❷

In [106]: print_var()
          Confidence Level     Value-at-Risk
          ---------------------------------
                     99.99           252.460
```

99.90	251.744
99.00	244.593
97.50	232.674
95.00	125.498
90.00	61.701

❶ 10분봉 데이터를 1시간봉에 맞게 다시 표집한다.

❷ 백분위 수 값이 주어지면 VaR 값을 계산한다.

모형 객체 퍼시스팅

백테스트와 레버리징 및 위험분석 결과를 기반으로 알고리즘 트레이딩 전략을 받아들이게 된다면, 모형 객체 및 기타 관련 알고리즘 구성 요소들을 나중에 가서 알고리즘을 전개할 때 사용할 수 있도록 퍼시스팅persisting(존속 처리)을 해 둘 수 있을 것이다. 머신러닝 기반 거래 전략, 즉 거래 알고리즘이 이제 구체화된다.

```
In [107]: import pickle

In [108]: algorithm = {'model': model, 'mu': mu, 'std': std}

In [109]: pickle.dump(algorithm, open('algorithm.pkl', 'wb'))
```

온라인 알고리즘

지금까지 우리가 테스트를 하면서 사용한 거래 알고리즘은 **오프라인 알고리즘**offline algorithm이었다. 이러한 알고리즘은 완전히 구비된 데이터셋을 사용해 당면한 문제를 해결한다. 우리가 풀어 보았던 문제는 의사결정 트리를 기본 분류기로 삼고 여러 다른 시계열 특징들과 방향성 레이블 데이터를 기반으로 에이다부스트AdaBoost라고 부르는 분류 알고리즘을 훈련시키는 문제였다. 실제로 금융 시장에서 거래 알고리즘을 전개할 때는 데이터가 도달할 때마다 한 조각씩 소비해 가면서 다음 시간 간격(즉, 봉) 동안 시장 이동 방향을 예측할 수 있어야 한다. 이번 절에서는 이전 절에 나온, 퍼시스팅 처리한 모형 객체를 사용하고 이를 스트리밍 데이터라는 맥락 속에 포함시킨다.

오프라인 거래 알고리즘을 **온라인** 거래 알고리즘으로 바꾸는 코드에서는 주로 다음 문제를 처리해야 한다.

틱 데이터tick data
틱 데이터는 실시간으로 도달하며 DataFrame 객체에 수집되는 것처럼 실시간으로 처리된다.

재표집resampling

틱 데이터는 거래 알고리즘에 따라 적절한 봉 길이에 맞게 재표집된다. 예를 들어, 훈련 및 백테스트보다 재표집 시에 더 짧은 봉 길이가 사용된다.

예측prediction

거래 알고리즘은 본질적으로 미래에 있는 관련 시간 간격 동안 시장 이동 방향에 대한 예측을 생성한다.

주문orders

현재 포지션과 알고리즘에 의해 생성된 예측('신호')이 주어지면 주문이 이루어지거나 포지션이 변경되지 않은 상태로 유지된다.

8장, 특히 230쪽에 나오는 '스트리밍 데이터 작업'에서는 Oanda API에서 실시간으로 틱 데이터를 검색하는 방법을 보여준다. 기본 접근 방식은 거래 로직을 구현하기 위해 tpqoa.tpqoa 클래스의 .on_success() 메서드를 다시 정의하는 것이다.

첫째, 지속 거래 알고리즘이 로드되며, 이 알고리즘은 따라야 할 거래 논리를 나타낸다. 훈련된 모형 자체와 알고리즘의 필수 부분인 특징 데이터의 정규화를 위한 파라미터로 구성된다.

```
In [110]: algorithm = pickle.load(open('algorithm.pkl', 'rb'))

In [111]: algorithm['model']
Out[111]: AdaBoostClassifier(algorithm='SAMME.R',
                             base_estimator=DecisionTreeClassifier(ccp_alpha=0.0,
                                   class_weight=None,
                                   criterion='gini',
                                   max_depth=2,
                                   max_features=None,
                                   max_leaf_nodes=None,
                                   min_impurity_decrease=0.0,
                                   min_impurity_split=None,
                                   min_samples_leaf=15,
                                   min_samples_split=2,
                                   min_weight_fraction_leaf=0.0,
                                   presort='deprecated',
                                   random_state=100, splitter='best'),
                             learning_rate=1.0, n_estimators=15, random_state=100)
```

다음에 나오는 코드에는, tpqoa.tpqoa에서 상속되고 .on_success() 및 추가 도우미 메서드를 통해 거래 알고리즘을 실시간 맥락으로 변환하는, 새 클래스인 MLTrader가 있다. 이 코드는 **오프라인 알고리즘**을 이른바 **온라인 알고리즘**으로 변환한 것이다.

```
In [112]: class MLTrader(tpqoa.tpqoa):
              def __init__(self, config_file, algorithm):
                  super(MLTrader, self).__init__(config_file)
                  self.model = algorithm['model']    ❶
                  self.mu = algorithm['mu']    ❶
                  self.std = algorithm['std']    ❶
                  self.units = 100000    ❷
                  self.position = 0    ❸
                  self.bar = '5s'    ❹
                  self.window = 2    ❺
                  self.lags = 6    ❻
                  self.min_length = self.lags + self.window + 1
                  self.features = ['return', 'sma', 'min', 'max', 'vol', 'mom']
                  self.raw_data = pd.DataFrame()
              def prepare_features(self):    ❼
                  self.data['return'] = np.log(self.data['mid'] /
                                               self.data['mid'].shift(1))
                  self.data['sma'] = self.data['mid'].rolling(self.window).mean()
                  self.data['min'] = self.data['mid'].rolling(self.window).min()
                  self.data['mom'] = np.sign(
                      self.data['return'].rolling(self.window).mean())
                  self.data['max'] = self.data['mid'].rolling(self.window).max()
                  self.data['vol'] = self.data['return'].rolling(
                      self.window).std()
                  self.data.dropna(inplace=True)
                  self.data[self.features] -= self.mu
                  self.data[self.features] /= self.std
                  self.cols = []
                  for f in self.features:
                      for lag in range(1, self.lags + 1):
                          col = f'{f}_lag_{lag}'
                          self.data[col] = self.data[f].shift(lag)
                          self.cols.append(col)
              def on_success(self, time, bid, ask):    ❽
                  df = pd.DataFrame({'bid': float(bid), 'ask': float(ask)},
                                    index=[pd.Timestamp(time).tz_localize(None)])
                  self.raw_data = self.raw_data.append(df)
                  self.data = self.raw_data.resample(self.bar,
                                      label='right').last().ffill()
                  self.data = self.data.iloc[:-1]
                  if len(self.data) > self.min_length:
                      self.min_length +=1
                      self.data['mid'] = (self.data['bid'] +
                                          self.data['ask']) / 2
                      self.prepare_features()
                      features = self.data[
                          self.cols].iloc[-1].values.reshape(1, -1)
                      signal = self.model.predict(features)[0]
                      print(f'NEW SIGNAL: {signal}', end='\r')
                      if self.position in [0, -1] and signal == 1:    ❾
                          print('*** GOING LONG ***')
                          self.create_order(self.stream_instrument,
                                  units=(1 - self.position) * self.units)
```

```
                           self.position = 1
               elif self.position in [0, 1] and signal == -1:   ❿
                   print('*** GOING SHORT ***')
                   self.create_order(self.stream_instrument,
                               units=-(1 + self.position) * self.units)
                   self.position = -1
```

❶ 훈련된 AdaBoost 모형 객체 및 정규화 파라미터.

❷ 거래된 단위 수.

❸ 초기 뉴트럴 포지션.

❹ 알고리즘이 구현되는 봉의 길이.

❺ 선택한 특징들에 대한 창의 길이.

❻ 시차 횟수(알고리즘 훈련과 일치해야 함).

❼ 시차 처리한 특징 데이터를 생성하는 메서드.

❽ 거래 로직을 구현하게 재정의한 메서드.

❾ 롱 신호와 롱 거래인지를 확인한다.

❿ 숏 신호와 숏 거래인지를 확인한다.

새로운 클래스인 **MLTrader**를 사용하면 간단히 자동 거래를 할 수 있다. 대화형 맥락에서는 코드 몇 줄이면 충분하다. 파라미터는 잠시 후 첫 번째 주문이 이루어지도록 설정된다. 그렇지만 실제로는 모든 파라미터가 리서치와 백테스트 국면에서 나온 원래 파라미터들과 각기 일치해야 한다. 예를 들어, 이것들을 디스크상에 퍼시스팅persisting(존속 처리)하면서 알고리즘을 사용해 읽을 수도 있다.

```
In [113]: mlt = MLTrader('../pyalgo.cfg', algorithm)   ❶

In [114]: mlt.stream_data(instrument, stop=500)   ❷
          print('*** CLOSING OUT ***')
          mlt.create_order(mlt.stream_instrument,
                        units=-mlt.position * mlt.units)   ❸
```

❶ 거래 객체를 인스턴스화한다.

❷ 스트리밍, 데이터 처리, 거래를 시작한다.

❸ 마지막 오픈 포지션을 닫는다.

앞의 코드는 다음과 비슷한 출력을 생성한다.

```
*** GOING LONG ***


{'id': '1735', 'time': '2020-08-19T14:46:15.552233563Z', 'userID':
 13834683, 'accountID': '101-004-13834683-001', 'batchID': '1734',
 'requestID': '42730658849646182', 'type': 'ORDER_FILL', 'orderID':
 '1734', 'instrument': 'EUR_USD', 'units': '100000.0',
 'gainQuoteHomeConversionFactor': '0.835983419025',
 'lossQuoteHomeConversionFactor': '0.844385262432', 'price': 1.1903,
 'fullVWAP': 1.1903, 'fullPrice': {'type': 'PRICE', 'bids': [{'price':
 1.19013, 'liquidity': '10000000'}], 'asks': [{'price': 1.1903,
 'liquidity': '10000000'}], 'closeoutBid': 1.19013, 'closeoutAsk':
 1.1903}, 'reason': 'MARKET_ORDER', 'pl': '0.0', 'financing': '0.0',
 'commission': '0.0', 'guaranteedExecutionFee': '0.0',
 'accountBalance': '98507.7425', 'tradeOpened': {'tradeID': '1735',
 'units': '100000.0', 'price': 1.1903, 'guaranteedExecutionFee': '0.0',
 'halfSpreadCost': '7.1416', 'initialMarginRequired': '3330.0'},
 'halfSpreadCost': '7.1416'}

*** GOING SHORT ***


{'id': '1737', 'time': '2020-08-19T14:48:10.510726213Z', 'userID':
 13834683, 'accountID': '101-004-13834683-001', 'batchID': '1736',
 'requestID': '42730659332312267', 'type': 'ORDER_FILL', 'orderID':
 '1736', 'instrument': 'EUR_USD', 'units': '-200000.0',
 'gainQuoteHomeConversionFactor': '0.835885095595',
 'lossQuoteHomeConversionFactor': '0.844285950827', 'price': 1.19029,
 'fullVWAP': 1.19029, 'fullPrice': {'type': 'PRICE', 'bids': [{'price':
 1.19029, 'liquidity': '10000000'}], 'asks': [{'price': 1.19042,
 'liquidity': '10000000'}], 'closeoutBid': 1.19029, 'closeoutAsk':
 1.19042}, 'reason': 'MARKET_ORDER', 'pl': '-0.8443', 'financing':
 '0.0', 'commission': '0.0', 'guaranteedExecutionFee': '0.0',
 'accountBalance': '98506.8982', 'tradeOpened': {'tradeID': '1737',
 'units': '-100000.0', 'price': 1.19029, 'guaranteedExecutionFee':
 '0.0', 'halfSpreadCost': '5.4606', 'initialMarginRequired': '3330.0'},
 'tradesClosed': [{'tradeID': '1735', 'units': '-100000.0', 'price':
 1.19029, 'realizedPL': '-0.8443', 'financing': '0.0',
 'guaranteedExecutionFee': '0.0', 'halfSpreadCost': '5.4606'}],
 'halfSpreadCost': '10.9212'}

*** GOING LONG ***


{'id': '1739', 'time': '2020-08-19T14:48:15.529680632Z', 'userID':
 13834683, 'accountID': '101-004-13834683-001', 'batchID': '1738',
 'requestID': '42730659353297789', 'type': 'ORDER_FILL', 'orderID':
 '1738', 'instrument': 'EUR_USD', 'units': '200000.0',
 'gainQuoteHomeConversionFactor': '0.835835944263',
 'lossQuoteHomeConversionFactor': '0.844236305512', 'price': 1.1905,
 'fullVWAP': 1.1905, 'fullPrice': {'type': 'PRICE', 'bids': [{'price':
 1.19035, 'liquidity': '10000000'}], 'asks': [{'price': 1.1905,
```

```
'liquidity': '10000000'}], 'closeoutBid': 1.19035, 'closeoutAsk':
1.1905}, 'reason': 'MARKET_ORDER', 'pl': '-17.729', 'financing':
'0.0', 'commission': '0.0', 'guaranteedExecutionFee': '0.0',
'accountBalance': '98489.1692', 'tradeOpened': {'tradeID': '1739',
'units': '100000.0', 'price': 1.1905, 'guaranteedExecutionFee': '0.0',
'halfSpreadCost': '6.3003', 'initialMarginRequired': '3330.0'},
'tradesClosed': [{'tradeID': '1737', 'units': '100000.0', 'price':
1.1905, 'realizedPL': '-17.729', 'financing': '0.0',
'guaranteedExecutionFee': '0.0', 'halfSpreadCost': '6.3003'}],
'halfSpreadCost': '12.6006'}

*** CLOSING OUT ***

{'id': '1741', 'time': '2020-08-19T14:49:11.976885485Z', 'userID':
13834683, 'accountID': '101-004-13834683-001', 'batchID': '1740',
'requestID': '42730659588338204', 'type': 'ORDER_FILL', 'orderID':
'1740', 'instrument': 'EUR_USD', 'units': '-100000.0',
'gainQuoteHomeConversionFactor': '0.835730636848',
'lossQuoteHomeConversionFactor': '0.844129939731', 'price': 1.19051,
'fullVWAP': 1.19051, 'fullPrice': {'type': 'PRICE', 'bids': [{'price':
1.19051, 'liquidity': '10000000'}], 'asks': [{'price': 1.19064,
'liquidity': '10000000'}], 'closeoutBid': 1.19051, 'closeoutAsk':
1.19064}, 'reason': 'MARKET_ORDER', 'pl': '0.8357', 'financing':
'0.0', 'commission': '0.0', 'guaranteedExecutionFee': '0.0',
'accountBalance': '98490.0049', 'tradesClosed': [{'tradeID': '1739',
'units': '-100000.0', 'price': 1.19051, 'realizedPL': '0.8357',
'financing': '0.0', 'guaranteedExecutionFee': '0.0', 'halfSpreadCost':
'5.4595'}], 'halfSpreadCost': '5.4595'}
```

인프라 및 배포

자동화한 알고리즘 트레이딩 전략을 전개해 실제 펀드들을 운영하려면 적절한 인프라infrastructure(기반시설)가 필요하다. 무엇보다도 인프라는 다음을 충족해야 한다.

신뢰reliability

알고리즘 트레이딩 전략을 전개할 인프라는 고가용성(예: 99.9% 이상)을 보여야 하며, 그렇지 않다면 안정성(자동 백업, 드라이브 중복성 및 웹 연결 등)이라도 보여야 한다.

성능performance

처리중인 데이터량과 알고리즘이 생성하는 계산 요구에 따라 충분한 CPU 코어, 작업 메모리(RAM) 및 스토리지(SSD)가 인프라에 있어야 한다. 또한, 웹 연결이 충분히 빨라야 한다.

운영체제와, 여기에서 실행되는 애플리케이션은 SSL 암호화를 하고 하드디스크 드라이브를 암호화해야 할 뿐만 아니라 강력한 암호로 보호되어야 한다. 하드웨어는 화재나 침수 그리고 무단침입으로부터 물리적으로 보호되어야 한다.

전문 데이터 센터나 클라우드 공급자로부터 적절한 인프라를 빌려 써야만 이 정도 요구 사항을 기본적으로 충족할 수 있다. 앞서 언급한 요구 사항을 충족하기 위한 물리적 인프라를 자체적으로 투자해 구축하는 일은, 일반적으로 금융 시장의 규모가 더 클 때나, 어떤 때는 가장 큰 업체여야 가능한 일이다.

개발 및 테스트 관점에서 볼 때, 디지털오션(http://digitalocean.com)이 제공하는 가장 작은 드랍릿(즉, 클라우드의 인스턴스)만을 가지고도 어떻게든 착수해 볼 수 있다. 이 책을 쓰는 시점에서, 그러한 드랍릿을 빌리는 데 월간 기준 약 6000원(5달러)을 내면 되는데, 이 돈이 시간 단위로 청구되며, 몇 분 만에 드랍릿을 생성할 수 있고 또한 몇 초 만에 폐기할 수 있다.[6]

디지털오션을 사용해 드랍릿을 설정하는 방법을 2장(특히 39쪽에 나오는 '클라우드 인스턴스 사용'을 참고하자)에서 자세히 설명했는데, 파이썬 패키지와 관련된 개별 요구 사항을 반영하도록 조정할 수 있는 Bash 스크립트를 사용하는 경우를 예로 들었다.

 로컬 컴퓨터(데스크톱, 노트북 등)에서도 자동화한 알고리즘 트레이딩 전략을 개발하고 테스트할 수 있지만, 자동화한 전략을 전개해 진짜 돈을 거래하기에는 적합하지 않다. 웹 연결이 끊기거나 잠시 정전되면 전체 알고리즘이 먹히지 않을 수 있는데, 예를 들어, 포트폴리오에 의도하지 않은 오픈 포지션이 남을 수 있다. 또 다른 예를 들면, 실시간 틱 데이터를 놓치고 데이터셋이 손상되어 잘못된 신호와 의도하지 않은 거래나 포지션으로 이어질 수 있다.

로깅과 모니터링

이제 자동화한 알고리즘 트레이딩 전략이 원격 서버(가상 클라우드 인스턴스나 전용 서버)에 배포된다고 가정하자. 또한, 모든 필수 파이썬 패키지가 설치되었다고 가정하고(39쪽에 나오는 '클라우드 인스턴스 사용'을 참고하자), 주피터 랩이 안전하게 실행되고 있다고 해 보자(노트북 서버 실행 https://bit.ly/3cAclr6을 참고하자). 서버에 로그인하는 화면 앞에서 하루 종일 앉아 있고 싶지 않다면 알고리즘 트레이더의 관점에서 생각해 보아야 할 것으로 또 무엇이 있을까?

---

6   http://bit.ly/do_sign_up 링크를 사용해 새 계정에 가입할 때 디지털오션에서 10달러에 해당하는 보너스를 받을 수 있다.

이번 절에서는 이와 관련하여 두 가지 중요한 주제인 **로깅**logging(이벤트 기록)과 **실시간 모니터링**real-time monitoring(실시간 감시)을 다룬다. 로깅이란 이벤트 정보를 나중에 다시 검사할 수 있도록 디스크에 저장해 두는 일을 말한다. 이는 소프트웨어 애플리케이션 개발 및 배포에 있어서 표준으로 여겨 따르는 관행이다. 어쨌든, 여기서는 금융 측면에 초점을 두기보다는, 금융 데이터와 이벤트 정보를 나중에라도 다시 검사하고 분석할 수 있게 중요한 내용을 기록해 두는 데 더 초점을 맞춰 볼 것이다. 소켓 통신을 사용하는 실시간 모니터링에 대해서도 그렇게 할 생각이다. 소켓을 통해 중요한 금융 측면의 지속적인 실시간 스트림을 생성해 둠으로써, 전개 작업이 클라우드에서 벌어지더라도, 로컬 컴퓨터에서 검색하고 처리할 수 있다.

297쪽에 나오는 '자동화한 거래 전략'에서는 이러한 모든 측면을 구현하고, 284쪽에 나오는 '온라인 알고리즘'의 코드를 사용하는 파이썬 스크립트를 제공한다. 스크립트는 예를 들어, 원격 서버에서 지속되는 알고리즘 객체를 기반으로 하는 알고리즘 트레이딩 전략의 **전개**deployment를 허용하는 형태로 코드를 가져온다. 코드는 무엇보다도 소켓 통신을 위해 ZeroMQ(http://zeromq.org를 참고하자)를 사용하는 사용자 정의 기능을 기반으로 로깅과 모니터링 기능을 모두 추가한다. 300쪽의 '전략 모니터링'에 나오는 짧은 스크립트와 함께 사용하면 원격 서버에서 벌어지는 활동을 원격지에서 실시간으로 모니터링할 수 있다.[7]

297쪽의 '자동화한 거래 전략'에 나오는 스크립트가 로컬에서나 원격에서 실행될 때 소켓을 통해 기록되고 전송되는 출력은 다음과 같다.

```
2020-06-15 17:04:14.298653
=================================================================
NUMBER OF TICKS: 147 | NUMBER OF BARS: 49


=================================================================
MOST RECENT DATA
                     return_lag_1  return_lag_2  ...  max_lag_5  max_lag_6
2020-06-15 15:04:06      0.026508     -0.125253  ...  -1.703276  -1.700746
2020-06-15 15:04:08     -0.049373      0.026508  ...  -1.694419  -1.703276
2020-06-15 15:04:10     -0.077828     -0.049373  ...  -1.694419  -1.694419
2020-06-15 15:04:12      0.064448     -0.077828  ...  -1.705807  -1.694419
2020-06-15 15:04:14     -0.020918      0.064448  ...  -1.710869  -1.705807

[5 rows x 36 columns]


=================================================================
features:
```

---

7   여기에 사용된 로깅 접근 방식은 간단한 텍스트 파일 형태로 매우 간단하다. 예를 들어, HDF5(3장을 보자) 같은 데이터베이스나 적절한 이진 저장 형식의 관련 금융 데이터의 로깅(loggin, 이벤트 기록) 및 퍼시스팅(persisting, 존속 처리) 작업을 변경하기는 쉽다.

```
[[-0.02091774  0.06444794 -0.07782834 -0.04937258  0.02650799 -0.12525265
  -2.06428556 -1.96568848 -2.16288147 -2.08071843 -1.94925692 -2.19574189
   0.92939697  0.92939697 -1.07368691  0.92939697 -1.07368691 -1.07368691
  -1.41861822 -1.42605902 -1.4294412  -1.42470615 -1.4274119  -1.42470615
  -1.05508516 -1.06879043 -1.06879043 -1.0619378  -1.06741991 -1.06741991
  -1.70580717 -1.70707253 -1.71339931 -1.7108686  -1.7108686  -1.70580717]]
position: 1
signal:   1


2020-06-15 17:04:14.402154
================================================================
*** NO TRADE PLACED ***

*** END OF CYCLE ***


2020-06-15 17:04:16.199950
================================================================


================================================================
*** GOING NEUTRAL ***
```

```
{'id': '979', 'time': '2020-06-15T15:04:16.138027118Z', 'userID': 13834683,
 'accountID': '101-004-13834683-001', 'batchID': '978',
 'requestID': '60721506683906591', 'type': 'ORDER_FILL', 'orderID': '978',
 'instrument': 'EUR_USD', 'units': '-100000.0',
 'gainQuoteHomeConversionFactor': '0.882420762903',
 'lossQuoteHomeConversionFactor': '0.891289313284',
 'price': 1.12751, 'fullVWAP': 1.12751, 'fullPrice': {'type': 'PRICE',
 'bids': [{'price': 1.12751, 'liquidity': '10000000'}],
 'asks': [{'price': 1.12765, 'liquidity': '10000000'}],
 'closeoutBid': 1.12751, 'closeoutAsk': 1.12765}, 'reason': 'MARKET_ORDER',
 'pl': '-3.5652', 'financing': '0.0', 'commission': '0.0',
 'guaranteedExecutionFee': '0.0', 'accountBalance': '99259.7485',
 'tradesClosed': [{'tradeID': '975', 'units': '-100000.0',
 'price': 1.12751, 'realizedPL': '-3.5652', 'financing': '0.0',
 'guaranteedExecutionFee': '0.0', 'halfSpreadCost': '6.208'}],
 'halfSpreadCost': '6.208'}
================================================================
```

300쪽에 나오는 '전략 모니터링'에 나오는 스크립트를 로컬로 실행하면 이러한 정보를 실시간으로 검색하고 처리할 수 있다. 물론 로깅 데이터나 스트리밍 데이터를 자신의 요구 사항에 맞게 쉽게 조정할 수 있다.[8] 또한, 거래 스크립트와 전체 로직을 조정하여 손실 중지 또는 수익 목표 달성과 같은 요소를 프로그래밍 방식으로 포함할 수 있다.

---

8 두 스크립트에 구현된 소켓 통신은 암호화되지 않고 웹을 통해 일반 텍스트를 전송하므로 프로덕션(production, 운영 환경)에서 보안 위험을 나타낼 수 있다.

통화 쌍 거래나 CFD 거래로 인해 여러 가지 금융 위험이 초래된다. 이러한 수단에 대해 알고리즘 트레이딩 전략을 구현하면 자동으로 여러 가지 위험이 더해진다. 그중에는 거래 로직(trading logic)이나 집행 로직(execution logic)의 결함은 물론 소켓 통신과 관련된 문제, 검색 시차, 전개 중 틱 데이터 손실 등의 기술적 위험이 있다. 따라서 거래 전략을 자동화한 방식으로 전개하기 전에 모든 관련 시장, 집행, 운영, 기술에 따른 위험 및 그 밖의 위험들이 식별되고 평가되고 적절하게 처리되었는지를 확인해야 한다. 이번 장에 제시한 코드를 기술적인 내용을 설명하는 일에만 써야 한다.

보기 좋게 구성한 단계별 개요

이 마지막 절에서는 화면들을 보면서 단계별 개요를 파악할 수 있게 한다. 이전에 나온 절에서는 FXCM이라는 거래 플랫폼을 기반으로 삼았지만, 이번 절에서는 Oanda라는 거래 플랫폼을 기반으로 삼았다.

Oanda 계정 구성

Oanda(또는 이를 위한 다른 거래 플랫폼)에 계정을 설정하고 나서 켈리기준에 맞추면서 그림 10-8에 표시한 내용에 맞춰, 계정에 대한 올바른 레버리지 비율을 설정하는 게 첫 번째로 할 일이다.

그림 10-8 Oanda에서 레버리지를 구성하기

하드웨어 설정

두 번째 단계는 그림 10-9와 같이 디지털오션 드랍릿을 만드는 것이다.

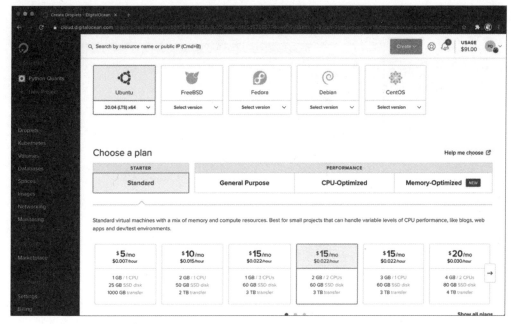

그림 10-9 디지털오션 드랍릿

파이썬 환경 설정

세 번째 단계는 인프라를 설정하기 위해 모든 소프트웨어를 드랍릿에 넣는 것이다(그림 10-10를 참고
하자). 모든 것이 제대로 작동하면 새 주피터 노트북을 만들어 대화형 파이썬 세션을 시작할 수 있
다(그림 10-11를 참고하자).

```
    mkl_fft-1.0.15                py37ha843d7b_0            154 KB
    mkl_random-1.1.1              py37h0573a6f_0            322 KB
    numpy-1.18.1                  py37h4f9e942_0              5 KB
    numpy-base-1.18.1            py37hde5b4d6_1            4.2 MB
    ------------------------------------------------------------
                                        Total:            135.5 MB

The following NEW packages will be INSTALLED:

    blas              pkgs/main/linux-64::blas-1.0-mkl
    intel-openmp      pkgs/main/linux-64::intel-openmp-2020.1-217
    libgfortran-ng    pkgs/main/linux-64::libgfortran-ng-7.3.0-hdf63c60_0
    mkl               pkgs/main/linux-64::mkl-2020.1-217
    mkl-service       pkgs/main/linux-64::mkl-service-2.3.0-py37he904b0f_0
    mkl_fft           pkgs/main/linux-64::mkl_fft-1.0.15-py37ha843d7b_0
    mkl_random        pkgs/main/linux-64::mkl_random-1.1.1-py37h0573a6f_0
    numpy             pkgs/main/linux-64::numpy-1.18.1-py37h4f9e942_0
    numpy-base        pkgs/main/linux-64::numpy-base-1.18.1-py37hde5b4d6_1


Downloading and Extracting Packages
numpy-base-1.18.1    4.2 MB    ##########    100%
mkl_fft-1.0.15       154 KB    ##########    100%
blas-1.0             6 KB      ##########    100%
libgfortran-ng-7.3.0 1006 KB   ##########    100%
intel-openmp-2020.1  780 KB    ##########    100%
mkl-2020.1           129.0 MB  ##########    100%
mkl_random-1.1.1     322 KB    ##########    100%
numpy-1.18.1         5 KB      ##########    100%
mkl-service-2.3.0    218 KB    ##########    100%
Preparing transaction: ...working... done
Verifying transaction: ...working... done
Executing transaction: ...working... done
```

그림 10-10 파이썬과 패키지들을 설치하기

그림 10-11 주피터 랩 테스트

코드 업로드

네 번째 단계는 그림 10-12에 표시된 대로 자동화한 거래 및 실시간 모니터링을 위한 파이썬 스크립트를 업로드upload하는 것이다. 계정 자격 증명이 있는 구성 파일도 업로드해야 한다.

그림 10-12 파이썬 코드 파일 업로드

코드 실행

다섯 번째 단계는 그림 10-13과 같이 자동화한 거래를 위해 파이썬 스크립트를 실행하는 것이다. 그림 10-14는 파이썬 스크립트가 시작한 거래를 보여준다.

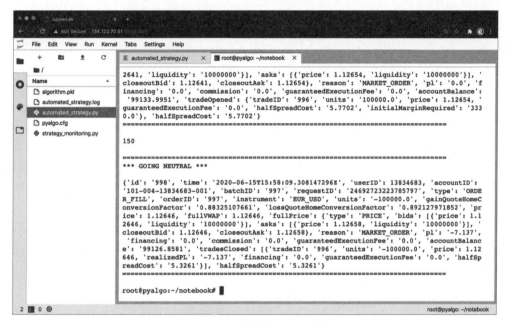

그림 10-13 파이썬 스크립트 실행

그림 10-14 파이썬 스크립트에 의해 시작된 거래

실시간 모니터링

마지막 단계는 그림 10-15와 같이 로컬에서 모니터링 스크립트를 실행하는 것이다(로컬 스크립트에 올바른 IP를 설정한 경우). 실제로 이는 클라우드 인스턴스에서 정확히 무슨 일이 일어나고 있는지를 로컬에서 실시간으로 모니터링할 수 있음을 의미한다.

```
MOST RECENT DATA
                      return_lag_1   return_lag_2  ...   max_lag_5   max_lag_6
2020-06-15 16:03:34      0.007541      -0.087318   ...   -1.743768  -1.728584
2020-06-15 16:03:36      0.007540       0.007541   ...   -1.734910  -1.743768
2020-06-15 16:03:38     -0.030403       0.007540   ...   -1.734910  -1.734910
2020-06-15 16:03:40     -0.030403      -0.030403   ...   -1.734910  -1.734910
2020-06-15 16:03:42     -0.096803      -0.030403   ...   -1.737441  -1.734910

[5 rows x 36 columns]


==================================================================================
features:
[[-0.09680337 -0.03040256 -0.03040256  0.0075405   0.00754117 -0.08731792
  -2.09714204 -2.2121808  -2.16444481 -2.21217964 -2.04783833 -2.1135755
  -1.07368691  0.92939697  0.92939697  0.92939697 -1.07368691 -1.07368691
  -1.45108717 -1.44635211 -1.44635211 -1.44905786 -1.45446935 -1.45311648
  -1.09208939 -1.0824957  -1.0824957  -1.08797781 -1.09345992 -1.09345992
  -1.73237965 -1.73237965 -1.73237965 -1.73237965 -1.73744108 -1.73491036]]
position:  1
signal:   1


2020-06-15 16:03:42.958348
==================================================================================
*** NO TRADE PLACED ***

*** END OF CYCLE ***
```

그림 10-15 소켓을 통한 로컬 실시간 모니터링

결론

이번 장에서는 머신러닝의 분류 알고리즘을 기반으로 자동화한 방식으로 알고리즘 트레이딩 전략을 전개함으로써 시장 이동 방향을 예측하는 방법을 설명했다. 자본관리(켈리기준 기반), 성과 및 위험에 대한 벡터화 백테스트, 오프라인에서 온라인 거래 알고리즘으로의 전환, 전개를 위한 적절한 기반시설, 전개 중 로깅과 모니터링 같은 중요한 주제를 다뤘다.

이번 장에 나온 주제는 복잡하며 알고리즘 트레이딩 전문가에게서 나온 광범위한 기술이 필요하다. 반면에 Oanda 같은 알고리즘 트레이딩용 RESTful API를 사용하면, 핵심 부분이 주로 틱 데이터를 검색하고 주문을 넣기 위해 파이썬 래퍼 패키지 tpqoa의 기능을 사용하는 것으로 귀결되기 때문에, 자동화 작업을 상당히 단순화할 수 있다. 이와 같은 핵심 사항을 중심으로 삼고, 운영 위험 및 기술 위험을 완화하기 위한 요소를 적절하면서도 가능한 방식으로 추가해야 한다.

참조할 것들과 그 밖의 자료원

이번 장에서 인용한 논문들은 다음과 같다.

- Louis Rotando and Edward Thorp. 1992. "The Kelly Criterion and the Stock Market." **The American Mathematical Monthly** 99(10): 922–931.

- Jane Hung. 2010. "Betting with the Kelly Criterion." http://bit.ly/betting_with_kelly.

파이썬 스크립트

이번 절에는 이번 장에서 사용되는 파이썬 스크립트가 들어 있다.

자동화한 거래 전략

다음 파이썬 스크립트에는 이번 장에서 논의하고 백테스트한 대로 머신러닝 기반 거래 전략을 자동화해서 전개하기 위한 코드가 들어 있다.[9]

```
# Oanda용 머신러닝기반 자동 거래 전략.
# 온라인 알고리즘, 로깅, 모니터링.
#
# Python for Algorithmic Trading
# (c) Dr. Yves J. Hilpisch
#
import zmq
import tpqoa
import pickle
import numpy as np
import pandas as pd
import datetime as dt

log_file = 'automated_strategy.log'

# 퍼시스팅 처리한 알고리즘 객체를 로드(load, 적재)한다.
algorithm = pickle.load(open('algorithm.pkl', 'rb'))

# ZeroMQ를 거쳐 소켓 통신을 구성한다(여기서는 '게시자')
context = zmq.Context()
socket = context.socket(zmq.PUB)

# 이 줄은 소켓 통신을 머신의 모든 IP 주소에 바인딩한다.
socket.bind('tcp://0.0.0.0:5555')
```

---

9   옮긴이 저자의 깃허브 사이트에 있는 코드의 주소는 https://github.com/yhilpisch/py4at/blob/master/ch10/automated_strategy.py다.

```python
# 로그 파일을 다시 생성한다.
with open(log_file, 'w') as f:
    f.write('*** NEW LOG FILE ***\n')
    f.write(str(dt.datetime.now()) + '\n\n\n')

def logger_monitor(message, time=True, sep=True):
    ''' 사용자 맞춤형 로깅 함수와 모니터링 함수. '''
    with open(log_file, 'a') as f:
        t = str(dt.datetime.now())
        msg = ''
        if time:
            msg += '\n' + t + '\n'
        if sep:
            msg += 80 * '=' + '\n'
        msg += message + '\n\n'
        # 소켓을 거쳐 메시지를 보낸다.
        socket.send_string(msg)
        # 메시지를 로그 파일에 기록한다.
        f.write(msg)


class MLTrader(tpqoa.tpqoa):
    def __init__(self, config_file, algorithm):
        super(MLTrader, self).__init__(config_file)
        self.model = algorithm['model']
        self.mu = algorithm['mu']
        self.std = algorithm['std']
        self.units = 100000
        self.position = 0
        self.bar = '2s'
        self.window = 2
        self.lags = 6
        self.min_length = self.lags + self.window + 1
        self.features = ['return', 'vol', 'mom', 'sma', 'min', 'max']
        self.raw_data = pd.DataFrame()

    def prepare_features(self):
        self.data['return'] = np.log(
            self.data['mid'] / self.data['mid'].shift(1))
        self.data['vol'] = self.data['return'].rolling(self.window).std()
        self.data['mom'] = np.sign(
            self.data['return'].rolling(self.window).mean())
        self.data['sma'] = self.data['mid'].rolling(self.window).mean()
        self.data['min'] = self.data['mid'].rolling(self.window).min()
        self.data['max'] = self.data['mid'].rolling(self.window).max()
        self.data.dropna(inplace=True)
        self.data[self.features] -= self.mu
        self.data[self.features] /= self.std
        self.cols = []
        for f in self.features:
            for lag in range(1, self.lags + 1):
```

```python
            col = f'{f}_lag_{lag}'
            self.data[col] = self.data[f].shift(lag)
            self.cols.append(col)

    def report_trade(self, pos, order):
        ''' 로그를 출력한 다음에 거래 데이터를 보낸다. '''
        out = '\n\n' + 80 * '=' + '\n'
        out += '*** GOING {} *** \n'.format(pos) + '\n'
        out += str(order) + '\n'
        out += 80 * '=' + '\n'
        logger_monitor(out)
        print(out)

    def on_success(self, time, bid, ask):
        print(self.ticks, 20 * ' ', end='\r')
        df = pd.DataFrame({'bid': float(bid), 'ask': float(ask)},
                          index=[pd.Timestamp(time).tz_localize(None)])
        self.raw_data = self.raw_data.append(df)
        self.data = self.raw_data.resample(
            self.bar, label='right').last().ffill()
        self.data = self.data.iloc[:-1]
        if len(self.data) > self.min_length:
            logger_monitor('NUMBER OF TICKS: {} | '.format(self.ticks) +
                           'NUMBER OF BARS: {}'.format(self.min_length))
            self.min_length += 1
            self.data['mid'] = (self.data['bid'] + self.data['ask']) / 2
            self.prepare_features()
            features = self.data[self.cols].iloc[-1].values.reshape(1, -1)
            signal = self.model.predict(features)[0]
            # 주요 금융 정보를 기록하고 보낸다.
            logger_monitor('MOST RECENT DATA\n' +
                           str(self.data[self.cols].tail()),
                           False)
            logger_monitor('features:\n' + str(features) + '\n' +
                           'position: ' + str(self.position) + '\n' +
                           'signal:   ' + str(signal), False)
            if self.position in [0, -1] and signal == 1:  # 롱으로 가는가?
                order = self.create_order(self.stream_instrument,
                                          units=(1 - self.position) *
                                          self.units,
                                          suppress=True, ret=True)
                self.report_trade('LONG', order)
                self.position = 1
            elif self.position in [0, 1] and signal == -1:  # 숏으로 가는가?
                order = self.create_order(self.stream_instrument,
                                          units=-(1 + self.position) *
                                          self.units,
                                          suppress=True, ret=True)
                self.report_trade('SHORT', order)
                self.position = -1
            else:  # 거래하지 않음.
                logger_monitor('*** NO TRADE PLACED ***')
```

```
            logger_monitor('*** END OF CYCLE ***\n\n', False, False)

if __name__ == '__main__':
    mlt = MLTrader('../pyalgo.cfg', algorithm)
    mlt.stream_data('EUR_USD', stop=150)
    order = mlt.create_order(mlt.stream_instrument,
                             units=-mlt.position * mlt.units,
                             suppress=True, ret=True)
    mlt.position = 0
    mlt.report_trade('NEUTRAL', order)
```

전략 모니터링

다음에 나오는 파이썬 스크립트에는 297쪽의 '자동화한 거래 전략'에 나온 파이썬 스크립트가 실행
되는 것을 원격으로 모니터링하는 코드가 들어 있다.

```
#
# Oanda용 머신러닝기반 자동 거래 전략.
# 소켓 통신을 통한 전략 모니터링.
#
# Python for Algorithmic Trading
# (c) Dr. Yves J. Hilpisch
#
import zmq

# ZeroMQ(여기서는 '구독자')를 거쳐 하는 소켓 통신을 구성한다.
context = zmq.Context()
socket = context.socket(zmq.SUB)

# 원격 위치를 반영하도록 IP 주소를 조정한다.
socket.connect('tcp://134.122.70.51:5555')

# 테스트에 사용되는 로컬 IP 주소.
# socket.connect('tcp://0.0.0.0:5555')


# 모든 메시지를 검색하도록 소켓을 구성한다.
socket.setsockopt_string(zmq.SUBSCRIBE, '')

while True:
    msg = socket.recv_string()
    print(msg)
```

APPENDIX

파이썬·넘파이·맷플롯립·판다스

말이 무슨 소용이야. 코드나 보여줘 봐.

— 리누스 토발즈Linus Torvalds

파이썬은 강력한 프로그래밍 언어가 되었으며 지난 몇 년 동안 유용한 패키지로 구성된 방대한 생태계를 발전시켜 왔다. 이 부록에서는 파이썬을 간략히 파악한 다음에 **과학 스택**scientific stack이라고 부르거나 **데이터 과학 스택**data science stack이라고 부르는 것의 주요 기둥 역할을 하는 다음 세 가지를 살펴본다.

- 넘파이NumPy(https://numpy.org를 참고하자.)
- 맷플롯립matplotlib(https://matplotlib.org를 참고하자.)
- 판다스pandas(https://pandas.pydata.org를 참고하자.)

넘파이는 크고 동차인homogeneous(차수가 같은) 수치 데이터셋들을 대상으로 배열 연산을 수행할 수 있게 해주는 것이고, 판다스는 주로 금융 시계열 데이터 같은 테이블 형식 데이터를 효율적으로 처리하도록 설계된 것이다.

물론 이 책의 나머지 내용과 관련해서 선택한 주제를 다루면서 소개만 하는 이 부록에서 파이썬이나 이에 포함된 패키지들을 철저하게 다 설명할 수는 없다. 그러나 일반적으로 파이썬을 처음으로 사용해 보며 프로그램을 작성하려는 경우에 파이썬을 처음으로 훑어보면서 파이썬이라는 게 무엇인지에 대한 느낌을 얻을 수 있을 것이다. 정량적 금융 분야에서 일반적으로 사용하는 그 밖의 언

301

어(예: Matlab, R, C++, VBA)를 사용해 본 적이 있다면, 파이썬의 일반적인 데이터 구조나 프로그래밍 패러다임 및 관용구를 쉽게 파악할 수 있을 것이다.

금융에 응용하는 파이썬을 포괄적으로 훑어보고 싶다면 Hilpisch(2018)를 참고하자. 과학 및 데이터 분석에 중점을 두고 파이썬 언어를 더 일반적으로 소개한 또 다른 책으로는 VanderPlas(2017)와 McKinney(2017)가 있다.

파이썬 기초

이번 절에서는 파이썬의 기본 데이터 형식과 구조와 제어 구조 및 일부 파이썬 관용구를 소개한다.

데이터 형식

파이썬은 일반적으로 **동적 타입 시스템**dynamically typed system(동적 형식 지정 체계)로 되어 있으며, 이는 객체들의 형식이 객체들의 맥락으로부터 유추된다는 점을 의미한다. 수number(數)부터 살펴보자.

```
In [1]: a = 3  ❶

In [2]: type(a)  ❷
Out[2]: int

In [3]: a.bit_length()  ❸
Out[3]: 2

In [4]: b = 5.  ❹

In [5]: type(b) Out[5]: float
```

❶ 이름이 a인 변수에 3이라는 정수 값을 지정한다.

❷ a의 형식을 알아낸다.

❸ 정수 값을 저장하는 데 사용되는 비트 수를 알아낸다.

❹ 이름이 b인 정수에 부동소수점 값인 5.0을 지정한다.

파이썬은 임의의 큰 정수를 처리할 수 있으며, 이는 수 이론적 애플리케이션에 무척 유용한데, 이에 대한 예를 들면 다음과 같다.

```
In [6]: c = 10 ** 100  ❶

In [7]: c
```

```
Out[7]: 1000000000000000000000000000000000000000000000000000000000000000
        0000000000000000000000000000000

In [8]: c.bit_length()  ❷
Out[8]: 333
```

❶ '아주 큰' 정수 값을 할당한다.

❷ 정수 표현에 사용되는 비트 수를 표시한다.

이러한 객체에 대한 산술 연산이 예상한 대로 작동한다.

```
In [9]: 3 / 5.  ❶
Out[9]: 0.6

In [10]: a * b  ❷
Out[10]: 15.0

In [11]: a - b  ❸
Out[11]: -2.0

In [12]: b + a  ❹
Out[12]: 8.0

In [13]: a ** b  ❺
Out[13]: 243.0
```

❶ 나눗셈.

❷ 곱셈.

❸ 덧셈.

❹ 뺄셈.

❺ 거듭제곱.

일반적으로 사용되는 많은 수학 함수를 파이썬 표준 라이브러리 중에 하나인 math 모듈에서 찾아볼 수 있다.

```
In [14]: import math  ❶

In [15]: math.log(a)  ❷
Out[15]: 1.0986122886681098

In [16]: math.exp(a)  ❸
Out[16]: 20.085536923187668
```

```
In [17]: math.sin(b)   ❹
Out[17]: -0.9589242746631385
```

❶ 표준 라이브러리에서 math 모듈을 가져온다.

❷ 자연로그를 계산한다.

❸ 지수 값을 계산한다.

❹ 사인 값을 계산한다.

또 다른 중요한 기본 데이터 형식primitive data type(기본 자료형, 원시 자료형)은 스트링string(문자열) 객체인 str이다.

```
In [18]: s = 'Python for Algorithmic Trading.'   ❶

In [19]: type(s) Out[19]: str

In [20]: s.lower()   ❷
Out[20]: 'python for algorithmic trading.'

In [21]: s.upper()   ❸
Out[21]: 'PYTHON FOR ALGORITHMIC TRADING.'

In [22]: s[0:6]   ❹
Out[22]: 'Python'
```

❶ 이름이 s인 변수에 str 객체를 할당한다.

❷ 모든 문자를 소문자로 변환한다.

❸ 모든 문자를 대문자로 변환한다.

❹ 처음 6개 문자를 선택한다.

이러한 객체는 + 연산자를 사용해 결합할 수도 있다. 인덱스 값인 -1은 문자열의 마지막 문자(또는 일반적으로 시퀀스의 마지막 원소)를 나타낸다.

```
In [23]: st = s[0:6] + s[-9:-1]   ❶

In [24]: print(st)   ❷
         Python Trading
```

❶ str 객체의 부분들을 결합해 새것을 만든다.

❷ 결과를 프린트한다.

텍스트 출력을 파라미터화할 때 종종 문자열 대체 기술을 사용한다.

```
In [25]: repl = 'My name is %s, I am %d years old and %4.2f m tall.'   ❶

In [26]: print(repl % ('Gordon Gekko', 43, 1.78))   ❷
         My name is Gordon Gekko, I am 43 years old and 1.78 m tall.

In [27]: repl = 'My name is {:s}, I am {:d} years old and {:4.2f} m tall.'   ❸

In [28]: print(repl.format('Gordon Gekko', 43, 1.78))   ❹
         My name is Gordon Gekko, I am 43 years old and 1.78 m tall.

In [29]: name, age, height = 'Gordon Gekko', 43, 1.78   ❺

In [30]: print(f'My name is {name:s}, I am {age:d} years old and \
             {height:4.2f}m tall.')   ❻
         My name is Gordon Gekko, I am 43 years old and 1.78m tall.
```

❶ '오래된' 방식으로 문자열 템플릿을 정의한다.

❷ '오래된' 방식으로 대체된 값으로 템플릿을 프린트한다.

❸ '새로운' 방식으로 문자열 템플릿을 정의한다.

❹ '새로운' 방식으로 대체된 값으로 템플릿을 프린트한다.

❺ 나중에 대체하는 동안 사용할 변수들을 정의한다.

❻ 문자열 대체를 위해 소위 *f* 문자열(파이썬 3.6에서 도입됨)을 사용한다.

데이터 구조

튜플tuple 객체는 가벼운 데이터 구조다. 튜플 객체란 괄호를 사용하거나 사용하지 않은 채로 서로 다른 객체들을 모아 놓고 나서 그 후에는 변경할 수 없게 한 컬렉션으로, 쉼표로 구분된 객체로 구성된다.

```
In [31]: t1 =(a, b, st)   ❶

In [32]: t1   ❷
Out[32]: (3, 5.0, 'Python Trading')

In [33]: type(t1)
Out[33]: tuple

In [34]: t2 = st, b, a   ❸

In [35]: t2
Out[35]: ('Python Trading', 5.0, 3)
```

```
In [36]: type(t2)
Out[36]: tuple
```

❶ 괄호를 사용해 튜플 객체 하나를 생성한다.

❷ str 표현을 프린트해 낸다.

❸ 괄호 없이 튜플 객체 하나를 생성한다.

중첩 구조도 가능하다.

```
In [37]: t = (t1, t2)   ❶

In [38]: t
Out[38]: ((3, 5.0, 'Python Trading'), ('Python Trading', 5.0, 3))

In [39]: t[0][2]   ❷
Out[39]: 'Python Trading'
```

❶ 다른 두 개 객체로부터 튜플 객체를 생성한다.

❷ 첫 번째 객체의 세 번째 원소에 액세스한다.

리스트list 객체는 다른 객체들을 모은 후에 변경할 수 있게 한 컬렉션으로, 일반적으로 쉼표로 구분된 객체 컬렉션object collection(객체 모음)을 대괄호로 두르는 식으로 구성한다.

```
In [40]: l = [a, b, st]   ❶

In [41]: l
Out[41]: [3, 5.0, 'Python Trading']

In [42]: type(l)
Out[42]: list

In [43]: l.append(s.split()[3])   ❷

In [44]: l
Out[44]: [3, 5.0, 'Python Trading', 'Trading.']
```

❶ 대괄호를 사용해 리스트 객체를 생성한다.

❷ 새 원소(s의 최종 단어)를 리스트 객체에 추가한다.

정렬sorting은 리스트 객체에 대한 일반적인 연산으로, 리스트 생성자(여기서는 튜플 객체에 적용함)를 사용해 구성할 수도 있다:

```
In [45]: l = list(('Z', 'Q', 'D', 'J', 'E', 'H', '5.', 'a'))  ❶

In [46]: l
Out[46]: ['Z', 'Q', 'D', 'J', 'E', 'H', '5.', 'a']

In [47]: l.sort()  ❷

In [48]: l
Out[48]: ['5.', 'D', 'E', 'H', 'J', 'Q', 'Z', 'a']
```

❶ 튜플을 리스트 객체로 만든다.

❷ 모든 원소를 제자리에서 정렬한다(즉, 객체 자체를 변경함).

딕셔너리dictionary(사전) 객체, 즉 dict는 소위 키-값key-value 저장소라고도 부르며 일반적으로 중괄호
로 구성된다.

```
In [49]: d = {'int_obj': a, 'float_obj': b, 'string_obj': st}  ❶
In [50]: type(d)
Out[50]: dict

In [51]: d
Out[51]: {'int_obj': 3, 'float_obj': 5.0, 'string_obj': 'Python Trading'}

In [52]: d['float_obj']  ❷
Out[52]: 5.0

In [53]: d['int_obj_long'] = 10 ** 20  ❸

In [54]: d
Out[54]: {'int_obj': 3,
          'float_obj': 5.0,
          'string_obj': 'Python Trading',
          'int_obj_long': 100000000000000000000}

In [55]: d.keys()  ❹
Out[55]: dict_keys(['int_obj', 'float_obj', 'string_obj', 'int_obj_long'])

In [56]: d.values()  ❺
Out[56]: dict_values([3, 5.0, 'Python Trading', 100000000000000000000])
```

❶ 중괄호와 키-값 쌍을 사용해 딕셔너리 객체를 만든다.

❷ 주어진 키를 사용해 특정 값에 접근한다.

❸ 새 키-값 쌍을 추가한다.

❹ 모든 키를 표시한다.

❺ 모든 값을 표시한다.

제어 구조

반복iteration은 일반적으로 프로그래밍에서, 특히 금융 분석에서 매우 중요한 작업이다. 많은 파이썬 객체를 반복 처리할 수 있으므로 여러 가지 상황에서 다소 편리해질 수 있다. 특별한 반복자iterator 객체인 레인지range(범위)를 생각해 보자.

```
In [57]: range(5)   ❶
Out[57]: range(0, 5)

In [58]: range(3, 15, 2)   ❷
Out[58]: range(3, 15, 2)

In [59]: for i in range(5):   ❸
             print(i ** 2, end=' ')   ❹
         0 1 4 9 16
In [60]: for i in range(3, 15, 2):
             print(i, end=' ')
         3 5 7 9 11 13
In [61]: l = ['a', 'b', 'c', 'd', 'e']

In [62]: for _ in l:   ❺
             print(_)
         a
         b
         c
         d
         e

In [63]: s = 'Python Trading'
In [64]: for c in s:   ❻
             print(c + '|', end='')
         P|y|t|h|o|n| |T|r|a|d|i|n|g|
```

❶ 단일 파라미터가 지정된 객체(종료 값 + 1).

❷ 시작start, 종료end, 단계step라고 하는 파라미터 값들을 사용해 레인지 객체를 만든다.

❸ 레인지 객체를 반복해 가며 제곱한 값을 프린트한다.

❹ 시작, 종료, 단계라는 파라미터들을 사용해 레인지 객체를 반복해서 처리한다.

❺ 리스트 객체를 반복한다.

❻ 스트링 객체를 반복한다.

while 루프는 다른 언어에서 쓰는 방식과 비슷하게 쓰인다.

```
In [65]: i = 0   ❶
```

```
In [66]: while i < 5:   ❷
             print(i ** 0.5, end=' ')   ❸
             i += 1   ❹
         0.0 1.0 1.4142135623730951 1.7320508075688772 2.0
```

❶ 카운터 값을 0으로 설정한다.

❷ i의 값이 5보다 작으면...

❸ ...i의 제곱근을 프린트한다...

❹ ...i의 값을 1씩 늘린다.

파이썬 관용구

많은 곳에서 파이썬은 여러 가지 특별한 관용구에 의존한다. 상당한 인기를 끄는 **리스트 컴프리헨션** list comprehension(리스트 함축문)부터 시작하겠다.

```
In [67]: lc = [i ** 2 for i in range(10)]   ❶

In [68]: lc
Out[68]: [0, 1, 4, 9, 16, 25, 36, 49, 64, 81]

In [69]: type(lc) Out[69]: list
```

❶ 리스트 컴프리헨션 구문(대괄호로 묶인 for 루프)을 기반으로 새 리스트 객체를 만든다.

람다lambda, 즉 **익명 함수**anonymous functions라고 부르는 것은 여러 면에서 쓸모가 있다.

```
In [70]: f = lambda x: math.cos(x)   ❶

In [71]: f(5)   ❷
Out[71]: 0.2836621854632263

In [72]: list(map(lambda x: math.cos(x), range(10)))   ❸
Out[72]: [1.0,
         0.5403023058681398,
         -0.4161468365471424,
         -0.9899924966004454,
         -0.6536436208636119,
         0.2836621854632263,
         0.9601702866503661,
         0.7539022543433046,
         -0.14550003380861354,
         -0.9111302618846769]
```

❶ 람다 구문을 바탕으로 f라고 부르는 새 함수를 정의한다.

❷ 5의 값에 대해 f 함수를 평가한다.

❸ 함수 f를 레인지 객체의 모든 원소에 매핑하고 결과가 있는 리스트 객체를 만들어 프린트한다.

일반적으로, 어떤 사람은 다음과 같이 일반적인 파이썬 함수를 구성해서 일하기도 하는데, 이는 람다 함수와 반대이다.

```
In [73]: def f(x):  ❶
             return math.exp(x)  ❷

In [74]: f(5)
Out[74]: 148.4131591025766
In [75]: def f(*args):  ❸
             for arg in args:  ❹
                 print(arg)  ❺
             return None  ❻

In [76]: f(l)  ❼
         ['a', 'b', 'c', 'd', 'e']
```

❶ 일반 함수를 정의할 때는 def 문을 사용한다.

❷ return 문을 사용하면 실행/평가가 성공할 때 반환되는 내용을 정의한다. return 문 여러 개를 동시에 사용할 수 있다(예: 서로 다른 경우가 있을 때).

❸ ❸은 여러 인수를 반복 가능 객체로 전달되도록 허용한다(예: 리스트 객체).

❹ 인수들을 대상으로 반복한다.

❺ 모든 인수에 대해 무엇인가를 한다(여기서는 프린트하기).

❻ 무엇인가를 반환한다(여기서는 None을 반환하는데, 유효한 파이썬 함수에는 필요하지 않다).

❼ 리스트 객체인 l을 f 함수에 전달하는데, 이 함수는 l을 인수들의 리스트라고 해석한다.

if-elif-else 제어 구조에 따라 다른 값이나 문자열을 반환하는 다음 함수 정의를 생각해 보자.

```
In [77]: import random  ❶

In [78]: a = random.randint(0, 1000)  ❷

In [79]: print(f'Random number is {a}')  ❸
         Random number is 188

In [80]: def number_decide(number):
             if a < 10:  ❹
                 return "Number is single digit."
             elif 10 <= a < 100:  ❺
```

```
                return "Number is double digit."
        else:   ⑥
                return "Number is triple digit."

In [81]: number_decide(a)   ❼
Out[81]: 'Number is triple digit.'
```

❶ 난수를 얻기 위해 random 모듈을 가져온다.

❷ 0에서 1,000 사이의 임의의 정수를 얻는다.

❸ 얻은 값을 프린트한다.

❹ 한 자리 숫자를 확인하고 False인 경우 …

❺ … 두 자리 숫자를 확인한다. 또한 False라면 …

❻ … 남아 있는 유일한 경우는 세 자리 숫자인 경우다.

❼ 난수 값 a를 사용해 함수를 호출한다.

넘파이

계산금융computational finance의 많은 작업이 대규모 수치 데이터 배열에서 발생한다. 넘파이NumPy는 이러한 데이터 구조를 효율적으로 처리하고 운영할 수 있는 파이썬 패키지다. 풍부한 기능을 가진 패키지이며 상당히 강력하지만, 넘파이의 기본 사항 정도만 다루는 게 이 책의 목적에 들어 맞는다. 넘파이를 깔끔하게 설명하는 무료 온라인 책은 "From Python to NumPy"(https://www.labri.fr/perso/nrougier/from-python-to-numpy/)다. 다음에 나오는 여러 절에서 중요 부분을 많이 생략했는데, 이 책에서 이런 부분을 자세히 다루고 있다.

일반 ndarray 객체

넘파이의 ndarray 클래스야말로 넘파이의 핵심으로, n차원 배열 객체를 다루는 데 필요한 데이터 구조를 제공한다. 예를 들어, 리스트 객체로부터 ndarray 객체를 생성할 수 있다.

```
In [82]: import numpy as np   ❶

In [83]: a = np.array(range(24))   ❷

In [84]: a   ❸
Out[84]: array([ 0,  1,  2,  3,  4,  5,  6,  7,  8,  9, 10, 11, 12, 13, 14, 15, 16,
               17, 18, 19, 20, 21, 22, 23])

In [85]: b = a.reshape((4, 6))   ❹
```

```
In [86]: b ❺
Out[86]: array([[ 0,  1,  2,  3,  4,  5],
                [ 6,  7,  8,  9, 10, 11],
                [12, 13, 14, 15, 16, 17],
                [18, 19, 20, 21, 22, 23]])
In [87]: c = a.reshape((2, 3, 4)) ❻

In [88]: c ❼
Out[88]: array([[[ 0,  1,  2,  3],
                 [ 4,  5,  6,  7],
                 [ 8,  9, 10, 11]],

                [[12, 13, 14, 15],
                 [16, 17, 18, 19],
                 [20, 21, 22, 23]]])

In [89]: b = np.array(b, dtype=np.float) ❽

In [90]: b ❾
Out[90]: array([[ 0.,  1.,  2.,  3.,  4.,  5.],
                [ 6.,  7.,  8.,  9., 10., 11.],
                [12., 13., 14., 15., 16., 17.],
                [18., 19., 20., 21., 22., 23.]])
```

❶ 넘파이를 가져온 다음에는 관행적으로 np라는 이름을 붙인다.

❷ 레인지 객체에서 ndarray 객체를 인스턴스화한다. 예를 들어, np.arange를 사용할 수도 있다.

❸ 값을 프린트한다.

❹ 객체의 모양을 이차원 형태로 변경하고 …

❺ … 그리고 결과를 프린트한다.

❻ 객체의 모양을 3차원 형태로 변경하고 …

❼ … 그리고 결과를 프린트한다.

❽ 이것은 객체의 dtype을 np.float으로 변경하고…

❾ … (현재 부동소수점인) 숫자들의 새로운 집합을 보여준다.

많은 파이썬 데이터 구조는 아주 일반적으로 쓰이게 설계되었다. 예를 들어, 다양한 방법(원소를 추가하거나 제거하는 일, 그 밖의 복잡한 데이터 구조에 저장하는 일 등)으로 쉽게 다룰 수 있는 뮤터블(mutable, 가변, 변경 가능) 리스트 객체가 있다. 모든 원소가 동일한 원자적 형식이고 차례로 메모리에 차례로 연속 저장되게 하기보다는 전문화된 데이터 구조를 제공하는 게, 일반 ndarray 객체를 사용하는 넘파이의 전략이다. 이것은 ndarray 객체가 더 크거나 심지어 큰 숫자 데이터셋에서 작동할 때 같은 특정 구성에서 문제를 훨씬 더 잘 해결하게 한다. 넘파이의 경우, 이러한 전문화로 인해 한편으로는 프로그래머에게 편의성을 제공하면서, 또 다른 한편으로는 종종 속도를 높여 준다.

벡터화 연산

벡터화 연산vectorized operations이야말로 넘파이의 핵심 강점이다.

```
In [91]: 2 * b  ❶
Out[91]: array([[ 0.,  2.,  4.,  6., 8., 10.],
                [12., 14., 16., 18., 20., 22.],
                [24., 26., 28., 30., 32., 34.],
                [36., 38., 40., 42., 44., 46.]])

In [92]: b ** 2  ❷
Out[92]: array([[  0.,   1.,   4.,   9.,  16.,  25.],
                [ 36.,  49.,  64.,  81., 100., 121.],
                [144., 169., 196., 225., 256., 289.],
                [324., 361., 400., 441., 484., 529.]])

In [93]: f = lambda x: x ** 2 - 2 * x + 0.5  ❸

In [94]: f(a)  ❹
Out[94]: array([  0.5,  -0.5,   0.5,   3.5,   8.5,  15.5,  24.5,  35.5,  48.5,
               63.5,  80.5,  99.5, 120.5, 143.5, 168.5, 195.5, 224.5, 255.5,
              288.5, 323.5, 360.5, 399.5, 440.5, 483.5])
```

❶ 일차원 ndarray 객체(벡터)에 스칼라 곱을 구현한다.

❷ 벡터화된 방식으로 각 b의 제곱을 계산한다.

❸ 람다 생성자를 통해 f 함수를 정의한다.

❹ 벡터화를 사용해 f를 ndarray 객체인 a에 적용한다.

많은 시나리오에서 ndarray 객체에 저장된 데이터의(작은) 부분에만 관심을 둔다. 넘파이는 기본 슬라이싱slicing(잘라내기) 기능과 고급 슬라이싱 기능 및 그 밖의 선택selection 기능들을 모두 지원한다.

```
In [95]: a[2:6]  ❶
Out[95]: array([2, 3, 4, 5])

In [96]: b[2, 4]  ❷
Out[96]: 16.0

In [97]: b[1:3, 2:4]  ❸
Out[97]: array([[ 8.,  9.],
                [14., 15.]])
```

❶ 세 번째에서 여섯 번째 원소를 선택한다.

❷ 세 번째 행과 다섯 번째(최종) 행을 선택한다.

❸ b 객체에서 중간 사각형을 선택한다.

부울 연산

부울Boolean 연산은 여러 곳에서도 지원된다.

```
In [98]: b > 10    ❶
Out[98]: array([[False, False, False, False, False, False],
                [False, False, False, False, False, True],
                [True, True, True, True, True, True],
                [True, True, True, True, True, True]])

In [99]: b[b > 10]    ❷
Out[99]: array([11., 12., 13., 14., 15., 16., 17., 18., 19., 20., 21., 22., 23.])
```

❶ 10보다 큰 숫자는 무엇인가?

❷ 10보다 큰 모든 숫자를 반환한다.

ndarray 메서드 및 넘파이 함수

또한, ndarray 객체들에는 이미 내장된 여러 가지 (편의) 메서드가 있다.

```
In [100]: a.sum()    ❶
Out[100]: 276

In [101]: b.mean()    ❷
Out[101]: 11.5

In [102]: b.mean(axis=0)    ❸
Out[102]: array([ 9., 10., 11., 12., 13., 14.])

In [103]: b.mean(axis=1)    ❹
Out[103]: array([ 2.5, 8.5, 14.5, 20.5])

In [104]: c.std()    ❺
Out[104]: 6.922186552431729
```

❶ 모든 원소의 합계이다.

❷ 모든 원소의 평균이다.

❸ 첫 번째 축의 평균이다.

❹ 두 번째 축의 평균이다.

❺ 모든 원소에 대한 표준편차이다.

마찬가지로, 넘파이 패키지가 제공하는 소위 **보편 함수**universal function가 많이 있다. 그것들은 넘파이 ndarray 객체와 표준 파이썬 수치 데이터 형식에 모두 적용될 수 있다는 점에서 보편적이다.

자세한 내용을 알고 싶다면 넘파이의 Universal functions$_{ufunc}$ 페이지(https://numpy.org/doc/stable/reference/ufuncs.html)를 참고하자.

```
In [105]: np.sum(a)    ❶
Out[105]: 276

In [106]: np.mean(b, axis=0)    ❷
Out[106]: array([ 9., 10., 11., 12., 13., 14.])

In [107]: np.sin(b).round(2)    ❸
Out[107]: array([[ 0. , 0.84, 0.91, 0.14, -0.76, -0.96],
                 [-0.28, 0.66, 0.99, 0.41, -0.54, -1. ],
                 [-0.54, 0.42, 0.99, 0.65, -0.29, -0.96],
                 [-0.75, 0.15, 0.91, 0.84, -0.01, -0.85]])

In [108]: np.sin(4.5)    ❹
Out[108]: -0.977530117665097
```

❶ 모든 원소의 합계이다.

❷ 첫 번째 축의 평균이다.

❸ 두 자리로 반올림된 모든 원소의 사인 값이다.

❹ 파이썬 float 객체의 사인 값이다.

그러나 넘파이 보편 함수를 표준 파이썬 데이터 형식에 적용하면 일반적으로 성능상의 부담이 상당히 따른다는 점을 알고 있어야 한다.

```
In [109]: %time l = [np.sin(x) for x in range(1000000)]    ❶
          CPU times: user 1.21 s, sys: 22.9 ms, total: 1.24 s
          Wall time: 1.24 s

In [110]: %time l = [math.sin(x) for x in range(1000000)]    ❷
          CPU times: user 215 ms, sys: 22.9 ms, total: 238 ms
          Wall time: 239 ms
```

❶ 파이썬 float 객체들에서 넘파이의 보편 함수를 사용하는 리스트 컴프리헨션.

❷ 파이썬의 float 객체들에서 수학 함수를 사용하는 리스트 컴프리헨션.

반면에 ndarray 객체에서 넘파이의 벡터화된 연산을 사용하는 것은 리스트 객체를 생성하는 앞의 두 대안보다 빠르다. 속도 이점이 크긴 하지만, 심지어는 아주 큰 메모리 공간 비용을 유발하기도 한다.

```
In [111]: %time a = np.sin(np.arange(1000000))    ❶
          CPU times: user 20.7 ms, sys: 5.32 ms, total: 26 ms
          Wall time: 24.6 ms
```

```
In [112]: import sys  ❷

In [113]: sys.getsizeof(a)  ❸
Out[113]: 8000096

In [114]: a.nbytes  ❹
Out[114]: 8000000
```

❶ 일반적으로 순수 파이썬보다 훨씬 빠른 넘파이를 사용해 사인 값을 벡터화하여 계산한다.

❷ 많은 시스템 관련 함수들이 들어 있는 sys 모듈을 가져온다.

❸ 메모리에 있는 객체의 크기를 표시한다.

❹ 객체에 데이터를 저장하는 데 사용되는 바이트 수를 표시한다.

 벡터화는 때때로 파이썬 코드보다 훨씬 빠른 간결한 코드를 작성하는 데 매우 유용한 접근 방식이다. 그러나 벡터화가 금융과 관련된 많은 시나리오에서 가질 수 있는 메모리 풋프린트(memory footprint, 메모리 사용량)에 유의하자. 종종 메모리 효율이 높고 Numba나 Cython 같은 성능 중시 라이브러리를 사용해 더 빠르게 동작하도록 구현함으로써 대안으로 쓸 수 있게 한 알고리즘들이 있다. Hilpisch(2018, ch. 10)를 보자.

ndarray 만들기

여기에서 우리는 ndarray 객체 생성자인 np.arange()를 사용할 텐데, 이것은 ndarray 정수 객체를 산출한다. 다음은 간단한 예이다.

```
In [115]: ai = np.arange(10)  ❶

In [116]: ai  ❷
Out[116]: array([0, 1, 2, 3, 4, 5, 6, 7, 8, 9])

In [117]: ai.dtype  ❸
Out[117]: dtype('int64')

In [118]: af = np.arange(0.5, 9.5, 0.5)  ❹

In [119]: af  ❺
Out[119]: array([0.5, 1. , 1.5, 2. , 2.5, 3. , 3.5, 4. , 4.5, 5. , 5.5, 6. , 6.5,
                 7. , 7.5, 8. , 8.5, 9. ])

In [120]: af.dtype  ❻
Out[120]: dtype('float64')

In [121]: np.linspace(0, 10, 12)  ❼
Out[121]: array([ 0.        , 0.90909091, 1.81818182, 2.72727273, 3.63636364,
```

```
        4.54545455, 5.45454545, 6.36363636, 7.27272727, 8.18181818,
             9.09090909, 10.      ])
```

❶ np.arange() 생성자를 통해 ndarray 객체를 인스턴스화한다.

❷ 값을 프린트한다.

❸ 결과로 나오는 것의 dtype은 np.int64이다.

❹ 다시 arange()를 사용하지만 이번에는 시작(start), 종료(end), 단계(step) 파라미터를 사용한다.

❺ 값을 프린트해 낸다.

❻ 결과로 나온 dtype은 np.float64이다.

❼ linspace() 생성자를 사용해 0과 10 사이의 간격을 11개 구간이 되게 고르게 배치한 다음에 12개 값이 있는 ndarray 객체를 반환한다.

난수

금융 분석을 할 때는 종종 난수[1]가 필요하다. 넘파이는 다양한 분포로부터 표집sampling(표본추출, 샘플링)을 해낼 수 있는 다양한 함수들을 제공한다. 정량적 금융에서 정기적으로 필요한 것은 표준정규분포와 푸아송분포Poisson distribution다. 각 함수들은 하위 패키지인 numpy.random에 들어 있다.

```
In [122]: np.random.standard_normal(10)  ❶
Out[122]: array([-1.06384884, -0.22662171, 1.2615483 , -0.45626608, -1.23231112,
          -1.51309987, 1.23938439, 0.22411366, -0.84616512, -1.09923136])

In [123]: np.random.poisson(0.5, 10)  ❷
Out[123]: array([0, 1, 1, 0, 0, 1, 0, 0, 2, 0])

In [124]: np.random.seed(1000)  ❸

In [125]: data = np.random.standard_normal((5, 100))  ❹

In [126]: data[:, :3]  ❺
Out[126]: array([[-0.8044583 , 0.32093155, -0.02548288],
                 [-0.39031935, -0.58069634, 1.94898697],
                 [-1.11573322, -1.34477121, 0.75334374],
                 [ 0.42400699, -1.56680276, 0.76499895],
                 [-1.74866738, -0.06913021, 1.52621653]])

In [127]: data.mean()  ❻
Out[127]: -0.02714981205311327

In [128]: data.std()  ❼
Out[128]: 1.0016799134894265
```

---
1   컴퓨터는 실제 난수(진성난수)처럼 보이게 하는 유사난수(pseudo-random numbers)만 생성할 수 있다.

```
In [129]: data = data - data.mean()  ❽

In [130]: data.mean()  ❾
Out[130]: 3.552713678800501e-18

In [131]: data = data / data.std()  ❿

In [132]: data.std()  ⓫
Out[132]: 1.0
```

❶ 열 개의 표준정규분포 난수를 그린다.

❷ 열 개의 푸아송분포 난수를 그린다.

❸ 반복성을 위해 난수 생성기의 시드 값을 수정한다.

❹ 난수로 이차원 ndarray 객체를 생성한다.

❺ 숫자들 중에 몇 가지만 프린트한다.

❻ 모든 값의 평균은 0에 가깝지만 정확히 0인 것은 아니다.

❼ 표준편차는 1에 가깝지만 정확히 1인 것은 아니다.

❽ 일차 적률first moment(일차 모멘트, 즉 평균)은 벡터화된 방식으로 수정된다.

❾ 이제 평균은 0과 '거의 같음'이다.

❿ 이차 적률second moment(이차 모멘트, 즉 분산)은 벡터화된 방식으로 수정된다.

⓫ 표준편차는 이제 정확히 1이다.

맷플롯립

이 시점에서 파이썬 생태계의 시각화 도구인 맷플롯립matplotlib을 사용해 그려 보는 게 합리적일 것이다. 우리는 다른 라이브러리, 즉 씨본seaborn(http://seaborn.pydata.org/)을 구성해 맷플롯립과 함께 사용한다. 맷플롯립에서 씨본을 함께 사용하면 그림을 더 멋지게 그릴 수 있다. 다음 코드는 그림 A-1을 생성한다.

```
In [133]: import matplotlib.pyplot as plt  ❶

In [134]: plt.style.use('seaborn')  ❷

In [135]: import matplotlib as mpl  ❸

In [136]: mpl.rcParams['savefig.dpi'] = 300  ❹
          mpl.rcParams['font.family'] = 'serif'  ❹
          %matplotlib inline
```

```
In [137]: data = np.random.standard_normal((5, 100))  ❺

In [138]: plt.figure(figsize=(10, 6))  ❻
          plt.plot(data.cumsum())  ❼
Out[138]: [<matplotlib.lines.Line2D at 0x7faceaaeed30>]
```

❶ 핵심 그리plotting 라이브러리를 가져온다.

❷ 새 그리기 방식의 기본값을 구성한다.

❸ 최상위 모듈을 가져온다.

❹ 해상도를 300 DPI(저장용)로 설정하고 글꼴을 세리프serif(장식 있음)로 설정한다.

❺ 난수들을 사용해서 ndarray 객체를 생성한다.

❻ 새 figure 객체를 인스턴스화한다.

❼ 먼저 ndarray 객체의 모든 원소에 대한 누적 합계를 계산한 다음에 그 결과 내용을 그려 낸다.

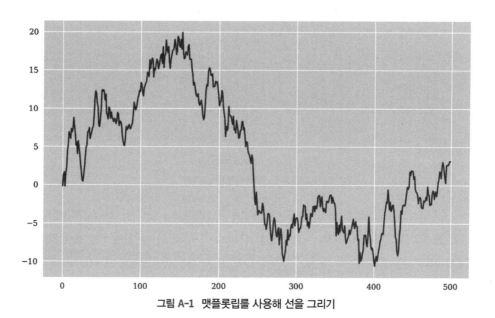

그림 A-1 맷플롯립를 사용해 선을 그리기

하나의 figure 객체에서 선이 여러 개인 그림도 쉽게 그려 낼 수 있다(그림 A-2를 참고하자).

```
In [139]: plt.figure(figsize=(10, 6));  ❶
          plt.plot(data.T.cumsum(axis=0), label='line')  ❷
          plt.legend(loc=0);  ❸
          plt.xlabel('data point')  ❹
          plt.ylabel('value');  ❺
          plt.title('random series');  ❻
```

❶ 새 figure 객체를 인스턴스화하고 크기를 정의한다.

❷ 첫 번째 축을 따라 누적 합계를 계산하여 선을 다섯 개 그린 다음에 레이블을 정의한다.

❸ 범례를 최적의 위치에 놓는다(loc = 0).

❹ x축에 레이블을 추가한다.

❺ y축에 레이블을 추가한다.

❻ 그림에 제목을 추가한다.

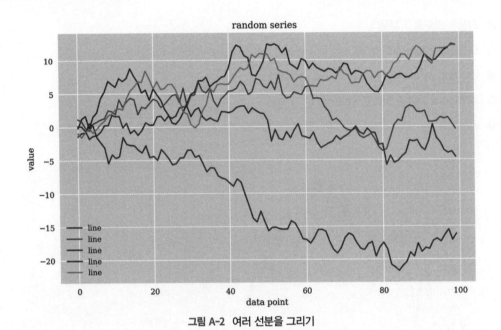

그림 A-2 여러 선분을 그리기

그 밖의 중요한 그림 모양으로는 히스토그램과 막대 차트가 있다. 데이터 객체의 500개 값 모두에 대한 히스토그램은 그림 A-3과 같다. 코드에서 `.flatten()` 메서드는 이차원 배열에서 일차원 배열을 생성하는 데 사용된다.

```
In [140]: plt.figure(figsize=(10, 6))
          plt.hist(data.flatten(), bins=30);   ❶
```

❶ 30개의 빈bin(데이터를 넣는 통, 데이터를 넣는 자리), 즉 데이터 그룹으로 히스토그램을 그려 낸다.

마지막으로 다음 코드에 의해 생성된 그림 A-4에 표시된 막대 차트를 생각해 보자.

```
In [141]: plt.figure(figsize=(10, 6))
          plt.bar(np.arange(1, 12) - 0.25,
                  data[0, :11], width=0.5);   ❶
```

❶ 원래 데이터 집합 중에 작은 부분집합을 사용해 막대 차트를 그려 낸다.

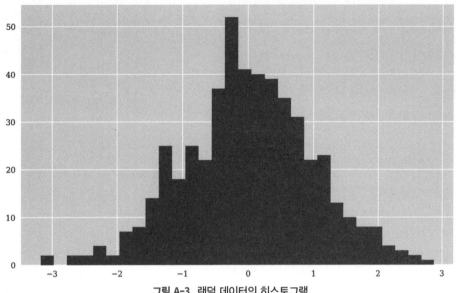

그림 A-3 랜덤 데이터의 히스토그램

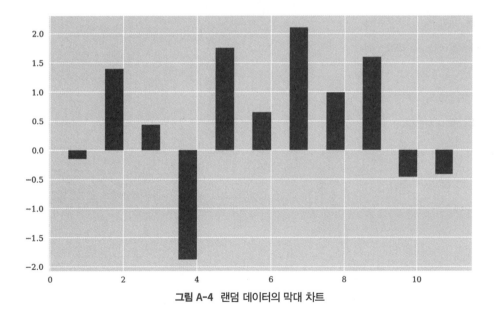

그림 A-4 랜덤 데이터의 막대 차트

맷플롯립의 소개를 마치면서 그림 A-5에 표시된 모의 데이터의 최소제곱법ordinary least squares, OLS 회귀를 생각해 보자. NumPy는 간단한 단항식인 x, x^2, x^3, ..., x^n 등을 기반으로 OLS를 구현하는 데쓸 수 있게 polyfit 과 polyval이라는 두 가지 편의 함수를 제공한다. 설명하기 좋게 1차(선형), 3차, 9차 OLS 회귀를 생각해 보자(그림 A-5를 참고하자).

```
In [142]: x = np.arange(len(data.cumsum()))  ❶

In [143]: y = 0.2 * data.cumsum() ** 2  ❷

In [144]: rg1 = np.polyfit(x, y, 1)  ❸

In [145]: rg3 = np.polyfit(x, y, 3)  ❹

In [146]: rg9 = np.polyfit(x, y, 9)  ❺

In [147]: plt.figure(figsize=(10, 6))  ❻
          plt.plot(x, y, 'r', label='data')  ❼
          plt.plot(x, np.polyval(rg1, x), 'b--', label='linear')  ❽
          plt.plot(x, np.polyval(rg3, x), 'b-.', label='cubic')  ❽
          plt.plot(x, np.polyval(rg9, x), 'b:', label='9th degree')  ❽
          plt.legend(loc=0);  ❾
```

❶ xvalue에 대한 ndarray 객체를 만든다.

❷ y 값을 데이터 객체의 누적 합계로 정의한다.

❸ 1차 회귀(선형).

❹ 3차 회귀.

❺ 9차 회귀.

❻ 새로운 figure 객체.

❼ 기준 데이터다.

❽ 회귀 결과가 시각화되었다.

❾ 범례를 배치한다.

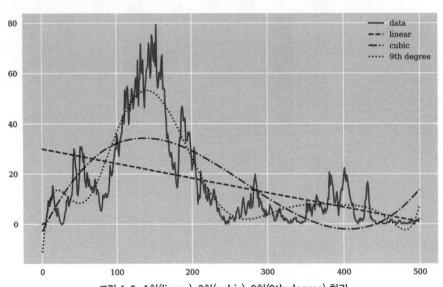

그림 A-5 1차(linear), 3차(cubic), 9차(9th degree) 회귀

판다스

판다스pandas(팬더스)는 시계열 데이터 및 그 밖의 테이블table(표) 형식 데이터 구조를 효율적으로 관리하고 운영할 수 있는 패키지다. 이를 통해 메모리 안에 들어 있는 매우 큰 데이터셋을 가지고 데이터 분석 작업을 정교하게 할 수 있다. 메모리 내in-memory(인메모리) 연산들에 초점을 맞추고 있지만 메모리 외out-of-memory, 즉 디스크에서 하는 연산을 위한 여러 옵션도 있다. 판다스는 강력한 클래스에 포함된 다양한 데이터 구조를 제공하지만 가장 일반적으로 사용되는 구조는 관계형(SQL) 데이터베이스에 쓰이는 일반적인 테이블과 유사하며, 금융 시간 계열 데이터 등을 관리하는 데 사용되는 DataFrame 클래스다. 이것이 우리가 이번 절에서 집중하려고 하는 주제다.

DataFrame 클래스

가장 기본적인 형식이라는 측면에서 볼 때 DataFrame 객체는 인덱스, 열 이름 및 테이블 형식 데이터로 특징지어진다. 이를 더 구체적으로 만들려면 다음 모의 데이터셋을 생각해 보자.

```
In [148]: import pandas as pd  ❶

In [149]: np.random.seed(1000)  ❷

In [150]: raw = np.random.standard_normal((10, 3)).cumsum(axis=0)  ❸

In [151]: index = pd.date_range('2022-1-1', periods=len(raw), freq='M')  ❹
In [152]: columns = ['no1', 'no2', 'no3']  ❺

In [153]: df = pd.DataFrame(raw, index=index, columns=columns)  ❻

In [154]: df  ❼
Out[154]:                  no1        no2        no3
          2022-01-31 -0.804458   0.320932  -0.025483
          2022-02-28 -0.160134   0.020135   0.363992
          2022-03-31 -0.267572  -0.459848   0.959027
          2022-04-30 -0.732239   0.207433   0.152912
          2022-05-31 -1.928309  -0.198527  -0.029466
          2022-06-30 -1.825116  -0.336949   0.676227
          2022-07-31 -0.553321  -1.323696   0.341391
          2022-08-31 -0.652803  -0.916504   1.260779
          2022-09-30 -0.340685   0.616657   0.710605
          2022-10-31 -0.723832  -0.206284   2.310688
```

❶ pandas 패키지를 가져온다.

❷ 넘파이가 제공하는 난수 생성기의 시드 값을 수정한다.

❸ 난수로 ndarray 객체를 만든다.

❹ 일부 날짜들을 사용해 DatetimeIndex 객체를 정의한다.

❺ 열 이름(레이블)을 포함하는 리스트 객체를 정의한다.

❻ DataFrame 객체를 인스턴스화한다.

❼ 새 객체의 str(HTML) 표현을 보여준다.

DataFrame 객체는 다양한 기본, 고급, 편의 메서드들을 내장하고 있으며 그중 몇 가지는 다음 파이썬 코드에 설명되어 있다.

```
In [155]: df.head()  ❶
Out[155]:                  no1       no2       no3
          2022-01-31 -0.804458  0.320932 -0.025483
          2022-02-28 -0.160134  0.020135  0.363992
          2022-03-31 -0.267572 -0.459848  0.959027
          2022-04-30 -0.732239  0.207433  0.152912
          2022-05-31 -1.928309 -0.198527 -0.029466

In [156]: df.tail()  ❷
Out[156]:                  no1       no2       no3
          2022-06-30 -1.825116 -0.336949  0.676227
          2022-07-31 -0.553321 -1.323696  0.341391
          2022-08-31 -0.652803 -0.916504  1.260779
          2022-09-30 -0.340685  0.616657  0.710605
          2022-10-31 -0.723832 -0.206284  2.310688

In [157]: df.index  ❸
Out[157]: DatetimeIndex(['2022-01-31', '2022-02-28', '2022-03-31', '2022-04-30',
          '2022-05-31', '2022-06-30', '2022-07-31', '2022-08-31',
                          '2022-09-30', '2022-10-31'],
                        dtype='datetime64[ns]', freq='M')

In [158]: df.columns  ❹
Out[158]: Index(['no1', 'no2', 'no3'], dtype='object')

In [159]: df.info()  ❺
          <class 'pandas.core.frame.DataFrame'>
          DatetimeIndex: 10 entries, 2022-01-31 to 2022-10-31 Freq: M
          Data columns (total 3 columns):
           #   Column  Non-Null Count  Dtype
          ---  ------  --------------  -----
           0   no1     10 non-null     float64
           1   no2     10 non-null     float64
           2   no3     10 non-null     float64
          dtypes: float64(3)
          memory usage: 320.0 bytes

In [160]: df.describe()  ❻
Out[160]:             no1        no2        no3
          count  10.000000  10.000000  10.000000
          mean   -0.798847  -0.227665   0.672067
          std     0.607430   0.578071   0.712430
```

```
min   -1.928309  -1.323696  -0.029466
25%   -0.786404  -0.429123   0.200031
50%   -0.688317  -0.202406   0.520109
75%   -0.393844   0.160609   0.896922
max   -0.160134   0.616657   2.310688
```

❶ 처음에 나오는 5개 데이터 행을 표시한다.

❷ 마지막으로 나오는 5개 데이터 행을 표시한다.

❸ 객체의 index 속성을 프린트한다.

❹ 객체의 column 속성을 프린트한다.

❺ 객체에 대한 일부 메타 데이터를 표시한다.

❻ 데이터에 대한 선택적 요약 통계량을 제공한다.

 넘파이는 다차원 배열(일반적으로 숫자 데이터 포함)용 특수 데이터 구조를 제공하는 반면에, 판다스는 DataFrame 클래스를 사용해 테이블 형식(이차원) 데이터 처리를 한 단계 더 전문화할 수 있게 해준다. 특히 판다스는 후속 예제에서 알 수 있듯이 금융 시계열 데이터를 처리할 때 강력한 힘을 발휘한다.

수치 연산

일반적으로 넘파이의 ndarray 객체들을 사용해서도 수치 연산numerical operations을 할 수 있지만, DataFrame 객체를 사용해서도 쉽게 할 수 있다. 구문도 아주 비슷하다.

```
In [161]: print(df * 2)  ❶
                       no1        no2        no3
          2022-01-31 -1.608917   0.641863  -0.050966
          2022-02-28 -0.320269   0.040270   0.727983
          2022-03-31 -0.535144  -0.919696   1.918054
          2022-04-30 -1.464479   0.414866   0.305823
          2022-05-31 -3.856618  -0.397054  -0.058932
          2022-06-30 -3.650232  -0.673898   1.352453
          2022-07-31 -1.106642  -2.647393   0.682782
          2022-08-31 -1.305605  -1.833009   2.521557
          2022-09-30 -0.681369   1.233314   1.421210
          2022-10-31 -1.447664  -0.412568   4.621376

In [162]: df.std()  ❷
Out[162]: no1    0.607430
          no2    0.578071
          no3    0.712430
          dtype: float64

In [163]: df.mean()  ❸
Out[163]: no1   -0.798847
          no2   -0.227665
```

```
           no3    0.672067
           dtype: float64

In [164]: df.mean(axis=1)  ❹
Out[164]: 2022-01-31   -0.169670
           2022-02-28    0.074664
           2022-03-31    0.077202
           2022-04-30   -0.123965
           2022-05-31   -0.718767
           2022-06-30   -0.495280
           2022-07-31   -0.511875
           2022-08-31   -0.102843
           2022-09-30    0.328859
           2022-10-31    0.460191
           Freq: M, dtype: float64

In [165]: np.mean(df)  ❺
Out[165]: no1   -0.798847
           no2   -0.227665
           no3    0.672067
           dtype: float64
```

❶ 모든 원소의 스칼라(벡터화한) 곱셈.

❷ 열 단위로 표준편차를 계산하고 ...

❸ ... 그리고 평균 값. DataFrame 객체를 사용하면 열 단위 연산이 기본이다.

❹ 인덱스 값별로(즉, 행 단위로) 평균값을 계산한다.

❺ 넘파이의 기능을 DataFrame 객체에 적용한다.

데이터 선택

다양한 메커니즘을 통해 데이터를 이루는 조각들을 조회해 낼 수 있다.

```
In [166]: df['no2']  ❶
Out[166]: 2022-01-31    0.320932
           2022-02-28    0.020135
           2022-03-31   -0.459848
           2022-04-30    0.207433
           2022-05-31   -0.198527
           2022-06-30   -0.336949
           2022-07-31   -1.323696
           2022-08-31   -0.916504
           2022-09-30    0.616657
           2022-10-31   -0.206284
           Freq: M, Name: no2, dtype: float64

In [167]: df.iloc[0]  ❷
Out[167]: no1   -0.804458
```

```
            no2     0.320932
            no3    -0.025483
            Name: 2022-01-31 00:00:00, dtype: float64

In [168]: df.iloc[2:4]  ❸
Out[168]:                 no1       no2       no3
            2022-03-31 -0.267572 -0.459848  0.959027
            2022-04-30 -0.732239  0.207433  0.152912

In [169]: df.iloc[2:4, 1]  ❹
Out[169]: 2022-03-31   -0.459848
            2022-04-30    0.207433
            Freq: M, Name: no2, dtype: float64

In [170]: df.no3.iloc[3:7]  ❺
Out[170]: 2022-04-30    0.152912
            2022-05-31   -0.029466
            2022-06-30    0.676227
            2022-07-31    0.341391
            Freq: M, Name: no3, dtype: float64

In [171]: df.loc['2022-3-31']  ❻
Out[171]: no1   -0.267572
            no2   -0.459848
            no3    0.959027
            Name: 2022-03-31 00:00:00, dtype: float64

In [172]: df.loc['2022-5-31', 'no3']  ❼
Out[172]: -0.02946577492329111

In [173]: df['no1'] + 3 * df['no3']  ❽
Out[173]: 2022-01-31   -0.880907
            2022-02-28    0.931841
            2022-03-31    2.609510
            2022-04-30   -0.273505
            2022-05-31   -2.016706
            2022-06-30    0.203564
            2022-07-31    0.470852
            2022-08-31    3.129533
            2022-09-30    1.791130
            2022-10-31    6.208233
            Freq: M, dtype: float64
```

❶ 이름을 사용해 어떤 열을 선택한다.

❷ 인덱스 위치로 한 행을 선택한다.

❸ 인덱스 위치로 두 행을 선택한다.

❹ 인덱스 위치별로 한 열로부터 2개 행 값을 선택한다.

❺ 점 조회 구문을 사용해 열을 선택한다.

⑥ 인덱스 값으로 행을 선택한다.

⑦ 인덱스 값과 열 이름으로 단일 데이터 점을 선택한다.

⑧ 벡터화된 산술 연산을 구현한다.

부울 연산

부울 연산Boolean operations을 기반으로 데이터를 선택할 수 있다는 점도 판다스의 강점이다.

```
In [174]: df['no3'] > 0.5  ❶
Out[174]: 2022-01-31    False
          2022-02-28    False
          2022-03-31     True
          2022-04-30    False
          2022-05-31    False
          2022-06-30     True
          2022-07-31    False
          2022-08-31     True
          2022-09-30     True
          2022-10-31     True
          Freq: M, Name: no3, dtype: bool

In [175]: df[df['no3'] > 0.5]  ❷
Out[175]:                 no1       no2       no3
          2022-03-31 -0.267572 -0.459848  0.959027
          2022-06-30 -1.825116 -0.336949  0.676227
          2022-08-31 -0.652803 -0.916504  1.260779
          2022-09-30 -0.340685  0.616657  0.710605
          2022-10-31 -0.723832 -0.206284  2.310688

In [176]: df[(df.no3 > 0.5) & (df.no2 > -0.25)]  ❸
Out[176]:                 no1       no2       no3
          2022-09-30 -0.340685  0.616657  0.710605
          2022-10-31 -0.723832 -0.206284  2.310688

In [177]: df[df.index > '2022-5-15']  ❹
Out[177]:                 no1       no2       no3
          2022-05-31 -1.928309 -0.198527 -0.029466
          2022-06-30 -1.825116 -0.336949  0.676227
          2022-07-31 -0.553321 -1.323696  0.341391
          2022-08-31 -0.652803 -0.916504  1.260779
          2022-09-30 -0.340685  0.616657  0.710605
          2022-10-31 -0.723832 -0.206284  2.310688

In [178]: df.query('no2 > 0.1')  ❺
Out[178]:                 no1       no2       no3
          2022-01-31 -0.804458  0.320932 -0.025483
          2022-04-30 -0.732239  0.207433  0.152912
          2022-09-30 -0.340685  0.616657  0.710605
```

```
In [179]: a = -0.5    ❺

In [180]: df.query('no1 > @a')    ❺
Out[180]:                 no1        no2       no3
          2022-02-28 -0.160134  0.020135  0.363992
          2022-03-31 -0.267572 -0.459848  0.959027
          2022-09-30 -0.340685  0.616657  0.710605
```

❶ 3번 열에 속한 값들 중에서 0.5보다 큰 것은 무엇인가?

❷ 조건이 True인 모든 행을 선택하자.

❸ 두 가지 조건을 &(비트곱) 연산자나 |(비트합) 연산자로 결합한다.

❹ 인덱스 값이 '2020-5-15'보다 큰(나중에) 모든 행을 선택한다(여기서는 str 객체 정렬 기준).

❺ .query() 메서드를 사용해 조건이 주어진 행을 str 객체들로 선택한다.

판다스를 사용해 그림을 그리기

판다스는 맷플롯립이라는 시각화 패키지와 잘 통합되어 DataFrame 객체에 저장된 데이터를 편리하게 그려낼 수 있게 한다. 일반적으로 메서드를 한 번 호출하면 여러 가지 기교가 행해진다(그림 A-6을 참고하자).

```
In [181]: df.plot(figsize=(10, 6));    ❶
```

❶ 데이터를 선 그림(열 단위)으로 그리고 그림의 크기를 고정한다.

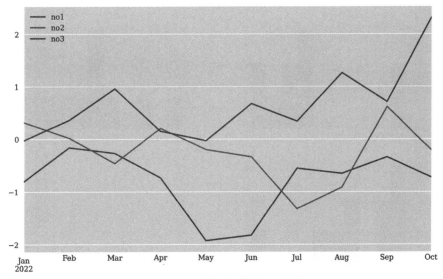

그림 A-6 판다스를 사용해 그린 선

판다스는 인덱스 값(이번 경우에는 날짜)들의 적절한 포맷을 관리한다. 이러한 관리 기능은 DatetimeIndex에 대해서만 제대로 작동한다. 일자-시간 정보를 str 객체들로만 사용할 수 있는 경우에 DatetimeIndex() 생성자를 사용해 일자-시간 정보를 쉽게 변환할 수 있다.

```
In [182]: index = ['2022-01-31', '2022-02-28', '2022-03-31', '2022-04-30',
                    '2022-05-31', '2022-06-30', '2022-07-31', '2022-08-31',
                    '2022-09-30', '2022-10-31']  ❶

In [183]: pd.DatetimeIndex(df.index)  ❷
Out[183]: DatetimeIndex(['2022-01-31', '2022-02-28', '2022-03-31', '2022-04-30',
                         '2022-05-31', '2022-06-30', '2022-07-31', '2022-08-31',
                         '2022-09-30', '2022-10-31'],
                        dtype='datetime64[ns]', freq='M')
```

❶ str 객체들의 리스트 객체로서의 일자-시간date-time 인덱스 데이터.

❷ 리스트 객체에서 DatetimeIndex 객체를 생성한다.

히스토그램도 이런 방식으로 생성된다. 판다스는 두 경우에 모두 단일 열을 처리하는 일을 관리하면서 자동으로 단일 선(각 범례 항목 포함, 그림 A-6를 참고하자)을 생성하고, 세 가지 다른 히스토그램을 사용해 각 하위 그림을 그려 낸다(그림 A-7를 참고하자).

```
In [184]: df.hist(figsize=(10, 6));  ❶
```

❶ 각 열에 대한 히스토그램을 생성한다.

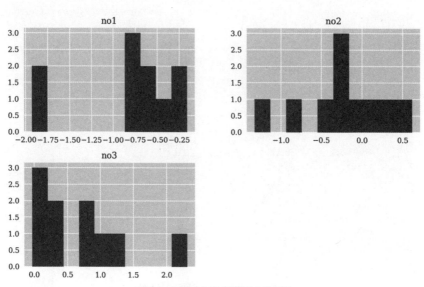

그림 A-7 판다스로 그린 히스토그램

입력-출력 연산

판다스의 또 다른 강점은 다양한 데이터 저장 포맷에 맞춰 데이터를 내보낼 수도 있고 가져올 수 있다는 점이다(3장을 참고하자). 쉼표 구분 값(CSV) 파일인 경우를 생각해 보자.

```
In [185]: df.to_csv('data.csv')  ❶

In [186]: with open('data.csv') as f:
              for line in f.readlines():
                  print(line, end='')  ❷
          ,no1,no2,no3
          2022-01-31,-0.8044583035248052,0.3209315470898572,-0.025482880472072204
          2022-02-28,-0.16013447509799061,0.020134874302836725,0.363991673815235
          2022-03-31,-0.26757177678888727,-0.4598482010579319,0.9590271758917923
          2022-04-30,-0.7322393029842283,0.2074331059300848,0.15291156544935125
          2022-05-31,-1.9283091368170622,-0.19852705542997268,-0.02946577492329111
          2022-06-30,-1.8251162427820806,-0.33694044401573555,0.6762266000356951
          2022-07-31,-0.5533209663746153,-1.3236963728130973,0.34139114682415433
          2022-08-31,-0.6528026643843922,-0.9165042724715742,1.2607786860286034
          2022-09-30,-0.34068465431802875,0.6166567928863607,0.7106048210003031
          2022-10-31,-0.7238320652023266,-0.20628417055270565,2.310688189060956

In [187]: from_csv = pd.read_csv('data.csv',  ❸
                                 index_col=0,  ❹
                                 parse_dates=True)  ❺

In [188]: from_csv.head()  #  ❻
Out[188]:                 no1       no2       no3
          2022-01-31 -0.804458  0.320932 -0.025483
          2022-02-28 -0.160134  0.020135  0.363992
          2022-03-31 -0.267572 -0.459848  0.959027
          2022-04-30 -0.732239  0.207433  0.152912
          2022-05-31 -1.928309 -0.198527 -0.029466
```

❶ 데이터를 CSV 파일로 디스크에 써넣는다.

❷ 해당 파일을 열고 내용을 한 줄씩 프린트한다.

❸ CSV 파일에 저장된 데이터를 새 DataFrame 객체로 읽어온다.

❹ index 열이 될 첫 번째 열을 정의한다.

❺ 인덱스 열의 일자-시간 정보는 Timestamp(시각 소인) 객체로 변환된다.

❻ 새 DataFrame 객체의 처음 5개 행을 프린트한다.

그러나 일반적으로 DataFrame 객체를 HDF5(https://www.hdfgroup.org/)처럼 더 효율적인 이진 형식에 맞춰 디스크에 저장한다. 이번 경우에 판다스는 PyTables 패키지(http://www.pytables.org/)의 기능을 래핑한다. 사용되는 생성자 함수는 HDFStore이다.

```
In [189]: h5 = pd.HDFStore('data.h5', 'w')   ❶

In [190]: h5['df'] = df   ❷

In [191]: h5   ❸
Out[191]: <class 'pandas.io.pytables.HDFStore'> File path: data.h5

In [192]: from_h5 = h5['df']   ❹

In [193]: h5.close()   ❺

In [194]: from_h5.tail()   ❻
Out[194]:                  no1       no2       no3
          2022-06-30 -1.825116 -0.336949  0.676227
          2022-07-31 -0.553321 -1.323696  0.341391
          2022-08-31 -0.652803 -0.916504  1.260779
          2022-09-30 -0.340685  0.616657  0.710605
          2022-10-31 -0.723832 -0.206284  2.310688

In [195]: !rm data.csv data.h5   ❼
```

❶ HDFStore 객체를 연다.[2]

❷ HDFStore에 DataFrame 객체(즉, 데이터)를 써넣는다.

❸ 데이터베이스 파일의 구조/내용을 표시한다.

❹ 새 DataFrame 객체로 데이터를 읽는다.

❺ HDFStore 객체를 닫는다.

❻ 새 DataFrame 객체의 마지막 5개 행을 표시한다.

❼ CSV 및 HDF5 파일을 제거한다.

사례 연구

금융 데이터와 관련하여 판다스 패키지에서 사용할 수 있는 유용한 데이터 가져오기_{importing} 함수들이 있다(3장을 참고하자). 다음 코드는 pd.read_csv() 함수를 사용해 원격 서버에 저장된 CSV 파일에서 S&P 500 지수 및 VIX 변동성 지수에 대한 과거 일일 데이터를 읽어온다.

```
In [196]: raw = pd.read_csv('http://hilpisch.com/pyalgo_eikon_eod_data.csv',
                            index_col=0, parse_dates=True).dropna()   ❶

In [197]: spx = pd.DataFrame(raw['.SPX'])   ❷
```

---

2   <u>옮긴이</u> 이 코드 줄에 보이는 data.h5는 앞서 나왔던 data.csv와 확장자만 다르다. 즉, 앞서 나온 data.csv가 HDF5 포맷으로 저장되어
    있을 때(이런 경우에 확장자는 .h5가 된다) 어떻게 읽어들일 것인지를 예로 보여 주는 코드인 것이다.

```
In [198]: spx.info()  ❸
          <class 'pandas.core.frame.DataFrame'>
          DatetimeIndex: 2516 entries, 2010-01-04 to 2019-12-31
          Data columns (total 1 columns):
           #   Column  Non-Null Count  Dtype
          ---  ------  --------------  -----
           0   .SPX    2516 non-null   float64
          dtypes: float64(1)
          memory usage: 39.3 KB

In [199]: vix = pd.DataFrame(raw['.VIX'])  ❹

In [200]: vix.info()  ❺
          <class 'pandas.core.frame.DataFrame'>
          DatetimeIndex: 2516 entries, 2010-01-04 to 2019-12-31
          Data columns (total 1 columns):
           #   Column  Non-Null Count  Dtype
          ---  ------  --------------  -----
           0   .VIX    2516 non-null   float64
          dtypes: float64(1)
          memory usage: 39.3 KB
```

❶ pandas 패키지를 가져온다.

❶ CSV 파일(Refinitiv Eikon Data API의 데이터)에서 S&P 500 주가 지수에 대한 과거 데이터를 읽는다.

❶ 결과로 나온 DataFrame 객체에 대한 메타 정보를 표시한다.

❶ VIX 변동성 지수에 대한 과거 데이터를 읽는다.

❶ 결과로 나온 DataFrame 객체에 대한 메타 정보를 표시한다.

각 Close 열들을 단일 DataFrame 객체로 결합해 보겠다. 이 목표를 달성하는 방법은 여러 가지다.

```
In [201]: spxvix = pd.DataFrame(spx).join(vix)  ❶

In [202]: spxvix.info()
          <class 'pandas.core.frame.DataFrame'>
          DatetimeIndex: 2516 entries, 2010-01-04 to 2019-12-31
          Data columns (total 2 columns):
           #   Column  Non-Null Count  Dtype
          ---  ------  --------------  -----
           0   .SPX    2516 non-null   float64
           1   .VIX    2516 non-null   float64
          dtypes: float64(2)
          memory usage: 139.0 KB

In [203]: spxvix = pd.merge(spx, vix,
                            left_index=True,  # 왼쪽 인덱스 상에 병합한다.
                            right_index=True,  # 오른쪽 인덱스 상에 병합한다.
                            )  ❷
```

```
In [204]: spxvix.info()
          <class 'pandas.core.frame.DataFrame'>
          DatetimeIndex: 2516 entries, 2010-01-04 to 2019-12-31
          Data columns (total 2 columns):
           #   Column  Non-Null Count  Dtype
          ---  ------  --------------  -----
           0   .SPX    2516 non-null   float64
           1   .VIX    2516 non-null   float64
          dtypes: float64(2)
          memory usage: 139.0 KB

In [205]: spxvix = pd.DataFrame({'SPX': spx['.SPX'],
                                 'VIX': vix['.VIX']},
                                index=spx.index)   ❸

In [206]: spxvix.info()
          <class 'pandas.core.frame.DataFrame'>
          DatetimeIndex: 2516 entries, 2010-01-04 to 2019-12-31
          Data columns (total 2 columns):
           #   Column  Non-Null Count  Dtype
          ---  ------  --------------  -----
           0   SPX     2516 non-null   float64
           1   VIX     2516 non-null   float64
          dtypes: float64(2)
          memory usage: 139.0 KB
```

❶ join 메서드를 사용해 관련 데이터의 부분집합들을 조합한다.

❷ 조합을 할 때는 merge 함수를 사용한다.

❸ DataFrame 생성자를 dict 객체와 함께 입력으로 사용한다.

단일 객체에서 조합한 데이터를 사용할 수 있으므로 더 간단하게 시각적으로 분석할 수 있다(그림 A-8를 참고하자).

```
In [207]: spxvix.plot(figsize=(10, 6), subplots=True);   ❶
```

❶ 데이터 부분집합 두 가지를 따로따로 하위 그림sub-plot(부분 그림)으로 그려 낸다.

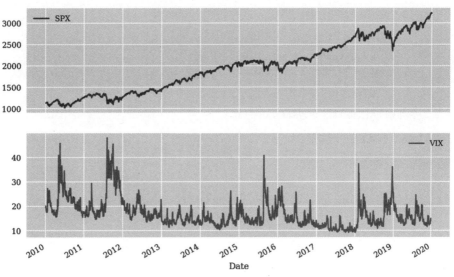

그림 A-8 S&P 500 및 VIX의 과거 일말 종가

또한 판다스는 전체 DataFrame 객체에 대해 벡터화된 작업을 허용한다. 다음 코드는 벡터화된 방식으로 spxvix 객체의 두 열에 대한 로그 수익들을 동시에 계산한다. shift 메서드는 해당되는 경우에 지수 값들의 개수만큼 데이터 집합의 자리를 옮긴다(이 특별한 경우에는 거래일 기준).

```
In [208]: rets = np.log(spxvix / spxvix.shift(1))  ❶

In [209]: rets = rets.dropna()  ❷

In [210]: rets.head()  ❸
Out[210]:                 SPX       VIX
          Date
          2010-01-05  0.003111 -0.035038
          2010-01-06  0.000545 -0.009868
          2010-01-07  0.003993 -0.005233
          2010-01-08  0.002878 -0.050024
          2010-01-11  0.001745 -0.032514
```

❶ 완전히 벡터화된 방식으로 두 시계열에 대한 로그 수익들을 계산한다.

❷ NaN_{not a numer}(숫자가 아님) 값을 포함하는 모든 행을 삭제한다.

❸ 새 DataFrame 객체의 처음 5개 행을 표시한다.

선형회귀가 있는 산점도에서 SPX 로그 수익들에 대한 VIX 로그 수익들을 보여주는 그림 A-9의 플롯을 생각해 보자. 두 지수 간의 강력한 음의 상관관계를 보여준다.

```
In [211]: rg = np.polyfit(rets['SPX'], rets['VIX'], 1)  ❶

In [212]: rets.plot(kind='scatter', x='SPX', y='VIX',
                    style='.', figsize=(10, 6))  ❷
          plt.plot(rets['SPX'], np.polyval(rg, rets['SPX']), 'r-');  ❸
```

❶ 두 로그 수익 데이터셋에 대한 선형회귀를 구현한다.

❷ 로그 수익들의 산점도를 만든다.

❸ 기존 산점도에 선형회귀선을 그린다.

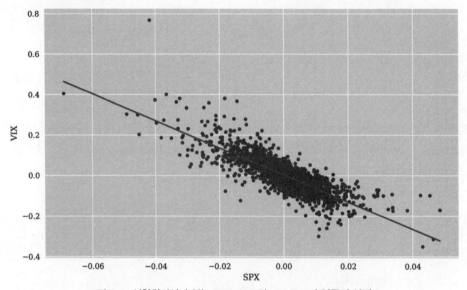

그림 A-9 선형회귀선이 있는 S&P 500 및 VIX 로그 수익들의 산점도

판다스 DataFrame 객체에 금융 시계열 데이터를 저장하면 일반적인 통계를 간단하게 계산할 수 있다.

```
In [213]: ret = rets.mean() * 252  ❶

In [214]: ret
Out[214]: SPX    0.104995
          VIX   -0.037526
          dtype: float64

In [215]: vol = rets.std() * math.sqrt(252)  ❷

In [216]: vol
Out[216]: SPX    0.147902
          VIX    1.229086
          dtype: float64
```

```
In [217]: (ret - 0.01) / vol   ❸
Out[217]: SPX    0.642279
          VIX   -0.038667
          dtype: float64
```

❶ 두 지수에 대한 연간 평균 수익을 계산한다.

❷ 연간 표준편차를 계산한다.

❸ 1%의 무위험 순간 금리risk-free short rate에 대한 샤프 비율Sharpe ratio을 계산한다.

S&P 500 지수에 대해서만 계산되는 최대 하락폭은 좀 더 복잡하다. 계산할 수 있게 우리는 .cummax() 메서드를 사용해 특정 일자까지 시계열의 실행중인 과거 최댓값을 기록한다. 그림 A-10에 나오는 플롯을 그려 내는 다음 코드를 생각해 보자.

```
In [218]: plt.figure(figsize=(10, 6))   ❶
          spxvix['SPX'].plot(label='S&P 500')   ❷
          spxvix['SPX'].cummax().plot(label='running maximum')   ❸
          plt.legend(loc=0);   ❹
```

❶ 새 figure 객체를 인스턴스화한다.

❷ S&P 500 지수의 과거 종가를 표시한다.

❸ 시간의 흐름에 맞춰 이동최대running maximum를 계산하고 그려 낸다.

❹ 캔버스에 범례를 배치한다.

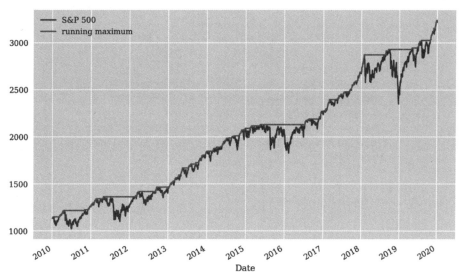

그림 A-10 S&P 500 지수의 과거 종가 및 이동최대

절대 최대 하락폭absolute maximum drawdown(절대 최대 낙폭, 절대 최대 드로다운, 절대 최대 하락 비율)은 이 동최대와 현재 지수 수준 간의 가장 큰 차이다. 이 특별한 사례에서, 약 580개의 인덱스 점이 있다. **상대 최대 하락폭**relative maximum drawdown은 때때로 좀 더 의미가 있을 수 있다. 여기에서는 약 20%에 이르는 값이 있다.

```
In [219]: adrawdown = spxvix['SPX'].cummax() - spxvix['SPX']   ❶

In [220]: adrawdown.max()
Out[220]: 579.6500000000001

In [221]: rdrawdown = ((spxvix['SPX'].cummax() - spxvix['SPX']) /
                        spxvix['SPX'].cummax())   ❷

In [222]: rdrawdown.max()
Out[222]: 0.1977821376780688
```

❶ 절대absolute 최대 하락폭을 도출한다.

❷ 상대relative 최대 하락폭을 도출한다.

최장 하락기간은 다음과 같이 계산된다. 다음 코드는 하락폭이 0(새 최댓값에 도달)인 모든 데이터 점을 선택한다. 그런 다음에 하락폭이 0이고 최댓값을 취하는 두 가지 연속(거래 일자 기준) 지수 값 간의 차이를 계산한다. 분석 중인 데이터셋을 고려할 때 최장 하락기간은 417일이다.

```
In [223]: temp = adrawdown[adrawdown == 0]   ❶

In [224]: periods_spx = (temp.index[1:].to_pydatetime() -
                         temp.index[:-1].to_pydatetime())   ❷

In [225]: periods_spx[50:60]   ❸
Out[225]: array([datetime.timedelta(days=67), datetime.timedelta(days=1),
                 datetime.timedelta(days=1), datetime.timedelta(days=1),
                 datetime.timedelta(days=301), datetime.timedelta(days=3),
                 datetime.timedelta(days=1), datetime.timedelta(days=2),
                 datetime.timedelta(days=12), datetime.timedelta(days=2)],
                dtype=object)

In [226]: max(periods_spx)   ❹
Out[226]: datetime.timedelta(days=417)
```

❶ 하락폭이 0인 모든 인덱스 위치들을 선택한다.

❷ 이러한 모든 인덱스 위치 사이의 시간 델타time delta 값을 계산한다.

❸ 이러한 값 중 일부를 표시한다.

❹ 결과로 나온 값들 중에 최댓값을 선택한다.

결론

이 부록에서는 알고리즘 트레이딩이라는 맥락에서 파이썬, 넘파이, 맷플롯립 및 판다스를 사용하는 일과 관련해 선택한 주제들의 개요를 간결하게 소개했다. 물론 철저한 교육이나 실무 경험을 대체할 수는 없지만, 일단 재빨리 착수한 다음에 필요할 때 세부 사항을 자세히 알아보려는 사람들에게는 도움이 된다.

참조할 것들과 그 밖의 자료원

이 부록에서 다루는 주제에 대한 귀중한 무료 자료를 들자면, 여러 가지 전자적 형식으로 제공되는 "Scipy Lecture Notes"(싸이파이 강의 노트[http://scipy-lectures.org/])를 들 수 있다. 또한, 니콜라스 로져(Nicolas Rougier)의 온라인 책인 "From Python to NumPy"(파이썬에서 넘파이까지[https://www.labri.fr/perso/nrougier/from-python-to-numpy/])도 무료로 제공된다.

이 부록에서 인용한 책들은 다음과 같다.

- Yves Hilpisch. 2018. **Python for Finance**. 2nd ed. Sebastopol: O'Reilly.

- Wes McKinney. 2017. **Python for Data Analysis**. 2nd ed. Sebastopol: O'Reilly.

- Jake VanderPlas. 2017. **Python Data Science Handbook**. Sebastopol: O'Reilly.

찾아보기